COGNIZE THE RETAIL

认知零售

亚龙 ◎ 著

企业管理出版社
ENTERPRISE MANAGEMENT PUBLISHING HOUSE

图书在版编目（CIP）数据

认知零售 / 亚龙著 . — 北京：企业管理出版社，2024.6

ISBN 978-7-5164-3068-2

Ⅰ.①认… Ⅱ.①亚… Ⅲ.①零售业—基本知识 Ⅳ.①F713.32

中国国家版本馆CIP数据核字（2024）第088281号

书　　名：	认知零售	
书　　号：	ISBN 978-7-5164-3068-2	
作　　者：	亚　龙	
责任编辑：	张　羿	
出版发行：	企业管理出版社	
经　　销：	新华书店	
地　　址：	北京市海淀区紫竹院南路17号	邮　　编：100048
网　　址：	http://www.emph.cn	电子信箱：504881396@qq.com
电　　话：	编辑部（010）68456991	发行部（010）68701816
印　　刷：	三河市荣展印务有限公司	
版　　次：	2024年6月第1版	
印　　次：	2024年6月第1次印刷	
开　　本：	710mm×1000mm　1/16	
印　　张：	26.5	
字　　数：	450千字	
定　　价：	98.00元	

版权所有　翻印必究・印装错误　负责调换

前言   PREFACE

零售是连接生产与消费的桥梁和纽带，是所有商业活动的交汇点，是产品从生产进入消费领域的最后一关，在整个经济有机体中相当于毛细血管，看似微不足道，却扮演着极其重要的角色，是经济运行的关键环节，也是商业或经济活力的温度计。

目前，我国零售业总体处于比较低迷的状态，影响着商业运转与循环的顺畅进行。造成这一现状的原因有很多，一方面人力和场地等经营成本不断上升，另一方面则受到过度竞争、消费力不足以及电商、直播和团购等多种渠道分流等多重压力。在新冠疫情初期，社会消费品零售总额同比下降3.9%，但网上零售增长了10.9%，显然实体遭受的打击更大；2021年社会消费品零售总额虽然同比增长了10.7%，但13家零售业上市企业中，营收下滑的有11家，净利则全部下跌，其中9家出现亏损；表现相对较好的便利店业态，同样也出现了亏损（如全家便利）。电商"双11"也开始走弱（2021年天猫交易额同比仅增长8%，而前四年的平均增长都在26%以上）；线上有同程生活倒闭和呆萝卜关停，线下则更是出现大批关店潮（如永辉在2019年闭店仅2家，2020年闭店8家，2021年闭店高达23家），甚至一些曾经如日中天的明星餐饮企业（如海底捞和茶颜悦色等），也摆脱不了关店调整的颓态。

随着新冠疫情逐渐消退，零售业整体却并未出现预期的反弹，特别是过去主流的超市业态还在下滑。国家统计局数据显示，2023年1—9月超市零售额同比下降0.4%；中国连锁经营协会对"十一黄金周"期间47家商超进行统计，有超过一半零售额在下降。对于这一现状，很多人或归咎于成本压力、竞争加剧、渠道分散、客源分流、需求乏力等原因，但对于企业来说，这些显然并不具可控性，而更具实际意义的，还是应聚焦于自身，况且多数也确实是自己的问题所致。

现代零售在我国起步较晚，但发展迅猛，1990年诞生第一家超市，到2018年连锁超市达2.8万家，2019年标超约14.4万家、大卖场约6000家，2020年销售超百亿元的有 19 家。然而，或许是发展太快的原因，很少有企业在精耕细作上下功夫，导致整体基础建设较弱，处于低水平运行。仅从软件方面来看，就存在人才匮乏及认知缺失等问题。目前更多的还是沿用过去的相关理论体系，对于新形势下的经营管理缺乏深入的探究，因而不可避免地出现理论脱离实际或把经念歪的现象，对于现状的剖析很多时候仅仅停留于表面，或故弄玄虚或贩卖焦虑，热衷于追风及炮制某些新概念，但实际上缺乏内涵，多为似是而非的概念或逻辑，很难经得起实践和时间的检验。放眼来看，我国零售业目前与世界相比仍有不小的差距，以 2018 年数据为例：电商中亚马逊营收约 1402 亿美元，京东约为 628 亿美元，不到前者的一半；实体中沃尔玛营收约 5144 亿美元，华润万家却只有约 122 亿美元，仅为前者的 2.4% 左右，显然实体的差距更大。

当然，营商环境在短短的 30 年里也发生了翻天覆地的变化，致使企业在还未真正消化吸收及形成相对成熟的运营体系时，便又不得不被卷入新的洪流之中，互联网的出现更是改写了零售格局，严重冲击着线下实体，因此很多人把生意不好怪罪于电商，有些极端者甚至呼吁抵制，但这显然是未能真正理解其中内涵的体现。在传统商业中，包括零售在内的中间环节是社会分工的必然要求与产物，但其本身存在空间位置受限的短板，互联网则可有效地打破时空的制约，使生产与消费的连接更加高效，电商的意义在于打破了传统渠道的"垄断"，产品可以通过更多的方式抵达消费者，同时迫使原有渠道及各环节更加强化服务等以提升竞争力。而相对于传统实体，电商的问题是：它毕竟是虚拟展示，必须借助线下实物展现，然后再利用价格等优势来赢得竞争，因此存在"搭便车"的不公平竞争问题；互联网的基本特征是去中心化，但由于本身具有较强的双边效应，导致流量资源更易集中及掌握在少数者手中而形成新的垄断，进而扰乱原有的市场机制和竞争秩序；目前对于网络售卖的监管总体薄弱，对于相关的资质、税收、品质、价格和售后等管理相对宽松，且相应的平台也并未担负起更多职责，这种无序竞争对于线下而言显然不太公平；电商打破了传统产业链体系，对其背后的就业并非补充增加而是此消彼长，导致总体消费体量缩减，以及消费带动效应降低（包括直播带货也是同理，被集中于更少的主体，所溢出的消费力却明显不匹配）。因此，对于电商需要辩证地看待，不能因为动了自己的蛋糕就视其为洪水猛兽，但也不能因其代表时代趋势而放任自流，恰恰由于它的网络特性而更需管控，同时也要重点谋划如何给传统实体加上"翅膀"，协同发展。

线下实体由于前期高速发展，不仅无暇强化基础建设，对于零售也缺乏更深的理解，对新兴事物多以传统经验来衡量，因此往往容易形成认知偏差——通常过去越是成功，思维就越容易受限或很难跳出某种惯性，进而越容易出现偏差，导致很难真正有效地解决问题。

工业革命使人类摆脱了自然的束缚，从而能生产出更多的产品以满足不同需求，但产能提升也使中间流通环节问题日益重要，能否有效掌握渠道（包括广度和深度两个维度）开始成为经营的关键。虽然零售身处渠道末端而成为必经窗口，但互联网的特性是去中间化，这与传统的渠道模式是矛盾的，并且随着网络形成了立体渠道结构，使得传统模式越来越难以适应现代商业的运行。

如何破解当前之零售困局，新零售似乎是未来的趋向，但至今仍有相当大的争议，说明其中还存在很多问题，之后又有会员、即时、直播和折扣等的不断尝试与探索，总体状况却都不尽如人意。之所以迟迟难以破局，除了客观环境等因素外，其中一个重要的原因，就是对于零售的认知存在问题，或者说并没有真正理解零售。比如，零售为何被认为是服务业？顾客为何会光临某店？零售业态为何会呈现两极分化？为何貌似脆弱的小店却仍具有顽强的生命力？电商对于实体的影响究竟是什么？为何电商容易出现垄断现象？数字化与零售有着怎样的关系？零售真正的竞争逻辑是什么？为何零售总喜欢价格竞争？价格策略为何会有平价和高低价两种？为何相同商品在不同地点或面对不同顾客时会有不同的价格（价格歧视）？为何越是大店或销售高峰时反而越会倾向于降价销售（违背需求定律）？为何对于垂直价格约束会有争议？如何理解终端的通道费？诸如此类，恐怕连零售老兵也未必都清晰。因此，在具体的零售实践及相关探索中，难免会产生某些偏差或堕入误区，比如线上线下的购物模式是有差异的，而线下却往往把网络片面理解为另一种分销渠道，纷纷"触电"，但结局基本都是铩羽而归；又如零售实际上存在产销和购销两种经营模式，经营逻辑和竞争战略等是有差异的，如果定位错误或盲目模仿，往往会导致水土不服或事倍功半。

基于此，本书的核心焦点就在于重新认知零售。虽然零售相关的理论知识已有不少，但还是希望通过不同的视角来呈现不同的认识与理解，抛砖引玉以帮助启发思维。

本书的主要特点在于：第一，在当今信息爆炸及知识快速更新的时代，唯有真正把握内在核心与本质，才不易被各种表象困扰及带偏节奏。因此本书重点在于基本原理、逻辑和规律的阐释，希望能帮助您更好地理解或知其所以然，只有基础越坚实，大厦才能越稳固并建得越高。第二，本书不同于传统理论架构，而是主要聚焦于零售基本要素和相应的零售组合，揭示了零售真正的要点与抓手。第三，本书更强调实践性，主要围绕基本要素而展开说明"如何做"，大部分都可直接上手应用。

虽然零售本身涉及的点较多，但本书的宗旨在于无须僵化学习，而是能否理解真髓或从中汲取到营养，能否针对自身实际和所面临的环境条件灵活应变，不再人云亦云，真正找到适于自己的方法，如此也就达到了本书的目的。

目录

CONTENTS

PART ONE 上篇　认知偏差与误区 / 001

第一章　零售的本质 / 002
　　一、零售相关概念 / 002
　　二、零售再认知 / 009
　　三、零售的认知误区 / 018

第二章　需求的问题 / 024
　　一、需求的种类 / 024
　　二、需求的特征 / 025
　　三、需求结构模型 / 027
　　四、需求的认知误区 / 031

第三章　选择的悖论 / 033

第四章　价值与商品 / 036
　　一、价值与价格问题 / 036
　　二、商品的认知偏差 / 047
　　三、竞争的底层逻辑 / 048

第五章　服务的误区 / 050
　　一、服务的概念 / 050
　　二、服务的特性 / 051
　　三、服务的实质 / 053

四、服务对于零售的意义 / 055

第六章 渠道的问题 / 057

一、沟通与流通渠道 / 057

二、直播电商 / 060

三、社区团购 / 063

第七章 关于体验 / 066

一、体验的内涵 / 066

二、体验的认知误区 / 068

三、体验经济 / 070

四、体验营销 / 076

五、体验管理 / 079

六、零售体验与实践 / 082

第八章 关于新零售 / 093

一、零售与数字化 / 093

二、新零售的误区 / 098

三、如何理解新零售 / 107

第九章 管理的问题 / 112

一、管理的偏差 / 112

二、计划与目标 / 113

三、零售组织 / 122

四、员工管理问题 / 127

PART ONE 下篇　基本要素与组合 / 137

第十章　零售与顾客行为 / 138
一、认知与情感 / 138
二、需求与动机 / 149
三、个性特征与生活方式 / 150
四、影响消费的因素 / 157
五、顾客购买决策 / 167
六、零售与购买 / 173

第十一章　价格要素 / 180
一、价格构成 / 180
二、零售定价 / 182
三、基本的价格作业 / 195
四、进价管理与盈利模式 / 201

第十二章　商品要素 / 208
一、商品组织与管理 / 208
二、采购决策 / 221
三、采购选品 / 225
四、采购谈判 / 232
五、供应链管理 / 235
六、销售管理 / 247
七、库存管理 / 252

第十三章　服务要素 / 262
一、服务营销组合 / 262
二、零售服务类型 / 264
三、服务设计与传递 / 266
四、零售商圈与选址 / 270
五、服务质量 / 285
六、排队管理 / 291

七、服务补救 / 297

　　八、安全管理 / 302

第十四章　沟通要素 / 309

　　一、人员服务与沟通 / 309

　　二、客户关系管理 / 316

　　三、店铺沟通及相关要素 / 328

　　四、店面布局与布置 / 348

　　五、陈列管理 / 364

　　六、促销管理 / 379

第十五章　PPSC零售组合 / 398

　　一、店铺定位与形象 / 398

　　二、零售基本要素 / 402

　　三、零售组合 / 403

参考文献 / 409

上篇

认知偏差与误区

第一章 零售的本质

零售属于商业经济的范畴，但不管是实证还是规范理论学派，都没有将分销或流通归于主流，主要还是以基本的经济学框架来分析商业活动，其中关联较为密切的是产业经济学和营销学（相对来说营销学对零售的影响更大），这也导致人们对零售往往会产生某些认知偏差，在实践中有些地方总是不尽如人意。

一、零售相关概念

虽然经济活动在很早就已存在，但真正意义上的经济学理论是在进入工业社会以后才逐渐发展起来的，而研究的起步主要是从商业贸易（重商主义）开始的。萨缪尔森指出，经济学研究的是如何利用稀缺资源，生产出有价值的商品，并将其在不同个体间进行分配；马歇尔指出，经济学既是一门研究财富的学问，同时也是研究人的学问；贝克尔认为，经济学不仅仅是研究人类物质生产和交换的科学，而是一切人类行为与效果的科学。通俗来讲，经济学就是研究如何选择的问题，其中"稀缺性"和"理性人"是整个体系的基本假设前提。

1. 供给与需求

在微观经济学体系中，最基本的就是供需的概念，难怪西方有句谚语：只要教会一只鹦鹉说"供给"与"需求"两个单词，那么这只鹦鹉就会变成经济学家。虽然有几分调侃意味，但确实只要弄清供需，就几乎可以理解 80% 的经济问题。

需求定律是指在其他条件不变的情况下，价格与需求量呈反向关系。如果以价格为纵坐标、需求量为横坐标，会呈现为倾斜向下的曲线。需要注意的是：需求定律里的需求是属于购买力的范畴，主要在于研究价格与数量的关系；价格影响的是需求量，而非需求本身，并且除价格外其他所有情况都不能变，否则得出的结论就会有偏差。需求变动表现为需求曲线向左右发生平移，影响曲线移动的主要有收入、替代品、互补品、消费者预期、偏好变化、人口统计和消费欲望等因素。

供给定律是指在其他条件不变的情况下，价格与供给量呈正向关系。如果用纵轴表示价格、横轴表示数量，会呈现为倾斜向上的曲线。当其他条件发生变化时会引起曲线的左右平移，主要有成本、技术、竞争、价格预期、政策和环境等影响因素。

继亚当·斯密提出了"看不见的手"后，马歇尔进一步阐释了其中的作用机理，对于市场运行机制，可从需求与供给的关系中反映出来。因为需求与供给曲线都是以数量为横轴、价格为纵轴，所以供求关系可呈现在一张图里（见图1-1）。从中可见两条曲线会出现相交，表明价格落在交点时需求量与供给量相等，这时该交点就会被看作市场的均衡点，所对应的价格就叫作均衡价格。

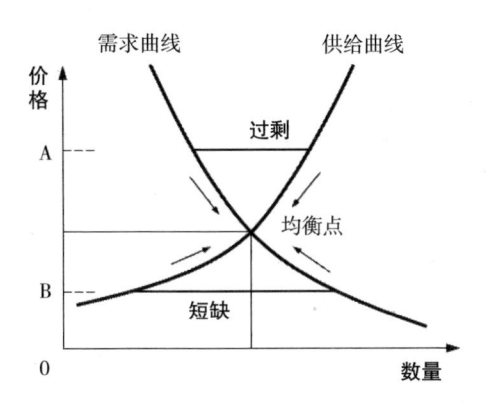

图 1-1 供求曲线示意图

2. 成本

在经济或商业活动中，最根本的动因是追求利益，而收益主要有提升收入和降低成本两条途径。在日常中应用较多的是会计成本，但经济学主要指机会成本，即为放弃的最高价值。如何理解呢？假如有三张钱，面值分别为100元、50元和10元，但只能选择其中一张。如果选择100元，那么放弃的最高价值为50元；如果选择10元，那么放弃的最高价值为100元。可见机会成本的逻辑在于选择性，主要是用于决策评估，会计利润（会计收益减去会计成本）则反映的是结果。

零售中更具意义的交易成本，其概念最早由科斯所提出，简单来讲就是交易中花费的全部时间等成本，反映的是人与人的关系。威廉森将交易成本分为搜寻、信息、议价、决策、监督、保障和违约等，主要由有限理性、不确定与复杂性、投机主义、少数交易、资产专用性、信息不对称和气氛等原因所导致。对于中间环节和零售来说，存在着与上游和下游的双重交易，交易成本的比重更大（其实很多时候交易成本要大于生产成本），而消费者交易成本又是影响消费行为的重要因素，因此零售行为更重要的是看交易成本。贝当古把交易成本主要归纳为以下几点。

（1）交通成本。不仅包括到购买或消费地点的成本，还涉及交通工具和费用等问题。随着交通工具越来越便捷，购物活动的范围也会随之扩大，并可有效增加单次购买的数量等。

（2）时间成本。可理解为购买或消费行为的机会成本，即每个人到不同的店购买所花费的时间是不同的。显然，时间成本的差异会导致不同的购买行为，比如老年人的时间成本相对较低，因此更愿意"货比三家"，而越是时间成本高的，则越会在意便捷性。

（3）调整成本。这是一种较隐性的成本，当顾客不能在相应时间内完成购买，或未满足质量或数量等要求，这时除了会产生沉没成本外，还需要进行相应调整，会因重新检索、重选商品或重到别店等而产生新的成本。

（4）心理成本。指消费者对购买过程的主观感知，进而产生加分或减分，比如因购物环境较差而焦虑难忍，因沟通不畅而导致不悦，因服务欠缺而感觉物不符实等，这些减分相当于增加了成本（加分则为降低）。

（5）存储成本。当完成购买后，如果不能立即消费完，就会面临存储问题，而存储能力状况将会影响相应的购买行为，进而影响零售的形式，比如仓储店就是主要针对没有存储压力的顾客。其实，之所以存在零售这一中间环节，其中一个原因就是要适应消费个体的有限存储。

（6）信息成本。主要体现为对商品的品质、价格、功能、属性和品牌等信息的了解，能否或在哪里购买，信息收集的行为和方式，以及相关知识的学习等。相对来说，信息成本越低，成交的可能性就越高。

交易成本对于零售具有非常重要的意义，很多零售行为都与之有关，比如一站式购物可有效降低调整成本，合适的位置可有效解决时间与交通成本，较好的购物环境和服务能使消费者轻松愉悦和增加信任，从而可能产生更多购买行为等。对于交易成本的降低，有些是生产无法做到的，而只有零售环节才能完成，其中最基本的就是分销服务。由于服务也有成本，因此服务产出就在于最终能多大程度抵消其交易成本。零售中分销服务的成本增加，会带来消费者交易成本的降低，对于这种此消彼长现象可理解为发生成本转移，而转移效果越大，购买概率就会越大。相对而言企业对于成本的控制要比消费者更具主动性，因此对于消费者成本的降低（包括直接的价格和间接的交易成本），是零售最重要的底层密码。

3. 边际

边际是揭示两个具有因果或相关关系的经济变量间的动态函数关系，简单理解就是"增加了的增加"。边际的应用非常广泛，其中与我们关系最密切的是边际成本和边际收益（或效用）。就边际收益来说，其最重要的特征是会呈现出递减的规律，比如当吃第一个馒头时效用为最大，而每增加一个馒头，其效用就逐渐降低，直到最后不能再吃为止。因此可以说，某要素对于整体的贡献，是由新增一单位或最后一单位（即边际）而不是平均或最开始的那个单位所决定的。

作为最基本的经济法则，只要边际收益大于边际成本，该事情就值得做。在商业中最佳状态是边际收益递减可被无限延缓，而边际成本却不增加或增加缓慢，典型的如网络应用，用户基数越大越好（更易引发双边效应），而随着用户增加，新增成本却相对较低（几乎可不计）；又如航空等交通业，只要起飞成本就已固定不变，所以乘客当然越多越好。对于商业而言，固定成本的占比越高，就越适合于"多多益善"的消费，而变动成本的占比越高，则收益与规模效应无强关联。显然，线下实体和电商都较为强调来客数或流量。

4. 非对称信息

非对称信息是商业中非常重要的课题，在过去的非互联网时代，非对称信息是获取收益的源泉之一。所谓非对称信息，就是交易中一方持有而另一方却不知道的信息或知识，或是对方很难进行验证（所谓很难验证，是由于验证的成本高昂，因而不现实或不合算）的信息（这种信息也称为"私人信息"）。

（1）知识类非对称。

是指在交易之前，卖者知道而买者不知道的信息（如内在的产品质量或价值构成等），因多发生在交易行为之前，所以又称事前非对称信息。事前非对称信息一般会造成逆向选择的结果，即交易当事人一方可能隐瞒自己的私有信息，并借此来追求自己效用的最大化，但这种行为会伤害另一方利益。这种逆向选择隐瞒真实信息的情况常有发生，比如隐瞒真实收入或真实质量状况等。相对来说，消费者可隐瞒信息较少，经营者则可隐瞒的要多，所以消费者总体比较被动。由于时间精力有限及知识的局限性等，消费者面对丰富的商品时，不可能对各种商品的知识和价格信息等都能了解掌握，这就容易出现信息不对称，进而容易被商家加以利用，甚至用假冒伪劣产品来牟取暴利。互联网的意义在于改善了信息透明度，电商之所以对实体有较大冲击，原因之一就在于改变了信息状态：在售前提供了海量商品信息及不同价格状况，使顾客能充分地进行比较和筛选；在售中对具体的品质、材质、用途或使用等都有清晰介绍，这对于购物决策来说无疑是提供了更好的服务；在售后通过评价等使其他顾客更容易了解实际使用情况，从而最终真正实现销售闭环。

（2）行为类非对称。

是指在交易后，买者对卖者行为无法进行监督，不能完全了解其行为（如购买某企业的股票后，企业主管或员工具体做什么、是否偷懒或磨洋工，股东是很难知道的），通常发生在交易行为之后，所以又称事后非对称信息。事后非对称信息一般会造成道德风险或祸因，即在非对称信息情况下，当事人双方交易后，由于买者对卖者行为不具完全监督性，造成了卖方浑水摸鱼及买方利益受损。

对于普通消费品而言，知识类非对称信息的问题相对突出，容易出现欺骗消费者的言行（主要发生在商品推介上），而在完成销售后，虽然主要是行为类非对称的影响，但商家的经营状况一般不太容易对消费者利益造成影响，因为商家与消费者多为即期交易（钱货两清），所以影响多为商品本身，即便商家提供保修、退换货等售后服务，也要在商品本身发生问题时才会体现。

（3）非市场机制。

在非对称信息情况下，市场机制很难有效发挥，因而需要借助其他非市场机制手段来辅助，其中主要有法律和声誉两种机制。所谓声誉，是指拥有私人信息的一方向缺乏信息的一方所做的承诺，比如商家对消费者做出不售卖假冒伪劣产品等承诺，这些承诺并不具法律意义可执行性，但如果不履行就会失去消费者的信赖。通常一个企业的声誉越好，意味着说假话和欺骗的代价越大，所以越是知名的企业，往往越少在主观上不去履行承诺，而更倾向于积极建立良好的声誉。

对于如何才能体现出长远性，其前提在于是否有重复博弈（通常越是短期或一锤子买卖，越难以考虑长久合作问题，导致交易风险较高），以及是否有耐心。耐心一是与经营者的个性有关，二是如果社会环境不稳定，经营者也往往很难有耐心，三是缺乏产权，收益不明确，亦会导致"无恒产者无恒心"。在改革开放初期，由于未来具有很大的不确定性，因此不少经营者都抱有短期心态，希望能快速落袋为安，导致品质和"山寨"问题凸显；同样，在电商初期，商家对于新业态也并不清楚未来走向，再加上管控缺失，导致假冒伪劣泛滥，电商成为投机者的温床和重灾区。这些都是捞一票就走的心态所致。

目前我国已进入存量经济时代，长期主义必将是基本的行为准则。对于零售实体而言，由于资产相对较重，在一定程度上迫使商家需要保持必要的耐心，积极树立长期良好声誉，以取得消费者信任。由于正规厂商的声誉成本较高，所以相对更愿意追逐长期和稳定性，然而随着企业规模越来越大，管理漏洞出现的概率也越大，特别是具体执行者容易出现利益天平的倾斜，为确保自身利益而不惜挥霍企业资源，或直接损害顾客利益，这些都将严重损害企业的声誉。

（4）消费者的不对称。

事物总是具有两面性，如果换个角度就会发现，非对称信息未必只是对消费者不利，事实上经营者也因此付出了巨大代价。比如，对于消费需求，由于消费者的个体差异和复杂性，经营者对于购买或消费行为只能进行观察与推测，而很难深入了解真实原因，因此很难做到真正的有效供给，供求始终难达平衡：供不应求其实是未能很好地满足需求，供大于求则意味着无法顺利地实现收益。可见信息不对称对双方都有害。

5. 商业

零售是商业的重要组成部分。商业是以货币为媒介进行交换，实现商品流通的经济活动总称。商业是交换的发达形式，是以商品流通为主的经济活动，它在经济中主要扮演着流通与交换的角色，既是连接生产与消费的桥梁，反过来又决定和影响着两端。在现代生活中，几乎所有的经济活动都很难脱离于商业而存在。

分工意味着效率，同时还关系到商业的起源。人类从狩猎和采摘开始，就已经有了初级的生产活动：在采摘中发现有些植物可被种植，于是便有了农业的雏形，使之能得到相对稳定的食物来源；在狩猎中发现有些动物可被驯养，便产生了第一次社会大分工，畜牧业从原始农业中分离。随着农业和畜牧业的发展，开始逐渐有一些盈余，而盈余也就意味着不需要部落或家庭里的全体成员都要参加同样的劳动，其中部分有技术的人，可以不再以耕种狩猎或养殖放牧为生，而可专门从事器具和织物等物品的制作，由此又引发了第二次社会大分工，手工业被分离出来。

分工使专门从事某类劳动成为可能，从而使生产力水平不断提升，物品盈余越来越多，于是就需要交换，即通过交换多余部分而获取其他没有的物品。随着物品的数量和品种越来越多，交换的内容也越来越丰富。最初交换是以物易物，必须一对一由生产者自己承担并完成整个过程，效率极低，由此出现了不以生产为主要形式而专门以交换为主的组织方式，引发了第三次社会大分工，专业从事流通的环节被分离出来，商业就此登上了历史舞台。

第一阶段，以物易物。人们根据自己所需，寻找适合的物品，用自己的物品直接进行交换。这一阶段最重要的就是随着交换规模的不断扩大，以及被交换物品的不断丰富，逐渐形成了原始的市场雏形。

第二阶段，简单流通。这个时期的最大特征是出现了以货币为媒介进行的交换，基本形式为"物品—货币—物品"，交换是为了获得新的物品或使用价值。虽然通过货币媒介可有效地摆脱时空的制约，但该阶段还不能称为商业。

第三阶段，发达流通。交换形式转变为"货币—物品—货币"，通过物品售卖而使货币增值，标志着商业正式产生。这时的交换已发生了质变：一是买卖次序、出发点与归宿不同，由原来前后都是物品变为都是货币；二是流通的目的不同，简单流通是"为买而卖"，发达流通是"为卖而买"；三是隔断了生产与消费的直接关系，体现为生产、经营与消费的多重经济关系。可见，商业是交换的发达形式，分工是交换的基础，交换是分工的必然。对于商业的产生，马克思给予了高度评价，认为它是"人类从野蛮时代到文明时代的重要门槛"。

6. 商品

在进入发达流通阶段后，交换目的就已发生改变，这种为出售而生产并用于交换的产品就称为商品。也就是说，商品必须是经过人类的某种行为赋予一定价值且可被交换的产品，两个要素缺一不可。商品自产生之日起，就注定具有流通的特性，是一切商业行为的物质载体，是构成商业的要件之一。

（1）价值属性。

商品包含价值和使用价值两重属性：①价值是凝结在商品中无差别的人类劳动，使用价值是能够满足人们某种需要的属性。②价值是商品特有和本质的属性，是商品的社会属性，反映人与人之间的关系；使用价值是商品的自然属性，反映人与物之间的关系。③价值是以使用价值的存在为基础，使用价值则是价值的物质承担者。④使用价值是一切商品所共有的属性，是永恒的范畴，价值则只是商品特有的属性，是商品经济的范畴。价值不能决定使用价值，使用价值也不能完全决定价值，但通常使用价值越高，价值也会越高。交换使生产者获取价值，消费者获得使用价值。劳动价值论认为，商品交换的量的关系或比例，是该商品的交换价值，货币表现为价格。两种商品能按一定比例进行交换，是因为相互间存在质的相同（即无差别的劳动），从而在量上才能比较。交换价值是价值的表现形式，价值是交换价值的内容和基础，交换的本质是价值属性发生转换。

（2）经济学的商品观。

经济学对于商品的理解和解读有不同的视角，而与零售密切相关的，主要有劣等品、正常品和奢侈品概念。不过在此之前，需要先了解有关弹性的概念。弹性与边际有些类似,都是研究两个变量之间的关系,是被用来衡量一种变化对另一种变化的敏感程度。对于弹性可以想象为一个杠杆,当支点在中央时,两边的变化是一样的,而当支点不在中央时,两边的变化就显然不同。由此可见,弹性就是两种变化幅度之比,主要是为了避免被对比单位的不可比性。弹性的应用很广,较典型的有需求弹性、收入弹性和交叉弹性,其中替代品和互补品的底层逻辑就是交叉弹性,而收入弹性是用来测量消费者收入变化对需求量变化的敏感度,公式为"收入弹性=需求量变化比/收入变化比"。与此对应的商品概念有如下几个。

劣等品:是指收入弹性为负值的商品。随着收入的增高,消费者对该商品的需求量反而会减少,可理解为一种反比关系,比如自行车就是一种劣等品,随着收入越来越高,就会逐渐替换为其他的交通工具。

正常品:是指弹性为正值,却小于1的商品。随着收入的提升,消费者对该商品的需求量也会增加(为同向关系),但提升幅度要小于收入的增长,比如基本食物开支,随着收入增加,相应地也会改善饮食质量,但人的食量毕竟有限,因此所占收入的比例会逐渐下降(这也是恩格尔系数应用的基本逻辑)。

奢侈品:是指弹性大于1的商品。随着收入增加,对该商品需求量的幅度大于收入的增加,比如旅行度假、医疗保健、高档品和娱乐等,这些往往是收入增加后较热的消费项,那些所谓消费升级的对象,主要对应的是奢侈品类。

这里要注意,有时同样商品的属性是会发生变化的。相对来说,随着收入的增长,总体会呈现"奢侈品→正常品→劣等品"逐渐下降的趋势。因此是否能有效刺激消费,关键还要看商品究竟处于怎样的属性层次,如果只是单纯地增加收入,而相应属性的商品没有跟上,也是无法取得效果的。

二、零售再认知

经济学一般假设交易成本为零,导致零售只是作为产业的延伸,主要理论为产业经济学和营销学。随着人们认知的不断深入,发现交易成本事实上对于零售行为的影响非常大,有自身不同的运行机理,因此不能简单套用产业和营销理论。

1. 什么是零售

零售是将商品或服务销售给最终消费者的商业活动,是商品从生产和流通领域进入消费领域的最后环节。零售主要包含两种形态:一种是实物产品与顾客的零星交易行为;另一种为服务行为,主要有娱乐、维修、美业、教育和医疗等。两种形态在不同行业或业态里的侧重点不同,而零售商在本质上是一个提供"组合商品"的组织,该组合商品不仅包括有形商品和无形服务,同时还包括零售所特有的分销服务行为与过程。零售与生产的逻辑主要区别在于:生产主要关注商品本身,零售则关注怎样克服时空问题而完成交易。顾客将面临商品与店铺的双重抉择,而具体的商品购买只是最终结果的体现。下面通过问答的形式,就部分有代表性的零售现象进行简单解读,从而理解某些不同特性。

(1)为什么会有零售这一商业形态?

作为中间流通环节的末端,零售担负着生产与消费交换的桥梁作用,是特殊的流通渠道。商品最终是用来被消费的,但由于个体的消费能力有限,与规模化生产存在矛盾,这就需要一个能与每个消费个体完成交易的中间环节来调节,所以只能零星售卖。另外,由于消费者是离散分布的,而每个交易点的覆盖有限,因而交易触点也只能分散其中,导致终端组织也只能为零星分布状态。

由于种种原因,人们对中间环节存在误解。消费者当然希望价格越便宜越好,因此对中间商持有怀疑态度,特别是随着电商的出现,产品直通成为可能,消费者从中享受到实惠,也就更加对中间商产生反感。但所谓"没有中间商赚差价"实际上是伪命题,因为这里面忽略了效率性及交易成本等问题,比如要购买苹果,直接到产地采摘肯定最便宜,但忽略了来回的路费及其他开销,以及隐性的时间和机会成本等。中间环节虽然会直观地增加支出,但如果从整体来看,顾客的实际花销可能会远低于自己采摘的成本。与此同时,中间环节还可以组织其他更多货品,这样消费者就无须购买每样东西都直接与源头对接。由此可见,中间环节能够提升交易效率(见图1-2),进而在总体上反而有可能节约顾客购买成本,也就是说生产与消费的直通未必是最优,通过中间环节的效率反而可能会更高,否则也就无须社会分工。事实上,中间环节的根本问题在于信息不对称和渠道垄断。

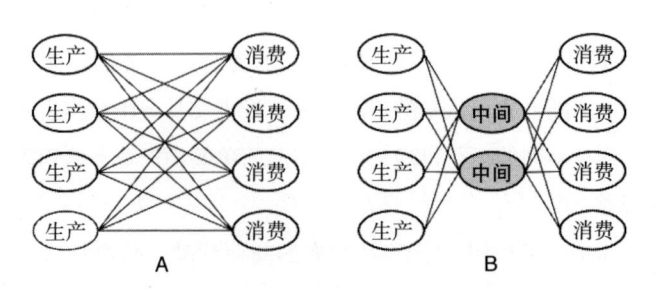

图1-2 中间环节提升交易效率示意图

增加环节必然会增加成本，而效率提升是边际递减的，因此增加多少最终会处于某种平衡。随着互联网的出现，中间环节必然面临被压缩的趋势，最终形成"生产—交换—消费"的商业格局，而能够担负起交换职能的，只有零售。生产通过直营似乎是直接面对消费者，但其实只是由自己来担负起零售的角色而已。

（2）为何在一定的时空范围内，零售店会呈现多点分布？

顾客购买时付出的成本，不仅有商品本身的支出，还包括到店的交通、时间和精力等交易成本，并且随着距离的增加，交易成本还会上升，当总成本超出总收益后，便往往不会再到该店。如果消费者是均匀分布的，那么作为个体就总存在"购买边界"，而每个店也有"辐射边界"，所以市场空间需要多店分布。至于店与店之间的距离状况，理论上是以辐射范围为界时最优，或者说对于顾客而言当成本与收益相等时，就是各店应保持的距离。如果在一个总体的空间范围内，理论上固定成本和交易成本之和最小（当然这个计算起来很难），就是最优的开店数。

（3）为什么会有"小贩扎堆"的现象？

通常店铺间的距离与同质化程度呈正相关，同质化程度越大店铺距离要求越大，而差异性的店集中在一起，就会因互补性而体现出聚集效应（其中最重要的是降低了顾客交易成本）。但现实中仍有很多同质性的店也热衷于扎堆，究其原因为：假设有两个水果摊位，所有情况都一样，那么两个摊位的距离越远越好，如果消费者是平均分布且交易成本一样，购买时对于摊位的选择肯定是距离近的优先，所以当两个摊位的距离最远时，都会有各自的消费群（以两个摊位的中点为界，各自吸引相应客群）。然而，由于利益最大化的驱使，其中一个摊位如果向中点稍靠近一点，那么理论上就会吸引到原来处于中间位置的消费者，显然就可能卖得更多。这时另一摊位当然不会坐以待毙，也会向中间靠近，以使自己也能卖得更多，这样你移一尺我移一丈，最终都到了中点（即形成了"扎堆"），从而达到某种平衡。对于消费者来说，虽然可能会造成部分交易成本上升，但也可能因同质化的竞争而使价格下降，以及相应的服务水平提升等，所以往往也会乐于接受。

（4）为何零售店总是有向规模化或一站式发展的趋势？

当顾客到达某店时，交易成本就已产生，这时只有购买更多商品，成本才会被摊薄，所以消费者本身总有一站式购齐的意愿。对于店家来说，唯有通过扩大规模才能售卖更多品项，从而吻合顾客要求，况且销售更多也能带来更多收益，因此零售商也总有不断扩大规模的驱动力。

从经营管理的角度来看，当规模效应受阻后，通常是用提升效率的方式来寻求扩大收益,但就单店而言还是会存在陈列和辐射空间的极限,因此只有连锁经营出现后,才真正有效地打破了位置的束缚,通过多点布局的方式达到规模化扩张。而在互联网上,位置和陈列约束都被进一步打破,因此理论上规模可无限扩展。对于顾客来说,电商使其交易成本大大降低,因此总体效率远超实体,再加上网络的双边效应更强,所以电商更易形成少数寡头垄断的局面。

(5)为何店铺与购买者的距离随着由近到远,店面规模往往由小到大?

注意,这里所说的大小不是指实际店面状况,而是顾客在选择到店时的意愿性,即距离越近就越不太在意店铺规模,距离越远则往往越希望是大店。主要原因是:距离越远,每次购物的交易成本就会增加,这时对于一站式购物的要求就会提升,而这些往往只有大店才能满足;距离越近,只要是店里有的,那么多跑几次问题也不大,所以对店铺规模要求较弱。可见,到店距离越远就越需要用规模来弥补。电商虽然把店铺开到了家里或"口袋"里,但还存在交付的问题,所以电商仍需要规模越大越好,这对于实体开辟线上渠道具有非常重要的参考意义。

(6)在同一店里,为何相同的品类却可以售卖不同品牌的商品?

在经济学理论中,消费相当于生产投入,劳动力相当于产出,而生产投入的商品通常都有可替代性和互补性,比如拿填饱肚子来说,不同食物在短期内具有替代效应,而如果拉长一定时间跨度后则可能体现出互补效应,因此零售中同时销售不同品牌的商品并不存在冲突,并且因价格变化还便于消费选择的调整。同样,如果某商品临时出现缺货,未必会立即影响购买或消费行为,但如果缺货变成常态后,对于购买或消费行为是否有影响,就在于其他商品能否担负起替代或互补作用。

(7)为何大多数店里售卖的品项往往大同小异?

零售虽然可以同时售卖不同商品,但实际情况是多数所售卖的品项往往大同小异,究其原因:一是通过售卖知名品牌或商品,顾客的心理和信息成本等会相对较低,这样更利于完成交易;二是有实力的厂商通常对渠道的控制能力较强,因而覆盖或曝光率要比其他普通的厂商高,往往容易形成从众效应;三是为追求收益最大化就必然要售卖那些最能带来效益的商品,自然也就会优先选择市场上表现较好的品项,导致往往集中于头部,同质化在所难免。这是"产—售—消"共同作用的结果,所以也就很难逃脱激烈竞争的结果。

(8)为什么越是大店、越是在购买高峰期,却越会倾向于低价销售?

这是一个非常有意思的现象。现实中经常会看到往往越是大店,商品售价普遍越低于普通小店,这似乎与经济学常识不符(或者说符合"伯川德悖论")。另外就是在购买高峰期，本来意味着需求曲线向右移而使价格可提升，但商家反而更愿降价促销，同样也不符合供求定律。对于这种倒错现象，很多人是以市场力量并由此获得成本领先来解读，但其实它还有自身的运行逻辑。

先来看大小店问题。顾客交易成本与到店距离呈正相关，所以会优先选择距离较近的店，这时距离较远的店就只有通过降价及提升分销服务水平等，才能促使顾客到店，而分销服务水平往往是店的规模越大才越容易提升。规模越大，店铺就可通过市场力量获得相应的进价成本优势，这样也为低价销售创造了条件，因此越是大店，售价会越偏低，并呈现更高的分销服务水平。另外，随着现代交通和信息等成本的不断降低，使顾客到偏远的大店（之所以选址在偏远地方，主要原因在于降低运营成本）也变得更容易，进而又更加促进了大店的规模效益，使之进入良性循环而更具竞争力。所以大店总有低价销售的理由和条件。

再来看高峰期问题。当顾客到店时，交易成本已相对固定，因此总会有多买的驱动力，以使单次购物的效益最大化。对于商家来说，虽然需求增加有利于提升价格，但也可通过销量提升来实现收益，况且销量提升更利于进价谈判，因此更愿意通过促销来促进多买。反之，如果提升价格，就有可能导致顾客放弃那些需求强度不高的商品，或转向更具价格优势的地方购买（只要价格差大于交易成本）。由于顾客总是欢迎降价的，所以越是在高峰期，降价越会影响到更多的顾客。

（9）为何零售总是喜欢进行价格竞争？

线下实体一旦开店后，位置和大小等通常就不会再变，这时为了能够吸引更多的顾客，主要方式是通过降价，从而在一定程度上抵消相对较远的顾客的交易成本，同时还能树立价格形象，提升销量和竞争力，因此总有降价销售的驱动性。与此同时，有实力的商家为了能掌握竞争的主导性，往往会主动进行"低价保证"（即明确承诺"全市最低价"或"双倍退差价"等），这样不仅会使老顾客更增购买信心，对于新的或潜在顾客也会降低其信息成本，表面上可能会因履行低价承诺而使收益受损，但这是针对心智较为有效的广告手段，并且因销量提升，对总收益影响不大。需要注意的是，低价保证必须建立在成本领先的基础上，否则可能会导致收益失控。对于顾客来说，是否相信承诺才是根本，而在一定区域内通常只有真正具备实力的商家才能做到，因此顾客往往对大店比较信任。这也反向促使越是具影响力的零售商，越要注意低价承诺。

2. 关于零售的本质

要理解零售，关于零售的本质是必然绕不开的问题。本多利范、绪方知行和田口香世都著有《零售的本质》，但其实更多的是便利店方面的内容，对于本质的探讨并不明确，主要为 7-Eleven 创始人铃木敏文的观点，即零售的本质是用商品和服务去满足消费者不断变化的需求；生鲜传奇的王卫指出，当商品、服务、品质和规模等都趋于同质时，就只有价格竞争，比拼的是管理效率和费用率等，因而零售最终追求的是高性价比；超市发的李燕川认为，零售的本质就是消费者和商品，把消费者的想法思路和习惯购物的方式摸透，来满足消费需求；ALDI 和 Costco 则更注重实践意义，追求所有环节最低成本和尽可能高的收益及效率，以及尽可能低的销售价格和最好的商品质量；阿里巴巴提出了新零售概念，核心是以互联网为依托，通过运用大数据和人工智能等先进技术，对商品的生产流通与销售过程进行升级改造，进而重塑业态结构与生态圈，并且是线上服务和线下体验及现代物流进行深度融合的新模式，零售的本质是把人和货连在一起的场；京东提出了无界零售概念，认为零售的关键词是成本、体验和效率，是三者结合下的无界零售，即场景无限、货物无边和人企无间，在其框架下的行为逻辑将遵循场景、数据和价值的联通；苏宁则提出了智慧零售概念，即未来是运用互联网与物联网技术来感知消费习惯、预测消费趋势和引导生产制造，为消费者提供多样化与个性化的产品和服务，所以本质是数字零售，是差异化商品、人性化服务和智能化运营三效合一。

可以看到这些观念都主要是从生产者视角出发，如果从顾客角度来看，零售不过是与之关联最密切、获得商品或服务的地方，因此或许没那么复杂，即零售的本质是交换的介所，其关键词是交换。一方面生产只有通过零售才能实现收益，因而只有提供符合需求和具有价值的产品和服务，才能更顺利地完成交易；另一方面则在于相关信息和价值等如何能被感知与认同，以及产品如何有效地传递。把零售的本质看作连接人与货的场，这其实只是零售的基本职能和重复描述，而满足需求或为顾客创造价值，也并不是零售才具有的特性，商品和服务同样要以此为基础。站在交换的角度来理解零售的本质，其意义在于交换的核心是价值交换，因此只需以价值作为最基本的行为准则，以避免纠结于具体商品或受到某些消费者行为的表象干扰。零售的根本就是促进双方有效地传递价值。

3. 零售与交换

社会再生产包含生产、分配、交换和消费四个环节，而担负交换职能的，最主要的是零售。马克思指出：由商品到货币的过程是"惊险的一跃。所谓惊险的一跃，是指商品进入消费领域并非自然而然或理所应当，而是要经过交换才能完成使命。关于交换，可通俗理解为"价值转换器"：生产其实并不能制造出价值，而只能赋予物品或服务某种使用价值，需要通过交换才能使生产者获得价值、消费者获得使用价值，价值属性发生了转换。这里有个争议的地方，就是生产究竟能否创造价值。从直观感受来看，人类发展至今肯定比古人拥有更多财富，而这些财富与劳动或生产密不可分，因此很容易得出财富或价值是劳动创造的结论，也就有了生产价值的错觉。然而事实是所有被生产制造出的，都只有使用价值属性，然后通过交换才能获得价值，如果没有交换，是无法实现价值的。

再换个角度来理解，为何劳动或生产创造出的只是使用价值？因为使用价值有个显著特点，就是随着被消费使用，不管快慢，其功能属性都会最终消亡，而价值却可以财富形式保留下来，并作为资本进入新的再循环过程。也就是说人类不断创造的是使用价值，通过交换获得价值，然后又作为生产要素创造新的使用价值。由于价值呈现需要依靠交换，所以交换是人类最重要的行为活动。

从社会再生产的环节中已经很明晰，生产和消费处于两端，所以交换职能就只可能是在流通领域。至于究竟是哪一环节，主要还是从使用价值的最终走向来判断：一种是所有权虽然已发生转移（即产生了交易），但使用价值并未减损，所以并不能算完成了价值转换，这些环节主要有代理、经销、批发及各种仓储物流等；另一种是价值和使用价值都发生转换，并且交换过程的参与方必须是实际的消费或使用者。而在所有中间环节中只有零售才具有这一条件，所以零售不仅是流通渠道的一部分，而且还担负着交换职能。由此也就不难理解：零售的本质是交换的介所。零售虽然仍具有产业的性质，但作为连接生产与消费的纽带和桥梁，既要代表生产来看待和研究消费行为，又要代表消费来审视生产，既是生产与消费双方的价值与信息的传递者，又是双方利益的守护或把关者；对于生产来说，零售既是商品流通的终点，又是消费使用的起点，对于消费而言，零售既是价值传递的起点，也是使用价值的起点。所以，如果说互联网是万物互联，那么零售其实早已是人与物的互联，并且这种互联还带有非常明确的价值交换属性。

4. 零售与购物

米勒把购物看作一种宗教式的祭祀；昂德希尔则认为购物学就是研究零售环境下购买者的行为特征，使商店和商品的设置更适合购物者需要的一门学问。昂德希尔还指出：随着商品日益丰富，品牌忠诚和广告等已不再对顾客购买行为起决定作用，而店里的广告与标志、货架位置、陈列空间和出入口等，都有可能成为顾客购买的决定因素，因此购物学研究的不仅是购买动作本身，还包括与之相关的物品、人员特性即微观情境等内容。

购物学脱胎于消费者行为学，只不过消费者行为学主要是从消费的心理活动来透视其购物行为，而购物学则是通过购物行为的表现来透视其心理活动。另外，购物学主要侧重于实际的购物行为过程，而非对消费使用过程的剖析。然而从商业主体来看，购物学的问题主要是把主体对象给狭隘化了，即市场营销主要关注的是消费者，购物学则主要研究的是购买者，而作为零售，实际上更应关注的是顾客。也就是说，购买者是实际产生交易行为的主体，消费者是实际使用产品或服务的主体，而顾客既可能是实际的购买与使用者，同时也可能是潜在的购买和使用主体，显然顾客所涵盖的范围比消费者和购买者都要大，三者之间存在一定的内在联系（见图1-3），既可能同为一体，也可能会是不同的角色。

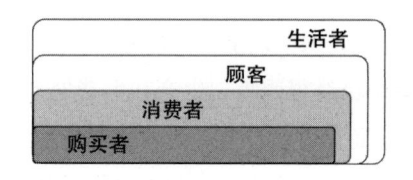

图1-3 顾客、购买者与消费者的关系

至于购后的消费行为，主要有三种情况：一是购买者就是直接消费者，比如服务就只能购买者自己消费而无法转移；二是购买后与他人共同消费，比如家庭里做饭或房屋居住等都是共同性消费；三是购买后由他人消费，比如婴儿用品就只能是大人购买而由婴儿使用。购买者未必是消费者，消费者也未必是购买者；顾客不等于必然会产生购买行为，但如果有消费，则必须有购买行为。

5. 零售的特性

（1）交易频次高，交易量和金额小。

这是最基本的零售特性。因个体的消费能力有限，以及商品的保质期、存储条件、支付能力或购买条件等因素制约，消费者单次购物的数量通常都较小，对应的就需提高交易频率。零售并不以售卖方的销售量为依据，而是以购买方的购物数量为参照标准，且是依照大多数人的购买行为，而非某个体的特殊行为。

> 小贴士：交易频次与保存期和使用期呈正相关：保存期或使用期越短，购买的频率就越高；保存期或使用期越长，购买频率就相对越低。

（2）交易多为钱货两清。

不管是怎样的支付方式（现金、银行卡或电子支付等），在多数情况下零售都是一次性完成交易。虽然有些信贷消费采用分次支付，但主要适于具有回收价值的商品（如房产、汽车或其他高价值品）。这说明零售的特点是资金回笼较快，而由于消费端的交易频次高，不可能每笔交易都与供应方随时结算，因此就会出现结款时间差，而这一时差也就可能成为进销差价和通道费用之外的第三盈利点（如可用于拓店或其他信贷等），对于产业来说较具吸引力。

（3）窗口效应。

截至2022年，沃尔玛已连续9年成为全球500强第一。作为零售企业为何能独占鳌头？有些人认为与长期一贯地坚持低价政策有关，有些人认为与高效的经营模式有关，有些人认为与卓越的企业文化和经营哲学有关，有些人认为与小镇战略有关，其他还有从科技、供应链和人员等方面进行解读的。但实际上底层原因在于零售的行业特性，即任何商品都需通过零售这一窗口才能进入消费领域，那么，还有什么行业能拥有如此巨大的市场基础？虽然拥有条件并不一定会得到结果，但没有条件肯定不会有结果，正如任何交通运输行业都无法与收费站的收益相提并论一样。

（4）低从业门槛性。

早期的零售活动主要为摆摊设点或走街串巷，几乎没有什么从业技术要求，只要愿意出力肯干，人人都可参与进入，相对来说从业门槛较低。同样，在卖方市场时期，商品基本没有售卖之忧，所以无须钻研相关知识与技能，当然也并无多少从业要求，通常只需找个地方，招几个人（或自己亲自上阵）和添置一些设备，进货摆上架便可开始卖货。实际上目前对于基层从业者的招聘对学历等要求都不高，更多的是吃苦耐劳等态度上的要求，致使整体从业者的基本素质相对不高，再加上相关理论知识的缺失，使行业总体上的创新和活力等都相对缺失。当电商出现以后，实体在人才方面的弱点更加暴露了出来，现在很多零售新概念基本都是由电商系提出的，虽然有些在之后的实践中证明也有问题甚至是伪命题，但至少反映出目前实体的人员素质偏低及人才匮乏，话语权总体处于被动的局面。

（5）高竞争性。

通常越是门槛低和简单容易的东西，就越容易招来更多入局者，导致竞争也更激烈，要想出类拔萃非常困难。这种低阶竞争带来的问题是：关注焦点往往会从优势竞争转为避免淘汰，所以通常以短期行为为主，更多地关注成本控制，模仿和搭便车往往是第一优选，但模仿只会带来同质性，同质性又会带来价格竞争。其实，随着买方市场到来，销售的游戏规则已然发生了改变，唯有不断求变与创新，探求和真正把握顾客需求，才能掌握竞争的主动。

作为零售商业，本身存在商品源头的短板，所以更应灵活多变，积极营造自己的独有特色，主要是经营顾客而非简单地售卖商品。零售虽然入门简单，但涉及的内容和环节众多，最重要的是所面对的顾客具有较大的不确定性，因而要做好绝非易事。在当今的市场环境下，既要牢牢把握零售的核心与本质，又要充分借助现代科技的力量（为何沃尔玛、亚马逊和阿里巴巴明明是从事零售业务，却被称为科技企业，其中道理不言自明），准确洞悉和把握顾客需求，全方位连接顾客并与之良好互动，整合供应链打通各环节资源等，这样才能在竞争中立足。

（6）位置特性。

零售业发展至今，虽然坐拥世界500强第一，电商也已表现出某种颠覆之势，却不能有效地"消灭"以夫妻档为主的各种小店，就连单店规模差异不大，却以现代管理模式运营的连锁便利店，也并未对其造成彻底打击。这些小店肯定无从谈及规模效应，在供应链上基本没有话语权，对顾客而言也大多是形象简陋的代名词，却能与大象共舞，这说明存在某种特殊的因素，其中最显著的就是空间特性，即位置资源具有明确的排他性和稀缺性，这就使得规模实力等竞争要素会受限。不过随着互联网的出现，空间位置作为线下实体的竞争屏障被打破，顾客足不出户便可购买到全球各个角落的商品，购物效率被大大提升，使得未来零售的竞争与发展开始由平面转为立体，未来就在于谁能更好地掌握这种空间资源。

三、零售的认知误区

商品从生产向消费领域转移，所经过的流转途径及相应的经济组织，就是商品的流通渠道。流通渠道担负着商品流的重要角色。流通渠道总体分为直接和间接两种类型（见图1-4），中间只要经过任何组织的都为间接渠道。

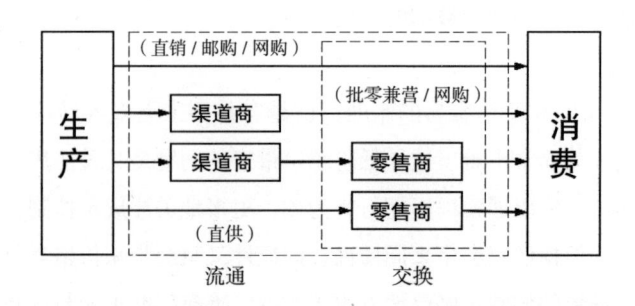

图1-4 分销渠道示意图

产销分离渠道（间接渠道）：生产出来的产品，中间需要经过各级经销商（常见的有代理、分销、批发和零售商），最终才进入消费领域。在产销分离渠道中，渠道环节最短的是生产者直接面对零售商，再由零售商售卖给消费者。

产销合一渠道（直接渠道）：生产者将商品直接售卖给消费者，中间不经过任何环节，由生产者自己承担全部流通与交换职能。常见的有直营或专营店（包括特许、授权、加盟等）、餐饮、娱乐和其他服务性店。

1. 产销与购销模式

两种渠道类型都会有店铺，所以容易产生混淆，区分的关键在于商品的所有权是否发生转移，产销合一渠道的商品所有权仍归属于生产者。之所以要区分两种渠道类型，是因为其背后为两种不同的经营模式和逻辑：产销合一的经营模式是产销模式，底层逻辑是先产后卖；产销分离由于存在购进和售卖双重交易，因此经营模式是购销模式，底层逻辑是为卖而买。很多人在探讨零售时，从所举案例就可看出概念不清或是混淆的，比如星巴克、麦当劳、好孩子、良品铺子、沃尔玛、盒马鲜生、宜家、Costco 或 7-Eleven 等都是案例常客，但这些渠道类型的性质是有差异的，基本的经营模式和运行逻辑并不相同，而非仅是产品或品牌的差异。

区分两种经营模式的意义在于，虽然最终都要经过零售窗口，但两种运行逻辑并不相同，如果应用错位就可能事倍功半。拿产销模式来说，反映在零售运营中可直观理解为"货找人"（注意：它与新零售中的"货找人"概念是有差异的），即自己已有相应的产品或服务，这时只能根据产品特性去寻找对应的顾客群体，而由于交易成本等原因，只能把窗口开在能最大化吸引顾客的商圈范围内；拿购销模式来说，反映在零售运营中则为"货适应人"，即根据实际所处商圈对应的顾客，来寻找相匹配的产品以适应其需要，因此反过来也可理解为"人找货"，只不过这个"找货"主要是借助零售窗口来实现。

由此不难看出，产销模式的重点在于渠道选择，购销模式的重点则在于商品组织。对于购销模式而言，底层逻辑是为卖而买，这时对于商品选择及购进的最有效方式，就是把自己也变为顾客，这样才能真正理解和领会到顾客所需，如果连自己都不想要，那么失败的概率会很大。再进一步来看，产销模式背后的理论基础为市场营销，虽然市场营销也积极倡导消费者思维或立场，但由于种种原因，产品对于需求往往是推算、模拟或"射箭画靶"，然后再通过市场来检验——正如网络中算法的实质是通过观察顾客行为大数据来推测需求与喜好，从而使推送更有效。然而需求是动态变化的，致使推送总会有一定的滞后性，甚至是"自己牵着自己走"。

就某种意义来说，市场营销仍是生产者视角，而购销模式与产销模式的最大不同在于自身也是购物者，所以对于商品会有不同的理解，是实践版的消费者思维。其主要表现为：①角色与立场不同。产销模式主要是通过角色转换来研究顾客行为、消费过程和使用反馈等，判断顾客真实需求状况，从而指导企业生产出符合的产品，然后再极力推销；购销模式则是直接参与其中，对于需求和产品的感知更直接。②目的与手段不同。前者是告知商品如何能满足需求，但对于商品选择具有排他性；后者相当于提前分担了部分购买决策，然后再提供多种选择方案，相对减缓了顾客选购压力，其根本在于提供多种解决方案或更多选择性。

另外，对于两种模式的认知可帮助厘清零售与零售商业的概念：零售商业是专门从事零售的商业主体，属于商业范畴，只经营购进的商品（即购销模式）；零售则属于贸易范畴，既可经营购进的商品，也可经营自己的产品。显然，零售是一个总的概念，同时包含购销和产销两种模式，而在实际中更多的是指总的范畴或交换职能，所以两种模式往往会被混淆在一起，从而导致应用误区。

2. 零售与市场营销

市场营销和零售的最终指向都是售卖，但二者是有区别的：市场营销中的销售对象可以是任何人，但如果下游是商户时，商品仍在流通领域，因此并不具交换的意义；零售只面对消费者，售卖后商品就进入消费领域。零售是不以再次出售为目的的销售活动，是销售的一种形态，是零星的销售。下面以 4P（Product，即产品；Price，即价格；Place，即渠道；Promotion，即促销）营销组合进行对照，来进一步看零售与市场营销的主要差异。

（1）产品。

产品是指能够提供给市场，用于满足人们某种需要的任何物品。市场营销强调的是如何通过产品或服务来满足消费需求，零售则是通过类型呈现来吸引顾客或满足选购的要求。也就是说，在同类型下会呈现不同的品牌、档次、包装和规格等，通过"商品池"的方式来解决不同顾客的不同问题，比如口渴时可选择矿泉水，也可选择果汁、茶饮或碳酸饮料等。顾客到店后由于有更多选择而无须局限于某种商品，因此往往更容易引发购买欲望，而顾客如果并非某品牌或商品的忠诚者时，也会乐见不同品牌间的竞争，这样可能会使自己的效用更大。

对于生产来说，在产品推出前通常都会经过大量和精心的准备，希望每个产品都能有良好表现；零售则更在意类型表现，但在类别中各单品是一种竞争关系，如果表现欠佳就会被汰换。市场营销所关注的，是顾客为何及如何才能选择该商品，及消费使用后的满足状况；零售关注的则是怎样让顾客产生购买，通常以提供更多和不同的选择为手段，顾客只要产生购买，就表明已满足需求（虽然较为狭隘），因此不会过于纠结于某商品的表现。可见零售对于商品经营有自己的标准与模式，重点在于如何选品与购进，以及通过什么商品类型来解决问题。从经营角度来看，对于具体产品或服务可通过产权保护等来保障其排他性，但零售显然无法做到经营方式的排他性，因此只能通过服务组合才能确保竞争性。

（2）价格。

在市场营销中，战略性定价是为了在消费者心目中形成有效的定位，战术性定价则在于最终能否获得收益，不仅关系到产品能否被顾客接受，还在于整个产业链中各方利益的协调。零售主要以形象定位为价格策略，更注重的是价格形象。换言之，如果单品因价格高而无法产生销售，只需汰换掉即可，因此单品价格要服从于整体定价目的。当然单品价格与价格形象是相辅相成的，价格形象依赖于单品价格表现，而价格形象一旦形成，又会在一定程度上影响单品定价。

市场营销更注重单品的形象，为避免品牌形象出现模糊，通常比较注重统一价格维护；零售则更钟爱使用价格手段来树立价格形象，因此有时单品的价格秩序往往会被打乱，比如因竞争和环境不同，价格表现会有较大差异，一瓶正常售价2元的水，超市里可能为1.8元，便利店可能为2.5元，餐馆可能为3~5元，特殊场所则可能为6~10元，这对于整体品牌形象的建设肯定不利。

由于零售对具体商品缺乏特别依赖性，而价格又是拉动销售的主要方式，所以商家较喜欢用价格手段来竞争，如果某商品的价格体系崩溃掉，那么只需重新更换品项即可，因此通常并不会主动维护价格，导致与厂商存在固有矛盾。有能力的厂商往往会进行转售价格垂直约束，但由此又可能损害消费者利益。另外，在价格方面有一个生产所不能掌控的，就是零售本身的服务增值性，即服务是整体的，很难指向具体单品，因此当硬性赋予到某具体商品时，就意味着该商品会增值，而这将取决于零售商如何运作，比如电商平台的百亿补贴，具体补到什么商品都会使其价格表现有很大差异。反过来，在一定意义来说，又会迫使生产对零售更加依赖。

（3）渠道。

渠道是产品流向消费的重要环节和必要条件，最根本的在于保障通畅，所以生产总希望有稳定可控的流通渠道，如果渠道线太长或环节过多，对其控制就会越弱，即便是在生产主导时期，对终端零售也往往是鞭长莫及。零售的下游由于已是直接面对消费者，因此渠道问题主要在于如何交付，而上游因商品逻辑是以品类为主，所以进货渠道通常是谁能提供资源就与谁合作。另外，由于实体位置的固定性，生产在选择终端渠道时多会考虑配送能力、市场覆盖和竞争占有率等，所以通常希望终端窗口能多多益善；零售选择供应时则表现出某种矛盾性，既不愿被厂商拴死，但又希望厂商对于布点能尽量减少，或至少距离自己较远，以避免与其他店产生直接竞争，并希望给到竞争对手的资源越少越好（这也就不难理解为何稍有实力的零售商往往都爱搞"禁业协议"，目的就是获得竞争优势）。

在实际经营中，生产与零售的差异还包括：以销售为出发点，生产希望通过渠道的配合，将产品顺利销售出去，零售希望通过产品销售，将自身销售出去；在资金方面，生产只有在完成回款后才能算真正收益，并通过资金周转来提升再生产进程，零售更在意谁能带来资源，货款更多地被作为与上游厂商博弈的手段，并通过收付款时间差创造额外利益；在库存方面，生产很难掌握商品进入流通领域后的实际进度，所以经常会出现按所谓营销计划进行压货，并希望以此来倒逼中间商加快流转速度，零售则由于空间所限，面对众多厂商的商品不可能都保持积压库存，最希望的是"以销定购"模式，尽量保持自己的库存为零；等等。

（4）促销。

市场营销中的促销概念主要是指营销沟通，主要通过广告、销售促进、公共宣传和人员推销等来进行。零售的沟通内涵有所变化，主要为顾客感受的角度，因此更多的是通过人员、陈列、环境和氛围等来呈现，就具体的促销而言相对较为狭隘，更偏于销售促进，且大多采用价格让利的方式来促使购买。

通过前面的对比不难看出，市场营销虽然是零售理论体系的基础，但并不完全符合其运行逻辑，所以还需灵活变通应用。除了经典的4P营销组合外，与零售相关的还有一些较具代表性的营销理论，可以简单了解一下。

4C理论：包括Consumer（消费者）、Convenience（便利）、Cost（成本）和Communication（沟通），由劳特朋所提出。强调企业应以追求顾客满意为首要任务，为顾客降低成本，并充分考虑购物过程的便利性，以顾客为中心实施有效的营销沟通。它与4P理论的最大区别就在于营销重心向顾客偏移，更强调需求拉动营销模式，因而对于零售更具参考意义。但由于该理论中消费者具有不确定性，且缺乏对市场竞争的考虑，致使实操性要弱于4P理论。

4R理论：包括Relativity（关联）、Reaction（反应）、Relation（关系）和Retribution（回报），由爱登伯格所提出。以关系营销为核心，强调企业应与顾客建立良好的长期互动关系，针对顾客需求要有快速反应机制，进而与顾客建立起长期稳定的合作伙伴关系。其特点是以竞争为导向、满足顾客需求、与顾客建立互动和追求形成双赢,但同样存在概念性和缺乏可操作性的缺陷。要注意的是,4R 组合专用于关系营销,但并非普通营销组合的延展,或者说与原来的 4P 营销组合并没有逻辑上的对应和延续关系。对于零售来说,由于是直接面对顾客或消费者,所以关系营销还是具有相当的参考价值。

4V 理论:包括 Variation(差异化)、Vibration(共鸣)、Versatility(功能化)和 Value(附加价值),是基于互联网特性发展而来的。强调既要进行差异化竞争,又要满足差异化和个性化需求,同时又要能提供独特的价值,与消费者产生共鸣,融为一体。4V 理论相对来说实操性更弱,更多的是作为一种理论性的指引,但对于电商应用还是有重要的意义。

第二章　需求的问题

人类自诞生之日起，就存在各种需求。需求是人的某种缺乏或不足的感觉，是一种不平衡状态的反映，并且有要求填补缺失的倾向。也就是说，需求源于某种生理和心理上的匮乏，这种匮乏打破了原有的平衡，而不平衡导致产生紧张感，因此总会有弥补缺失以达平衡的主观心理动力。需求是购买与消费的最基本和最原始动机，因此相关的需求理论是产品研发和推广的重要依据。然而，由于需求本身的某些特性，目前对于需求是存在认知偏差的，导致在实际应用时出现误区。

一、需求的种类

需求的种类很多，从大的方面可分为物质和精神，或者分为自然和社会两种类型。在营销方面，科特勒主要归纳有负需求、无需求、潜在需求、下降需求、充分需求、不规则需求、超饱和需求和不健康需求8种类型。与购物相关的主要有现实、潜在、退却、充分、不规则、过度、否定、无益和无需求，可以明显看到，不是任何需求都会引发购买动机，有些需求（如潜在需求、零需求、否定需求和退却需求）是需要诱导或刺激后才能激发起行为，而有些需求（如过度和无益需求）则反过来需要进行抑制。在有关的需求理论中，较为经典的是马斯洛的需求层次理论（见图2-1）：需求由低到高有生理、安全、社会、尊重和自我实现五个层次；越低层级的需求其强度就越大，所以通常优先满足低层次需求，然后逐渐满足更高层次需求；需求层级越高越难实现，因而高层级的满足愿望更强烈；人的行为由优势需求所决定，虽然有多种需求但只有一种占支配地位；人处于不同年龄、文化教育、健康和经济条件等状况下，对不同的需求比重不一样。

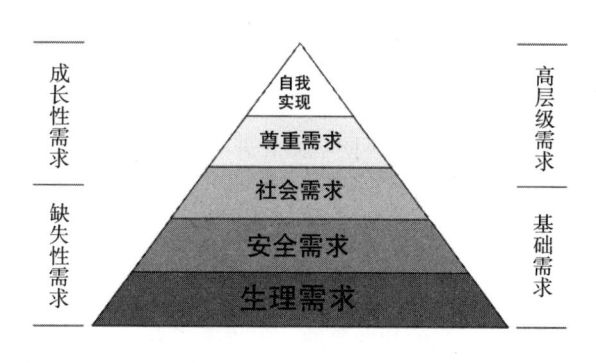

图 2-1 需求的层次

二、需求的特征

1. 目标性

需求有具体目标和指向，而非空想。不管是具体的实物形态，还是无形的服务、知识、文化和信仰等，抑或是运动、休闲、旅游和社交等活动，没有目标就不能构成需求，这是需求最重要的一个标志。

2. 程度性

根据所要达成目标的重要性和紧急程度，需求有强弱之分，急迫程度或重要性越高，需求就越强烈，反之越弱。需求强度越高，驱使完成达到目标的动力也就越强。另外，程度性还表现为范围大小，目标越明确需求指向就越具体，目标越模糊则需求越宽泛，而需求越细分具体，相对地越容易实现。

3. 制约性

需求产生于个体，因而会受文化、教育、风俗、民族、习惯、价值观和生活方式等个人因素的影响，同时也会受区域、群体、国家形态、政策法规、社会阶层和经济状况等社会因素的制约，所以需求并非是漫无边际的。

4. 差异性

既然需求存在于个体，需求动机及借此达到的目的就会有所不同。由于各自所处的环境、思维、知识、能力和价值观等都不同，因此每个人的需求都是独特的，并且每一个体是发展变化的，进而在不同时期的需求表现也不尽相同。

5. 不等性

需求并非只有单一层次，对于需求的满足具有不同的优先顺序或重要程度，通常会优先满足较低层次的需求，然后逐渐追求更高层次的需求满足。

6. 多重性

在实际生活中，很少只有纯粹单一的需求，而往往是同时伴生有多重需求，既有同一层面的多重需求，也有跨越不同层面的需求，比如进餐是满足生理性需求，但也会有味觉和视觉等感官上的审美需求，如果是几个人共同进餐，则会有社交的需求，或者在高档餐厅用餐，又有显示身份的需求。

7. 矛盾性

需求有时是隐性的、模糊的和抽象的，很难进行表达或描述，有时又是明显的、清晰的和具体的，表现出复杂和矛盾的特性。需求的强与弱或大与小等，其实从某种意义来说也是一种矛盾性。

8. 变化性

当某种需求满足后，通常会随即消失，但往往也会产生新的或更高层次的需求，或在过程中又会产生新的变化或衍生出其他需求，比如大家熟知的经典段子，原来只想买自行车，最后却买回了劳斯莱斯。需求通常会表现出"产生—满足—减退—再现"的循环周期性，但由于时间、社会环境、个人习惯、商品改进和购买条件等因素的变化，再现的需求在内容和形式上可能会发生变化或更新，并往往呈现为递进的趋势，比如更优的品质、更低的价格或更好的服务等。

需要指出的是，虽然需求是所有行为的原始动因，但问题是我们似乎能知道其存在，却无法准确了解与掌握，因为需求存在于人的心智里，与购买决策一样是处于"黑箱"之中，只能通过输出或表现出的信息来分析、概括和推断出内在的某种规律性。之所以不能很好地了解需求，主要是源于以下三个方面。

（1）不知道。心理学研究证明，人的意识犹如冰山，自己能够意识到的只是冰山一角，真正大量存在的是潜意识和无意识状态，而需求属于主观的心理范畴，所以有很多需求实际上是无法被清楚地描述的。

（2）不愿说。在进行需求调查时，对于有些问题受调查者往往会言不由衷，但具体的原因目前还不是很清楚，大概的推断可能是出于某种道德压力，或是基于某种利益目的，抑或只是出于对调查者的礼貌而已。

（3）说不出。在回答需求调查时需要进行描述，但人在调动信息时往往是片段化的，并且在还原为语言时又会面临巨大障碍，因此调查的结果往往是不准确或片面性的。而更麻烦的是人在还原表述时，或许是潜意识的作用，往往会加入自己的偏好甚至某种愿望臆想等，因此所得出的结论有时非常不靠谱。

这些原因都导致了需求很难被准确地把握。一般来说，采用感悟和演绎方法可以深入内心的认知,但容易受研究者的主观性左右,相较缺乏客观性,而采用传统的观察、调查、测试和实验等方法,又很难得到完整的数据。随着科技的不断发展,出现了大数据分析,理论上会无限趋近于真实,但在面对海量数据时,如何有效解读又成为一个重要课题,即便是所谓算法也仍会掺杂编写者的主观性,AI人工智能或许是较好的解决方案,但还有相当的路要走。

三、需求结构模型

顾客购买决策可能是出于某一种需求,也可能是多重需求的综合考虑。虽然需求层次理论揭示了内在规律,但随着物品的日渐丰富,顾客有了更多选择性,使得需求满足的逻辑也因此发生了变化,比如对于底层的生存需求,填饱肚子已基本不是问题,反而是吃什么或如何吃好才是难点,重心似乎已发生了变化,但用需求层次性理论并不能很好地阐释,因为其本身并没有脱离生理需求的范畴。如果从需求排序理论来看,顾客会根据轻重缓急状况,优先解决认为重要的部分,因此决策的落脚点可能出现在任何层级。这似乎跳出了需求层次框架的束缚,是以重要性来决策,但问题是如何排序又存在一个决策过程,仍受需求层次的影响,且排序本身与需求层次理论一样是逐渐推进的,只是起点不同而已,所以并不能真正有效地确认具体的起始点。

对于顾客或消费者而言,所关心的是需求能否得到满足,但由于顾客需求具有复杂和多样性,因此在面对多重需求时,相关的需求理论就会显得力不从心。本书在需求层次理论的基础上,结合具体应用实践中的问题,总结提出了需求结构模型(见图2-2),它是回答"多重不同需求是如何影响决策的"的方法论。其中,模型A简化了需求的层级划分,重心只放在需求的类型上,这样在实际应用时能简单快速地进行判断与把握;对于情感层面的需求进行了心理和精神的区分,这是由于相关行为存在主动与被动的差异,其中引发决策的动因并不相同;各类型间没有绝对界限,当某需求作为主导时,并不排斥其他需求因素也同时在起作用,需求既受层次性的影响,但同时又不受束缚而是以显性的重要性来决策。

需求结构模型是基于多重需求的应用,如果选择很少时,则更适用于需求层次理论。该模型的内在逻辑是:人的决策往往是多重需求的作用,虽然表面上最终是一个决策行为,但实际是各种需求权衡的结果。需求结构模型作为一种工具,有助于更好地理解顾客购买决策行为,更清晰地了解顾客究竟在意什么,更有效地帮助对市场上的各种产品进行分析和找到答案,当然也更便于自己做出定位。

```
          A
        /精神\
       / 需求 \
      /--------\
     / 心理需求 \
    /------------\
   /   心理需求    \
  /_____\

  B            C            D
 /精神\       /精神\       /    \
/心理需求\   / 需求 \     /精神 \
/--------\  /心理需求\    / 需求 \
/ 生理需求 \ /--------\   /------\
            / 生理需求 \  /心理需求\
                         / 生理需求\
```

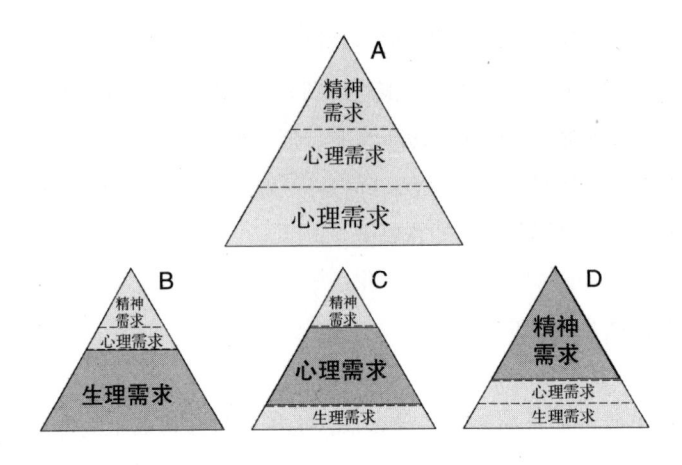

图 2-2　需求结构模型

人的需求基本脱离不了生理、心理和精神三大基本类型，只是在不同的目的或环境下，三种类型的比重状况会发生变化，有时可能是某一类型需求独大占据主导性，有时也可能是多重需求综合权衡的结果，比如在饥饿时如果没有其他选择，即便不爱吃甚至厌恶，也只能先暂时"关闭"其他需求，优先满足生理性需求再说（见图 2-2 中的模型 B）。反过来，由于某种原因，精神意志力异常强大，即便再好吃也要坚决绝食（见图 2-2 中的模型 D）。最终表现出的结果，是在于哪种类型占主导地位。而当某种类型需求占主导时，并不等于就没有其他类型需求，只是表现得暂时较弱或隐性，一旦条件允许又会显现出来，所以会表现出变化性。有时，如果是长期性地压抑某种需求，甚至还会出现报复性的满足要求。

1. 生理需求

生理需求是最基本的需求，涉及最底层的生存问题，如果脱离了生理性载体，其他一切就可能无法有效实现。不过，生理需求并不完全决定其他需求，它与心理和精神需求是相生相伴、相互依存的关系，共同构成完整的需求整体。需求层次理论认为会优先满足生理需求，但有时在实际的消费表现中未必如此，这说明由于存在心理和精神的作用，生理需求的满足并不必然。

生理需求基本上是通过实物性产品来满足的，或者说产品的实际功能所对应的是生理需求满足，但其中并没有心理和精神的概念，也就是说心理和精神属性并不是被生产制造出的，而是需要赋予和被感知的，产品只是起媒介和承载作用。心理和精神的具体内涵，主要为人类经过漫长的发展，会形成大致的共同遵守的准则（如文化、习俗、道德和法律等），这样才会有共同的反映或指向，而如果是新事物，则通常会用原有属性进行对比，或人为地加以引导，以便能被"理解"。

需要注意的是，这里的实物性并不只有实体形态，还包括无形的服务。所谓实物性是以使用功能作为判断标准，而非按形态来区分。既然是功能属性，那么就要能解决问题，比如洗衣粉要能洁净衣物、鞋子要能保护脚、电话要能通话等。针对不同需求，有些功能还会被细化（如牙膏还有美白、防蛀或护龈等功能），有些则是在主要功能的基础上，派生或附加出新的功能（如智能手机既能通信又有网络应用，汽车既能移行也有越野、速度或安全等功能）。通常而言，生理需求主要表现为对于功能的需求，既可以是实体性的物品，也可以是无形的服务。在需求结构模型中，生理需求与需求层次理论中的生理和安全需求大致对应。

2. 心理需求

心理是对客观现实的主观反映，人的心理不是一般物质的运动，而是一种机能，是通过感官认识外部事物，进而产生各种感觉、知觉、表象、记忆、思维和情感等的行为过程。由于人总是会有各种不同的心理状态，而对于某种心理上的吻合或要求，就是心理需求。可见，心理需求是有关人的内心情感等心理性诉求，与需求层次理论中的社会和尊重需求有部分对应，但包含的内容更广。

顾客的购物行为并非都只受功能性的驱使，同时也会受心理的影响。虽然在选购商品时，心理活动和过程往往未必能被感知，但实际上存在一系列的心理反应，并且会影响购物或消费行为（正如常说的"跟着感觉走"，就是存在某种心理活动但又很难明确表述的写照）。在顾客行为中，同样会出现心理需求占据主导地位的状况（见图 2-2 中的模型 C），比如从众心理、身份显示或强调某种个性等。

3. 精神需求

精神需求是人的主观性意识或意志性的需要（包括文化、知识、艺术、道德、观念、宗教、信仰和政治等），与需求层次理论中的自我实现部分类似。从严格意义上来说精神仍属于心理范畴，都是人脑的活动反映，但在具体应用时还是有很大区别的：心理性是人对外界自然的机体反应，精神性则是人脑产生的思想、观念和理想等，根本在于主观控制和能动性，换言之，虽然精神性有很多时候会与某些心理活动相重叠，但具有较强的主观支配性，一定程度上可能还会影响其他另外两方面的行为。在实际购买行为中，主动与否会有不同的购买动机，比如看到一件衣服，基本的保暖或遮羞等是生理需求，对于衣服的审美或喜好等，或者还会联想到穿着后的形象等属于心理活动范畴，而如果是想要达到某种目的，那么就属于精神性的范畴。精神需求引发的购买行为通常都更具主动性，而一旦实现后满足感会更强烈，在强调个性追求的今天，这对于产品开发具有重要的意义。

需求层次理论中的自我实现实质上就是一种精神性行为，但通常被描述为很难或很少能实现，而需求结构模型认为，精神需求中的主动意志是正常而又普通的一种行为，并且与其他另外两种需求一样，无时无刻不在影响着购买或消费行为，需求的实现主要在于目标的大小、高低或强度，以及本身的主观能动性；自我实现是自我追求的终极目标或价值，但有可能过高或不切合实际（比如希望在有生之年能到火星去旅游、成为世界上最富有的人等），这些都会造成需求的实现较为困难，当然，如果一旦得以满足，那么成就感也就无比巨大，所以更具诱惑性。但这与精神需求中的更大满足感不同，自我实现是在极端困难下得到后的一种释放，精神需求则更像是得到后的成就感。

也就是说，对于精神需求只要是主观性的目标得以实现，就是一种自我实现，比如与心爱之人的一个烛光晚餐、终于购买到心仪已久的单反相机、全家人的一次海外度假旅行、抢到了偶像的演唱会门票等，又或是只想在家里泡壶茶或品着咖啡，静静地体验而其他什么都不想。可见自我实现并不遥远，时刻就在自己的身边。

综上所述，多重需求最终影响购买与消费的，取决于什么类型占据主导地位，在于其强度、主次或重要程度等，当某种类型的强度或重要性大于另外的类型时，就会以该类型为主导，其他变为从属地位。也就是说，所有需求都会实时排序，决策主要受权重的影响。而排序并非是固定或一成不变的，只要条件或因素发生变化，就有可能推翻重来，比如减肥对于饮食会有特殊要求，但如果要接待重要客户则可能会改变原来的诉求。显然，当几种类型的权重相当时，表现出的购买决策最纠结。

关于需求结构模型的应用非常简单直观，不管是产品开发还是卖场引进，都可以让你快速和更有针对性地把握诉求点在哪里，更重要的是它还能与其他相关理论结合应用。比如与顾客满意相结合，顾客对于需求满足会有一个期望值，达到时为满意，超出时则为惊喜，而结合需求结构模型来看，由于总体是由不同类型所组成，因此预期也分不同类型，即预期包括总体和各分项部分，这时就可以知道构成满意或惊喜的结构：其一，由于存在不同需求，有些地方可能已觉得满意或惊喜，但有些地方可能还存在不满，如果整体感到满意，那么分项中的不满就可能会被谅解，而如果整体感到不满，那么分项中即便有惊喜也可能无济于事；其二，如果只是特别关注其中某类型，则通常其他类型的预期值也不会太高，当重点在意的满意度较高时，即便整体满意度一般也还能容忍，而如果重点在意的满意度较低，即便另外的表现较好也可能意义不大。换言之，顾客在选择商品时，如果较偏重于某类型的需求，却无法被很好地满足，那么放弃的可能性就会很大。

四、需求的认知误区

满足需求是商品或服务存在的意义，但现实中常易陷入一个误区，即把需求本身与满足方式这两个概念相混淆，很多时候觉得是在谈论需求，实则谈的是满足方式。人在产生某种需求后，对于如何实现通常是根据已知条件来进行相应的行为，比如从甲地到乙地，最早就只能步行，后来出现了一些原始交通工具，便可选择步行、骑行或乘车的方式，到再后来可选择的出行方式就更多了。但问题是，究竟位置移动本身是需求，还是选择什么出行方式是需求，抑或是选择怎样的交通工具是需求？这些似乎都表现为某种需求性，但最根本的显然是移动的问题。实际上很多改善或发明创造，最初的目的或动机都是对于问题的解决和提供更好的方案，比如汽车解决的是空间移动问题、手机解决的是无线通信问题、电钻解决的是打孔问题，但随着时间的推移，却往往误以为是对汽车、手机和电钻本身的需求，导致对其产品的理解变得狭隘（如品质更优、更快捷、更便宜等），并且容易纠缠于其中，这也是国内市场相对缺乏创新和内卷严重的原因之一。

也就是说，很多被困扰的并非需求本身，而是不知道用何种方式来解决问题，因此人们常会把所提供的方案或措施，当成给顾客创造了某种需求的错觉。对企业而言，就在于是聚焦于产品还是解决问题的方式，或者说是否能真正考虑到问题背后的问题，这将决定会有不同的行为方式。

其实消费者对于效用的评估，同样也无法区分是针对需求还是实现方式，但根本还是在于能否解决问题。为何有些产品推出后能卖得很好，有些则一败涂地，其中并不能说没有满足某种需求，主要是解决方案可能有问题。如果汽车没有马匹跑得快，那么就很难会有汽车的需求，反过来，如果有什么交通工具比汽车更优异，那么汽车也将面临被淘汰。可见，如果纠结于如何提供更好的车，那么就只能停留于表层的竞争，但其本质在于解决位移的问题，这才是真正的竞争之道。

乔布斯曾反复强调"人并不知道自己需要什么"，一副洞悉顾客需求的样子，但如果明白需求的误区，就会发现这其实是把需求与解决方式相混淆了。苹果之所以能脱颖而出，在于率先找到了解决问题的更好方法，其底层逻辑就在于快捷性：核心的芯片处理器，性能可谓一骑绝尘；外观和界面设计主要围绕"简"字展开，极简主义设计理念会让人感觉使用起来也会简便和快捷；闭环生态系统的本质是为了能保障运行的顺畅度。综合下来，使用体验就是方便、快捷。反观现在苹果为何影响力有所下降，除了竞争因素外，会很清楚地看到其底层逻辑开始变得有些模糊，越来越把重心放在花哨和复杂的功能上，而这与简捷可能存在冲突或矛盾。

2019年，天猫"双11"的成交额高达2684亿元，阿里巴巴集团董事局主席兼首席执行官张勇非常自豪地宣称，为顾客创造了更多购买需求。这其实也是没弄清需求已然存在，只是通过价格等方式，激发或唤醒了原来沉睡的潜在需求，或者更确切地说是满足了可购买到价廉物美商品的需求，但真正对于爆发性购买起作用的在于需求弹性规律，而非所谓创造了需求。巨量成交额的背后，很多都是因价格因素而在之前延缓购买，或由其他渠道转移而来，所以这只是竞争的胜利，而非底层的问题解决。

第三章 选择的悖论

虽然需求是购买与消费最原始的动因,但从需求到最终的购买与消费,中间还有一个"漫长"的过程,其中最主要的是选择与决策。对于选择,阿尔伯特·加缪提过一个问题:我应该自杀还是享受一杯咖啡?他认为生命中的每一件事都是选择。每分每秒我们都在选择,生活中永远充满了选择。存在,至少是人类的存在,是由人们做出的选择来定义的。人类是在选择的伴随中发展的。

选择意味着拥有自主权。人类在过去的物质匮乏时代,因为没有更多选择而倍感苦恼,但随着物品的日益丰富,人们的幸福或快乐感却并没有随选择性的增加而提升。事实上,当越是有太多选择时,反而会变得更加困扰,甚至有研究认为这也是抑郁症的诱因之一。因为人在选择或决策时,会消耗大量的精力,所以选择过多只会使做决定的过程更艰难,并且由于得到就意味着将要放弃其他,而人是厌恶损失的,因此权衡与选择反而变成"痛苦"之事,往往会使满足感降低。关于满足感,艾力克斯·麦克罗斯指出,满足的标准是基于三个差异(即已有的和想要的、自己有的和别人有的、现有的和曾经有过最好的)的评价。期望或标准越高,就越不易被满足。但由于人对于满足有适应性,期望值会被不断提升,从而导致即便有更多的选择,也会越来越感到不满。

从前面的叙述中我们已知道,零售总有扩大规模以满足一站式购买的趋动力,这除了交易成本因素外,还与顾客总希望有更多选择有关。然而,更多选择并不意味着必然有好的结果:艾扬格和莱珀在超市里设置了两个摊位售卖果酱,一个有24种口味,另一个只有6种口味,在多口味摊位上有60%的顾客停下试吃,而少口味摊位上只有40%的顾客停下试吃,不过实际结果却是,少口味摊位有30%的顾客产生了购买,而多口味摊位却只有3%。这反映出人对于选择虽然希望多多益善,但并不愿意更多地决策，特别是当被选择对象的差异越小时，就越容易产生取舍纠结，导致决策时备受困扰或力不从心，而往往放弃努力。

对于零售来说，选择问题也很容易使之堕入误区，即过多的选择可能反而会使成交率降低。其中又反映出两个问题：一是顾客之所以希望能有更多选择，实际上其潜台词是在抱怨没有找到"适合"的产品或服务；二是很多时候给到的所谓更多选择，其实只是同类重复而无效的，只会更增加无所适从感。对于顾客而言，更多意味着注意分散，反而不利于选购，而如果要使其聚焦，就需要减少品项，但很可能又真的变成选择性不足——零售的难点就在于如何平衡这一矛盾！

如果单纯从数量来看，由于人很难同时关注超过7个以上的事物，因此通常喜欢有3~7个备选方案，如果只有一个时会觉得没选择而有被强迫感，只有两个时会觉得有些非此即彼，当有三个及以上时才会感觉有选择的余地，并在一定程度上可以看到好、中、差三种不同的表现，从而便于进行判断和取舍。可见，虽然理论上备选方案越多越好，但如果超出生理极限的制约，反而有可能变得无所适从，风险厌恶只会增加心理的厌倦。事实上，顾客并不知道自己不喜欢选择，只是以为当有更多备选时，似乎更有利于找到答案。选择意愿与更多选择性的关系，如图3-1所示。

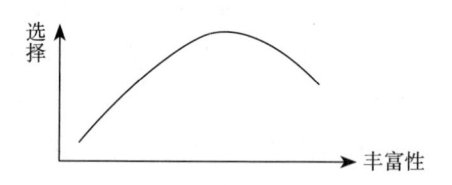

图3-1 选择意愿与丰富度的关系示意

另外，产品属性越相近，就越容易出现选择困难问题，差异越大则相对更易抉择，比如口渴时要选择水、碳酸、果汁、茶饮或乳品等会比较容易些，但如果在水里要选择矿泉水、纯净水或其他，恐怕就有点麻烦了。所以当店铺规模越大时，商品同质化的可能性也就越高，表面上是丰富了顾客的选择性，但实则是把难题扔给了顾客，商品多而全可能仅是相同元素的堆积，对于顾客选择并无意义。因此丰富性要以实质性差异为前提，而非同类下的更多品项。从交易成本来看，顾客越是花更多时间选购，成本就越高，显然不利于成交，因此根据成本转移原理，就知道零售不是简单地提供商品，而是要帮助顾客筛选，便于顾客顺利抉择，这就需要从品牌、规格、价格、品类、包装、服务和形象等多个维度，并结合竞争、自身定位和特色等进行过滤，总之，属性越是相近的，就越是要慎重。

如果再进一步，就差异化而言，最根本的还是在于需求结构中心理和精神需求的状况，及各要素的构成比例，因为心理和精神需求是内在和主观性的，只要产生共鸣就相对容易引发行为。就如前文指出的那样，目前国内市场并不完全是有效需求不足，另一个重要原因是大多还停留于功能层面，停留在所谓丰富的产品制造的假象层面，但这只会增加顾客选择的困扰。

需要说明的是，电商与实体的商品选择、顾客购买行为是不同的。电商的商品丰富性与实体相比显然不是一个量级，但未必会出现选择困难，那是因为电商主要为搜索式购买，即通常已有某种初步意向，在进行具体选择时多是对价格或其他因素作对比，而且企业或平台往往还会提供排行、热度、推荐和评价等参考因素，以便于进行过滤，进而大大降低了选择的难度。如果像实体那样的浏览式购买，将很难脱离三个方面的影响：一是本身的注意和精力有限，往往很难超过 20 页以上的浏览；二是网页基本上是千人千面，并且很多是智能推荐，因此大部分并未跳出自己已固化的范围；三是基本很都难抵御各种促销及价格的诱惑。所以电商的很多购买都是被"灌输"的，而非选择的。

由此可知，吸引与购买未必呈正相关：顾客在做决策前，通常会随着信息越丰富而越易被吸引，但在实际决定时又需要进行聚焦，信息过多反而会形成一定的干扰。至于如何筛选和聚焦，将会因人而异。仅就价格决策而言，假设没有任何兴趣或品牌等偏好，在面对同类产品时，大多都会选择中间类型的商品，因为太便宜会担心品质有问题，或担心某种"掉价"；高价格除了价实相符外，大多是更高层次的某种情感或心理满足，但对于多数人来说往往会受购买力的制约，或是觉得价不符实；如果选择中间地带，则既不需为此付出高昂代价，又可随大流而无须冒风险（从众心理）。实际上，从统计结果来看，大多时候也会呈现出两头少中间多的纺锤状规律。

因此，零售商在组织商品时要注意，选择虽然与吸引力有关，但与转化率并无直接关联，因此既要通过丰富度来提升吸引力，又要有效地形成某种信息聚焦（如差异或独特性），以帮助顾客减少选择困扰。现实中零售商之所以特别喜欢促销，其原因之一就是通过价格手段等刺激，促使顾客简化和加快决策。

第四章　价值与商品

零售界普遍认为商品是零售的第一要素，但商品其实只是价值的载体，价值才是零售的根本与核心。价值反映的是效用和满足的尺度，商品则是解决问题的手段和方案。二者是辩证的关系，价值虽然是根本，但离不开商品来体现，商品提供的解决方案需要价值来衡量，离开价值的商品及活动无疑是空中楼阁。如果把目光仅停留在商品本身，就往往容易纠缠于商品层面的竞争，却忽略其最根本的是在于内在的意义与独特内涵。

一、价值与价格问题

其实，不管是市场营销还是零售，大多时候看到的都是有关价格的探讨，但价格只是表象，是价值的外在表现，真正的核心还是价值。古典经济学和马克思经济学理论认为，价格与价值是分离的，价格围绕价值上下波动。而马歇尔以后的经济学理论却把价格与价值变成同一概念，认为研究价值是没有必要的迂回。但实际上价值的概念非常重要，因为任何社会事物之间的相互联系从根本上来说都是以一定的利益关系为基础，而利益的客观本质就是价值关系。

正如顾客为何会到某店购买，表面上是能购买到适合的商品或服务，但真正的底层逻辑是：顾客购买＝（商品收益＋店铺服务）－（商品成本＋服务成本＋经营成本＋交易成本）。从中可以看到：①只有感知总体收益大于成本，才有可能选择到店及购买，任何只有某要素支撑的购买行为都很难持久；②顾客收益中包含商品和店铺两大要素，但在传统营销学中有关店铺的要素显然不足；③收益在于主观的价值判断，价格只是其中重要的参考因素；④服务是构成店铺要素的重要内涵；⑤交易成本是非常重要的影响因素。显然，这些用价格是很难描述或呈现的。零售的本质是交换的介所，核心则是价值的交换，离开价值谈价格没有任何意义。

1. 经济学的价值理论体系

价值理论是关于社会事物之间价值关系的运动与变化规律的科学，作为经济理论的基础与核心，它是理解整个经济运转过程的基础。其相关理论中最为主流的是劳动价值理论和均衡价值理论。

（1）劳动价值理论。

劳动价值理论的早期代表人物是亚当·斯密和李嘉图，马克思则是在批评继承的基础上又进一步发展和完善，指出商品是使用价值和价值的统一体，生产商品的劳动具有抽象劳动和具体劳动二重性，商品的二因素由劳动二重性所决定，具体劳动创造使用价值、人类无差别的劳动创造价值，使用价值是价值的物质承担者和载体。以劳动价值为基础的价值规律，揭示了商品交换必须要有内在的同一性，而只有抽象的劳动才可以通约，以价值量为基础实行等价交换，市场价格会受到市场供求相互作用的影响而上下波动，所以商品价值不仅有质的规定性，同时还有量的规定性，交换必然要求质和量的等同。商品交换表面上是物与物交换，却体现了在物背后的利益关系交换。劳动的天然尺度是劳动时间，决定商品劳动价值量的劳动时间是社会范围内一定阶段的平均劳动时间，而不是个别劳动时间。

（2）均衡价值理论。

均衡价值理论是由马歇尔综合了生产费用价值理论、边际效用价值理论和供求价值理论后创建的，目前已成为西方经济学的主流价值理论，其以近乎完美的数理模型，解释了市场运转规律及效率理由。均衡价值理论是建立在局部均衡基础上的均衡价格论，是通过均衡价格来衡量价值。所谓均衡价格，就是当供给与需求均衡时，供给与需求的价格一致。需求价格是消费者对一定数量商品所愿意支付的价格，由商品对消费者的边际效用决定。由于边际效用是递减的，所以随着商品供给增加，需求价格就会递减。供给价格是生产者提供一定量商品时愿意接受的价格，由生产商品所需支付的边际成本决定，随着愿意支付价格的提升，供给数量也会递增。均衡价值理论的典型特征是用价格替换了价值，以市场来决定价值，以对市场价格的分析取代价值决定和价值实体问题，将影响价格水平的供求力量说成价值的决定力量，本质上来说只是一个无价值实体的价值论。

不难看到，两大体系有关价值的概念有明显差异：劳动价值理论认为，价值反映的是交换背后人与人的社会关系；均衡价值理论所反映的是人的需要程度与物品稀缺程度的关系，是人与自然的关系；均衡价值主要是满足需求所带来的效用与所付出代价之间的成本收益的计算，反映的是物品与需要之间的关系，因而并不追求价值量问题；在劳动价值理论中，价值与价格是两个不同的范畴，但均衡价值理论的价格与价值是合二为一的，其价值理论实际上为价格理论。

2. 顾客价值及存在的问题

价值在实际经营应用中主要是指顾客价值，顾客价值理论已成为现代营销的重要内容。德鲁克指出，顾客购买和消费的不是产品，而是价值；伍德鲁夫指出，企业只有提供比其他竞争者更多的价值给客户，才能立于不败之地。随着顾客导向思想的建立，营销理念发生了从顾客满意到顾客忠诚，再到顾客价值的变化。陈春花指出，顾客价值不是一个概念，而是一种战略思维和准则，这个准则和思维用另一种方式来表述，就是以顾客为中心。

（1）基本概念与相关理论

顾客价值的定义很多，相对来说伍德鲁夫的定义较具代表性：顾客价值是顾客在一定使用情境中对产品属性、产品功效以及使用结果达成（或阻碍）其目的和意图的感知的偏好和评价。该定义强调了3个重要因素：产品是实现顾客目的的媒介；产品是通过结果的交付来创造价值，而非固有特性；顾客对价值判断极易受特定使用情境的影响。伍德鲁夫在之后又加入"相对比较"和"得失权衡"两个概念，并重新给出新的定义：顾客价值是在特定情境中，顾客相对于竞争对手或自己对产品属性和功效的期望，以及帮助顾客实现目标的使用结构与相应付出的全部代价之间的感知、权衡和评价。其他的顾客价值理论主要有以下几个。

①顾客感知价值理论。该理论由泽瑟摩尔首先提出，认为顾客感知价值就是顾客所能感知的利得，与获取产品或服务时付出的成本，进行权衡后对产品或服务效用的整体评价。顾客价值是由顾客而非企业所决定：价值是个体化的，不同顾客对同一产品或服务感知的价值并不相同；价值代表着一种效用收益与成本代价的权衡，顾客会根据感受的价值做出购买决定，而非仅仅取决于某单一因素。

②顾客价值认知理论。很多人将顾客价值看作各要素的比较，而伍德鲁夫则将其看作一个立体结构，包括产品属性、产品功效和使用结果3个层次。该理论更强调顾客价值的环境性，即顾客价值既与产品有关，也与使用的目的有关，还与使用的场合有关，比如酒在商务活动中是沟通的手段之一，而在招待友人时感受的是情谊，在与家人共进晚餐时感受的则是温馨。

③顾客让渡价值理论。在企业和顾客之间，科特勒更倾向于从顾客角度去研究公司让渡给顾客的价值，从顾客让渡和顾客满意角度来阐述顾客价值。顾客让渡价值

就是总顾客价值与总顾客成本之差。把顾客让渡价值分为正向调整的总顾客价值和负向调整的总顾客成本,这极大地充实了顾客价值构成的研究。

④顾客价值模型。杰科、罗恩和欧勒等主要从生产制造和顾客消费两个角度,阐述了顾客价值如何从模糊的概念到市场上具体产品的整个过程(见图4-1),从中可以看到,在想法与实际之间,还存在设计、折衷、信息、感知和满意差距,而这些极易导致最终产品与顾客认知出现偏差。该模型对于产品开发和卖场引进品项来说,具有非常重要的意义。

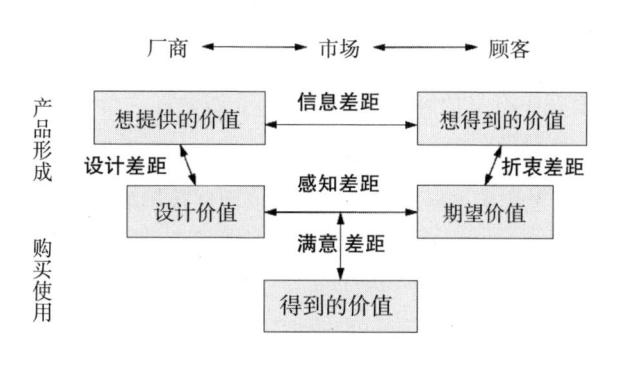

图4-1 顾客价值模型

(2)与其他顾客导向理论的比较。

①顾客满意。顾客满意是顾客感知价值的指示器,只有高的顾客价值才能获得持续的满意水平。顾客价值是一种新的营销范式,其中既包含顾客满意要素,同时又融有其他内涵(如对竞争者的评价)。顾客满意与顾客价值的差异在于对数据的解读:顾客满意是告诉企业做得怎样,顾客价值则是告诉企业应当做什么;顾客满意注重的是现有顾客,顾客价值则注重如何提升企业整体竞争力,从而吸引和保留目标顾客。顾客满意之所以存在一定局限性,就在于所谓满意并不能完全代表顾客的态度和行为全貌,或者说顾客满意仅能说明过去是否被认可,但并不能就此推断出未来的表现。在实际经营中,常会发现很多表现满意的顾客,却流失到竞争对手那里,说明顾客满意并不能预测顾客未来的消费行为,也不能保障企业的获利性。而顾客价值则是直接影响企业的市场行为和实际表现,以及企业对于竞争对手的顾客价值地位,对企业获取市场份额及获利性具有动态的影响。

②顾客忠诚。顾客忠诚是提升企业效益的重要途径。有研究表明,开发新顾客的成本是保留老顾客成本的5~10倍,若能维持5%的忠诚顾客增长,其利润在5年

内可能几乎翻番。顾客忠诚实质上是由顾客价值所驱动，但很多人在执行顾客忠诚计划时，往往并未充分考虑到顾客价值的作用，忠诚计划更多的是依赖于顾客满意调查结果，导致仅限于自身的测量，而缺乏竞争者的关注，因而很难把握顾客价值的全貌。而不管是通过何种方式来驱动顾客忠诚，赢得顾客忠诚的关键只有一个，就是要能向顾客提供和传递顾客价值。顾客忠诚只是顾客的一种行为状态和结果，但本身并不能解释这种状态产生的原因，顾客满意也只是诱因之一，而顾客价值则是顾客从随机消费状态跃升到忠诚状态并维持下去的最终刺激物。

另外，企业与顾客之间终究是交换的关系，即便关系营销追求的是一种双赢关系，但很难保证顾客会绝对忠诚于某企业或品牌，因此只有建立在顾客价值的基础之上，才能体现出真正意义的顾客忠诚。布莱克威尔在"价值－忠诚"模型（见图4-2）中，认为顾客感知价值对顾客忠诚行为起着决定性作用，情境因素在影响顾客忠诚度的同时，还通过影响顾客感知价值的构成而间接影响其忠诚度。

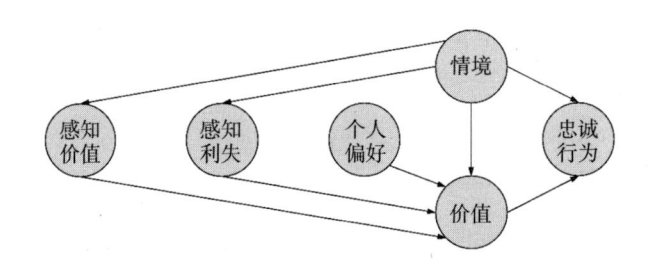

图 4-2 "价值－忠诚"模型

③服务利润链。该模型是由赫斯科特及哈佛商学院服务管理团队所提出，同样阐述了顾客价值是顾客忠诚的根本来源及逻辑关系。服务利润链是建立在企业获利、顾客忠诚和顾客价值，及雇员满意、忠诚和能力之上的相互关系（见图4-3）。雇员满意与顾客满意之间存在某种"镜像"关系，一个服务员工的离开，可能导致顾客满意锐减（中小店尤为明显）；高质量的内部支持服务和政策，将推动雇员的满意状况；工作环境质量也会影响雇员的满意；雇员是依据自己对公司、工作和同事等的情感来判断满意与否。顾客价值是联系顾客和雇员的纽带，其相互间的平衡状况，决定了服务利润链的整体质量。

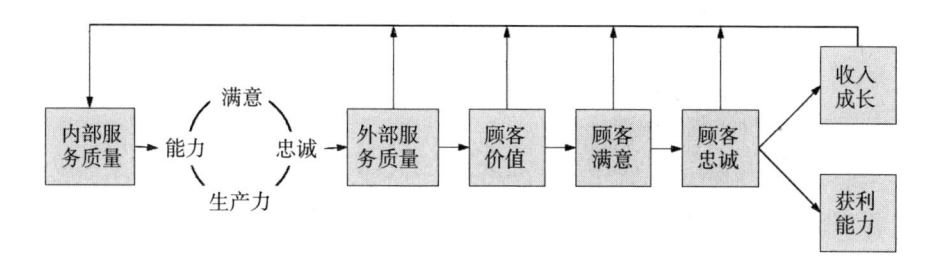

图 4-3　服务利润链

④顾客关系管理。顾客关系管理是以顾客需求为中心的理论体系。企业与顾客存在大量的信息交流和情感沟通，特别是随着信息技术的发展，相互间能更好地形成互动学习关系。这种关系提高了顾客转向竞争者的转移成本，也增加了顾客脱离竞争者后转向本企业的利益，增强了顾客与企业的结构合约，从而形成关系价值。顾客关系管理理论可以让我们对顾客价值有更新的认知，并且由于强调顾客也应参与到创造价值中，相当于把关系价值也纳入了顾客价值体系。

（3）存在的问题

顾客价值是目前较为主流的价值理论，对于经营管理具有重要的意义，但在实际应用时仍存有问题。

问题一：把价值判断简单化为得失的权衡。

在关于顾客价值的定义中，会涉及对利得与利失的判断问题：科特勒的让渡价值理论是让渡价值等于顾客总价值与顾客总成本之差；伍德鲁夫的认知价值理论是实现目标与付出代价之间的感知、权衡和评价；闵昱在《商学：重新定义产品与顾客价值》中也指出，顾客价值是顾客基于需求与约束及总获得和总付出的权衡而感受到的产品总效用。但这些都没有明确指出究竟什么是顾客价值，还是仅为价值判断行为，如果是权衡后的结果，那么负差是否表示无价值，还是说主要看利得部分？因此其逻辑上有问题，并且是用主观感知来替代本身的价值性，或用权衡的行为来描述价值本身；如果是作为价值判断行为，则没有指出比较的意义所在，或者说用判断比较却规避了本身的价值性问题。可见，是把价值问题狭隘化了。

对于得失的权衡只是决策的依据之一，它虽然是最直观有效的方式，但并不能说明顾客价值的内涵。之所以强调得失权衡，其实隐含的是以实际付出作为衡量或度量的依据，从而体现出具体价值，但这是一种概念偷换，在逻辑上相当于把交换价值当作价值。用得失来权衡会使价值问题出现混淆，比如想要买辆汽车，如果事先不知道价格，那么就需要进行价值感知，而如果标价为20万元，这时顾客价值究竟是标价还是自己感知的部分？通常卖方是以标价代表顾客价值，而买方则会认为是利失，各自理解的顾客价值概念是错位的。

不难发现，权衡比较实际上是受顾客满意理论的影响（期望与实际），而满意在某种意义来讲就是一种价值体现，所以相关逻辑也就顺理成章地成为价值判断的方法，并延伸出顾客期望价值、顾客感知价值、顾客认知价值和顾客成本等概念。但这种判断逻辑并不能说明和取代本身的实际价值，并且套用满意逻辑所带来的问题是，顾客满意通常只需或只能定性描述，而对于价值判断却需要定量确定，所以就出现了把价格表现和付出等当成具体量化的误区。

问题二：混淆了价值本原、创造和实现的概念。

顾客价值这个词本身很容易让人望文生义，往往会被理解为顾客所具有的价值，但实际上它是产品或服务对于顾客所具有的，并能够被顾客感知到的使用价值，而这在定义描述中却比较含糊。另外，作为被感知的部分，与生产的价值创造并没有明确对应关系，或并未回答另外没有被感知的部分又是怎样的，因此这实际上抹杀了生产的价值创造性，没有明确价值需要沟通与传递。如果顾客价值是指感知部分，那么顾客价值的概念本意是想告知在生产制造产品时，不能以自己的价值判断为基准，而应以顾客的价值判断为准则。这在营销理念上来说绝对正确，但又面临如何具体实施的问题，即作为产品或服务而言是一个有机整体，但不同的人会有不同的理解和感知，企业也并不知道究竟感知的是哪些。因此真正有意义的是通过沟通互动，帮助顾客去感知企业所想要传递的内涵，如果仅停留于感知或权衡，则意义不大。正如前面所指出的，真正需要解决的是满足顾客需求的方法，而价值沟通与传递就在于能让顾客清晰存在的问题，以及认同解决方案。

创造顾客价值是顾客价值理论在应用中的重点，也是价值营销的核心。但由于顾客价值概念本身存在一定问题，那么就必须回答所创造的究竟是什么。如果是顾客感知的部分，根据上面所述显然没有实操性，如果是指产品的使用价值，就只是无意义的重复，不过换个"马甲"而已。可见这个概念并没有实际意义，之所以现在似乎更流行顾客价值概念，那是由于使用价值概念在实际应用时线条太粗，因此人们希望能尝试些更具体和有针对性的理念。因此，对于价值的应用还需更深入地探索，顾客价值理论也只是各种尝试的其中一种体现。

综上所述，顾客价值理论在有些方面还存在一定问题，理论逻辑也缺乏系统、连贯和一致性，致使在实际应用中并未体现出所谓先进性。探讨顾客价值问题的意义在于，我们不应被一些花哨或时髦的概念所干扰，其实可能只是同一事物的不同角度阐述，而由于很多是并没有很好把握或吃透原来相关的理论知识，并且多用静止的思维和行为模式来面对动态变化的世界，所以当碰到新问题时就很容易感到不适，总希望能找到某种"秘籍"来解决问题，而不是通过举一反三等来灵活和创新地运用，但到最后发现还是没有包治百病的灵丹妙药。

3. 价值构成维度

顾客价值理论试图通过价值感知和权衡来解释顾客为什么购买，但显然这只是视角的转换；劳动价值理论试图用劳动时间来确定价值量，但显然对于劳动强度、熟练度和复杂度等很难量化，因而也就不能建立起劳动价值与各变量之间的函数关系，相互间很难进行比较，当然也更不可能在每次商品交换时都要先评估各自的劳动价值状况如何，所以更多的是作为一种定性的分析方法使用；均衡价值理论的革命性在于，不局限于劳动价值理论的生产视角，增加了消费需求视角，价格为双方作用的综合体现，但价格并不能完全解释购买动机与决策。顾客为什么购买，根本在于对产品或服务的价值判断，主要体现为对效用或需求满足的理解。然而对于价值或效用的判断是人的"黑箱"，因此迄今为止还没有相对有效和成熟的研究。不过，对于需求主要可通过需求层次理论和需求结构模型来了解，对于价值也可通过进行解构来帮助理解。

关于价值的构成或维度，相关研究并不多。霍尔布鲁克和赫斯曼认为，人在评价产品或服务时，多是遵照实用主义标准，所以产品或服务的重点在于能否体现设计的目的和功能，而在体验式消费中，却往往又是遵照享乐主义标准，又包括象征、快乐和优雅等要素；谢思等提出了功能价值、情感价值、社会价值、知识价值和情境价值5个维度的度量尺度；斯威尼和苏塔则提出了由19个子项目构成的四维顾客价值度量体系（见表4-1），因人在消费时很少完全理性或感性，所以多维结构通常能获得更准确的结果。对于零售而言，可利用探索性和定性分析手段，对测量尺度的有效性和可行性进行评估，其4个维度在解释购买动机和行为方面都有显著的作用，但该结构对于售前和售后还没有形成一个闭环的逻辑关系。

表 4-1 四维顾客价值度量体系

维度	子项目	维度	子项目
情感价值	1. 稳定的质量 2. 良好的工艺 3. 可接受的质量标准 4. 做工很好 5. 跨越使用持久 6. 功能的稳定性	社会价值	7. 我很喜欢 8. 我总是想使用 9. 使用时让我感到放松 10. 让我感觉良好 11. 让我很开心
功能性价值（价格）	12. 价格合理 13. 物有所值 14. 对于这个价格是个很好的产品 15. 经济实惠	功能性价值（性能/品质）	16. 让人可能接受 17. 提升了我获取价值的方式 18. 给其他人留下很好的印象 19. 让拥有者得到社会认可

米托和谢兹较早研究顾客价值结构，并提出了顾客价值空间模型，包含效用、价格和个人化三大价值空间，对于顾客价值从需求、付出和个性要求三个方面进行阐释。张明立在此基础上又进行了扩充，主要包括产品价值、服务价值、成本价值和个性化价值4个维度，如图4-4所示。

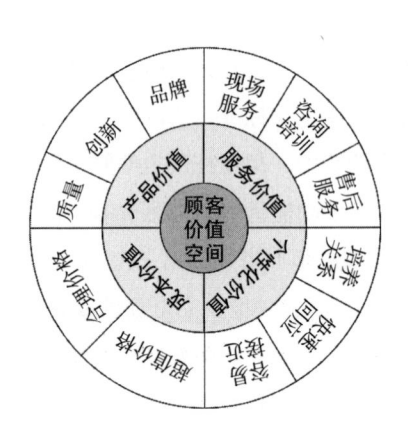

图 4-4 顾客价值构成维度

对于产品或服务而言，顾客购买或消费的根本在于能否满足需求，而价值判断是一种量化的表现，因此可以需求结构模型为基础，对价值进行解构。

（1）生理（或功能）价值。

生理需求是最基本的生存和功能需求，主要是通过实物来满足，商品所体现的是使用价值。需求程度越高或越迫切，一旦满足后所带来的效用就越大，其价值性也越大，反之则越低。比如现在的交通已非常方便，日常出行对于自行车的需求非常低，因此对其价值判断也就在共享的水平；又如已经三天没喝到一滴水，仅靠食物维持生存，这时如果一瓶水售价哪怕是200元，在没有其他选择的情况下可能也会毫不犹豫地购买。常理而言，一瓶水的价值不应该大于一辆自行车的价值，但从主观的需求来说，这时候水的效用显然更大，所以价值判断也就会高于自行车。对于功能价值而言，价值高低主要与需求强度和供求规律有关。

（2）心理价值。

心理需求在一定程度上可脱离对实物的依赖，主要是主观感受所能带来的心理满足。比如同样是服装，材质、剪裁和做工等只代表基本的功能或使用价值，但如果被赋予某种品牌特性时，其所带来的内涵却往往代表了某种心理诉求；又如奢侈品，如果单纯从使用价值来看，价格与价值已严重偏离，用劳动价值论来解释已违背了价值规律，用均衡价值论也很难说明产生偏离的根本缘由，但如果用需求结构模型来看，其内部包含有主观的心理价值，因此仍是在合理的价值范围之内。

如果说功能价值评判还有一定的客观依据（如品质、材质或工艺等），那么心理价值则为主观性的，判断主要在于对心理需求的满足状况，而价值大小往往与期望程度相关，越具独占、聚焦和瞩目等特性时，心理价值就会越高。由于影响需求的因素很多，因此心理价值评判也会很复杂。就价格而言，如果大多数时候都按某价格交易，就会形成某种参照约束性，其从众心理往往也就认为就值这个价。

（3）精神价值。

精神需求主要为人的主动意志行为，因此在价值评判上更具主观性。精神价值主要有两个层级：一是低阶层。表现为偏好、兴趣爱好或"发烧"行为等，为追求某种境界或遇到心仪之物时，便会不惜重金购买，但这些对于他人来说或许完全无价值。比如高档渔具对于根本不喜好钓鱼者来说，其价值感与普通竹竿无异；又如给心上人送上自己亲手制作之物，其价值意义会远大于实物价值；再如上面提到的自行车，对于骑行爱好者来说，就会愿意花更多的钱去改善装备。二是高阶层。表现为追求、信仰或抑制等，具有较强的主观意志行为，往往会左右价值观。

精神价值同心理价值一样，并没有确切的价值判断依据，价值高低取决于意志强度和目标状况，如果目标要求不高，价值判断可能还相对理性，但如果目标要求较高，则容易偏向于感性，特别是意志力越强价值判断越容易"失控"，比如对于极度"发烧"者，如果目标是要全球独有，那么价值偏离就会非常严重。精神需求常容易造成冲动购买，特别是临时被激发起某种目的、动机或欲望，在强烈需求的驱使下价值判断往往容易失真，而一旦消失后往往会后悔。

综合来看，产品或服务的价值主要由生理、心理和精神3个维度构成。在进行价值判断时，不同的人根据自身实际情况及其他影响因素，所关注的重点会不一样，各维度的占比也有差异，有些较为在意实用性，有些则更看重心理或精神方面的价值。在某些特定状况下，通常会凸显某一需求，商品价值体现为占主导地位的价值判断，比如实用主义者对于奢侈品或艺术品往往无感，而如果是艺术家，对于艺术作品的评估则是常人不可理解的。当然，某一维度绝对占优的情况其实并不多见，很多都是由某两个维度组合后形成价值表现，且多为以生理需求为基础的组合，比如"生理＋心理"或"生理＋精神"（心理与精神的组合相对比较少见），这时表现出的价值判断，就会同时带有相关需求的特征。一般来说，对于生理方面的价值判断相对较为理性，心理和精神方面则相对较为感性，而很多"额外"的附加价值，主要产生于心理和精神价值方面。

很多企业在进行相关定位或宣传卖点时，重点放在所面对的目标顾客状况，比如过于强调材料、品质、价格和销量等，所吸引的更多是较为注重实用性的顾客，但从这些顾客身上往往很难获得更多的溢出价值。目前不少企业已开始关注顾客的"心智价值"，但经常会看到某种生活方式的诱导，产品定位却是普通大众型，使其价值判断仍然价不符实。比如某些网红菜场，想要通过环境营造等来提升档次定位，从而提升购买力，进而提升收益。提升形象本无可厚非，但还要看产品特性与目标客群的匹配问题，如果只是大众型的生鲜产品，那么主要还是应走实用路线，主要精力还是应围绕经济实惠来做文章；那些对价格相对不敏感或具有一定购买力的客群，往往很难有更多时间来逛菜场，因而顾客体量很难保障，这样形象提升的效果就会有限，但对于原有的其他大部分普通客群来说，形象错位只会使价值判断产生混乱，这样并不利于购买。其实片面追求形象提升反映的还是生产者思维，单方面想强制顾客为不必要的附加值买单。

从顾客角度而言，价格是由"生理＋心理＋精神"价值构成的结果，显然与所谓成本、利润或竞争等无关，价值判断并不以企业的状况为转移。因此企业在推出产品或营销活动时，应清晰相关的影响要素，或直接模拟顾客价值评判，就会发现用反复说服的方式使其购买实为下策，胁迫或欺骗更是下下策，中策为通过市场营销手段"诱导"购买，上策则是采取价值营销方式，让顾客较好地理解其中的价值性，甚至引发更深层的价值联想，因而也更愿意接受并付诸行动。

人在面对未知的事物时，最便捷的了解方式就是比较。同样，顾客在进行价值判断时，会调用各种原来已掌握的信息，进行比较分析和综合后得出结果。就价格认知来看，如果与原来的存在偏差，那么就需要寻找新信息来验证，因此商品的可比性元素与价值判断的"准确"程度呈正相关。一个产品或服务从设计、生产到最后销售各环节，如果想要顾客尽快认知，那么就需大量应用可比元素，这通常比较适合需要以成本取胜的产品应用。相反，为避免堕入价格泥潭，则应尽量避免使用可比性元素，并随时保持求变，在符合目标顾客价值定位范围前提下，勇于打破所谓标准，唯有带来不一样感觉的才可能有出路。

二、商品的认知偏差

波特提出了著名的成本领先、差异化和集中性三大竞争战略，并强调只有成本领先才是最根本的。而对零售来说，却可能存在一定误导性（虽然在零售界中世界第一的沃尔玛正是成本领先的典范），因为如果两个店的顾客交易成本一样，售卖的商品也一致（这样就不存在互补性），那么就会因价格而产生替代性，或者说只要某店进行降价，就意味着其他店无法产生销售，所以只有售卖不同的商品，才不受比价影响。实行差异化策略未必会带来成长，但可有效避免价格竞争带来的利润损失。

事实上，整个零售的运行都是建立在差异化之上的：从商品来看，几乎很少只售卖几个单品，基本都是呈现为不同的商品及组合；从价格来看，不同的店因种种原因往往售卖价格不完全一样，其价格本身就存在差异化，因而所谓成本领先也只是其中的竞争策略之一；从店铺来看，不同的店所处的位置本身就体现为差异性；从服务来看，其服务特性本身就决定了具有较强的差异性；从店铺形象来看，每个店都会有自己的布置、陈列和环境等；从促销来看，不同的促销更是打造差异化的有效手段；从品牌来看，任何零售商的品牌内涵都会不同，与之对应的自有品牌更是塑造独特性的有利武器。这说明零售时刻都在体现出差异化的特征，但或许是"只缘身在此山中"，人们对此并不以为然。当今消费越来越在意个体化的需求，对于商品、服务和购买过程等都会有不同期望，而零售是天然匹配的。

现实中很多商家基于流转性的需要，会把目光聚集在动销较好的商品或知名品牌上，这就容易造成同质化，进而也就难免出现价格竞争。但有时相同的商品在不同的店即便售价不同，却也能相安无事，这主要是由于不同的交易成本所致，只要价格差异并未明显超出交易成本，也不会引起购买地点的变化。然而进入互联网后，由于网络极大地改善了透明度，在很多方面弱化了某些差异化表现（当然也会带来新的差异化），导致电商的价格竞争更加激烈，因此更需要商品的差异化。

三、竞争的底层逻辑

建立在价格基础上的需求定律，往往容易使经营逻辑陷入某种误区，即依赖价格手段来刺激需求，进而导致出现价格竞争。而如果站在交换的角度，就会清楚地看到企业收益是在于价值交换，这就要求企业的根本放在价值创造，以及如何让顾客感受、理解及认同上。对于市场来说，只要有利可图就会有进入者，但由于资源的稀缺性，必然就会导致竞争。在有关竞争的理论中，较具代表性的有：波特提出的成本领先、差异化和集中性竞争战略；普拉哈拉德和哈默提出的核心能力、核心产品和最终产品之竞争能力；资源运用能力（即在能力达到一定水平后，企业能通过一系列组合和整合，形成独特的、不易被人模仿或替代和占有的战略资源，从而持续保持竞争优势）。相对来说波特的理论更具实操性，后面两种试图探索内在的动力源泉，但其实根本的底层逻辑在于价值竞争。

价值竞争思维的意义在于，要让顾客更愿意去体验内在的价值，而不是过多地停留于价格表象。由于价值构成是多维的，但价格在大多情况下只能体现生理价值方面的状况，而对于心理和精神方面，因其主观性会缺乏衡量标准，对应的价格也就难以被确定，因而站在价值角度的竞争其空间会更大。

成本领先策略下的价格优势虽然体现出的竞争效果最直接，但要摆脱价格竞争，就必须让产品或服务具有不可比或差异性，而这主要依赖于所赋予的心理和精神价值，使价值判断具有某种独特性，进而更容易接受所制定的价格。顾客价值判断要根据很多因素才能得出结果，除有些因素相对稳定外，企业还可以通过影响某些可变因素（如品牌内涵、潮流和文化导向等），来诱使或强化顾客激发起购买欲望，这其中比较经典的就是钻石案例，通过暗示和利用人们长期占有的心理，巧妙地将恒久与爱情关联在一起，使其根本无法准确判断出所应有的价值。零售最常见的就是通过环境的暗示来影响其价值判断，当需要售卖高附加值产品时，会大量应用高档性的元素，使其不自觉地判断商品也具有高价值性，而如果要强调便宜，则会尽量简单化，使其认为所售商品都是价格实惠的。

我国在改革开放后，各种产品不断涌入，从而激发起空前的购买欲。然而随着人们生活水平的提升，社会零售总额的上升势头却反而放缓，其中的重要原因就是产品结构大多还处于低阶的生理需求满足，因而往往只能靠价格手段来刺激需求。其实人对于生活品质的要求只会越来越高，表现出的需求也会更加丰富和多样，但价格手段仅能刺激功能性需求，就导致只能停留于存量竞争。纵观现在的市场，会发现目前的产品更新速度明显放缓，放眼看去很多都是多年以前的商品，更多的只是在玩弄技巧式的调整，因此很难持续引发顾客的关注。

或许有人会说，新品不可能持续高速地不断推出，因此强调创新是"远水解不了近渴"。这个说法当然没什么问题，却曲解了创新的本义：对于零售来说，最根本的在于差异性，而创新只是形成差异化的一种途径，并且差异化并不是看表面上有何不同，而是在于价值内涵的差异（对应的就是需求结构模型和不同的价值维度）。正如已有百年历史的可口可乐，当然不可能无休止地推出新品，然而所推出的文化系列产品，实质产品并未改变，但在精神和文化层面赋予了新的内涵，其核心就是一种价值赋予，这显然是更高级的差异性。反观国内很多企业，即便推出了所谓新品，却多还停留在基本的生理需求和功能价值的层面。

零售商业由于并不生产商品，所以在产品本身的价值诉求方面相对被动，但仍可通过差异化和增加附加值的方式来吸引消费：在差异化方面，除产品本身的差异化外（如品类、品牌、品质、规格和包装等），企业还可通过价格、促销、服务和卖场体验等来综合体现差异化；在附加值方面，由于受传统商业思维的影响，盈利主要是来源于进销价差，却忽略了零售本身也是价值的创造者。事实上，很多零售对于差异化的理解与应用还很肤浅，比如生鲜基本上是仅限于集客功能，致使整体定位很难有突破，而只能围绕价格来做文章；又如对于商品资源往往缺乏有效利用，并未通过所掌握的信息进一步优化上游资源或指导组织商品，但这些往往被所谓统一性或标准化所掩盖。目前线下实体所面临的挑战在于，要从过去对于场所的不得不选择，转变为被吸引而前往，其中的基础或支撑就在于零售商本身和提供的商品与服务的价值状况。

第五章　服务的误区

在现代商业中，服务是使用最频繁的词语之一，"提供优质服务""服务至上"或"顾客是上帝"等口号几乎随处可见，但其实这是"缺什么就要求什么"的典型体现，因为人们对服务存在某些认知偏差，致使在其实际应用中并不尽如人意。

一、服务的概念

在社会学意义里，服务是指为集体（或他人）利益或某种事务而工作；在经济学里，服务是指以等价交换的形式，为满足企业、公共团体或其他社会公众的需要而提供的劳务活动，通常与有形产品联系在一起；美国市场营销协会（AMA）定义为，服务是用于出售或同产品连在一起出售的活动、利益或满足感；雷根认为，服务是直接或与有形物一起提供的不可感知的活动；斯坦通指出，服务是一种特殊的无形活动，可被识别但不可感知，虽然可向顾客或用户提供其满足感，但与产品销售无必然联系；莱特纳认为，服务是与某中介或设备相互作用，并为消费者提供满足的一种或一系列活动；格隆鲁斯认为，服务是以无形的方式，在顾客与职员、有形资源等产品或服务系统之间发生的、可以解决顾客问题的一种或一系列行为；科特勒认为，服务是一方提供给另一方的、不可感知且不会导致任何所有权转移的活动或利益，在本质上是无形的，生产可能与实际产品有关，也可能无关。

可以看到，各种定义存在很大的差异，综合来看大致可归纳为无形性、关联性、感知性、过程和活动几个关键词，各侧重点不同，但基本都是现象的描述，未能有效明确其内在实质，导致应用中往往不得要领。

二、服务的特性

虽然服务与实物商品几乎形影不离,但服务与实物产品毕竟是两个概念,服务有其自身独立的运行轨迹,从根本上来讲与实物商品并无隶属关系。

1. 无形性

这是服务最典型的特性,其无法像有形产品那样可通过感官来感知,而只能是主观意会,致使对于服务的评价和描述也变得非常困难。贝特森把服务的无形性定义为摸不着且不易在头脑中形成。有形产品与无形服务的区别,如表 5-1 所示。

表 5-1 有形产品与无形服务的区别

有形产品	无形服务
有形	无形
同质	异质
生产、传递与消费过程分离	生产、传递与消费过程同时发生
一种物体	一种活动或过程
核心价值由制造和交换产生	核心价值在交换的过程中实现
通常顾客不参与生产过程	顾客参与生产过程
可以存储	无法存储
涉及所有权的转移	不涉及所有权的转移

如果是实物产品,顾客在做购买决策前,可通过五官来进行感知,但服务很难事前评估,主要是参考他人的评价和信息描述,致使对于服务的购买决策和评价具有不确定性。所以重点在于如何将不可触及和无形性转化为可触及和有形化,进而可被有效感知,比如通过整齐和洁净的购物环境来显现服务质量的高低、通过恰当而有分寸的交流来展现人员素质和服务水平的高低。哈特曼和林德格伦通过标准与评价两个维度,划分出"标准-易评"(如教育)、"标准-难评"(如医疗)、"变化-易评"(如旅游)和"变化-难评"(如咨询)4个象限,可以很清楚地看到服务的相关定位,这对于将其转化为像有形产品那样便于顾客理解和评判的沟通与营销,具有重要的意义。

2. 同步性（不可分割性）

实物产品在时空上与顾客可以分离，但服务的生产与消费只能同时进行，生产与消费不可分离，缺少任何一方交易就无法完成（从这里可以看到服务没有流通环节）。换个角度来看，在服务过程中往往伴随着顾客的参与，不管是主动还是被动，都会影响到最终结果。也正是这种参与性，使服务的生产和销售并没有清晰的界定，这在一定程度上可消除信息不对称，因此我们也就比较容易理解互联网的服务性。

生产与消费的不可分离性，使服务消费与实物产品相比呈现出不同的特点：①顾客既能直接感知服务产品的效用状况，也可感知产生的过程，而这一过程会影响到对于服务的整体评价；②不可分离性导致服务无法像实物产品那样可提前准备或多生产，也很难做到一个生产者同时面对众多消费者，因此服务的规模总体会受限；③同步性导致产品时空无法分离，因此服务大多局限在一定的范围内。

3. 易逝性（不可存储性）

由于产品的同步性，导致服务产品也不具可存储性，即服务停止的同时，也意味着无法再继续消费。如果还想要继续消费，只能进入新的过程。对于不可存储性，在有些情况下容易造成误解，比如教育或文化娱乐等服务内容因为可以被记录下来，形成文字或影音资料等，就给人感觉似乎可被记录并存储下来。其实这只是借助了实物的介质，是依赖于实物产品后才能得以存储，但如果就本身的服务而言，仍然是无法进行保存的，就好比影院里播放影片时，虽然内容是被存储的，但顾客观看消费时并不能存储，而只能形成于记忆之中。不过，虽然服务不具存储性，但给消费者带来的效用或价值是可以留存的，只是与实物产品所带来的内涵会有所差异，比如往往会沉淀为知识、印象、评价（口碑）或文化等。

4. 异质性

异质即为不均匀、复杂多变和不确定。从服务提供者来看，主要分为人员服务和设备服务两种，设备提供的服务相对容易形成统一标准，但人员服务存在双重不确定变量，导致很难提供可靠和一致的服务。服务异质性的主要表现有：①服务是相关要素集合的整体，如果某部分或环节的服务不好，就可能会被认为整体服务都不好；②服务是人与人之间的互动，很难像机器设备那样具有标准性，因此容易出现差异；③即便是同样的服务规范，但针对不同顾客其结果也会有差异；④即便是相同的服务，在不同情况下对顾客的重要性也会有差异。

需要说明的是，现代工业强调的是标准性，从而才能实现规模化效应，但恰恰是服务的异质性，才使其真正能做到个性化，如果是同一核心服务，而周边服务有差异，就会形成不同的服务特色，这对于零售的差异化策略具有重要意义。

三、服务的实质

由于服务的无形性，致使其容易与其他诸如价值、效用和主观感知等相混淆。虽然服务与实物产品有着较大的不同，但由于传统经济学理论的主要立足点是实物产品，因此对于服务的认知难免会出现偏差。

1. 不同角度的理解

导致对于服务认知偏差的一个主要原因，就是服务总是与实物产品相随相伴，因此往往易产生混淆，未必能真正分离开来正确理解服务。关于服务与实物产品相关的释义有：①产出角度。认为服务是顾客通过相关设施和服务媒介所得到的显性和隐性效益的完整组合，或者说顾客所得到的不仅是纯粹的服务，还包括媒介在内的一系列有形和无形的收益组合，所得到的其实是一个"服务包"，从而能有效满足需求并尽量提升满意度；②转换角度。出发点是把服务看作满足需求的过程，实物是一种明确可得的有形产品，服务则是满足顾客需求的过程，而这一过程的产出是无形和不可触及的，且过程本身也包含有顾客的参与；③特质性角度。认为服务是实体和无形两部分构成的组合，即实体与无形不可分离；④质量体系角度。认为服务是为满足顾客需要，在与顾客的接触中服务提供者的活动及其结果。从管理角度来看，服务既是一种活动又是一种结果，因此服务提供者必须对活动过程进行有效的规划、组织和控制，必须达到满足顾客要求的目的。

可以看出，这些释义都较为强调不可分割性。其本身并没有什么问题，但容易导致将对相关实体的改善当成了提升服务质量或水平的误区，比如现在零售状况总体不佳，很多商家就开始追求卖场环境方面的提升，其潜意识里就认为这会改善服务，但实际结果往往缺乏内涵或没有"温度"，这说明对服务的理解还是比较狭隘，很多对于服务的探讨，其实都是用实物产品在做映射。虽然服务依赖于有形物品来感知，却并不表示有形物品可以代表或替代服务本身的内核。

2. 服务的认知误区

由于服务必须依赖于实体产品才能更好地体现，因此传统理论中往往把服务变成实物产品的附属——这从产品的定义便可明显看出：产品是提供给市场可被交换的、可被使用和消费的、能满足某种需求的任何东西，包括有形的物品和无形的服务、组织、观念或组合等，或者说产品是以使用为目的的物品和服务的综合体。产品一般分为三个层次，核心产品是整体产品所能提供给消费者的直接利益和效用，形式产品是所表现出的物质实体，主要包括品质、特征、造型、品牌、外观和包装等，延伸产品是整体产品能够提供给顾客的一系列附加利益，包括运送、安装、维修售后保障等在消费时给到顾客的好处。

从定义中不难看出，一方面服务也是一种产品，另一方面服务只是产品的构成要件之一，并更多的是为产品带来附加价值。但这种区分往往容易导致混乱，比如顾客到店就餐，填饱肚子是最基本的生理需求，那么，所购买的究竟是饭菜，还是用餐行为或过程，又或是人员态度、饭菜质量和环境卫生等？而如果体现为价值构成的话，那么，究竟是在为实物的饭菜买单，还是为所谓服务买单，又或是为整个行为买单？显然用产品概念很难回答。再如理发业，所有的工具、环境和态度等本身既是服务组成的要素，又是完成服务的必要条件，这用传统的产品概念很难将其区分和定价。因此传统的产品概念并不能套用于服务。然而问题是，顾客通过服务确实能够感知相应的效用和价值，而这确实又是实物产品所具有的内涵，说明服务本身也具有产品的属性，且最终都是以满足顾客需求为目的的。因此，服务是独立于实物产品之外的特殊产品，并且有其自身的运行规律。过去服务之所以被并入产品概念中，成为价值的构成要素之一，根本原因就在于产品与服务之间并不排斥，反而是一种相互包含和依托的关系，进而能构成完整的整体。

如果把视野展开，实际上并不难发现服务的独特轨迹。人类之所以是群居性动物，就在于单体将很难生存，因此需要相互依赖。由此群体内就必然存在分工的问题，自己的劳动会为其他成员带来效用，可见人类很早就已存在以劳动为基础的交换关系，而这种交换主要通过两种形式表现出来：有形的为实体物品，无形的则是相互间的关心照顾，或为对方施与某种特殊行为（如梳理毛发、清洁、保暖或驱虫等），这些同样也付出了劳动，也就成为服务的雏形。基于此，实际上是存在实物与实物、实物与服务、服务与服务的交换的。相对而言，实体物品容易进行价值衡量，因而物与物的交换便得到迅速发展，并最终演化为如今的商品经济形态。作为无形的服务劳动，因主要直接作用于被服务者，对于价值判断仅局限于当事双方之间，且每一个体的感受又具有差异性，所以很难形成公共的价值衡量标准，也就无法像实物产品那样进入流通领域，因而服务产品的交换始终处于初级状态，以至于很多时候需借助实物才能实现价值，慢慢地就变成以实物交换为主流。

站在劳动的角度来看服务，会更容易理解，只要有人的劳动，往往会同时伴随有形与无形结果的产生，而服务与实物产品的区别就在于流通性，但不能因此否定服务的独立性。这也就不难理解服务会有多种表现形态，它既与实体物品紧密相连，又有自己的独特性。由此可见，在现实生活或商业活动中，服务是个极为宽泛的概念，包括产品生产中也会存在服务的影子，并且具备良好服务的企业，其产成率和质量方面也会明显高于缺乏服务的企业。只要存在人类的劳动，都必然包含服务的成分，服务贯穿于整个人类行为活动之中。

如果将实体物品与服务相剥离，对于服务就会更容易理解。比如与实物产品的关系问题，应该是满足需求的不同层面，相互间是一种互为依存和伴随关系，各自发挥自己的功效，而非"连在一起出售"；又如很多人都提到不可感知性，但如果理解服务本身是一种独立的存在，仅仅是表现形式的差异，且各自有不同的运行轨迹，那么是否有形或无形也就变得无关紧要了；再如很多人都提到服务是一种过程，这恰恰说明了实物产品与服务是两种不同的属性，实物产品在于流通性，服务产品则在于顾客参与性。因此，对于服务并不能简单地套用市场营销的概念。

由此，基本可以得出这样一个结论：服务是与实物产品一样，能够提供满足需求和创造价值的，具有独立内在和运行规律的活动和行为。

过去之所以对服务的认知不足，其中一个重要原因就是，在享受服务时有时并没有相应的付出，似乎更像是实物产品的附庸。这其实是没有很好地认知到服务的特殊性，即虽然产品只有通过交换才能体现出价值性，但服务在多数情况下劳动对象和服务对象是重合的，使其价值表现不同于常规的实物产品，并且服务的无形性使其很难进行评估（当然由此也增加了实物产品价值判断的难度），因此往往会转换为直观可见的实物产品，但并非服务没有价值或无须付出。

四、服务对于零售的意义

对于生产来说，将服务与实物产品分开与否或许感觉并不明显，而对于商业流通来说却具有重要的意义。

1. 价值创造性

虽然生产也有提供服务，但零售与顾客的接触更紧密，因此零售与生产最根本的差异就在于零售独立提供的服务。也就是说，零售是以服务活动为主的行业，其意义在于能赋予新的价值，这也是零售还未被充分挖掘的竞争利器。

我们知道顾客购买主要包括有形物品和无形服务两类：如果以服务为主（如医疗、教育、娱乐和纯服务业），相对还容易理解服务本身的价值性，虽然价值判断仍会受所依赖实体物品状况的影响,服务提供者也基本能知悉提供服务质量和水平状况的意义所在;如果以实物产品为主,注意力却往往会集中在物品方面,所提供的服务更多的是起辅助和促进作用,而忽略了服务本身的价值创造性——换个角度来理解,产品被生产出来后就已基本定型,抛开不得不或被迫的因素(如位置差异或没有选择),在一定程度来说,顾客在不同的店之所以愿意接受不同的价格,其中一个重要的原因,就是各店通过服务赋予了新的价值差异。

零售的收益主要有两种方式,一是通过各种方式降低成本以提升差价,二是通过服务赋予新的价值,进而实现溢价售卖。显然过去的主要精力都放在前者,对于后者大多停留在要求和口号上,由于种种原因,零售商业对于服务的价值性的认知严重不足,主要精力都放在如何售卖产品上,服务的作用主要是帮助顺利完成交易,把服务置于从属的地位,而对于应如何体现服务的价值明显不够。我们知道,所有商业行为都是基于价值的交换,但零售商业的服务价值性并未能得到有效体现,这在当今竞争激烈的环境下,显得有些不可思议。由此可见,目前零售新的焦点应放在服务改革方面,使之真正地立足于价值而非价格竞争之上。

2. 差异化竞争

由于服务的同步性和异质性,决定了服务本身很难标准化运行,再加之服务的易逝性,因此使它成为企业竞争差异化和个性化的重要利器。从经营的份额来看,服务的占比越高,就越不具可比性,服务本身的价值表现就越重要。反过来看,现在零售业态之所以呈现两个极端,是因为大型店主要通过规模化而显现出较大的市场力量,小型店则主要依赖于服务性,显现出独特的价值和不可替代性,比如便利店主要体现的就是便捷性(包括位置性也属于便捷性中的一种),各种纯服务性的店则在于提供不可替代的个性服务。因此,零售竞争的重要内核之一就是服务,大店可应用的手段较多,而小店唯有越凸显其服务性,才更有利于生存,并且对产品和价格等的依赖会越弱。

第六章 渠道的问题

零售虽然是整个流通环节的组成部分，但由于承担着交换的职能，因此零售环节必然存在，即便生产者将产品直接售卖给消费者，但零售行为本身并未消失，只是由生产者自己承担了零售组织的角色而已。在零售环节中，既有直营的产销模式，也有转售分销的购销模式，两种模式的主导者不同，使得其经营理念和逻辑也有差异，所以在具体经营中要注意区分及取长补短，而非盲目地模仿走捷径。

一、沟通与流通渠道

在卖方市场时期，生产什么产品及通过什么方式给到消费者，基本都是由卖方来决定的，但随着产品日益丰富，市场力量逐渐向消费端转移，需求拉动的作用日益凸显，这时如何让消费者更好地了解产品和服务信息就成为关键，因而顾客沟通变得日益重要，它一方面可以将有关信息和价值等进行有效传递，另一方面可以及时了解有关需求信息，再一方面还可有效地进行情感联络和维护顾客关系等，可见顾客沟通对于营销沟通的重要性。

沟通主要包含双方主体、信息内容和渠道方式3个要素，沟通渠道就是指信息通过何种方式和途径来进行传递。根据主体间的关联性，渠道可分为个人渠道（即个体之间的交流，可以是直接面对面交流，也可通过电话、信函、邮件和网络等进行交流）和非个人渠道（面向公众进行的传播，没有具体的目标主体指向）；根据组织形态，渠道又可分为正式渠道（即按照一定规则进行传递，相对较具权威性，但通常传递速度会较慢，主要有链型、轮型、环型、四环型、全渠道型、X型和Y型等形式）和非正式渠道（为正式渠道以外所有的传递与回馈，不受组织监督可自由选择方式与方向，传播速度相对较快，但信息不够确切，容易形成小圈子，主要有单串型、流言型、集合型和随机型等形式）。

　　对零售而言，两种沟通渠道类型会兼而有之，企业所要传递的产品、价格或服务等信息，既可通过人员面对面传递（如店员介绍、吆喝和试吃试用等），也可通过媒介向所有顾客传递，如户外招牌、海报、宣传册、POP（Point Purchase Advertising，即购买点广告）、标识牌、摇摇牌、店内广播、环境氛围、陈列、促销和价格等，既有正式的，也有非正式性的。互联网使信息壁垒被打破，涌现出很多新型媒介，极大地丰富了沟通内容、提升了沟通效率，沟通变得更加立体化和全方位。其沟通渠道主要有两种类型：①平台型媒介通常为公域性的（如综合网站和商城等），主要为大众性传播，体现沟通的宽度，优点是双边效应使其更易聚集大量资源，涉及面较广也便于一站式解决问题，但企业与顾客间缺乏有效的互动交流；②通过企业网站、App 和小程序等可直接与顾客私域沟通，体现沟通的深度，优点是不受第三方约束，更方便维护顾客关系，并容易沉淀自己的顾客资源，对规模性要求较具弹性，但缺点是覆盖面或体量相对有限，对经营管理的能力要求较高，时效性也较差。至于究竟采用何种方式，还要取决于产品特性、目的性和企业资源与能力等因素，但通常综合应用的效果更佳。

　　在过去的传统商业活动中，商品流通与沟通传递的渠道是各自独立的，但随着互联网的出现，网络成为共用媒介，使其在应用中出现了偏差和误区，其中典型的就是以互联网为基础发展而来的电商，发展迅猛并侵蚀了相当的市场份额，因此很多线下实体也纷纷"触电"，结果却是几乎全军覆没。究其原因，线上与线下本是两种运行逻辑，但线下并未真正理解网络的特性，只是盲目照搬模仿，因此结果早已注定。在顾客购买行为中，对于传统线下基本都是浏览模式（即商家将货品进行展示，然后由顾客来感受和选购），顾客沟通主要是辅助和服务于能否顺利售卖；对于线上购买由于不能眼见为实，因此会更依赖信息的状况，并且由于存在海量的信息，因而网购是围绕搜索模式而展开的，顾客沟通可有效帮助过滤和传递相关信息，售卖往往是其结果体现。线下的沟通与售卖是两种行为，但在线上渠道是共用的。线下往往只是把线上作为多渠道，希望通过网络能尽量覆盖更多的顾客，却并未真正理解线上的顾客沟通与售卖是相辅相成的关系，还是基于惯性思维把关注焦点放在如何提升销售上，未有效弥补有关沟通方面的不足。也就是说，线下对于渠道的误区在于，并未借助网络来有效弥补顾客沟通的短板，而是仅作为扩张销售的多渠道应用。

　　当今已进入信息时代，事实上线下所缺的并不是多渠道销售，而是更多渠道的广泛沟通。所谓多渠道沟通，就是利用各种沟通渠道与方式，来实现与顾客的有效连接，通过与顾客的交流互动，使信息和价值能够被有效传递，以及维护良好的顾客关系，从而最终建立顾客资源。线下之所以需要强调多渠道沟通，是因为传统的顾客沟通与线上相比是低效的，且不同沟通渠道的宽度和深度有差异，所对应的顾客对象也不同，因此需要拓展更多渠道，以期尽可能多地触及顾客，在拓展顾客的同时，通过不同方式来强化与顾客的交流互动和关系维护。就销售而言，更多渠道意味着产品可以有更多的机会触达顾客，但交易完成后，相互间的某种关联往往也随之终结，因此销售与顾客关系维护无关，甚至呈现为相反作用，是在消耗顾客关系资源。所以企业要保持长久经营，基础在于顾客关系的建立与维护，然后才发展到销售关系（销售只是关系价值的变现），切勿本末倒置。

对于顾客来说，沟通与销售是两种不同的概念，沟通可有效促进销售，但如果是为销售而交流，往往会感觉带有某种功利性，就会因利益得失而有某种预期或防备心理，如果问题处理不好，其实摧毁的是彼此间的信任，这也是为何越是熟人关系就往往越会有意识避免交易关系的原因。可见沟通与销售并不完全相容，如果相互间的关系处理失当，反而会影响最终的销售。网络由于只能共用渠道，因此在一定程度促进了沟通与销售的融合性，但也需要把握某种平衡。

对于企业而言，多渠道确实会增加更多的销售机会，但同时也可能增加更多的环节，管理协调成本和风险等也会随之提升，其边际收益是逐渐递减的，而且线下与线上的销售逻辑并不完全兼容。所以实体的多渠道销售应秉持取长补短原则，根据商品特性确定如何应用网络，但总体上应围绕商品补充、体验优势、便捷交付和售后保障等几个方面来展开。这些并非是简单的工程，即便有实力的企业恐怕也非一朝一夕能完成，所以对大多数企业来说，开展多渠道沟通更具有实际意义：①经营管理和成本投入相对灵活，根据顾客沟通要求，具体渠道及数量可灵活掌握；②渠道扩展相对容易，因沟通的内涵并无实质性变化，只需专门增加渠道及维护即可；③便于全员参与，任何个人和组织都可进行顾客沟通行为，同时还能提升员工的积极参与性；④利于顾客资源沉淀，为经营顾客打下基础。

随着网络技术和应用的不断发展，多渠道销售只会越来越简捷，似乎每个触点都可产生销售，为顾客提供了无缝衔接的购物体验，因此有些人认为现在已进入全渠道时代。但这里同样存在误区，即全渠道并不表明可以无节制地开辟或应用全部渠道，因为每种渠道的背后都有与之相应的消费者，因此在选择不同渠道时，需要清楚对应的目标顾客状况，否则极可能耗费了大量的投入，却无法取得相应的效果（如费心开发了 App，却无人问津），就如实体需要先弄清楚目标顾客所处的位置及商圈，然后才能有针对性地开店。也就是说，渠道应用的原则是"顾客在哪里，店就开到哪里"，而不是越多越好。

二、直播电商

直播电商是指通过互联网站、应用程序和小程序等，以视频、音频、图文或多种直播形式相结合开展营销的商业活动。直播电商实际上包含直播和电商两个概念：在直播方面，网络直播是从2016年开始爆发，当年直播平台超过300家，用户数超过2亿，主要有秀场直播、游戏直播、娱乐直播和泛生活直播等形式；在电商方面，主要经历了目录邮购、电视购物、图文电商和短视频营销几个阶段。目前直播电商的形式主要有网红带货、店主直播、导购直播、场景直播和品牌自播等，电商平台、泛娱乐平台和社交平台都开展有电商直播。

直播电商能够带来直观、生动的购物体验，相比于传统电商具有转化率高的特点，特别是疫情发生以来，直播电商已成为最大的风口，截至2021年6月，直播用户数达6.38亿，渗透率达63.1%，其中直播电商用户3.84亿，渗透率38%（直播与电商的对比见表6-1）。与此同时，直播电商也受到各地政府的高度重视，据不完全统计，全国各地已支持规划了40多个直播电商基地。

表6-1　2017—2020年直播电商销售额占比

（单位：亿元）		2017年	2018年	2019年	2020年
直播电商	销售额	196.4	1354.1	4437.5	12850
	成长率		589.5%	227.7%	189.6%
电商	销售额	291600	325500	348100	372100
	成长率		11.6%	6.9%	3.9%
占比		0.1%	0.4%	1.3%	3.5%
渗透率		0.5%	1.6%	4.1%	8.6%

从底层逻辑来看，直播电商是以视觉化商品内容为核心，聚焦商品内容运营和兴趣内容推荐，以激发兴趣为出发点，综合了互动性、娱乐性和社交性等特征，将沟通与售卖更加有效结合的一种新型销售模式。相比于传统线下实体来说，互联网使电

商打破时空制约，有了更高的沟通效率，但电商主要仍为图文展现，显然信息传递还是单向性的，而直播在延续电商直通车优势的基础上，通过更具生动性的视频展示（增加临场感），更强的娱乐性、互动性和响应性，更重要的是能很好地结合线下人员沟通的效应（如更详细的介绍和演示），大大提升了远程沟通与购物的"温度"与真实感，其购物体验是传统电商所不可比拟的。

如何认知和理解直播电商，关键在于能否准确定位，进而才不易被各种表象所干扰和带偏。直播电商虽然脱胎于电商，但准确来说这是一种新型零售业态，每个直播IP都是一个零售点，直播只是特殊的售卖形式和手段，其最大的特征就是将传统线下和电商两种渠道的某些优势有效融合与互补，进而带来全新的购物体验，是商业行为的重大升级。

进行定位的意义在于，既要看到直播电商相较于传统线下和电商确实具有新的活力和优势，但其根本并未脱离零售的本质，仍需遵循零售的基本规律和原理来运行，否则极易堕入某种误区。对于直播电商不应过度包装和神化，这并不是解决当前零售问题的万能解药（现在流传的"万物皆可播"就是一种盲目的表现），而是在于能否真正把握运营的逻辑，例如，根据毕马威联合阿里研究院的问卷调查显示，60%以上的品牌商认为，直播电商吸引消费者的前三位因素，分别是产品和服务具有良好口碑、内容创意性与话题性、低价促销和灵活多样的活动（见图6-1），基本上仍是围绕差异性、沟通和价格因素展开的，其中前两项表现出明显的零售店特征，而价格因素通常离不开源头产商或品牌商的支持。

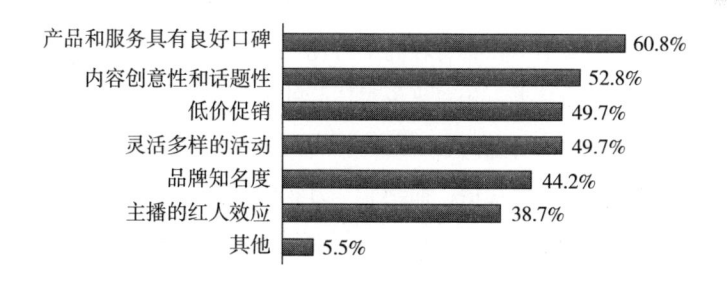

因素	比例
产品和服务具有良好口碑	60.8%
内容创意性和话题性	52.8%
低价促销	49.7%
灵活多样的活动	49.7%
品牌知名度	44.2%
主播的红人效应	38.7%
其他	5.5%

图6-1 直播间吸引消费者的因素

在疫情期间，由于传统渠道通路受到了严重阻碍，直播电商为产销直接对接发挥了重要作用，因中间环节缩短而确实能够带来价格实惠，但随着原有供应链体系的恢复，这种临时性的产品直通和价格刺激行为，必然会破坏原有的流通渠道体系，虽然这反过来可有效促进打破固有壁垒，倒逼流通效率提升，但正如前面所说的渠道的矛盾性那样，传统渠道仍不可或缺，需要围绕它建立新的渠道体系，而不是简单地只要能完成销售任务即可。如果是为了快速拓展市场，那么直播确实是较好的方式，但如果已有分销体系，那么就需慎重及调整配合。

如果把直播电商看作一种渠道，就很容易理解各方博弈的问题，如果过度依赖某渠道，反而极易使自己陷入被动。过去拓展网络渠道的初衷，是对抗传统线下不断壮大的市场力量，从而希望摆脱其依赖，但又受制于流量的"绑架"。现在似乎有了更大的自主权，但真正的流量红利并不掌握在自己手里，不管是平台还是直播间，仍是"携流量以令商户"。所以不管选择怎样的分销体系，都会面临投入产出和利益分配问题，通常越是把鸡蛋放在一个篮子里，风险会越大。而且不同渠道所面临的顾客也会有所差异，这也要求源头厂商或品牌商不能再奢望用同一产品来覆盖所有渠道，而是应使用差异化产品来面向不同渠道。

实际上，源头厂商或品牌商对于直播电商也面临矛盾的选择：一方面希望利用这种新的更有效的沟通方式，来吸引更多流量和关注以及为线下导流，通过直播进一步增强用户黏性，让品牌文化更丰满地呈现，同时还能带来应有的销售；另一方面却又不希望变成常态化打折，否则会损害品牌形象和破坏分销体系。显然，在当前的商业环境下，要实现鱼和熊掌兼得极其困难。因此，作为源头厂商或品牌商应该有清晰的认知，对于直播电商不能盲目迷信，直播只是众多分销渠道的一支，需要结合产品特性、渠道要求、市场竞争和自身实际等来综合考虑。例如，毕马威联合阿里研究院的问卷调查数据显示（见图6-2），淘宝直播平台上的头部品类主要为服饰、食品、美妆和消费电子类，主要集中在具有较高不可比性、需要重点介绍、对即时性要求不高和需要一定参与互动的品类，相对来说对体验的要求较高，而这对于电商来说却是短板，可见直播电商是对传统电商弱项的一种有力弥补，要求平台、主播、内容和价值内核等相应匹配，才能事半功倍，而绝非"万物皆可播"。

从经营上来看，直播电商具有显著的零售店特征，产品源头或品牌自播相当于产销合一的直营模式，商业型直播间及MCN（Multi-Channel Network，即多频道网络）等则相当于产销分离的购销模式，但不管是何种模式，都存在如何取得信任的问题（即顾客存在对商品和店铺的双重决策的问题），因此直播电商的意义并非仅限于营销层面，而重点在于店铺经营层面。

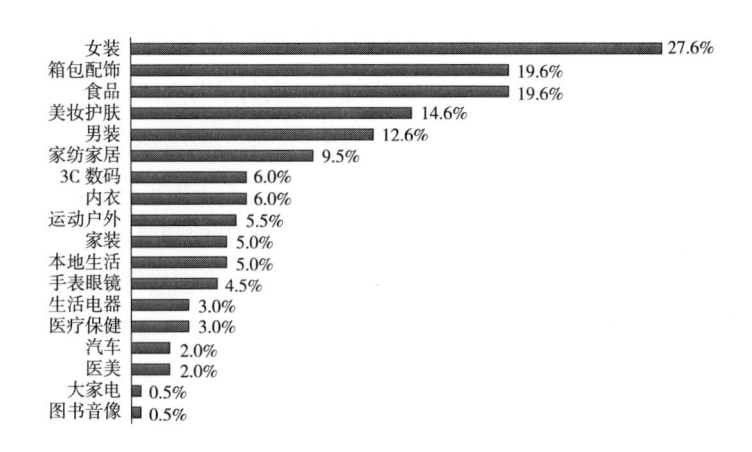

女装	27.6%
箱包配饰	19.6%
食品	19.6%
美妆护肤	14.6%
男装	12.6%
家纺家居	9.5%
3C 数码	6.0%
内衣	6.0%
运动户外	5.5%
家装	5.0%
本地生活	5.0%
手表眼镜	4.5%
生活电器	3.0%
医疗保健	3.0%
汽车	2.0%
医美	2.0%
大家电	0.5%
图书音像	0.5%

图 6-2　淘宝直播品类分布

三、社区团购

如果说直播电商更多的是在网络应用的基础上，通过还原购物场景、借助主播提升产品体验和远程面对面沟通等，将线下购物的某些优势进行有效融合，那么社区团购则是电商下沉到线下，尝试与实体运营相融合的产物。

在早期的线下其实并没有团购的概念，其中一些销量大的主要为批发业务。后期随着零售规模不断扩大，开始出现针对单位或集体的销售，这种特殊的零售方式被称为大宗购物。这时的大宗购物还称不上团购，团购主要为相互不认识的顾客联合起来，通过"以量换价"的方式进行购买，通常为顾客自行组织并发起的行为，而大宗购物主要是由零售商针对特殊群体主动发起的类似数量折扣的促销活动。当然，不管是大宗购物还是团购，其特点都是单次交易的数量（或金额）大，成交价往往低于正常零售价，对于卖方可提升销售、打击竞争和加快周转等，对于买方可获得实惠和便于售后维护等，总体来说是一种双赢的模式。

早期的团购活动主要是顾客自行组织，然后向厂商发出邀约并进行谈判，但因种种条件的制约，通常为非常态性的零星行为。团购真正爆发是在互联网时代，通过网络可以很容易地聚集起巨大的顾客体量。厂商通过预先设定量价交换条件，从而刺激更多的顾客加入其中，既可提升销量快速流转，又可吸引更多顾客资源，因此团购往往变成厂商的促销利器，已发展成为一种独立的营销模式和行为。

由于网络相比于线下的效率要高很多，所以现在的团购概念主要是指网络方面的应用和活动，其中较具代表性的有美团、糯米、大众点评、拉手、窝窝团和口碑等，顾客可比较容易地了解到哪些厂商在做什么活动，厂商则可借助海量的顾客体量，更便于达到某种销售结果，厂商和顾客拥有共同的平台入口，网络的双边效应再次得以很好地体现，相应地也催生了新的零售业态。

在进入移动互联网时代后，网络环境又发生了很大变化，线下可以有更多的机会来借助网络的力量，使团购业务也发生了一些变化，其中网络应用与线下的服务性行业更易结合（如餐饮、娱乐和生活等以现场消费为主的业态），但相对来说与实物产品售卖为主的业态的结合并不理想。究其原因，主要是线上线下购买和交付模式的差异所致：线下主要为到店购买，对于产品基本是即购即得，线上购买为到家交付，因此两种渠道并不太兼容，对即得性和体验性要求越高的商品，电商就越不具优势。而服务类由于购买与消费只能是同步的，因此网络应用主要是信息传递及顾客沟通，反而变成某种弥补，所以网络与服务行业的融合较好。

对于实物产品来说，传统线下实体大多是"店仓一体"的，这样才能最大限度地保障即购即得。因此线上要下沉线下，就必须解决仓储问题，其中主要有前置仓模式，即依靠大数据预测把部分货品预先配送到距离顾客较近的地方，这样顾客在线下单后就可尽快进行交付。前置仓的设置较为灵活，并且在一定程度也可与实体相结合，这样顾客下单后还可根据自己的情况来选择到家还是到店，对于交付体验有较大的改善。不过它的问题在于，不管是自建网点还是与实体联合，相关的成本还是无法避免的，并且如果是顾客到仓自提，那么仍然较为依赖位置性，而如果是配送到家，则存在配送成本和时效性问题。

社区团购是在前置仓基础上，结合团购而衍生出的一种新模式，在一定程度弥补了前置仓的缺陷：从网点布局来看，社团比前置仓要灵活，可以个人直接参与运行，因此很多都是直接分布于小区内，不管是自提还是配送，距离顾客又进一步缩短，且仓储成本也有所降低；从配送性来看，单独商品的销售体量相对要强于普通零售，可在一定程度上分摊配送成本；从运营来看，社团商品的品种数相对聚焦，对于商品运维和品项管理的压力要降低不少；从沟通来看，前端的"团长"与顾客更接近，顾客的互动性、活跃性和黏性相对较强，沟通的深度与亲和性都明显高于传统实体；从顾客端来看，所能得到的实惠要优于普通线下购买。这些都显现出社区团购的优势与活力。当然，社区团购最重要的还是在于"预购＋自提"的商业模式。预购的意义在于，如果一旦达成某种交易意向，厂商就基本已知货品的实际销量，便于有效进行货源组织，在一定程度上可减少库存的压力和风险，同时还能有效组织安排储运从而提升效率，如果能够达到一定数量规模，对于上游也会增加更多的话语权。同时，预购本身就意味着购买与交付是分离的，而社区团购的交付以顾客自提为主，并且采取"次日达"的交付方式，这样就可在一定程度上缓解交付的时效性问题。对于实际的经营网点来说，可根据头天的订单来准备货品，既可缓解备货的压力，还可有效地控制库存状况。

然而凡事都有两面性，也正是由于社区团购这种交付的脱节性，实际上还是制约了经营的发展，比如生鲜类对于时限性的要求较高，而次日提货的时间颗粒还是较粗，并且同样要求具备一定的保鲜能力（这方面是很多普通网点的短板），所以往往只能限于基本的常规品项，这就削弱了某些优势，并反过来还会影响更进一步的发展。另外，由于适合团购的品类相对有限，因此仍会因选择性问题而影响其吸引力，如果盲目扩大品项，未必会带来更大的影响，再加上仍需解决交付的问题，所以社区团购并没有想象中的具有颠覆性。社区团购是典型的网络应用与线下实体相结合的产物，如果没有网络助力，其整体效率将会大打折扣，顾客体量也会受到很大制约，商品组织的灵活性和时效性也就很难体现，导致预购销售的功效并未能有效发挥（虽然预购已初具 C2M 或 C2B 的雏形），而如果缺乏有效需求作为基础，又很难有效盘活上游的商品资源，致使商品仍缺乏竞争力或顾客并无更多实惠；同样，如果没有线下实体的辅助，至少实物体验的优势就无从谈起，而团购品项相对单一的短板会更加凸显，仅靠少量商品的支撑会很容易堕入价格竞争中（或者说只能依赖于价格），这显然并不能长久持续。由此来看，社区团购也只是零售的一种新兴的补充形式，实际上反而对运营的要求更高，并没有看起来那样简单，如果缺乏综合操盘的能力，还是慎入。

可以看到，社区团购带有明显的网络基因，主要推行者是电商，但面临的隐患是缺乏实体经营经验及前置网点的开拓与建设。如果自建网点，显然投入成本不低，不符合快速复制的网络模式，但如果依托现有实体，则经营质量未必能有保障，同时还面临电商资源共享和利益分配等问题；对于线下经营，毕竟是两套供应链系统，存在一定矛盾性，因此必然面临品项冲突和供应链整合的问题；对于顾客购买，目前主要靠补贴刺激在维系，这显然不是长久的商业逻辑；日常运维方面网络能给予的手段并不多，顾客沟通或关系维护似乎也仅停留在社群分享等上面。总的来看，社区团购还有相当长的路要走。

第七章　关于体验

体验恐怕是当今营销中最时髦的词汇之一，被认为是线下对抗线上的重要法宝，但凡涉及顾客及相关活动都必言之。然而体验与价值、服务或文化等概念一样，能明显感知却又很难准确阐述，并没有想象的那么简单。

一、体验的内涵

体验通常是指亲身经历或实际体会，并由此获得经验或留下印象。派恩和吉尔摩指出，体验是人们用一种本质上以个人化的方式来度过一段时间，并从中获得过程中呈现的一系列可回忆的事件，是使每个人以个性化方式参与其中的事件；罗比内特认为，体验是企业和顾客交流中感官刺激、信息和情感的要点集合，存在于企业与顾客接触的所有时刻；拉萨利和布里顿认为，体验源于顾客与产品或企业的互动，没有顾客参与体验就难以发生，因此顾客身份将从旁观者提升为参与者；施密特则指出，体验是个体对某些刺激产生回应的个别化感受，通常是对事件的直接观察或参与而形成的，是人们内在和个性化的东西。综合来看，体验是一种通过感官刺激而引发的心理活动，具有主观性的感知，是一种经历或过程，是能够被满足的特殊的需求。

体验理论的发展大致分为两个阶段：早期认为体验是当一个人达到情绪、体力、智力甚至精神的某一特定水平时，在意识中产生的美好感觉；之后人们发现体验是一种整体性的印象和感受，不仅有美好的感觉，也有不好的部分，因而需要进行体验管理，尽量去除负面感受，创造和强化美好感觉。由于人的趋利避害本性，所以追求美好体验是人之本能，也是催动社会进步与发展的动力。事实上，体验是基于顾客视角的概念，因此较具不确定性，对其理解需要重点把握如下特点。

1. 固有性

体验其实同客观价值一样，是已固有已存在的，因此对于体验来说，关键在于顾客所感知的与企业希望营造的是否相符，也就是说，企业的任何行为（哪怕没有任何行为）都会给顾客带来某种感受，但往往企业想要树立和传递的体验感，与顾客的实际感知会存在偏差，使所谓体验管理不尽如人意。

这点对于经营管理具有非常重要的意义，即体验是时刻存在的，不能因为做好几个动作就认为获得了良好体验，相反自身可能有很多无意识行为，正在抵消为之所做的努力——很多人在实施体验管理时，还远谈不上全面和系统性，导致结果与目标相距甚远。事实上，体验既没有想象中的高大上也不神秘，因此不应过于寄希望于某种技巧和方法，否则就容易陷入为体验而体验的形式主义。体验与服务是一体两面，因此体验应作为日常行为而融于各个环节和触点中，且体验作为结果只是企业行为的验证或检验工具，是相关服务后的必然体现。

2. 主观性

体验是顾客的主观感知，但由于人有趋利避害的本性，因此常会把体验与好的感受相提并论，并且在其应用中往往会以此作为标准。在桑德斯的体验金字塔模型中，就把愉悦作为体验的构成要素之一（需求满足为底层、容易性为中间层、愉悦为高层）。人追求舒适、愉悦和快乐等无可厚非，但易产生误导，认为只要进行管理就能带来好的体验，而忽略了异质性，比如对于害怕排队的人来说，迪士尼未必都有好的体验；对于喜欢清静或社恐的人来说，娱乐场所未必有好的体验；对于只习惯中餐的人来说，再高档的西餐厅也未必有好的体验；等等。

由此可见，体验并没有绝对性，即便有些让顾客感受到好的体验，但因每个企业或产品所依存的环境条件和核心价值等有差异，因此并不表示具有可复制性。比如人们每谈及体验时，都会把星巴克、宜家或苹果等拿出来举例，似乎这些才是优秀体验的象征，但如果盲目模仿恐怕会事与愿违。

现在新零售概念较为时髦，而在说明新零售时，必然要列举线下实体的体验性，新零售则是融合了线下和线上两种优势的结晶。这个逻辑是荒谬的，因为网购本身也是一种体验，恰恰正是独特的体验性，才使电商得到了顾客的认可，但为了说明新零售，电商就变得缺乏体验了？另外，还有很多逻辑不清的情况，比如便利店与购物中心谁的体验好、高档餐厅与路边小摊谁的体验好、品牌专营与私人裁缝谁的体验好等，实际上是各有各的体验感，所谓好坏只是在特定状态下的反馈，每种状态下的体验都是唯一的，不能轻易作为标准而进行套用。

3. 二重性

体验是过程与结果的综合，它一方面是购买或使用过程中的感受，另一方面则是消费后的整体评判。可能会单独呈现某方面，也可能是综合反映，但各阶段的体验感显然是不同的，因此体验管理的要求也会有差异。比如，体验中的用户体验和客户体验是有差异的，用户体验主要为人与产品的互动，客户体验则为人与企业的互动，但如果应用错位，其结果就可想而知。同样，购物过程、使用过程和最终结果也是不同性质的体验（零售大部分涉及购买过程体验，生产则更多地关注使用过程和结果体验），所得到的反馈或结论会有很大差异，但在实际中常出现张冠李戴的现象，比如沃尔玛和胖东来是购物过程体验，迪士尼是使用过程体验，星巴克是购物和使用过程同时性体验，雀巢咖啡为结果体验，苹果则是购物、使用及结果综合性体验，但如果将某阶段的体验应用到其他体验或者反之，就很难得到应有的收效。

二、体验的认知误区

从体验的特性可以看到，对于体验很容易出现认知和应用偏差，下面就来看看导致体验不佳的原因或存在的误区。

1. 体验是可被"制造"出来的

表面上这是体验管理的一种结果呈现，但显然忽略了体验的固有性，且片面夸大了相关行为的作用，其实背后的潜台词是希望借此得到好的体验。这种强调人为作用或能动性容易导致过犹不及或矫枉过正，背后往往隐藏有功利主义的身影，追求短期效应或急功近利，并通常是寄希望通过某些活动或行为，取得一劳永逸的效果。然而不得不面对的事实是，体验并不完全以企业的意志为转移，所以体验管理是一个系统和长期的行为，越是搞得轰轰烈烈，就越容易使顾客很快进入某种审美疲劳，期望越大失望也越大。

2. 体验是有标准的

之所以对体验设定标准，目的是希望能营造出好的体验。但由于体验的主观差异性，对体验的判断和认知并没有绝对性，如果盲目追求所谓指标或标杆，往往可能出现顾客所感知的与企业想要推行的并不相符的结果，或者说顾客未必认同企业所营造的体验，这反而可能导致顾客体验的混乱。企业之所以比较信奉管理指标，很多是受德鲁克的"没有测量就没有管理"理念的影响，对于相关管理行为希望能被量化，所以也就出现了各种监测指标，如顾客满意、顾客忠诚或净推荐值等，但这往往会出现因果倒置的现象，甚至会把某些量化指标直接替代为顾客体验感，比如摩尔定律就是典型的误以为只要不断追求更快速度、更大容量或更清晰的像素等性能指标，就表明提供了好的体验，又如很多企业都喜欢强调产品如何畅销，但显然这并不表明能获得好的体验。好的指标与好的体验之间具有相关性，但绝不可以划等号，不能因为有好的指标就以为万事大吉。

3. 认知偏见

很多时候只要一提到体验，我们的脑中就会自然而然地浮现出某种休闲的场景，或优美典雅的环境，或深度参与、互动和游乐等，这显然是将体验的概念片面、狭隘和模式化了，容易造成顾客体验的雷同化，而我们真正要追求的，应该是各种不同内涵的体验。

4. 应用偏差

体验应包含于众多触点之中，而不同触点的要求肯定会有差异，如果错位就可能会适得其反，这是体验的二重性所决定的，不同阶段的体验感知和要求必然有差异性，比如将结果性体验套用在购物过程，就会感觉莫名其妙。同时，体验也是全方位的：不仅线下购物叫做体验，线上购物也是一种体验；不是被人为营造的才叫体验，没有任何行为也是体验；直接感受是体验，间接获取信息也是体验。所以，不是有需要时才拿出体验来说事，而是体验无处不在，需要全面系统地来应用。

5. 紧盯竞争者

在市场中竞争不可避免，因此必然要密切关注竞争者动向，但对于体验来说往往会堕入误区，即别人所提供的自己也必须有，以免被顾客评判为体验不好。然而体验并没有绝对的好与坏，顾客想要的是难忘的感受、印象或回忆等，因此体验应具有鲜明的个性和差异化，而无须去追求所谓体验标杆，亦步亦趋。

6. 对于体验应规范管理

这又是一个与企业管理容易产生混淆的地方，即企业必须按照一定的规范来运行，没有规矩不成方圆。但对于体验管理的问题是，越规范往往意味着越有可能"僵化"，并且以此制定出的各种能够带来所谓好的体验的管理规范，越容易犯越俎代庖的错误，即替代顾客想"我以为是这样"。规范性只是管理成效的条件，但不能作为结果的必然因素，特别是对于具有较强主观性和不确定性的事物，更应慎重规范。

7. 提供好的服务就能得到好的体验

我们必须要清醒地认识到，好的服务与好的体验之间并无必然关联，有时甚至还会带来"坏"的结果（如统一标准会在一定程度上抹杀个性体验）。之所以会出现虽然是在谈论体验,却是在谈论服务的现象,是因为服务与体验都具有无形性,且通常认为二者之间具有因果关系,服务是产生体验的因,体验则是服务的果。然而从体验的范围来看,服务仅是形成体验的一个要素而已。服务其实是生产或经营者角度,在于能够对顾客做什么,体验则是顾客或消费者角度,是对于相关行为的感受,服务和体验从一定程度上来说是一体两面。

8. 安排专人或成立部门负责即可

很多企业把未能提供好的体验归咎于缺乏专人或部门负责,这其实只是找替罪羊的借口,其结果往往就会变为某专人或部门的事,并且又回到"指标主义"的老路上。企业必须要求全员都具备体验思维和意识,并形成能真正体现文化和价值观的行动纲领,养成凡事都应用体验来检验的习惯。设置专人或部门负责只是形式而已,重要的还是全员参与和真正以顾客为导向。

9. 把顾客关系管理当作顾客体验管理

顾客关系管理和顾客体验管理的区别是:①虽然二者都事关顾客行为,但顾客关系管理关注的是实际表现或正在发生的,并且通过数据收集与分析进行相关的行为预测,顾客体验管理则是告知内在的情感反应和为什么;②相对而言,顾客关系管理是以企业为主导,顾客体验管理则是要求以顾客为导向;③由于顾客关系管理更多的是通过观察和对信息痕迹等进行分析,因此更偏重于理性,其目的是为销售和留存客户等服务,顾客体验管理则主要是基于顾客好恶等进行情感分析,更偏重于感性,主要用于改善运营流程,也更为关注顾客价值。由此可见,顾客体验管理相对更接近顾客端,只是由于很多工具与顾客关系管理是共通的,导致二者相差无几的错觉。事实上,顾客体验管理强调的是顾客参与和互动,帮助企业知道问题在哪,以及为顾客关系管理提供有效反馈,而顾客关系管理主要偏重解决问题,对于企业来说更具有实操性,二者是可以交叉应用的,但都不可过于偏颇。

在了解体验的认知误区后,接下来就是在零售实践中如何有效地避坑与应用。不过在这之前,还需要先了解有关体验经济、体验营销与体验管理方面的内容。

三、体验经济

体验经济的概念最早由托夫勒提出,他指出服务业最终会超过制造业,体验生产又会超过服务业,并预言农业经济、工业经济和服务经济的下一步,就是走向体验经济。派恩和吉尔摩指出,企业发展的原动力是避免产品被"初级化",从而需要不断寻求新的收入增长点。这里涉及价值递进的概念,对其理解有个相当经典的例子:在早期过生日时基本都是自己制作蛋糕,花费主要为原材料方面;之后相关原材料虽然变成包装品,但也不会超过 2 美元;到 20 世纪 80 年代后主要为直接成品购买或订购,费用上涨到 10~20 美元;现在举办一次生日派对则需要 100~250 美元,但同时也带来了全新的无与伦比的体验。这 4 个阶段的价值递增说明了体验经济的意义,顾客不仅会为基本功能满足进行开销,同样也愿意为体验而花费,并且消费行为终将变成某种趋势。由此可见,营造体验的第一原则,就是要实现产品的体验化——目的是把对产品或服务的关注转移到体验上来,以此避免被"初级化"。与初级品的互换性、工业品的有形性和服务的无形性相比,体验的独特性在于可回忆性,体验是内在的,而其他都是外在的。

1. 体验类型

根据顾客参与程度和参与者背景环境两个维度,体验可分为娱乐性、教育性、逃避性和审美性 4 种类型。不过单一体验的情况并不多,很多时候都会同时存在多种体验,而如果同时包含有 4 种类型,那么就会处于中间的"蜜罐"区域。换言之,想要营造丰富而又充满吸引力的体验,仅关注某一种体验类型显然是不够的,理想状态是同时集中了 4 种体验范围,如图 7-1 所示。

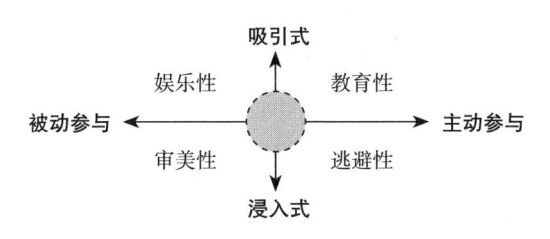

图 7-1 体验的范围

2. 体验要素

(1)主题。在营造体验时,最重要的是要有一个恰如其分的主题,如果缺乏主题或表现力较弱,顾客就很难建立起相应的联想,从而导致可能产生的回忆较难深刻而持久。主题主要遵循五大原则:①必须能改变现实感;②通过对空间、时间和物质体验的影响,越是感受丰富的就越容易改变现实感;③对空间、时间和物质的综合性体现——场景感;④在一个场所内,要有多个能强化主题的点;⑤主题必须符合企业的特征。另外,有效的主题必须简洁而生动,太过强调细节反而会破坏整体效果;主题既不是企业的使命宣言,也不是营销口号,甚至不必尽人皆知,但必须能够清晰地感觉其存在；主题必须以统一的故事来推动体验，用故事来吸引顾客投入，故事性才是主题的核心。需要注意的是，即便企业没有刻意营造某种主题，但顾客在实际体验中也会脑补出一个自己认为的主题。

（2）印象。主题是体验的基础，具体表现则为所留下的印象，印象是企业所希望传递的主题。施密特和西蒙森总结归纳了时间、空间、技术、真实性、复杂性和规模6项整体印象范围。不管是正面积极的还是负面消极的，任何信号都能触发形成印象，所以要求信号必须支持主题目标，不能产生任何冲突，同时应尽量消除扰乱和低劣的信号。由于个体在接收信号后产生的印象不同，因此要求信号应尽量直观简洁，以免产生某些歧义，越是聚焦就越容易产生和留下某种深刻印象。

（3）纪念物。如果有相关的纪念品作为辅助，就能很好地帮助顾客强化并回顾其体验，或者会成为某种炫耀的证明。只要有合适的舞台背景，任何企业都可以把纪念品添加到体验产出中，比如在最不起眼也最易忽略的收银小票上就可做很多文章。与之相应的，无论是主题、印象、信号还是纪念品，基本要求都是能够对五官感知进行有效的调动，在承受范围内越是能刺激感官，体验就越是难忘。

3.销售体验

任何产业形态要成为经济主流，都在于能否成为交易的主角，农业经济、工业经济和服务经济都是相应的产品成为主要的交易对象，因此是否能发展出体验经济，就在于体验是否可以被售卖。通过这个视角，可以看到所提供的体验是否具有价值性，而不是零售活动中可有可无的补充。反过来理解，之所以体验应该收费，是因为体验如果毫无吸引力，那么即使是免费也没有任何意义，而收费却会激励企业努力营造更卓越的体验，变成一种反向倒逼手段。

在具体实践中，围绕衡量方式和活动类型两个维度，通过预先、活动和期间3种衡量方式，及特定和公开两种体验类型，形成了6种体验收费形式（见表7-1）。当然，并非所有的体验都能收费，只有注重了所有4种体验范围和利用好五大主题化原则，创造出丰富、生动而富有吸引力的体验的，才能够这样做。收费只是最后的一步，企业首先要做的是设计出让顾客愿意掏钱的体验。

表 7-1 体验活动的收费形式

活动类型	衡量方式			
	按入场收费（门票）	按活动收费（游戏/会议）	按时间收费（付费电视/流量）	特定活动
	启动式收费（入会/人群）	访问式收费（参观券/许可费）	会员式收费（会费/组织费）	公开活动
	预先型	活动型	期间型	

4. 减少顾客损失

前面在有关价值的问题中指出，企业创造的价值需要传递，而除了作为价值载体的商品流动外，更需要与顾客进行有效的沟通。企业与顾客的沟通互动越多，企业的学习效果就越好，便越能准确地提供顾客真正想要的产品或服务，并且顾客流失的概率也就越小。顾客互动与顾客损失之间的关系，如图 7-2 所示。

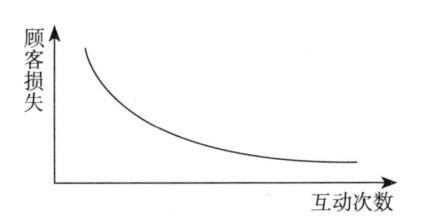

图 7-2 顾客互动与顾客损失的关系

顾客损失就是顾客真正的需要减去顾客勉强接受的现实。不难发现，该概念更像是顾客满意度的另一变种（顾客满意度 = 顾客感受值 − 顾客期望值）。而有效地降低或减少顾客损失的做法，主要是通过内在产品和外在表现两个维度及不同组合的应用，来实现定制化和满足体验，如表 7-2 所示。

表7-2 实现定制化的方式及不同定制方式的区别

	外在表现		
内在产品	合作型定制 （解决选择问题）	透明型定制 （解决重复问题）	改变
	装饰型定制 （解决形式问题）	适应型定制 （解决组合问题）	不变
	改变	不变	

特征	定制化方式			
	合作型定制	适应型定制	装饰型定制	透明型定制
可消除的顾客损失类型	选择问题	组合问题	形式问题	重复问题
产出的性质	已定制	可定制	已包装	可包装
价值提供方式	共同确定	独立获得	可视延展	暗中实现
定制过程特征	可分享	可调整	可延迟	可预测
互动形式	直接	间接	公开	隐蔽
企业学习方式	对话	诱导	识别	观察
定制产生的体验类型	探索式体验	实验式体验	满足式体验	发现式体验

（1）合作型定制-探索式体验。不管是内在的产品结构，还是外在的表现形式，在与顾客进行深度互动的基础上，顾客都能较好地参与和进行决策，通过共同确认而产生出新的定制产品。这是最能保障成功率的方式，但需要双方的高度投入。

（2）适应型定制-实验式体验。与合作型定制相反，其产品本身及表现形式都不发生改变，但可以提供不同的组合及方案，由顾客根据自己的实际进行验证，进而找出自己认为最优的方案。零售本身对于再组合方式具有天然的优势。

（3）装饰型定制-满足式体验。该类型为非定制产品，但可以通过个性化的包装和服务等来满足个性表达，这种方式对于不直接制造产品的企业来说更具实用及可操作性，比如零售企业可增加印有自己Logo的包装和定制纪念品，包括自有品牌和专属服务，以及特有的卖场体验感受等。

（4）透明型定制-发现式体验。与装饰型定制相反，其外在表现并没有多大变化，但内在产品有所差异。采用该种方式通常是由于顾客不愿过多地进行互动，企业需要通过大量观察和数据分析等，针对不同顾客的真实内在需求做出调整（这是互联网企业最擅长的运行模式，其代表应用就是所谓智能推荐或千人千面，不过如果企业重心是在利润而非顾客时,便会出现大数据杀熟的情况)。

5. "工作即演出"

对于体验管理的运行,派恩和吉尔摩提出一个极富想象的观念,形象地描绘出了工作的实质,以及如何才能创造出有灵魂的体验:当把工作场所视为舞台时,就有机会从普通的产品和服务提供者中脱颖而出。既然"工作即演出",那么企业的战略、使命或行为准则等就相当于戏剧,工作流程相当于剧本,而具体的工作就是演出,演出所表现出的效果则为产出,其对应的关系如图7-3所示。

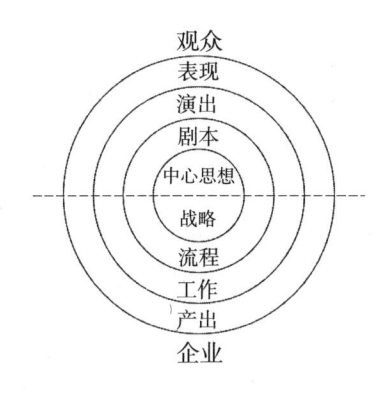

图7-3 戏剧表演模型(企业与顾客)

演出结果的好坏,取决于准备的状况——准备;对演员来说,糟糕的标志就是不断地提醒观众自己是在演出——投入;塑造角色特征,可以使体验营造出有别于其他商业活动的氛围——角色;无论多小的元素都值得表演者的重视——细节;不但要强调表演什么,更重要的是为何表演,这才是普通服务与难忘体验的差别所在——目的(对于目的可在所做事情中添加"为了……",便会立即产生不同的效果)。在演出开始前,需要确定哪种表演形式最有利于在特定的时间、场合和观众的基础上进行表演。表演形式主要通过内在剧本和外在表现两个维度,以及相应的程度来确定,如表7-3所示。

表7-3 4种表演形式

	剧本		
表现	戏台表演法	搭配表演法	平稳
	街头表演法	即兴表演法	激烈
	平稳	激烈	

四、体验营销

传统营销的关键在于如何将产品有效地销售出去,然而随着消费者逐渐觉醒,需要更加注重顾客的互动和参与性,以及满足个性化的需求,体验营销就此成为企业新的价值增长源泉。体验营销最早由派恩和吉尔摩提出,认为体验营销是从消费者的感官、情感、思考、行动和关联5个方面重新定义和设计营销理念;施密特指出,体验营销是一种体验驱动的营销和管理模式;郭国庆认为,体验营销是以产品或服务为道具,激发并满足顾客体验需求,从而达到目标的营销模式;汪涛等基于营销过程,认为体验营销是营造一种氛围和设计一系列事件,使顾客变成其中的角色,并在过程中因主动参与而产生深刻而难忘的体验,从而为获得的体验向企业让渡价值。简单来讲,体验营销就是创造、提供和出售体验。

体验本身并不能被单独出售(即体验也需要某种载体作为依托),但可激发顾客的惠顾动机和冲动性购买。能否向顾客提供与众不同和具有明确主题内容的体验,将关系到竞争的状况。体验营销具有以顾客需求为导向、以顾客沟通为手段和以顾客满足为目标3个重要特征,其与传统营销的比较如表7-4所示。

表7-4 传统营销与体验营销的比较

	传统营销	体验营销
营销理念	质量、功能和利益需求	不仅提供产品和服务,还创造和提供有价值的体验
竞争理念	关注产品类别在竞争中的营销定位	在广泛的社会文化背景下体验消费场景
广告宣传	从产品功能或利益诉求角度挖掘独特卖点	产品功能或利益诉求与情感诉求巧妙结合
终端促销	注重精美陈列、价格优惠和优质服务等	从消费者视角出发,注重体验设计
顾客体验	视顾客为理性决策者	视顾客为理性和情感双重决策者

1. 体验价值模型

顾客体验价值模型是在伍德鲁夫的顾客价值层次模型的基础上演化而来的,较为直观地反映出顾客需求、满意度和体验之间的关系，如图 7-4 所示。

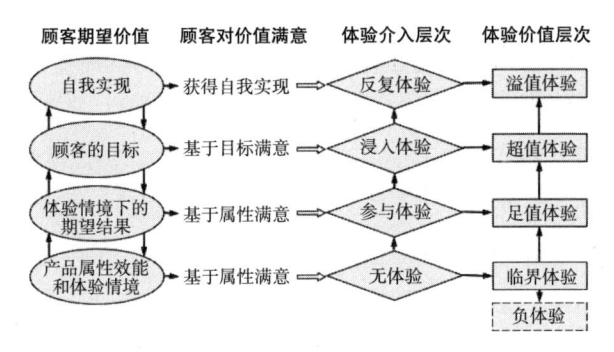

图 7-4 体验价值层次模型

体验价值分析模型揭示了体验价值源于企业与顾客的互动。体验营销的目的不是产品或服务本身，而是预期在顾客心中形成独特的感受，如图 7-5 所示。

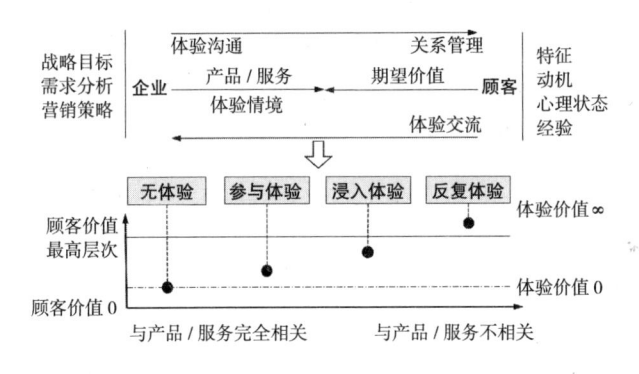

图 7-5 顾客体验价值分析模型

2. 体验营销类型

（1）感觉体验。传统营销主要围绕的是产品或服务，而以顾客为导向则会更注重顾客价值。随着产品日益丰富，仅靠强行灌输信息已不再灵验，唯有令人难忘的感官体验，才能引起关注和留下持久印象。感觉体验的目标就是要创造知觉体验的感知，良好的视觉、听觉、触觉、味觉和嗅觉五官的感官体验，是体验营销最基本的前提。感觉体验与需求结构模型中的生理需求是相对应的。

（2）情感体验。情感营销诉求的是顾客内在感情与情绪，目的是创造知觉体验。情感是各种感觉综合的结果，比感觉具有更强的记忆。由于情感是隐藏在内心深处的心理感觉，只有当产品、服务或环境等产生共鸣时，才能超越"物"的概念，由此产生的喜好也容易引发偏爱，因而情感体验要比感觉体验更强烈和持久。情感体验与需求结构模型中的心理需求是相对应的。

（3）思考体验。即以创意的方式引起顾客的兴趣，对问题进行集中或分散思考，为顾客创造认知和解决问题的体验。思考是调动主观能动性，从而产生创造性的认识和解决问题的感受，进而可能改变生活态度及价值取向，因此体验的影响更具深刻性。通常越是具备思考性的产品（如文化、教育和科技类），就越容易引发良好的思考体验，比如联想电脑的"人类失去联想，世界将会怎样"的广告，就非常简单直击地引发起人们的思考，进而给消费者留下了深刻印象。思考体验与需求结构模型中的精神需求是相对应的。

（4）行动体验。目标影响身体的有形体验、生活形态及互动，行动体验的实质就是增加亲身参与和实践性，通过实际的身体经历，可进一步强化体验的效果。体验设计既可适应原有的生活习惯，也可能会形成新的行为习惯。常见的行动体验是某种使用或生活方式的营造，通过亲身感受进而激发欲望。

（5）关联体验。这是一种综合体验，同时包含感觉、情感、思考和行动体验，是超越个人感情、人格和个性，与个人对理想自我、他人或文化产生关联的体验。诉求点主要是对自我改进的渴望，以及要求别人对自己产生好感，通过各种综合性的手段（如美容和衣着穿戴等），来达到改变自我的目的。关联体验是个人与广泛的社会系统产生联系，从而建立起个人的某种偏好，同时与具有共同偏好的人组成一个群体，从相关团体或文化而来的社会地位等的体验。

3. 净推荐值

说到体验营销必然会涉及净推荐值的概念。净推荐值亦称口碑，是一种计量某客户将会向其他人推荐某企业或服务可能性的指数。也可作为顾客忠诚度分析指标，主要专注于顾客口碑如何影响企业成长。

净推荐值的计算公式很简单：净推荐值 =（推荐者数/总样本数）× 100% —（贬损者数/总样本数）× 100%。确定方式也直截了当，只需回答"是否愿意将公司推荐给亲人、朋友或同事"即可。对于计算的结果，9~10 分为推荐者，表示具有绝对忠诚度，会继续购买并引荐给他人；7~8 分为被动或中立者，表示基本满意或相对中立，既不会有过多抱怨，也不会表现热衷或向他人推荐，通常都会考虑其他竞争商品；0~6 分为贬损者，既不满意更谈不上忠诚，更多地表现为不断抱怨和投诉，除了不会向他人推荐外，还可能传递负面信息。根据调查统计显示，大部分企业的净推荐值在 5%~10% 之间徘徊。

净推荐值之所以相对客观，是因为如果一个人愿意把某企业推荐给周围的人，实际上是在用自己的信用来为这种推荐背书。由于该调查方式足够简单，不会被看成是企业的某种暗示性广告，也不会让受访者感到某种压力，更不会像客户满意度调查那样因问题太多反而降低了收集信息的有效性，因此净推荐值是常用的反馈指标，但要注意净推荐值不等于满意或忠诚度，只是一种预警装置。

五、体验管理

按照维基百科的定义，体验管理是企业用来监控和追踪公司与客户所有交互行为的过程。施密特指出，顾客体验管理就是战略性地管理顾客对产品或公司全面体验的过程。因为体验贯穿了顾客生活相关的全过程，同时也包括企业内部的行为，所以体验管理既是分析又是创意，既是战略又是实施，是一种具有较强实用性的管理工具。

1. 分析顾客体验

分析顾客体验是获得顾客内心想法的起点，而只有洞悉顾客心理才能使企业以正确的吸引力、特点、沟通和触点来定位和制造产品。

（1）目标顾客。由于每个人的体验感受和需求都不一样，所以需要先明确目标顾客类型，比如终端顾客在购买时相对容易被感性左右，上游客户则多偏于理性，两种顾客对体验的要求明显不同。同样，对于购买者和使用者，以及初次购买和重复购买者等，其购买体验的要求也会有显著差异。

（2）体验层次。同样类型的产品或服务，体验内涵是有差异的（见图7-6），将会影响顾客体验的不同层面，因此需要采用不同的方式来诉求和触发体验感：对于核心的产品或品牌体验，主要是强调基本需求结构中的实际功能；品类体验主要在于与其他类型的差异性；使用和消费环境的体验则是通过场景再现来进行引导；社会文化商务环境的体验则是一种生活方式、价值观或态度等的体现。

图7-6　体验层次

（3）体验触点。在触点上追踪顾客体验，目的是通过决策过程去理解应如何呈现顾客体验。顾客从产生需求到使用完毕再到下次购买，包含有众多的触点，每一触点都值得去发现不仅需要什么信息，还包括希望得到怎样的体验。

（4）竞争了解。竞争不仅限于价格或服务等，还应包括体验方面。可直接向顾客进行相关的体验调查，或通过观察顾客的实际行为和过程，或直接将顾客置身于所设计的体验过程或实际使用产品，抑或是直接由顾客来想象需要怎样的体验等，这些往往都可获得良好的启发。

2. 建立体验系统

传统市场营销主要通过定位来使顾客认识产品和品牌，而体验管理则是通过使用顾客语言和动态的概念（即体验系统），来连接企业的定位、产品和品牌，为分析和实施提供战略上的联系，以及有效的内外部沟通。

（1）体验定位。与传统市场营销不同，体验是以形象为导向的定位，简单来说就是对公众的宣言。体验定位是以富有洞察力和有效的多感官战略，来替代原有模糊的定位，这些战略内容赋予了品牌形象且与使用和购买者相关联。体验定位就是要让顾客清楚在做什么，当然也要让其感觉到具有吸引力和充满诱惑。

（2）体验价值承诺。价值陈述是顾客战略的核心，其中体验价值承诺在于能为顾客做什么，说明顾客将得到什么体验，且企业将信守和履行这些承诺。价值承诺可围绕感官体验、知觉体验、认知体验、行为体验和社会体验来进行。

（3）实施主题。这是总结了前面两种中心信息的内容和形式，进而创造出能与某种生活方式同步且可实施的增加附加值的概念，包括品牌、互动和创意等元素。简单来理解，实施主题就是把体验定位和价值承诺提炼为容易被理解的主题或目标（当然主题并非只有唯一性，且应注意主次之分），并且围绕其还有贯彻实施的行动指南，其核心就在于必须有顾客的参与、互动和投入。

3. 体验设计

（1）产品体验。产品是体验的焦点，产品特点（包括功能及其他）是体验的基本出发点。产品在体验方面的诉求比单纯的功能或特点上的诉求更重要，即重点是顾客使用感受而非设计准则，如果使用不畅、不够便捷或易出问题等，那么将很难获得好的体验。只有将体验要素融入产品开发中，才能实现体验价值。零售商业在选品时，也要以产品体验为基本要求。

（2）外观体验。顾客不仅会关注产品的功能和特点等内在部分，同时也会在意产品的名称、色彩、图案和形状等外在部分，对于零售还包括产品陈列和店内形象等外延。产品外观要与需传递的信息和内涵一致,既要充分体现出产品的体验定位,同时又要具有独特且符合审美的美学设计——对此最简单直观的判断,就是如果愿意将其收藏,那么至少证明外观设计是成功的。

(3)体验沟通。传统广告和沟通的神圣概念之一,就是要有独特卖点(USP),但在体验经济下,则应为体验销售模式(ESP),ESP 不是 USP 的软版本,而是脱胎于体验系统的沟通,与传统广告的不同在于,它是直接显示出使用后的体验感,而不是在为所谓卖点说教。体验沟通对零售来说更具重要意义,因为零售的触点众多,所谓卖点容易被分化和干扰,而把重心放在体验营造则更实际。

4. 顾客接触

产品的功能、特点、包装、外观和沟通等都是静态的,但在购买过程中还包含动态的顾客接触,将极大地影响顾客体验。顾客关系管理主要是记录相关数据,然后根据数据改善或预测行为,但很难针对每一顾客做出灵活调整,特别是不易捕捉一些非语言信息,使其体验感受并不能完全真实地得到反馈,而这些在顾客接触中却可以很好地弥补,只有人才能提供最佳的互动性,使体验更有"温度"。

(1)重要性与灵活性。在购买过程中与顾客产生触点的地方很多,但并不是所有的触点都必须重点关注,而是要找出关键点并进行有效整合和重点打造,这样才能起到事半功倍的效用。选择关键点的准则之一,就是看人员服务是否具有不可或缺性,因为只有人员才能保持足够的新鲜和灵活性等。

(2)形式与内容。正确的接触也是正确形式与内容的组合,形式是表达宗旨或传递的方式,内容为所带来的有形的东西。要形成良好的顾客接触,需要形式和内容处于某种平衡状态,如果形式大于内容,就会让人感觉虚无空洞或缺乏诚意,如果内容大于形式,则会让人感觉枯燥而缺乏生动,使顾客失去耐心。

(3)时间性。顾客在某触点上应保有多长时间才算合理?这是整个体验设计中较难把握却又容易忽视的问题。企业通常希望顾客在店内或网站的时间越长越好,这样似乎就有更多的销售机会,但由于成人能保持较好关注或精力的时间为 120 分钟左右,超出后任何体验感都会下降,因此对于购物过程设计需要"劳逸结合",并且对于非选购时间要能提供充分的便捷性,对于关键点和顾客接触等应提升效率性(如简捷利落的服务),以避免似乎已经提供了周全的服务,但顾客还是不买账的尴尬局面。对于实体而言,有效缩短顾客在店内寻找和移动的时间(这方面需要好好地向电商学习),是提升实际购物效率的重要前提。

六、零售体验与实践

由于感知具有主观性,致使体验本身并没有绝对性,对于别人来说或许是一种好的体验,但未必适合于你,因此体验设计的前提,是要确认用户类型(主要有完美型、时效型、实用型和享受型几种),不同的用户对于体验的要求会有差异。

在很多情况下,越是"好"的服务,往往越会带来"坏"的体验,这似乎有悖于常识。对于企业来说,只有标准化的作业规范和流程,才能保障顺畅运转,特别是随着规模越大各触点和环节会越多,就越需要共同约束;对于顾客来说,参差不齐的服务带来的体验肯定不佳,特别是当低于上次服务水平时会更加不满。然而问题是,高标准和一致性服务是良好体验的基本保障,却并不符合个性体验的要求,标准与个性存有矛盾,因此对于体验要求越高的,越需要"工作即演出"。

1. 阶段体验

零售的触点众多,每一个触点都会产生不同的体验,但顾客在感知和评价体验时很少会具体到某一细项,往往是一种整体性和笼统的感觉。体验感受的形成与回顾是呈反向关系:形成的体验感是由众多不同细小的体验所组成,如果某一局部体验不好时,会影响到整体的体验感知,但在回顾体验时,又是由整体再逐渐到细项,因此容易导致从一开始就认为体验不好。这种体验碎片化的特征,会给企业带来很大困扰,虽然很多地方已做得很好,但往往因某些细节问题,整体体验被打折扣甚至导致被全盘否定。所以要取得极致的体验,始终无法回避"细节"这个关键词。

(1)购前体验。

顾客在未购买前,实际上有很多相关的信息行为,比如产生某种需求、接触到某条广告、听到亲朋好友介绍、上网浏览查阅等,这时都还未与厂商或商品发生实质性接触,仅是在顾客头脑的信息整理处理中。购前行为是最令厂商困扰的触点,他们对顾客及其行为几乎一无所知,往往感觉无从下手以至于重视程度不够——其实这也是线下实体最大的软肋。

信息获取方式主要有主动和被动两种。虽然接触的媒介或渠道可能大同小异,但对待信息的态度有很大差异,被动获取时主要在于能否引起关注或兴趣,当激发起某种欲望后,往往会转化为主动获取,这时通常会更加在意信息的内涵及信息背后的信息。信息来源主要有直接和间接两种:①间接的来源包括网络、视听媒介、报刊杂志、广告、书籍、口碑和人员介绍等,这时的信息是在任意传播,能否获得良好体验,在于正面与负面信息之比,如果正面信息大于负面信息,那么基本就会有保障,反之则可能无望,如果正负相差不多,顾客就可能会纠结;②直接的来源主要是针对线下实体,包括位置、建筑、外观、停车场、绿化、卫生、店招和橱窗等,这时顾客虽然还没有进店,但实际的感官体验已经在开始影响着购买行为或是否进店,或者说已经开始了体验旅程。

口碑是重要的信息源之一,口碑之所以具有较高的可信度,就在于它是使用或体验后的结果反馈,要比单向的广告宣传更具说服力。由于口碑是分散于各个个体中形成的,并不能像广告那样可直接产生,这就要求企业只能把相关的事情做好,只有顾客感受到好的体验,才能产生正面性口碑,而如果是负面性口碑,其传播速度反而更快且范围更广。企业应通过各种渠道与顾客保持对话,其中一个重要目的,就是能主动引导口碑生成和把握口碑传递动向,这远比传统的广告宣传要有效得多。

(2)初期体验。

第一印象的重要性不言而喻,但由于还未正式进入主题,所以并不容易把握。在实际生活中,每到一个陌生环境或接触陌生人时,通常都较为敏感,会根据自己的生活经验而特别在意某些细节,以此来做出判断。同样,当顾客与店铺开始接触时,大量信息扑面而来,这时的信息表现是决定体验中第一印象的关键,比如点击进入网站后,如果最先跳出大量的广告推销,或版面结构非常凌乱,不知道如何寻找商品,或者版面色彩或字体搭配等过于夸张刺激,这些都会形成非常不好的体验感受;又如到某店后停车是否便捷,出入是否通畅,卖场的色彩、灯光、温度和气味是否适宜,以及其他诸如顾客和员工的精神面貌等,这些都是映入眼帘的第一印象,而这时的体验感受将在很大程度上决定着体验的未来走向。

如果购前体验对于企业来说还很难掌控,那么进入初期体验阶段后,就只能由自己掌握命运了。对于初期体验主要应把握两个原则:一是信息传递要短而精,即在刚接触顾客时涉及的面不宜多,内容也不宜过深,表达需简单快速;二是把握差异化原则,只有差异化才能让顾客快速地感受和关注,便于形成深刻的印象及抓住顾客心智。如何形成良好的第一印象,可以用一个最简单的问候语来举例:我们平时最常听到的是"欢迎光临",但这句话显然缺乏主语,因此没有"温度",哪怕表现得多热忱,也仍感觉是在例行公事;稍好点的就是简单的"你好",再增加一些其他问候语,这样至少感觉有针对性了;再进一步,如果称呼"××先生/女士",然后加上"专属"的问候语,显然体验感会更好。

(3)深度体验。

对于大多数企业而言,都会特别关注和重点打造顾客的深度体验,这也是被探讨最多的地方，但从体验的整体性来看，如果其他地方出现问题，都会影响该阶段的效果。好在不管前面留下怎样的体验感受，如果还能走到这一步，就说明还有希望。企业可通过这一阶段来进一步巩固或改善顾客的感觉和印象。

对于顾客来说，如果继续购物旅程，接下来便开始进入"顾客时间"，他们会根据自己的需求和好恶，开始慢慢享受和体验这一过程。同时，这也是企业重点的"表演时刻"，可通过各种直接或间接的沟通媒介，包括产品、服务、价格、人员、氛围、布置、陈列、试吃试用试穿和互动等，来充分传递相关的商品或服务信息，使之能够满足顾客需求以及留下深刻而难忘的印象。

相信绝大多数企业都会把"以顾客为中心"作为基本宗旨，但为何很多都变成了墙头文化？归根结底还是企业与顾客利益之间存在矛盾性，对于企业来说，顾客利益只是实现自身利益的手段和条件，否则并不会主动去主张顾客的利益，比如无障碍退换货在早期是不可想象的，因为这极可能造成直接经济损失，而现在之所以成为良好体验的一部分，是因为退换的损失通常要远小于信任带来的利益。可见，当企业与顾客利益发生冲突时，往往优先保护的是自己。当然，如果企业连自己都无法确保存活，那么所谓顾客利益也就成为无本之源。

但凡做过零售的都知道，盗损是较为头痛的问题，但也往往因处理不当，或多或少地形成与顾客的某种对立情绪。虽然商家也做了不少防损工作（如存包、报警门禁、人脸识别黑名单和人员跟随等），但这又会使正常购买的顾客很容易感受到不信任感，从而带来不好的购物体验——这里引用韦伯的一句话：企业一定要抑制的一种欲望，就是为了避免1%的用户所造成的问题，而建立了一种惩罚所有人的制度！其实，如果站在顾客的立场，还是会发现有些是其能理解的，比如同样设置门禁服务人员，但不是简单地检查货物与小票，而是主动提供牵引、指路和回收购物器具等服务，这样矛盾显然会缓解很多。

（4）交易体验。

很多企业都会把关注重点放在售前、售中和售后服务，对于结算则认为是顺其自然之事。但很多顾客在进行到该环节时，体力和精力大都已急剧下滑，再加上要开始支出，因此在这一阶段较为敏感，且反应会比较夸张，极易造成不好的体验感，甚至还会影响到前面所有的感觉和印象。

实体的交易主要体现在收银环节，而容易导致出现体验问题的有两个方面：一是排队等候，二是标准化服务，几乎无一例外看到的都是僵化的微笑和表情，一手交钱一手交货似乎天经地义，连简单的发自内心的"谢谢"两字都很难听到，也就很难奢望能有多好的体验。电商在这方面相对要好些，比如一键支付就很好地省略了各种复杂程序，再次确认收货地址虽然看似有些啰嗦，但实则是一种增加互动性之举，再推荐商品虽然有点"马后炮"，但至少似乎是在提供定制的感觉，这些以顾客体验为本的思路，是值得线下实体参考借鉴的。

（5）后期体验。

后期体验主要与售后服务相关。后期体验既是前面体验过程的完美收官，又是下一次体验的起点，最终形成体验闭环（见图7-7），因此后期体验将在很大程度上影响下次体验的状况。虽然购物体验的核心主要是深度体验阶段，但容易留下深刻印象的往往是开头和结尾两个阶段。零售除了提供必要的售后服务外，可以打造的后期体验还有很多，比如购物小票不再是冰冷的购物账单、购物袋不再只是装物，而是能够体现企业文化的特殊媒介，以及能够充分体现企业特色的纪念品，后期的顾客沟通与关系维护等，这些都可能带来意想不到的结果。在购买完成后给顾客提供额外的价值（注意是要具有个性化的，而不是大众普遍都能得到的），是使顾客获得意外惊喜的重要手段，或许将由此获得一名忠诚顾客。

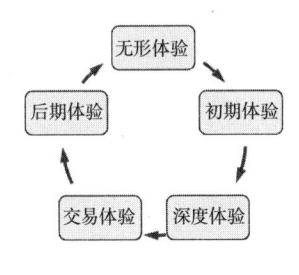

图7-7 体验循环圈

2. 体验之"镜"

在买方市场下，需求或消费拉动的作用将会越来越显著，这就需要懂得站在顾客立场来看问题。虽然体验相对来说更接近于顾客角度，但由于体验是个体的主观反映，因此对于体验的把握并没有想象中的简单。不过反过来看，也可通过观察顾客体验，把顾客感受作为一面镜子，以此作为检视的工具，从中可反馈出某些经营管理状况，比如店里连最基本的商品找寻都不便，或是缺乏必要的服务，这显然不可能会有好的结果。对于如何用顾客视角来审视企业的体验行为的相关研究并不多，其中昂德希尔的《顾客为什么购买》之所以被称为"零售圣经"，就是因为它通过第三方视角诠释了什么才是真正的零售体验。

（1）干扰效应。

从顾客角度来看，越是需要进行挑选的商品，就越需要留有独立的空间，如果置于人员流动性大的地方则不太合适。因此对于黄金区域或位置的确认，人员流量只是其中重要的参考因素，同时还应参考商品属性和购买特性，比如过大过重的商品不宜堆高或放在高处的黄金排面，试衣间的设计应相对隐蔽和静谧，收银台区域摆放的品项应尽量简单及标准化，带有儿童元素的区域通道要适当加宽，需要沉浸式体验的区域应相对封闭而不被过多打扰，等等。

（2）把商品放在目标顾客可及的地方。

休闲零食类往往是小孩更感兴趣，但由于陈列通常是上小下大，下面主要是大包装或家庭装，因此目标顾客无法有效拿取。很多商家都是以自身实际销售目标为标准，且陈列通常都会优先满足于销量较好的商品，然而所谓好与坏在于使用怎样的评判标准，如果站在顾客的角度，则应是符合目标顾客购买习惯的才是好位置，这与市场表现和利益目标是有冲突的，这时就要考验如何进行平衡。

（3）促销陈列的误区。

很多店会面临促销或集客商品怎么安排位置的困扰，有些主张在前面，以尽快吸引顾客注意，有些则主张在后面，希望能尽量引导顾客深入。虽然这并没有标准答案，但其中有几个点可作为参考：一是所要达到的目的，如果是单纯追求销量，那么哪里能产生最大销量就在哪里，但如果还有其他考虑或与定位有出入，那么前面就未必适合；二是卖场所面对的新老顾客状况，如果老顾客居多，则可相对往后摆放；三是看顾客的信息和资讯状况，如果并不太清楚或目的性较弱，则可适当往前摆放；四是看商品特性，越是需要更多信息来参考帮助购买的，就越不宜放在前面，如果发生滞留容易引发干扰效应；五是看店铺规模状况，规模越小越应放在前面，规模越大则相对不受局限，可以在卖场里灵活地多点分布。

（4）缓冲地带。

顾客在刚进入店铺时，由于对新环境需要有一个信息处理和适应过程，通常很难立即进入购物状态，因而需要设置一个缓冲地带，这时的商品陈列、人员服务和信息传递等，效果往往会被打折扣，因此通常不宜陈列重要商品，而是提供购物车和购物篮，或是增加入口处的光照度、简单的一句问候、发放优惠券、进行形象展示及动态的活动等，总之就是让顾客感到简单直观。如果活动或商品越复杂，顾客往往就需要更多的信息来帮助进行选择，很难一开始就做出决策，这时置于前面的效果必然不会太好，通常可采用层次递进式来陈列（即价值由低到高、技术由简单到复杂，简单来说就是"前简后繁"和"前轻后重")。

（5）腾出顾客的手。

这是一个典型的顾客视角，当顾客无法有效使用手的时候，将会严重阻碍购物。如何解放出顾客的手，其中主要是通过购物车和购物篮来解决，当然对于非即得性购物来说，送货到家也是很好的解决方法。我们知道，购物实际上有很高的比例是非计划性购买，有相当部分的人在刚进入卖场时，并不清楚是否需要购物车或购物篮（即不清楚自己究竟会购买多少，或认为只会少量购买），因此需要在购物途中能够提供相应服务，既可增加购物体验的好感，还能有效促进销售。如何在购物过程中及时提供相关服务，主要就是在卖场内分散安排"补给点"，购物车由于存在占地原因，店内补给主要为购物篮和各种形式的购物袋（生鲜区域）。有些卖场希望充分利用好每一寸地方进行商品陈列，导致很难看到购物篮的设置，但如果不能有效地解放顾客的手，这些陈列也就没有任何的意义。购物辅助设施的设置，乃是磨刀不误砍柴工之举。

（6）店内广告。

想要了解广告牌或其他店内媒体的效果，唯有身临其境进行评估，特别是要结合顾客的相关行为，来决定应如何进行表达。比如，当最多只有5秒的关注或阅读时间时，就不应出现需要8秒才能读完的内容显示；广告牌的位置要尽量打断购物者的视线，但不能打断购物动线；广告设定的逻辑要与消费场景相对应，只有着重于沉浸式的体验，广告内容才可增多，而不是所有地方都必须呈现完整的信息，所以对于广告内容要避免信息泛滥；标识牌设计要遵循通俗易懂的原则，并且放在关键部位，能被直观地看清。

店内广告是一个比较有争议的话题。如果站在店家角度，更多的是基于能产生直接收益，或者通过辅助销售而间接获益，但对于顾客而言有些逻辑未必成立。首先，顾客所看到的各种实物商品，本身就具广告效应，这时顾客所希望了解的，是直观感知以外的信息，如果还是单纯的产品告知，显然是重叠和没有意义的，因此广告应用主要在于特点、说明或某些即时信息（如促销活动）等方面的内容；其次，广告商品要与卖场内销售的商品具有关联性，如果无关就等于还要强加给顾客其他新信息，导致大多无效甚至可能招致反感，显然得不偿失；再次，即便顾客在购物过程中看到关联广告，在一定程度也确实强化了销售，但反过来也剥夺了顾客的其他选择性，当其他品牌处于劣势时，必然会发起反击，这时如果卖场处理不好，就容易出现广告泛滥；再有，对于店内广告不应狭隘地理解，只要是能传递某种信息，对顾客来说都会理解为某种广告,因此卖场本身就是一个整体性广告,对于所要传递的信息应充分发挥卖场的形式(如价卡、POP、跳跳卡、摇摇牌、标识牌、功能卡、使用手册和现场演示等),而不是只盯着供应商的效益;最后也是最重要的,卖场内的各种元素并不只有简单的告知作用,而是要与顾客形成某种沟通与互动,有效地帮助顾客,比如最简单的导购指示牌设置。

(7)购买动线与习性。

在有关动线布局和陈列中,7-Eleven会根据不同时段到店的顾客,有针对性地进行布置和陈列调整,有的则会根据目标顾客的到店频率等状况,及时更换展示以随时保持新鲜感,这些都是真正体现"以顾客为本"的行为规范。另外,在具体通道布置中,主要会涉及回转率的概念,即顾客选择了某商品后,便不再继续往前走而调转折回,因此通常应把较具吸引的商品陈列在通道中部,或尽量增加顾客在通道的滞留时间。虽然这并不具绝对性(因为所谓吸引也是相对的),但还是有助于打破一些传统思路(通常认为两端才是最好的位置)。

有些卖场为提升流转而采用浅循环布局,但顾客只要在合理的活动范围内,其实是愿意为其目标而克服困难的,因此所谓里外并不绝对,只是卖场并不清楚每位顾客的目标状况,所以通常只能用流转来判断吸引力,也就有了目前某些布局的逻辑,但流转也只是参考要素之一,其他还有商品属性、购买频率和便捷性等,以及需要分析顾客的移动习惯(如镜子滞留、靠右习惯和直看前行等),这些都需进行综合考虑,唯有让目标顾客在购物时感觉自然,才是基本的购物准则。

(8)感官之旅。

顾客在购物过程中,对于企业的所有行为都会留下某种感受或印象,但为何在电商出现后体验才开始备受重视?这是因为电商虽然表现强劲,但只有线下实体的购物过程才最能调动人的所有感官体验,也更符合对于各种需求不断提升的要求——"购物不是简单的在卖场里走走,而应该是一场感官的旅行"。

俗话说"百闻不如一见",其实这是认知事物的一种行为模式,只有对物品进行全方位感知后,才更有助于形成判断与认知,只有越多方位的信息验证,才更容易建立信任。电商与线下相比,最大的差异就在于实体的感受性。从五官来看,两种购物都有视觉与听觉,虽然这两种感觉已基本可摄取绝大部分信息,但在临场性等方面实际感受还会有很大差异;在五官感受中,电商没有嗅觉、味觉和触觉,嗅觉所留下的感受记忆最为持久;味觉通常是最后一道信息关口,因此任何感受都将直接影响其最终判断;触觉感知虽然是辅助性的,但对于材质、形状、品质和使用等基本都是依赖于触觉。可见，就体验的丰富度来说，电商确实是搭了线下实体的便车，因此线下所要"扬长"的地方就是能充分地进行试吃、试穿和试用，以及充分地营造临场感等，以尽量全面、深度地调动顾客的感官系统，而不是在那里抱怨电商的冲击，甚至"以短击长"去拼价格和顾客连接等。

（9）电商体验。

电商之所以具有竞争优势，除了商品选择和价格优势外，也有自己独特的体验优势，比如不用在高峰期忍受拥挤和排队，不用小心翼翼地看服务人员的脸色，不用为寻找车位而发愁，不用忍受脏乱差或缺乏安全卫生的购物环境，不用担心店铺距离自己太远，不用在风吹日晒下还必须出门，不用担心因缺货而白跑一趟，不用担心被"宰"而要货比三家，不用在意买不起而可随意参观高档豪华的商品等，这些显然都是线下实体存在的短板。所以电商与线下都各有优缺点，就在于如何有效融合，从而体现出竞争力。

3. 体验的实践

沃特金森曾说过这么一句话：如果说工业革命期间，技术进步把权力的天平倾向于生产制造，那么数字革命的进步，则又将权力重新回归于消费者。在当今的市场环境下，重视顾客或消费者应该说是绝大多数的共识，其中就体现为顾客体验。对于体验而言，最基本的法则就是要顺应顾客的自然感受，而不是要去试图说服甚至改变其行为。与价值需传递一样，体验也面临传递与接收的问题，企业应把握的要点如下。

（1）顾客才是主角。

这个道理是不言而喻的，但真正能做到的屈指可数，而绝大多数都是"以我为主"。这是因为企业自己也是利益主体，以我为本是本性使然，且企业运转离不开组织成员，而人通常都是优先自己的利益，因此要真正做到以顾客为中心并非易事。作为交换的主体，彼此是相互依存和互为条件的，因此唯有让顾客真正感受到被尊重及获益，才能使自己稳定持续地获益。

（2）识别问题。

零售很容易形成某种假象，即顾客既已到店，说明至少已有潜在需求，如果没有产生购买，则通常会认为是商品、价格、服务或其他等有问题，反过来，只要产生了购买，在一定程度上就相当于满足了所求。这个逻辑似乎没错，但问题在于影响购物的因素有很多，购买往往是某种妥协后的结果，因此并不是只要完成交易就认为万事大吉，而是要时刻警惕众多触点和细节中的问题所在。

在进行问题识别与确认时，比较忌讳用企业视角来"以为"是顾客的诉求，比如经常会听到"全国最大"的宣传，这其中隐含的潜台词是什么都可以买到，但顾客实际上所关注的是能否真正购买到，而与那些所谓宣传无关，反过来，只要能购买到，顾客就自然会脑补出某种概念（正如"万能的某宝"就是民间基于自己的理解而所赋予的概念，但实际上并未见企业如此宣传）。

同时，对于问题要具象化且能被清晰地描述。由于零售面对的顾客比较复杂且具有不确定性，确实很难聚焦于某个问题，因此可预先模拟某种可能性存在，然后再验证是否会引起某些共鸣，从而有效过滤出问题。对于所要解决的问题，应以顾客能理解的话语来表达，比如把"天天平价"换为"为你省钱"，或许能让人感受更加直观。越是能简单直接地描绘出顾客的期望，就越可能接近解决问题（激发动机）。即便真的能同时提供多重满足性，也应分清主次轻重，否则就可能会因多重性而使顾客产生纠结。

（3）大道至简。

越是让顾客感到简单，购物行为就越容易顺利进行。人在处理信息和进行判断时，太过复杂往往意味着要耗费大量精力，这显然不符合追求最大化之本性，因此行为准则应是"趋简避繁"。然而由于零售的属性使然，必然会呈现很多信息，不利于顾客形成某种聚焦，因此就要求企业必须在更高的层面上提炼出某种诉求，然后围绕其来推行，让顾客能清晰地感受到并留下某种深刻的印象，比如沃尔玛的"天天平价"，虽然有些笼统，并且很多时候也未必，但至少可以让顾客构建出一个初步轮廓，在之后再逐步地求证，而顾客最终能否得到实惠才是硬道理。

米勒有一个经典的比喻：把顾客想象成一个要搭顺风车的陌生人，当你把车停在路边准备捎带一程，这时他心里最紧迫的问题就是"这车要往哪儿开"，而你却摇下车窗，开始畅谈你的使命宣言，或讲述你的祖父是如何从零件开始徒手组装起这辆车，又或谈起你的播放列表里都是20世纪80年代的非主流歌曲等，这些对于那个人来说都不重要，而他只关心一件事，即能否到达目的地。现实中，我们也往往有太多不必要的信息，却总想要传递给顾客，这就是典型的"风马牛不及"，其结果可想而知。

（4）提供方案。

当零售商把自己定位为协助者时，就会很清楚应提供怎样的方案，来帮助解决顾客的问题，而对应于顾客的诉求点，就在于打造和传递某种主题。也就是说，方案的核心或基础是要能解决问题，而不是单方面把企业的意志灌输给顾客。为顾客提供的解决方案，有些时候并不一定直接或较好理解，这时就需要通过各种购物体验作为桥梁，来帮助最终完成交易。另外，有一种无形的但又确实需要给顾客明确传递的，就是企业的承诺（这也是所有行为的出发点和基础），比如安全、卫生、品质和售后无忧，或者尊重、诚信和优质等，对于顾客来说，只有感受到某种基本保障，进而才能形成某种信任和建立起某种关系。

前面我们已经知道，顾客需求包含3个层次，通常优先解决的是功能性方面的问题，但如果仅停留于此，显然还不足以让顾客必然选择，因为功能性通常很容易会有各种不同的替代品来解决。真正能在顾客心智中留下深刻印象的，还是在于所提供的心理和精神方面的解决方案，比如价格便宜不仅在于是否享受到实惠，还在于满足了占便宜的心态——过于强调便宜往往会让人认为物品也有问题，而真正的便宜是比较后能够享受到较低价格的状态。因此企业的价格策略不应局限于竞争手段，而是通过更加灵活的方式去满足顾客的价格心理，比如进行购物篮或 DM（Direct Mail，意为直邮广告）海报对比，标示市场价格或竞争者价格的对比，或者哪怕只是简单地标出原价与新价，都会起到某种心理暗示作用。由于零售的复杂性和多触点特性，对于如何能在更深层次留下印象，还需调用其他的相关要素（如卖场环境或某种精神面貌等）来进行辅助和衬托，通过某种暗示或引导等来寻求顾客的共鸣与认同。

（5）采取行动。

在市场营销中，邀约是非常重要的"临门一脚"，否则极可能功亏一篑。但在零售中，促使顾客采取行动的方式还是有所不同，在顾客踏入卖场的一刻，重要的是能给顾客怎样的购买理由，以及能否帮助其更好地进行购物决策与行为，这时如果单纯地不断发出购买请求信息，可能反而会弄巧成拙，容易让顾客怀疑背后的动机，甚至带来某种反感。

注意，这里的关键词是"理由"，它比较容易与购买请求相混淆。理由是基于事实陈述或解答为什么要购买，请求则主要为发出完成交易的信号，比如"这个了解得也差不多了，买一个怎样"，这是购买请求，而"走过路过、不要错过"似乎很像购买请求，但实际上只是事实陈述，即目前可能正在限时限量的促销，如果错过后可能会后悔。理由与请求二者的关系是，购买请求是最终的表现，但需要购买理由来做支撑。由于零售在很多时候与顾客是一个重复博弈的过程，因此零售更重要的是在于如何建立某种信任和依存关系，这就使购物请求在某种程度上变得有些"多余"，所以零售在通常情况下并不需要随时进行邀约（这也是很多卖场中使用促销员时容易出现的问题）。现实中不难发现，越是缺乏回头客的店，就越会不断地发出购买请求，在某种程度上已形成"噪声"。

无忧选购、物美价廉和贴心服务，舒适、愉悦和便捷的环境，相关的试吃试穿试用等体验，这些都会让顾客感知到购买理由，从而激发起购买动机或欲望。在卖场中，场景式布置最能直观和综合地展现出购买理由，通过对实际生活情境的还原或某种生活方式的引导，可以让顾客很容易就清楚问题在哪里，顾客只需有所行动便可立即解决，这显然比直接发出请求要高明。

（6）结果检验。

随着购买完成，顾客也会对整个购买过程形成某种总结，实际的体验状况将会直接影响下一次的购物行为。同时，对于无法立即消费的产品，顾客往往会有某些"好"的期望和"坏"的担忧，因此对于零售而言，这时如果能充分地给予顾客信心（如某种承诺或保障等），就显得尤为重要。

从整体购物行为来看，单次购物完成或结束后，并不意味着卖场与顾客的关联就此终结，相反恰恰是顾客关系经营的开始，要让顾客感受到彼此间并非只是单纯的买卖关系。相对而言，顾客关系管理是线下实体的短板，因此实体更重要的是要充分利用现代沟通方式来帮助建立和维护顾客关系，而非只想着拓展更多渠道扩大销售，实体在线上更多的是便捷性的延伸，或是某些品类的补充，但不应本末倒置而忽略更重要的顾客沟通管理。

第八章　关于新零售

在当今的市场环境下,每个零售业者都感受到零售必将要发生某种变革,但对究竟怎么变及未来的走向却又未必能说清道明。新零售曾经是一个热度很高的词汇,似乎担负着零售变革与发展的厚望,但究竟何为新零售,并没有权威或普遍认同的释义,从实践来看,结果也并没有想象的那样"药到病除"。接下来,我们就来看看是否存在新零售,或如何理解新零售,抑或对于当今零售变革的认知是否存有偏差。

一、零售与数字化

新零售的产生与电商有着密切关联,电商离不开互联网作为基础,而互联网则是数字信息技术的产物,所以新零售本身具有较强的数字化背景。

当今世界正处于从工业经济向数字经济转型的大变革时代,数字化转型已是企业生存与发展的必由之路,关系到企业甚至整个产业未来的发展前景。然而,或许是"只缘身在此山中"的原因,业界对于数字化的理解、认知和推进却有着很大差异,再加上云计算、大数据、区块链、物联网、5G通信和AI智能等各种新技术呈现出爆发之势,使其更加眼花缭乱,有很多人就把数字化转型简单理解为信息技术的延伸,甚至只是当作客户关系管理中沟通互动的新方式,有的则是持怀疑态度,还未意识到数字化转型的意义,未觉知暴风雨即将来临的紧迫性。因此正确认知数字化,已是迫在眉睫之事。

1. 数字、数字化与数字化转型

之所以对数字化存在不同的理解,其中一个重要的原因,就是关于数字、数字化和数字化转型三者的概念并未被有效地厘清,这几个概念被割裂开了,而实际上整个数字化进程是一个逐渐递进演变的过程。

（1）数字化 1.0——数字信息。

早期的数字化概念主要指将模拟信号转换为数字信号的行为。所谓数字信号就是在时间和数值上均离散的信号（或者说自变量和因变量都离散的信号）。其实数字应用并没有想象中的神秘，比如一个点通过坐标值便可知空间位置、用三数值便可表达颜色状况、计算机的数字信号是由二进制代码所表示的信息等。

从具有连续性的模拟信号转换为抽样的数字格式，是人类信息技术的一次重大飞跃，其中最具质的变化的就是人类从此可以自由掌控信号的构成，从而可以按人的主观意愿来进行应用（如编码及数据应用等）。比如音乐在早期只能通过物体的震动来产生，但现在可通过数字编码人工创造出各种音乐形态（如电子乐器和数码器材等）；又如影像在过去是通过物理的胶片来呈现，但现在可通过数字技术进行各种图画、色彩或降噪的处理，或是呈现完全在现实世界无法展现的内容（如电子游戏和虚拟世界等）。数字格式的意义在于开启了数字化世界的大门，并且一经踏入便不再受现实世界的制约，而有着自身的发展形态和模式，因此数字格式是数字化进程的第一个阶段。简单来说，数字化就是把现实的物理世界转换映射为数字世界，而这个过程需要数字格式的转化作为基础，其实在早期数字化和数字转化的概念是通用的。

当然，真正意义上的数字化应用是从计算机开始的。在进入数字世界后，各种数字应用呈现出爆发的增长态势，并且衍生出独有的数字生态，各种应用软件大量涌现，支撑起了财务、销售、采购、供应链、生产制造和人力资源等业务及流程的运转，同时还实现了各环节间的数据流动，极大地提升了经营管理的效率。

（2）数字化 2.0——互联网。

计算机虽然极大地提升了经营管理的效率，但各自的信息是孤岛状态，很难发挥信息聚合的优势效应，因而数字化应用范围比较有限。互联网技术最早起源于美国军方，是基于各计算机相互间的连接技术发展而来的新型数字技术。互联网一经诞生，就给商业、政府和教育等各个方面带来了飞跃式的发展，其中最大的改变就是有效地打破了时空壁垒而实现万物互联，特别是能直接与消费者产生互联，更为重要的还在于打破了单向性而使沟通具有互动性。同时，互联网能使企业的经营与管理真正实现数据化，对整个商业活动具有较大影响。

互联网出现，标志着数字化发展进入第二阶段，其关键词为"连接"。这一时期的数字化进程又分为两个阶段：第一个阶段为各计算机间的互联，比如企业内部的数据库（如零售收银系统），及企业各部门间的相关流程管理（如企业资源计划、顾客关系、人力资源和财务管理）；第二个阶段是最具革命性的，开始出现企业与企业、企业与消费端以及消费者之间的互联，致使整个商业行为模式发生了重大改变。该阶段最具代表性的，就是数字技术的应用可以完全独立于现实世界而具有自己的生态模式，并且在此基础上还崛起了一批新兴巨头，如阿里、腾讯、新浪、网易、百度、谷歌和亚马逊等，表现出了强大的生命力与竞争性。

（3）数字化3.0——数字化转型。

前面两次数字化的发展，虽然极大地提升了效率，但对于传统的运营流程并未实质性地改变，只不过是插上了数字化的翅膀。即便是纯数字化的互联网企业，虽然具有独特的商业轨迹和强大的生命力，但也还是出现了发展瓶颈。辛奇克里夫指出：前期的数字化只是使用数字工具而实现了自动化，以及对现有工作方式的改进等，但不是从根本上转变或制定新的游戏规则，而数字化转型更像是"蛹化成蝶"的进化过程，是从一种方式进化到另一种全新方式，把企业旧的机体和机制彻底更新，从而摆脱传统的因循守旧模式，在脱胎换骨中创造出更大的价值。

数字化转型是数字化进程的第三阶段，其关键词为"整合"，主要包含两个层面：①低阶层。为现实世界与数字世界的融合，一方面是传统实体如何更有效地应用数字技术，对于传统业务、流程和管理等能否和如何实现数字化（可以理解为"+互联网"），另一方面是互联网数字技术如何影响和应用于实体（可以理解为"互联网+"）。②高阶层。主要在于实体与数字完全结合，发展出全新独立的生态系统，并打造出新业务、新流程和新管理，这是彼此融合的新型经济体，是一种全新的结构和模式。数字化转型的意义在于，它是对企业核心竞争和业务流程的革命性改变，是思维变革和价值体系的重构。

实际上目前的数字化转型很多被卡在实体与数字相结合的阶段，而最终能否重塑并发展为新型的商业行为与模式还在探索中，特别是目前有关的数字技术还不太成熟和被普遍应用，且前期投入并不是普通企业所能驾驭和掌控的，因而传统实体的数字化转型还存在很大的未知性。虽然互联网企业进行数字化转型会相对便利，但与实体的结合也绝非水到渠成，主要问题在于要上升到全新的重塑，需要对自身进行否定（破除路径依赖），显然并不是件容易之事。

通过简单梳理，可以看到数字化转型必须要以数字信息和互联网为基础，而目前相对的全新或重塑的商业模式，主要有打车、共享和支付等应用。很多人在谈论数字化时，往往把几个阶段混淆在了一起，特别是最后的数字化转型阶段，有些只是狭隘地看到了转换表象，因而最终的作用和意义也就容易产生偏差，似乎只要进行了数字应用后便可万事大吉（这也是很多实体纷纷触网后却大多失败的根本原因之一），而并未能更深层地看到不仅是数字技术的应用，更重要的是战略、能力、技术、管理和业务等各方面的重构，其根本所体现的是产业革命。

数字化转型之所以是未来的发展方向，除了数字技术能够带来效率与价值的提升外，从基本的商业逻辑也可以看出其轨迹：传统实体的商业流程是"生产—交易—消费"，而互联网的商业流程则是"生产—消费—交易"，后面的顺序发生了转换，它所带来的意义在于更进一步地体现以顾客为中心，即网络模式是直接将产品或服务呈现出来，让顾客感知体验后再决定是否交易，因而顾客有了更大的选择与决定权，这迫使企业生产更要围绕顾客来进行，而不是停留在"被要求"的层面。可见互联网引发的商业模式变革，是实践版的顾客为本，在真正意义上把顾客与生产拉到了同一层面（这也是互联网更具竞争力的底层逻辑之一）。对于传统实体而言，数字化是新商业逻辑的必要基础和条件，因此必须要进行数字化转型。

就实际作业而言，传统实体的数字化转型并不是简单引入数字技术即可，关键还在于程度与适配的问题，即不同类型的企业所要求的应用程度和状况是有差异的。数字化对于实体的最大问题是虚拟性，这与人的感知习惯是相悖的，或者说基于五官的感知是处于某种"失真"的状态，这对于越需要通过五官感知的产品或服务来说，就越会显示出短板，因此并不能抛开体验而谈论数字化转型。现实与数字世界毕竟是两种不同的范畴，并不是所有现实世界的东西都可以搬到数字世界，也不是所有数字世界的东西都适合于现实世界。因此，传统实体在进行数字化转型时，还需具体问题具体分析，并没有所谓绝对和标准的模式，首先要弄清楚自己目前处于哪个阶段，其次是希望达到什么目标，最后确定相应的方案和实施步骤，切忌盲目和贪求一步到位。同样，虽然互联网企业具有一定的先天优势，但要达到真正意义上的数字化转型也并非一蹴而就，最根本的就是如何与实体进行有效融合。

毋庸置疑，通过数字化可有效地打破能力和时空的制约，正如工具延伸了人的能力一样（如杠杆延伸了力量、交通工具延伸了活动范围），数字技术也可有效地延伸企业的能力，从而具有更高效率及带来新的价值源泉。但由于数字的虚拟性，极大地增加了在实际应用中的复杂性和不确定性，对于传统成熟的经营模式来说，无疑是巨大的挑战，也意味着将面临巨大的风险，致使传统实体（特别是大型企业）对于数字化转型会显得相对保守。另外，虽然数字化转型是对传统管理机制、业务体系和商业模式等的全面创新与重塑，为企业带来系统和综合性的转变，但也不得不面临这样的事实：并不是只要进行了数字化转型，就一定能获得成功。

2. 零售的数字化应用

从数字化的几个阶段来看，零售其实早有数字化的实践：在数字化 1.0 阶段，以收银系统为代表的数字应用就已登上历史舞台，有关购进、销售、库存业务基本都可实现全数据管理，并且所有相关的业务流程（包括后台的人力资源和财务系统等）也都可在系统中完成，使经营管理效率得到极大提升。同时，随着数据库的建立（虽然相较简单），对顾客购买行为和实时运营状况等也开始有相关的数据分析与管理，这实际上已是现代大数据应用的雏形（当然，由于技术条件和采样等的限制，应用范围和精准程度还较低），这些数字应用对于传统手工管理来说无疑是质的飞跃，因此也诞生了以沃尔玛等为代表的世界级零售企业。

在数字化 2.0 阶段，催生了以淘宝、京东和亚马逊等为代表的电商业态。与传统线下实体相比，典型特征是全都为纯数字应用，零售业务都可虚拟进行，商品不再直接展现出实物状态，因此呈现为完全迥异的商业模式。如果从革新性、冲击性和广延性来看，电商对于实体是具有革命性的。但不知为何，业界并没有将其称为第四次零售革命，反而主要关注的是所谓新零售，或者将新零售直接理解为正在经历的零售革命，这是一个有意思的现象。

电商之所以未被广泛认同为第四次零售革命，其中可能的原因是，虽然某些电商企业已处于行业头部，但从总量来看占比仍有限，还远谈不上所谓颠覆，电商对于实体还未完全呈现某种碾压之势，且自身也还有很多固有的缺陷，而这些缺陷恰恰又是实体所能弥补的，因此也就自然地需要与实体相结合。

随着移动互联网的普及，开始进入数字化 3.0 阶段，其真正意义在于能够与消费者紧密关联，进而又涌现出新的商业形态。虽然线下实体面对电商的竞争时相对被动，但移动应用也给线下"侵蚀"线上提供了机会，从而开启了全新的融合模式，出现了全渠道的概念，显现出新的生命力。新零售正是这一阶段的产物，但在一定程度上还只能算是准数字化转型，因为有些问题并未完全解决，即便线上线下进行了融合，也并不表示就可以很好地取长补短而展现出全新活力。比如，线上最引以为豪的大数据和人工智能等数字技术，在实体中就很难被有效地应用，因为即便能预测到顾客的某种需求，现实中却无法把销售场景因人而变，或进行有针对性的商品组织及推送等，所谓千人千面的逻辑在实体应用时并不现实，所以新的数字技术还需要转换才能展现优势。换言之，新零售所描绘的理想蓝图，如果放在网络上是成立的，但要转换为实体的操作层面还有相当的距离，事实上很多只是电商逻辑的投射而已。有些在网络上应用成功的数字技术，常被描绘为新零售的亮点，这显然是对于数字化转型的肤浅认知。

二、新零售的误区

新零售提出的背景是在互联网基础之上，电商作为第二阶段数字化发展而来的产物，表现出独特的商业形态，并且有些确实可以很好地弥补传统零售的短板及提升效率，因此对于原有的零售格局造成了强烈冲击。但随着零售开始出现瓶颈，基于互联网基因的敏感性，电商必然最先寻求改变，因此新零售概念最早诞生于电商系，当然也就难免会带有浓厚的电商基因，所以需要剥离开来叙述。

1. 电商的优势

电商是以网络信息技术为手段、以商品交换为中心的商务活动（注意，电商不是商务的电子化）。电商与实体的经营模式一样，大致可分为平台型（线上主要为淘宝和拼多多等，线下主要为集市、商城和购物中心等）和自营型（线上主要为京东和唯品会等，线下主要为直接销售的门店）两大类。自营的收入模式主要为进销差价和经营的能力与效率，平台则主要根据流量而衍生出其他变现方式。

（1）电商可以不受时空制约而无限售卖任何商品，并且没有随之而增加库存压力，同时由于购买与交付脱节，在某种程度上可实现以销定产，从而可极大地提升运营效率。对于顾客而言，海量商品意味着拥有更多的选择权，比如一个普通便利店的品项数通常不超过 3000，中大型超市的品项数约 1 万 ~ 3 万，综合大卖场或购物中心的品项数也很难超过 30 万，然而综合电商的品项数却可轻松地达到千万级，体量完全不是一个竞争级别，因而对于线下零售的"一站式购齐"模式来说，将形成致命打击。

（2）电商从根本上改变了传统商业结构（缩减中间环节），从而提升了商品流通效率、节约了流通成本，进而也赢得了价格空间。另外，电商的价格竞争力还表现在顾客比价成本降低，不再受位置制约而可轻易地买到物美价廉的商品。对于实体来说，电商的商品和价格具有不可比拟的竞争优势。

（3）地理位置是实体最重要的因素之一，主要体现为物与人的距离关系（影响交易成本）。而电商却是直接到家，极大地提升了顾客购物的便利性（注意，这里主要是指购买性，因为整体购物还包括交付性，电商可使购物触角无限延伸，但交付性还存在较大障碍），这对于线下的现场交易来说又是一记重创。

（4）在顾客沟通上，互联网极大地提升了沟通的效率，相互间不再受时空限制而直接展开对话与互动，使企业能够快速地做出反应及更好地满足需求，在一定程度上做到了个性化的生产和服务。同时，顾客自身也能产生信息并形成传播力量，这种重度参与的影响力是传统零售不可比拟的。

电商虽然出现的时间不长，却呈现出高速发展的态势。国家统计局数据显示，2015—2019 年社会零售总额平均增速为 8% ~ 10%，网上增速则基本保持在 19% 以上，2021 年电商渗透率达到 24.5%，已成为社会零售增长的主要动力源。

2. 面临的困局

目前的零售增长总体呈放缓之势，包括电商也在逐渐下行，虽然不能简单地评判就此出现了某种疲态，但这也似乎表明电商的天花板并非想象中的那样高，与实体相比电商也存在很多固有缺陷，似乎还不足以充当颠覆者的角色。线下实体虽然遭受了重创，但在总体零售份额中仍占有绝对比例，说明电商的影响并不具绝对性，还需更深入地探讨其他因素。

（1）线上困局。

即得性是电商面临的最大短板。实体虽然要求顾客必须亲临到场，但对于货品基本是即买即得，而电商的购买与交付并非同步，因此即得性较弱，或者说这是对于库存效率和足不出户所要付出的代价。因此顾客必须对获得的时间性做出取舍，致使电商也只是其中的购买渠道之一。通过电商的各品类渗透率状况（见图 8-1），可以看出时效性对于电商的制约性，越具时效性要求的商品，越容易成为电商的短板。

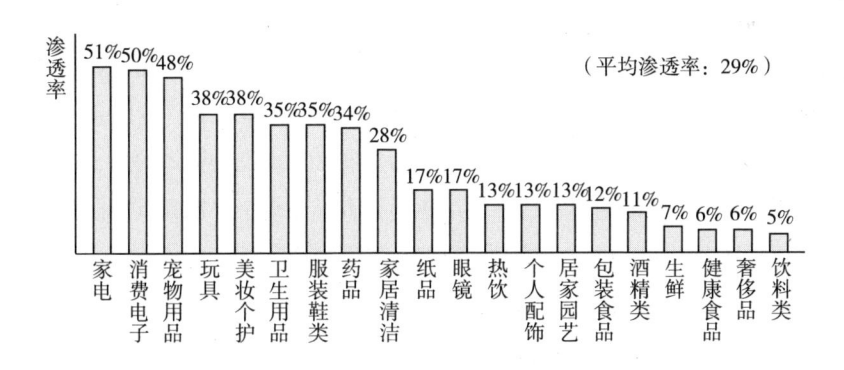

图 8-1　2021 年各主要消费品类的线上渗透率

资料来源：欧睿信息咨询。

实物体验先天不足。电商与实体的最大区别在于实物的体验性，而电商之所以能通过虚拟方式完成交易，实际上是搭了实体的便车，如果没有实体作为基础，电商绝不可能有今天的成就，因而也决定了电商不可能是实体的颠覆者，二者只能是相互依存的关系，实体是基础、电商是拓展。随着当今对于体验的要求越来越高，对于材质、品质和适合性等实际的感官感受，以及有关嗅觉、味觉和触觉等，实体的综合体验感要更丰富，因此越是要求实物体验性的，电商就越离不开实体。

双边效应使流量更集中于头部。互联网具有强烈的双边效应，致使流量更容易集中于少量头部企业，导致形成新的资源垄断。即便网络具有长尾效应，但由于界面展示、浏览精力、目的性和效率性等原因，以及对于冷门商品缺乏有效数据支撑，通常还是会把主要精力和资源投放于头部商品，从而使流量最终还是会被集中。也恰恰正是这种流量集中性，使电商的边界开始显现。互联网一方面确实增加了更多机会，但另一方面双边效应又会促使流量集中，催生垄断，而只要缺乏公平的竞争环境，就必然会阻碍市场的良性发展。由于能掌握头部的毕竟是少数，致使流量也开始变为稀缺资源，进而获客成本也急剧上升，最终会与线下的成本形成某种平衡。

价格竞争是难以摆脱的"毒品"。价格竞争往往具有较强的短期效应，却不利于长期健康的发展。线下实体由于位置等交易成本的制约，致使价格在一定程度上还可呈现出不同，但由于互联网的透明性，使其同质性更加严重，导致更易引发价格"内卷"（因为总会有人率先"开第一枪"，进而都会被卷入其中），这不仅削弱了利润空间，还破坏了正常商业秩序，从而使厂商对于线上的资源投入也会有所保留，这并不利于电商的发展。

（2）线下困局。

时空的制约性。由于顾客交易成本的制约，线下实体所能覆盖的范围总体有限，虽然这种时空局限性可以保障其在一定范围内有效地抵御竞争，但也会使其受到制约而无法形成更有效的发展，想要得到更大的发展必须面临重资产的压力。在传统线下模式下，产品大多只能通过零售终端抵达消费者，而每个终端具有空间资源的稀缺性，因此越是供大于求，供应商越会"讨好"终端渠道，这就造成无须提升自己的假象；由于窗口的唯一性，因此也很难看到真正意义上的经营顾客，更多的是由于竞争而不得不做的行为。所以不难看到，正是电商打破了原有的格局，导致很多线下实体很难适应新的零售环境。

总体基础相对薄弱。现代零售在我国的起步较晚，在传统向现代的转型中，没有经过多久就又开始遭遇电商的冲击，因而总体的基础还很薄弱，造成竞争力相对较弱。另外，由于运营体系的不完善，致使零售总体上处于散乱和低效的运营与竞争状态，更多的资源被耗费在流通环节。比如，我国的物流成本是发达国家的一倍以上；美国人口只有我国的1/4，各类终端约30万个左右，我国则有400万个以上。仅此来看，就意味着每个店都很难有体量基础和保障，因而也就很难考虑长远投入与培养，更多的是急功近利的价格竞争。

经营和管理的相对"僵化"。我国现代零售的相关理论知识主要来自西方国家，但有些企业往往会不加辨别地照抄照搬，因而难免出现水土不服的状况，这在需大于供时问题还不明显，随着进入买方市场后就开始逐渐显现，但企业对于经营上的困难往往归罪于客观原因，这显然不利于自身的进步。另外，随着渠道的市场力量越来越强，并在一定程度上掌握着资金的源头，因此终端往往会"挟顾客以迫供应"，这只会使其更加不思进取，以及不能正确处理供求关系，因而也就很难在真正意义上得到资源的支持来抵御困境。

不断上涨的成本压力。线下实体的成本主要为人工和场地两大部分，这两项成本在短短20年间涨幅就达到2~5倍，虽然可通过效率提升和节约等手段来降本，但降幅总体有限，因而实体普遍都面临巨大的成本压力，并随着位置资源越来越匮乏，将越来越难以依赖交易成本的优势。高成本意味着高风险，而应对高风险往往只会看短期收益，因此基本都不太愿意进行基础建设和长期打算。另外，追求短期性往往会使得目光都集中到销售较好的头部商品，也就不可避免地出现同质化的现象，这时就会一方面面临着成本不断上涨的压力，另一方面却又被卷入价格竞争的漩涡，致使经营逻辑严重畸形，整体陷入恶性循环之中。

电商冲击。网购带来的全新购物体验，主要体现在丰富的商品（更多选择性）、更低的价格（线下体验红利和缩减中间环节）、更方便的沟通和足不出户的便利性等，这就使得靠规模、连锁和信息不对称等获得效益的实体，遭到沉重打击。此外，数字化技术更便于有效地进行顾客研究，可通过个性推荐主动适应顾客，与线下零售的传统等客上门形成了强烈反差。同时，由于年轻群体对于互联网的接受较快，自然也就容易成为电商的生力军，而原有零售随着客群老化消费力减弱，却缺乏新鲜血液的有效补充，进而又更加使得实体经营困难。

3. 混乱的概念

可以看出，电商确实在几个重要方面可以弥补传统实体的短板，因此有想法的实体也就试图通过"触电"来巩固自己原有的江湖地位，但由于对电商的片面理解而使结果事与愿违。不过好在经过一段时期的实践后，人们发现实体与电商是可以形成有效互补的，并可展现出新的活力，因此渠道融合也就开始正式登上历史舞台。可见，新零售概念的提出并非是偶然或是某种噱头，而是一种历史的必然，只不过一经提出后，一石激起千层浪，引发众说纷纭和争论不断。

新零售提出之初只是一种战略性的思考，从内容上看大致是线上、线下与物流的融合。阿里研究院在之后正式给出了定义，即新零售是以消费者体验为中心的数据驱动的泛零售形态。可以看出定义较为宽泛，因此阿里的张勇又进行了扩充：不能狭义地将新零售理解为线上、线下的互动和融合，全渠道只是新零售的一个组成部分，还有其他的网红经济、个性化推荐基础上的用户交互行为，以及用户购买动线的改变等，都应被纳入新零售中。此后阿里巴巴官方又再次给出了全新的定义：新零售是以互联网为依托，多角色应用大数据和人工智能等先进技术，强化对消费者需求的洞察和连接，共同开创价值创造，从而实现对品牌、产品供应链、流通与全渠道销售过程的升级改造，以及孵化和重塑业态结构生态圈，并对线上和线下的服务体验进行深度融合的一种零售新模式。简要来说，新零售就是用大数据赋能，围绕"人－货－场"所有元素进行的重构。

腾讯的林璟骅在中国零售数字化创新大会上首次介绍了智慧零售的理念：智慧零售的目标是要让零售商建立有效直连用户、精准营销转化和商家自建数据资产的新数字化运营，为用户带来线上线下一体化、千人千面个性化推荐、高效便捷消费过程的新消费体验，在构筑美好生活的同时，为零售带来新商机。马化腾曾明确规定腾讯不做零售，更多的是给企业助力和赋能，包括用户的连接能力、小程序、公众号、云服务和AI智能等应用，主要是打造合作生态圈。

可见，两种模式是截然不同的走向：阿里本身是以电商业务为核心，所以新零售的出发点更多的是拓展业务范围，整合线上线下资源，以及更多的支付场景等新概念的推行，更像是"互联网＋"模式；腾讯由于天生没有电商基因，提出智慧零售的战略更多的是为零售赋能，提供相应的工具以支持企业应用，并依托微信积极打造社交电商，提升微信支付的渗透率，以及为自己创造更丰富的场景等，因其主体仍为传统实体，所以更像是"＋互联网"模式。当然，也正因为存在两种生态模式，进而呈现出丰富的商业形态。

小米的雷军指出，新零售的本质就是效率革命，是通过线上线下互动融合的运营方式，将电商的经验和优势发挥到实体零售中，从而改善购物体验和提升流通效率，并将质高价优、货真价实的产品有效地卖到消费者手中，以此实现消费升级的创新零售模式。可以看出，雷军的新零售概念是基于线下体验性和即得性，同时又用电商的思维、技术和方法，让传统零售插上了互联网翅膀。雷军指出，线上回到线下并不是原路返回，而是用互联网工具和方法实现融合并提升传统零售的效率。新零售就是更具效率的零售。

电商的另一个巨头京东，则把现在的零售变化归结为正在经历的第四次零售革命，认为新零售就是建立在互联网电商的基础上，但又超越于互联网电商的一次新的变革，从此将人类带入智能商业时代，本质上为无界零售，终极目标是以知人、知货和知场为基础，重构零售的成本、体验和效率。

场景实验室认为，新零售是以大数据支撑场景洞察，以体验设计为基础架构的新信用关系和新效率体系；红杉资本的刘星认为，新零售中的新就是新业态、新人群、新品牌和新技术；苏宁的孙为民指出，新零售就是互联网时代下的零售。而娃哈哈集团的宗庆后表示，新零售就是胡说八道；格力电器的董明珠认为，新零售是在玩文字游戏；"百货女王"厉玲则认为，零售本就没有新旧之分。以上种种，可看出对其理解的撕裂性，很多是完全不同的立场，对于新现象都试图进行自己的解读，但显然又都缺乏系统完整性和说服力，致使彼此间似乎并不认同。

（1）几个关键词。

新零售究竟是"新瓶装老酒"，还是引领商业潮流，显然莫衷一是。这里先不做评判，而是将其进行归纳总结，从中可看到某些特征。

①全渠道。通常是指线上与线下多渠道的融合。早期对于多渠道的理解相对简单，特别是线下实体认为只要通过电商或自己在网上销售即可；之后O2O模式开始出现线上线下的分工与协作，已经有了渠道融合的雏形；现在全渠道模式已基本成型，顾客可通过实体、电商、网站、App、微信、微博、抖音、贴吧、直播、社群和团购等，在任何时间、地点以任何方式进行购买，线上线下基本可协同运行。全渠道最直接的好处就是能相互引流，同时还进一步综合了各自的体验、货品管理和顾客沟通等优势，为多种经营方式及跨界经营奠定了坚实的基础。

②大数据。线上线下相融合后，带来的另一个好处就是线上线下的数据可被有效打通。传统线下实体的数据偏重于购物结果分析，但对于产生的原因就显得力不从心，而基于互联网的电商既可分析实际的购买结果，还可较好地追踪购买或浏览行为，将二者数据结合后，便更容易分析顾客的购物倾向，从而可提前将商品推荐给顾客（即所谓货找人），大大提升成交率或转换率。当线下线上的数据打通后，线下可有效借鉴所收集到的购物倾向等数据，以便能更有针对性地准备货品，从而提升经营管理的效率；线上则可将相关的技术如RFID（射频识别）应用到线下，进一步收集线下顾客的活动轨迹和购物行为，以提升数据的精准性，从而更加精确地描绘顾客画像和进行预测等。数据打通的意义还在于可有效地贯穿应用于供应链管理，使其共同参与到品类、陈列、库存、补货和履单等管理中，以及做好供应计划和成本效益分析

等。也就是说，在打通价格、库存和交付等的同时，还可进一步延伸到上游，把供应商也一并纳入使其协同运行，以共同打造快速响应系统（QRS），从而极大地提升物流保障的效率。

③体验。这是早期提出新零售概念的起因之一，即线下实体对于体验具有明显优势，可有效弥补电商的短板。随着新零售实践的深入，主要衍生出两种较具代表性的体验新模式。一种是"到店＋到家"模式，顾客根据实际情况或迫切程度，可自由选择交付方式，体验性比单一交付模式更高；另一种是AR技术的应用，使电商能更充分地享用科技的力量，既可进一步提升购物体验，在一定程度也可弥补缺乏现场感的体验不足，还能有效地帮助进行和扩展场景营销。

新零售体验的另一个优势，主要体现在结算支付方面，当线上线下的商品和价格被打通后，线上的数字支付方式也就可应用于线下，进一步促进和提升了购物的便捷性，有效缓解了线下的排队压力。线下数字支付较典型的是盒马鲜生，顾客统一使用支付宝付款，使收银效率得以有效提升，更关键的是可以更好地帮助线上线下的数据打通。

④重构。这是新零售最重要的内涵和标志，一方面是对"人、货、场"各要素的重构，另一方面是由传统的"货－场－人"转变为"人－货－场"。

"人"。顾客是交易的另一端，顾客的购买行为决定着交易状况及最终的效益水平，其中主要体现为来客或流量、成交或转化率、客单价、回头或复购率几个指标，可以看出电商在客流方面有巨大优势，甚至可弥补转化率不高的不足。过去只要能生产出来就不愁售卖，因此基本不会过多地考虑消费者的状况，随着商品逐渐过剩，要顺利实现销售，就必须考虑消费端的问题，新零售通过数据赋能进行消费分析和客户画像，充分和及时掌握消费者需求及动态，通过精准预测或推荐及全方位提供良好的购物体验，从而提升经营效率及获得较好收益。

"货"。商品是需求和价值的载体，所有商业行为都是围绕其进行，再加上过去长时期处于物资匮乏状态，因而形成了"产品为王"的思维定式。新零售的第一要素虽然是人，但并不意味着货的重要性被削弱，反而要求更符合需求、更超值、更便捷及享受更好的服务和体验等，并且新零售对于货的要求在于尽可能地实现个性化和定制化，当然，其中最重要的变化是，商业行为不再是被动的人找货，而是主动出击货找人。同时，新零售对货品的管理效率有极大提升，可有效地改善库存、周转和资金等状况，整体反应机制更加快速高效，与上游生产和供应链的连接也更为密切，下游则可在一定程度上体现顾客的参与性。

"场"。主要为交易场所，但实际上也是各要素（包括信息、沟通、渠道、模式、服务、体验、效率和效益等）的聚集体。传统零售在于将商品集中起来，从而提升交易的效率，因此位置性成为关键的点，整个商业活动对其具有很高的依赖度。新零售不仅融合了电商的优势，还最大限度地综合体现了体验性、便捷性、即得性和信息效率，不仅有效地打破了原有传统商圈的边界，还极大地提升了经营管理的效率。纵观历史上发生的几次零售革命，实际上都是围绕流通效率的提升而进行的，而目前的新零售变革，则更是全方位地使生产与消费实现有效连接。

（2）问题在哪里。

新零售的概念不管描绘得多好，但实际结果并不尽如人意。实践是检验真理的唯一标准，商人更是信奉"赚钱才是硬道理"，再好的理论或模式如果不能带来收益，那么都将归零。前面的三次零售革命，基本上都是围绕资源掌控和经营管理效率推进的，这一次不管是理论还是实践与结果，到目前为止整个商业逻辑都还未跑通，尚存在较大的不确定性和诸多问题。

误区一：新零售是消费升级的要求。很多人在谈论新零售时，都认为新零售是消费变革的历史必然，这是把影响和升级相混淆了，消费当然会影响商业模式，但升级只是消费的某种状态，也就是说消费升级与新零售具有相关关系，但未必是因果关系。从逻辑上来看，对于更高的消费需求并不必然有新商业模式相适应，或至少未必会到质变的革命。

误区二：把新的零售形态认作新零售。其中比较典型的就是无人零售（包括无人便利店、无人货架或无人服务等）。对于顾客来说，无人零售在本质上并未改变需要顾客到店的购物模式，因而所谓便捷性的改善有限，却缺少了人员沟通的"温度"，商品的选择性也比较有限，用无人零售来说明新零售显然是将其狭隘化了。对于企业来说，仅减少了部分人员，配送和运维等并未减少，维护和运营效率并未有实质性的改善，因而成本降低有限。有些人将无人零售的失败归咎于人性问题，并且还借此不断推动各种技术升级，其实这是避重就轻或用客观现象来掩盖主观的失误，商业模式根本谈不上新意，只是噱头而已。从零售逻辑来看，类似的自动柜员机早已有之，但也只是配合补充，如果增加了某些科技后就摇身一变成为新零售，那么至少应具有某种特性能弥补原来的不足，但实际上只是换个形式而已，因而无人零售与新零售并无必然关联。

误区三：把O2O当作新零售。新零售的重要标志之一，是线上线下相融合。虽然O2O模式较为类似，但并不能就此代表它是新零售，因为融合所包涵的内容和范围还要大很多，这种狭隘化的理解会导致在具体实践中被局限或走偏。早期的O2O主要还是单向性思维（即线上到线下或线下到线上），实际上应该是OAO（或O＋O）才更准确。对于顾客而言，主要在于不管什么渠道都可随意切换，二者本就应该是一体的，而不是像过去那样线上与线下是分离的。比较有趣的是，阿里对于O2O其实是持否认态度的，主要原因就是它在PC时代为电商王者，但进入移动互联网时代后，线下表现却并不尽如人意。这也从侧面反映出O2O本身是有一定问题的。

误区四：把跨界或混搭（如"＋餐饮"）当作新零售。与无人货架同时诞生的，还有盒马鲜生、超级物种和七鲜等零售新形态，共同特征为增加生鲜占比、引入堂食餐饮、缩减百货占比、提升店面档次和加入更多科技设施等，但如果摘掉新零售的"眼镜"来看，其本质就是差异化竞争而已。引入堂食之所以感到新鲜，无非是原来超市经营思维被固化的结果；增加生鲜占比，其实是高频刚需和缺乏标准性而差异化竞争的需要；提升店面档次只是为了更好地缩减顾客范围，筛选出更具购买力的顾客；如果增加科技设施（如传送带、电子价签和自助收银等）就是新零售的话，那么显然是曲解了新零售，是用形式替代了本质。

误区五：把技术或工具应用作为新零售的标志。很多人在谈新零售时，都会把大数据或云计算等作为重要标志，但这里面主要存在两个问题：一是这些技术本身只是一种应用工具，如果用工具来进行反证，显然是因果倒置，这就好比人类是因为发展而需要寻求工具的帮助，还是因为使用了工具才得到发展，这个问题很容易被搞混淆。工具终究只是外因，根本的还是在于内在认知与需求等（或者换个角度来理解，真正的问题在于究竟是你在使用工具，还是工具在使用你）。二是这些现代技术的应用并不能说明就可变成新零售，有些未必适合线下实体，这种将新技术硬性关联的行为，反而容易堕入某种误区，以为只要应用了这些技术，就表示已经在进行新零售实践，且不说应用并不等于成功，单这种误区就会阻碍真正的认知与实践。

误区六：过度夸大新零售的体验和效率性。人们在介绍新零售是如何带来全新体验和效率提升时，都会以盒马鲜生、小米或苹果等来做例子，但问题是仅用坪效来衡量并不能说明问题，还需综合看商品特性等其他因素。比如，楼盘售卖与苹果专卖相比，任何售楼部都会远远超过专卖店的坪效，但相信没人会说售楼是新零售；同样，如果在每个城市只有一家小米体验店，那么坪效还可以做得更漂亮些，但这并不表明小米就更加贴近新零售；体验是时刻都存在的，而新零售与所谓好的体验并无必然性，就好比公认体验最佳的迪士尼，也没人会说它是新零售。

误区七：对零售要素解读的偏差。在有关新零售的描绘中，最提神醒脑的恐怕就是"重构"的概念，然而如果进一步分析，就会发现存在某些逻辑上的问题。其一，如果说新零售是对于"人、货、场"各要素的重构，那么显然是过度夸大了其作用，这绝不是渠道革命就能完成的。零售只能适应、引导和影响消费，但不可能主导人的购买；商品在生产出来后基本已固定，零售确实可以再次影响商品的属性，但也不可能无限地夸大其作用，说重构就有些夸张了；零售本身就是连接生产（货）与消费（人）的桥梁，如果是针对传统意义的"场"，那么就得要求降低中间渠道的权重，但全渠道概念又非常重要，因而重构是有矛盾的。其二，新零售是由"货－场－人"到"人－货－场"的转变，但如果从商业重心的迁移来看，这本身就是一个必然趋势，与是否新零售无关，更不是因为新零售才开始改变排序，把这种转变归因于新零售的逻辑不成立。其三，新零售由"人找货"变成"货找人"，这貌似是重大变化，但如果站在交换角度来看，交易必然是"人货互找"。"人找货"反映的是传统交易模式，"货找人"则是指通过现代技术能更好地掌握需求及个性化推送等，从而提升成交率。这些都反映出人们对于零售要素的认知还存在不足，因此在具体实践时总会不尽如人意。

误区八：新零售是更高效率的零售。这个命题本身并没有问题，却是"正确的废话"。因为纵观零售乃至整个商业的发展，无不都是围绕着效率在进行，特别是工业革命更是使生产效率得到了空前的提升，但以此来说明新的零售革命就显得有些牵强。另外，有的把新零售作为信息时代的产物，显然这是把电商和新零售混为一谈了。其实这些都不利于对新零售的认知。

三、如何理解新零售

每次技术的进步，都会引发相应的零售变革，新零售就是在移动互联网下才出现的，因此对于新零售应站在数字化转型的角度来理解，即新零售应是业务、流程和管理等全新的生态系统，是一种全新的商业结构和模式，新零售的真正内涵是数字零售。

那么问题来了，如果说新零售的内核是数字化转型，那么是否意味着目前的相关变革和未来的发展还并不确定，而用现在的思维和运行逻辑能否有效创新，或者现在关于新零售的定论还为时尚早？这需要沉下心来进行更深的探究。本书抛砖引玉，希望能提供更多不同的理解。

1. 从实践主体来看

就现状来看，新零售的具体实践主要有 5 种表现：一是原来主要为电商经营，开始主动下沉到实体（如三只松鼠和小米），该类型在新零售的实践中表现最活跃，也相对更成功；二是原来主要为线下实体经营，却积极主动拥抱网购模式（主要代表为苏宁）；三是从一开始就按全新模式运行（如盒马鲜生和瑞幸咖啡）；四是本身有自己的经营理念和模式，只不过实际表现与新零售有几分类似，因而被硬性套上新零售实践的标签（如名创优品、星巴克、宜家和喜茶等）；五是原来主营业务在后台数字技术应用方面，但也开始走向前台与实体相结合（如尚品宅配）。总的来说，目前新零售可分为电商系、实体系和理论派三大阵营，由于各自所处的角度和立场不同，导致对其的理解也存在差异，进而理论与实践也各有不同。

（1）电商角度。

新零售概念主要是由电商提出的，因而带有浓厚的电商基因，比如大数据和云计算等都是比较典型的数字应用，优势在于能更有效地提升效率和"比顾客更懂顾客"。在实际运行中，电商多会表现出极大的优越感，新零售在电商眼中就是对线下实体的"降维打击"，是对原有商业模式的重构，新零售是线上走向线下的"最佳实践"。也就是说，目前大多数对于线上线下的所谓融合，更多的是出于电商拓展边界的需要，出发点本身是存在问题的。

由于实物体验性是电商的基础，因此相互融合是客观必然的：阿里主要为强行介入，更多的是用资本的方式来确保有效控制；京东主要是"自建＋合作"的路线；腾讯本身缺乏零售基因，因而主要在于赋能；小米主要为自建体系，相对来说是目前比较成功的范例。但以目前的实际状况来看，电商对于真正的线下经营还缺乏更深的认知，导致大多还停留在"电商＋体验"层面，并未有效地发挥出整合效应。

（2）实体角度。

电商与实体毕竟是两条不同的通道，电商渠道的竞争力来源于新技术，从而迫使实体必然需要进行数字化转型，而绝非只是增加新渠道而已。目前有些技术在应用于线下实体时还存在一定障碍，使得线下渠道融合的实践出现差异。

其一，大数据和云计算等能很好地帮助把握顾客行为，能够精准预测而真正做到千人千面，甚至可能实现定制化生产（社区团购就是一种定制式的模式），以及不必过多保留库存等，但这些在实体应用时会面临一定问题。比如，即便能准确地知道顾客画像，却无法做到顾客到店后及时调整场景或陈列，以及变换商品推荐等，网购的搜索模式与实体的浏览模式兼容性不好，使得所谓精准、预测和个性化等都大打折扣。因此，在具体应用时并不能简单地植入，而是要做相应调整，重点在于如何进行全场景化的沟通与销售，如何无缝交付，如何帮助更精准地掌握商圈范围内的目标顾客及其喜好和消费倾向，进而更好地组织商品，使卖场布置、陈列和货品管理更具针对性，如何有效地进行客群维护，等等。

其二，电商对于实体的一个重要竞争利器，就是海量的商品选择，但该优势由于实体的空间制约性而很难显现出来。实体的库存是实在的，因而必须追求在售商品的动销性，致使长尾效应很难体现，进而缩减了顾客的选择性。再加上价格方面的先天劣势，仅靠体验是很难取得竞争优势的。可见，实体与电商的零售基因存在差异，如果只是简单地把自己售卖的品项搬到线上，那么无异于以卵击石，因此实体渠道融合的重心并不在于售卖，而在于如何与顾客沟通。

2. 从渠道角度来看

零售是渠道链的最终环节，因而各种渠道问题也将汇集于此，其中有关渠道的演变如图 8-2 所示：①最早生产与消费之间只有线下渠道。②随着商品日益丰富，渠道开始变为重要的资源，谁能有效地打通和掌握通路，便能掌握竞争主动权，然而渠道本身的话语权也随之逐渐增大，甚至开始反制上游，因而生产与流通是既依赖又矛盾的状态。互联网打破了时空界限而使生产与消费可以有效直通，从而缩减了中间环节，然而由于传统的分销体系已经固化，因此新的分销渠道只能另建，且两者的运行逻辑基本不相容而各行其是，这时从生产到消费主要是两条腿走路，在一定程度上打破了线下渠道的垄断。不过，由于网络渠道本身具有明显的双边效应，流量容易向少数中心节点集中，导致渠道资源又被垄断，这显然是生产者所不愿看到的，有实力的厂商必然会主动出击，希望两条渠道都能掌握。另外，随着电商规模的不断扩大，他们也不甘于仅限于网络领域，必然要向下渗透进入传统领域。③移动互联网的出现，催生了共通的融合渠道，使得传统与网络的渠道界限逐渐模糊。④未来的渠道必然要求无缝连接，针对不同产品特性和交付要求而采用最适合的通路。

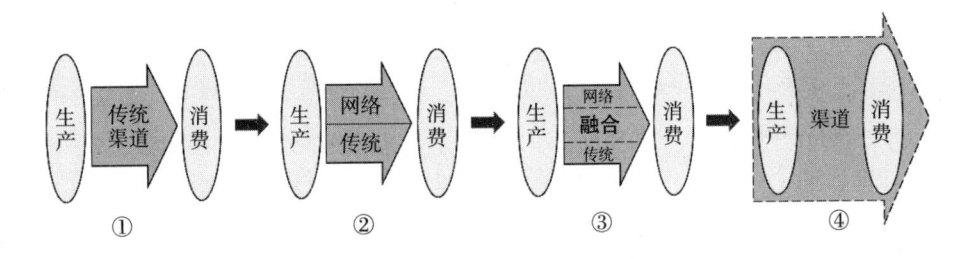

图 8-2 流通渠道形态的演变

以目前的认知来看，从生产到消费主要有传统、网络和融合3种渠道形态，其中只有融合渠道的边界是模糊的，在一定意义来说可充当全渠道角色，这也是新零售渠道的重要内涵。但问题在于，这种融合渠道能代表新零售的渠道形式吗？如果站在数字化转型角度来看，融合渠道更多地表现为各种渠道形式的综合，还称不上完全意义的重塑，只不过相较而言具有更大的优势。另外，以现有的商业体结构来看，显然融合渠道还不能完全取代传统与网络渠道，如果机械地把融合渠道与新零售捆绑在一起，那么显然是将新零售狭隘化了。事实上，未来在生产与消费之间，渠道必将是无缝的，顾客不管在何时何地，都可以任意使用或转换某种购买方式，不过这需要一个相当长的过程。

从渠道角度来理解新零售，可以很好地帮助厘清目前某些夸大其词的地方，避免堕入对于交易绝对化的误区（特别是过于夸大渠道的力量），同时还可有效地拓展视野，对于新零售的探索与实践不应局限于某种形式的定位。比如，有观点认为新零售就是第四次零售革命，但如果从渠道结构来看，前面三次都是在传统渠道领域内发生的，而这次却是互联网背景下的形态，很多表现与原来的几次变革并不相同，如果以此来定位，并不能真正体现新零售的内涵（即数字化转型）。事实上，目前的零售变革更像是在互联网背景下的第一次零售变革，它建立在现代商业基础之上，但又不同于单纯的某种渠道概念，而是有效地将其结合在一起，追求全方位与顾客形成有效连接的新型渠道模式，对于传统渠道绝对是颠覆性的改变。

3. 从基本要素来看

很多人在探讨新零售时，总会太多地强调优越性，同时又贬低原有的零售实践，但其实仍脱离不了产品、价值、服务、体验和顾客等基本概念。所以退一步来看，新零售或许也只是未来的一种零售形态而已，无须太过纠结究竟应该怎样，况且也没有什么包治百病的药，不去实践便注定失败，或实施后便一定成功，重点是要清楚自己的目标、资源、市场及竞争等状况，从而有针对有步骤地进行调整与改善，比如目前很多中小店就很难开展大数据分析，因此所刻画的新零售模式就未必适合，还需探索其他的办法。

其实，那些所谓新零售较为成功的案例，几乎都表现为直营模式（或直接掌握生产源头和终端渠道），因为直营本身是生产为提升流通效率和摆脱中间环节制约，通过直接掌握终端零售，从而有效直通消费的，所以当进入互联网时代后，对于网络应用的契合度明显要高，显现出新的生命力。直营模式与网络渠道具有天然契合性（都是去中间化），但还有网络渠道所不具备的实物体验性；直营本身直接掌控源头，这样对于顾客满足更具灵活和效率性，也更容易实施差异化竞争；便于把生产与渠道的利益矛盾进行内部消化，进而容易实现线上线下的同品同价，更有利于发挥各渠道的协同效应；品类相对聚焦，因而所面对的目标群体也相对更清晰，更易采取相关措施来进行针对性的服务及把握顾客体验；由于品类相对专一，网络应用也就较易赋能，即基本不存在长尾效应的困扰，库存等商品管理功能也能够有效地发挥。可见，直营模式更利于产品、渠道和沟通三者的统一，在一定程度上更适合新零售的实践与转型。

由此可得到某种启示：现代零售需要全面掌控"产—供—销—消"各环节，不能局限于或固守原有的商业模式，而是要充分发挥连接的作用，通过合纵连横从而建立自己的生态圈。或许这才是新零售真正的内涵所在。

第九章　管理的问题

在市场竞争中，真正能被竞争对手直接击败的往往只是少数，很多都是由于自身的原因所致。作为企业经营要素来说，人是最具不确定性的，因此管理的核心主要在于人，管理的实质就是协调组织中不同成员在不同时空的努力，从而有效地实现组织的目标。零售由于与顾客接触最密切，而顾客同样也具有不确定性，因此零售管理中有关人的问题更为凸显，尤其是对于一线员工，则更需要被视同于顾客管理。

一、管理的偏差

对于管理，其实也存在相当的认知差异。福莱特认为，管理是通过他人来完成工作；布恩和克茨认为，管理是使用人力及其他资源去实现目标；法约尔认为，管理是由计划、组织、指挥和控制要素组成的活动过程；琼斯则更进一步地指出管理是对资源进行计划、组织、领导和控制并有效达到组织目标的过程；德鲁克认为，管理是一种实践，本质不在于知而在于行，验证不在于逻辑而在于结果，唯一权威就是成就；西蒙认为，管理就是决策；孔茨和韦里克认为，管理是设计并保持良好环境，使人在群体里高效完成既定目标的过程；罗宾斯则认为，管理是通过协调他人工作，有效率和有效果地实现组织目标的过程。

当然，这里不是要探讨管理的定义，而是有关"管人"和"管事"的争议：如果强调组织和人本原理，则往往以管人为主，认为人才是关键核心，任何行为最终都要通过人才能实现；如果强调实践和结果导向，则往往以管事为主，认为人也只是其中的要素，没有结果就什么都不是。其实这很难单纯判别对错，实际情况、出发点及领导力等不同，都会有不同的结论。这也从侧面反映出有关人的管理的复杂性。

如果从字面来看，将管理拆解开后，"管"有规范和控制之意，"理"有顺畅和规律之意，因此不难看出有些理论是侧重于前者，有些则偏重于后者。但如果将两个字合起来，情况就会开始变得复杂：有些会当作名词来用，但更多的是当作动词来用；有些作为过程来看待，有些则认为是一种手段；有些认为是管人理事，有些则认为人之本性是无法管理的；有些认为因为需要与其他人共事，所以才需要管理，有些则认为哪怕只是自己，不管是内在还是外在行为，也需要管理；有些认为管理服务于经营，有些则认为经营只是管理的一个部分；等等，这说明管理内涵的复杂性远超于常规的理解，并且与某些行业必须具备一定的理论知识后才能很好地应用不同，现实中有些管理者可能未必懂得相关的理论知识，但同样也能管理好企业。因此对于管理的相关理论不应绝对化，更不应被僵化应用，灵活性和解决问题才是基本宗旨。当然，也正因如此，企业管理才体现出其魅力所在。

另外，对于管理容易产生偏差的是，企业都会有不同岗位，通常认为管理是管理者的职责，但实际上管理者与管理者角色并不必然一致，明茨伯格就指出，管理者主要有人际（主要有代表人、领导者和联络者3种角色，产生于管理者的正式权力）、信息（主要有监督者、传播者和发言人3种角色，由管理责任的性质所决定）和决策（主要有企业家、干扰应对、资源分配和谈判者4种角色，由其进行信息处理并得出结论）3种角色类型，而管理状况与管理者角色和技能相关联，卡兹指出，管理者需要具备技术、人际和概念3种技能，不同阶层的管理者对其管理技能的要求不尽相同，如图9-1所示。

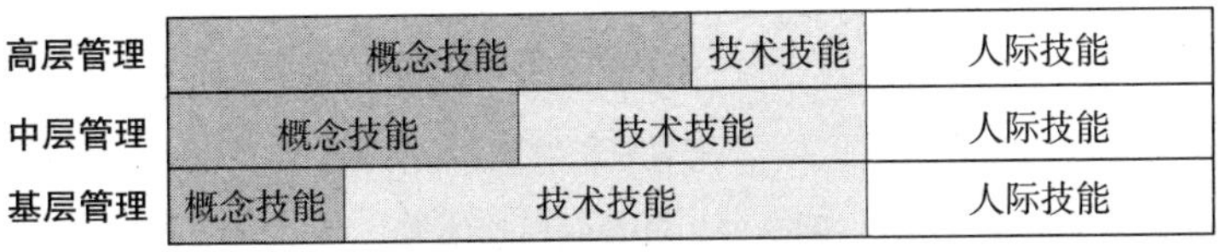

高层管理	概念技能	技术技能	人际技能
中层管理	概念技能	技术技能	人际技能
基层管理	概念技能	技术技能	人际技能

图9-1 各层次管理者所需管理技能比例关系

二、计划与目标

古语曰：凡事预则立，不预则废。这里的"预"就是指计划。计划是管理的首要职能，从某种意义上来说，管理都是围绕计划及实施来进行的，而计划在很多时候又体现为目标，计划或目标状况将决定行为走向与结果。

法约尔指出，计划就是探索未来和制定行动方案；孔茨认为，计划包括确定使命和目标及完成的行动，因此需要制定决策；琼斯则认为，计划是管理者确定并选择组织目标的行动方案的过程。可以看到，计划与决策容易混淆：法约尔和西斯科认为，计划是一个较为宽泛的概念，包括环境分析、目标确定和方案选择等过程，决策只是这一过程中某个阶段的工作内容；决策学派的西蒙则认为，管理就是决策，决策贯穿于管理的全过程，因而计划包含于决策中。其实，对于二者的理解需要辩证地来看：决策是计划的前提，计划是决策的逻辑延续；决策是关于组织活动方向、内容及方式的选择，计划是目标和行动的具体安排，是将决策所选择或确定的内容在时空上进行展开，计划过程是决策的组织落实过程。

计划按时间性可分为长期、中期和短期计划，按职能空间可分为业务、财务和人事计划，按范围和综合程度可分为战略、战术和作业计划，按所涉及活动内容可分为综合、专业和项目计划，按内容的明确性标准可分为具体和指导性计划，按重复程度可分为程序性和非程序性计划，按职能可分为营销、财务、人力资源、生产和研发计划等。孔茨和韦里克从抽象到具体，把计划分为使命、目标、战略、政策、程序、规则、方案和预算 8 个层次，如图 9-2 所示。

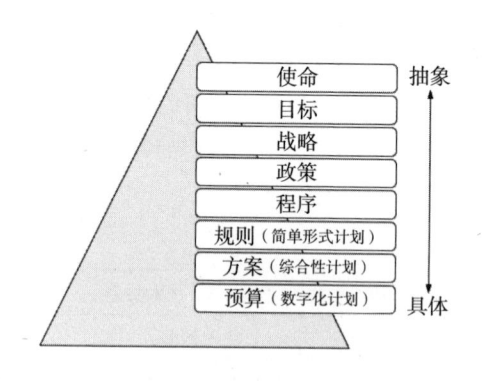

图 9-2 计划的层次体系

项目计划。项目不同于一般常规性任务，它是为达到某特定目的而临时组织的活动。项目计划是对项目的目标及活动进行统筹，以便能在规定时间内以最低成本获取预期成果。项目计划包含目的界定、行动分解和行动统筹 3 个阶段。

循环管理。又称 PDCA 循环或戴明环。在每个工作周期中，都包含 Plan（计划）、Do（实施）、Check（检查）和 Action（改进）4 个阶段。通过实施总结，对成功经验加以肯定，并制成标准化或作业指导，以便后续能继续遵循执行，对失败教训进行改进，并放到下一个循环中解决。PDCA 有大环套小环、上升式循环和综合性循环的特点，如图 9-3 所示。

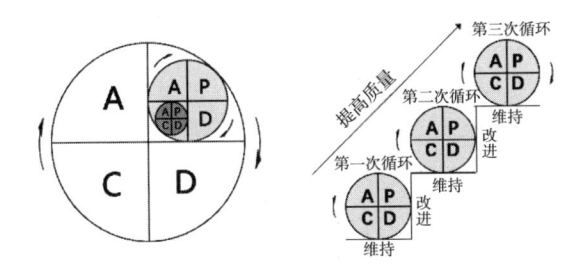

图 9-3　PDCA 循环示意图

甘特图。是日常计划中较为常见的应用，它不仅能清楚地反映各行动之间的逻辑关系，还能反映每种行动的起止时间，并清晰地看到实际进展情况（见图 9-4）。该方法常与计划评审技术同时使用。

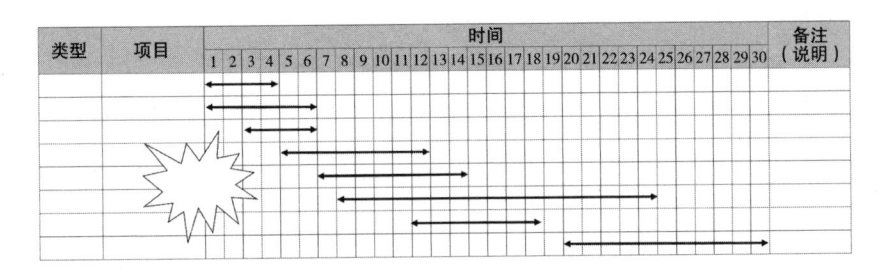

图 9-4　甘特图应用示例

滚动计划。是一种能够保证长期、中期和短期计划相互衔接的方法，可使计划具有弹性、适应性和延续性，保证计划符合实际情况并能得以顺利实施。其特征是把计划看作一种不间断的运动，以避免出现僵化而保持适应性。该方式总体遵循"近具体、远概略"的原则，并随计划的完成状况应及时进行总结与分析，以及对原计划进行调整和修订，使其逐期滚动向前推进，如图 9-5 所示。

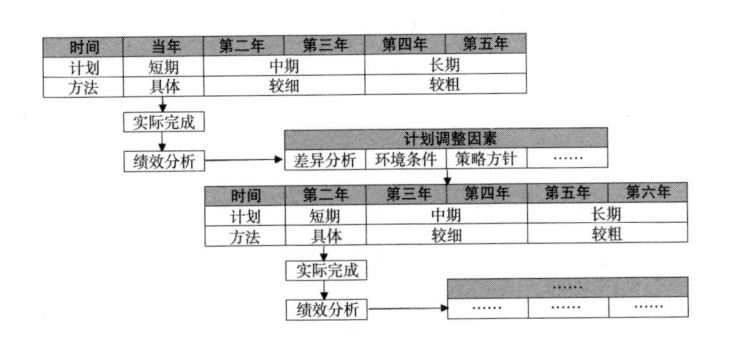

图 9-5　滚动计划法示意图

目标是组织在一定时期内想要达到的成果。孔茨指出，目标是所有活动的最终指向，不仅代表了计划工作的目的，同时也是其他管理职能的目的；恩维克认为，目标既是组织存在的前提，也是组织活动的方向和标准。事实上，要确定某个目标并不困难，难点在于如何用目标来统领一切组织活动，并以目标实现为中心及以目标为唯一和最终的评价标准。现实中目标往往会变成一种控制手段，对员工起硬性约束作用，通过目标压力促使员工被迫工作。

目标管理（MBO）最早是由德鲁克所提出，认为目标管理就是管理目标，是依据目标而进行的行为活动，对于目标设定应从"事业是什么""事业将是什么"和"事业应该是什么"3个问题来寻找答案，管理的真正含义在于设定目标。目标管理是一种鼓励组织成员积极参与目标制定，并在工作中进行自我控制和自觉完成工作任务的管理方法或制度，重点是让组织中的各层管理者与下属成员围绕工作目标和如何完成目标进行充分的沟通。目标管理主要包含明确目标、参与决策、时间期限和绩效反馈4个要素。

目标设定主要遵循SMART原则，即明确性（Specific）、衡量性（Measurable）、实现性（Attainable）、相关性（Relevant）和时限性（Time-bound）。目标制定通常是层层展开来推进的（见图9-6），主要工作包括调查研究、目标展开和定责授权等。要注意，目标展开虽然是由上到下层层下达，但并非强行摊派，而是上下级间充分地沟通与协商，因而容易出现周期过长、相互争执讨价还价、强调或偏重短期目标、目标调整灵活性较差等问题。

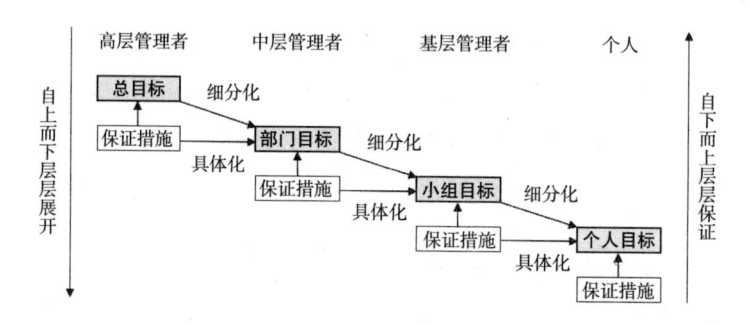

图 9-6　目标展开示意图

目标通常都与绩效考核相挂钩，但常规的目标设定较为单一，不能反映个体差异和真正调动进取者的积极性，因此需要采用三级递进式目标。

一是底限目标，就是不管怎样都务必要完成的最基本目标。在大多数情况下，这是基本都能够达成的目标，并且也是企业所能接受的最低限度（如盈亏平衡点），如果未能达成时，就必须要承担相应的责任和惩处。

二是进取目标，为高于基本底限的目标。制定的原则是有 80% 的把握可能达成，但有 20% 的挑战性，当完成挑战部分时，会得到比正常完成更高的回报，这样便能更好地调动和激发不安于现状者的积极性，同时也能很好地体现多劳多得的分配原则。底限目标是强制性的，进取目标则是引导性的。进取目标设置可分不同层级，划分比例也可调整。

三是挑战目标，为非常态或并非轻易能完成的目标。制定的比例通常与进取目标相反，只有 20% 的把握，却有 80% 的挑战性，目的就是要筛选出具有真正挑战精神和能力强的优秀者，同时也可避免出现完成目标后失去动力的情况。当然，挑战与机遇是相辅相成的，因此回报设计要更具有诱惑性。

1. OKR 与 KPI

OKR 是 Objectives（目标）和 Key Results（关键结果）的英文缩写，是格鲁夫根据德鲁克的目标管理优化而来。OKR 与 MBO 的重要区别，就是要求在设定目标后，还要进一步思考可以保证实现目标的关键结果（OKR 与 MBO 的主要差异见表 9-1）。OKR 强调员工的广泛参与性，从而比较容易调动其积极性，所倡导的是公开透明的文化，营造平等尊重的工作氛围，不依赖外在激励而是激发个体的内在动机，让员工在工作中感受意义和寻求发展。

表 9-1　MBO 与 OKR 的比较差异

MBO	OKR
目标是什么	目标是什么＋如何实现
年度目标	季度和月度目标
目标不公开、不透明	目标公开、透明
自上而下	自下而上或团队协商
与薪酬福利挂钩	大部分与薪酬福利无关
规避风险	积极进取

KPI（Key Performance Indicators）即关键绩效指标，是通过对组织内部流程输入和输出端的关键参数进行设置、取样、计算和分析，衡量流程绩效的一种目标式量化

管理指标。KPI 是绩效管理的基础，是对经营活动的衡量，而不是对所有操作过程的反映。

OKR 较适合具有不确定性和创造性的岗位，KPI 则更适合具有稳定和规范性流程作业的岗位（二者对比见表 9-2）。从某种意义上来说，OKR 中的 KR 与 KPI 是相同的（特别是承诺型 OKR），只是 KPI 的绩效考核会与个体收益捆绑，是用外在压力和利益诱惑来推动员工行为，OKR 则更偏重聚焦战略目标，是通过激发员工的内在动机来实现目标；KPI 的落脚点或主要应用在于考核，OKR 则是帮助或指引协助完成作业；KPI 是典型信息不对称下的产物，OKR 则强调公开、透明与协作；KPI 像仪表盘一样能准确反映企业的实际状况，OKR 则更像是导航仪关注于方向。对于零售而言，总体层面适合用 KPI 来管控，员工层面则适合用 OKR 管理。

表 9-2　KPI 与 OKR 的比较差异

	KPI	OKR
时代背景	工业时代	信息时代
组织环境	等级制环境	合作型环境
管理对象	操作型员工	知识型员工
关注重点	关注存量，确保正常	关注增量，力求发展
识别要素	重要指标	制约要素，竞争优势
管理方式	控制	驱动
实质	绩效考核工具	管理方法
呈现形式	指标	目标+关键结果
目标要求	要求 100%，甚至超越	富有挑战、鼓励试错、容忍失败
目标来源	岗位职责	企业战略
制定方法	自上而下	上下结合，360 度对齐
目标调整	相对稳定，短期不变	动态调整，不断迭代
目标公开	保密，仅对责任者、直接上级和管理部门公开	对相关者或全员公开
实施反馈	考核是关注，局限性	持续跟踪，全面性
激励方式	外在压力，直接关联报酬	激发自驱力，不直接关联薪酬
员工感受	缺乏认可	积极认可

2. 绩效管理

绩效在英文中是履行、执行或表演之意，主要强调的是行为或过程而非结果，但在实际应用中更多地偏向于结果反馈，原因是行为或过程很难被量化，而结果往往是某种行为的因所导致，所有经营和管理活动最终的目的还是要体现为果，所以绩效往往会与结果导向等同。

绩效管理是在目标及其如何实现达成共识的基础上，通过激励与帮助以取得成绩的持续管理过程。常见的绩效管理有OKR、KPI、KPA（关键过程领域）、KRA（关键结果领域）、KSF（关键成功要素）和BSC（平衡计分卡）等。绩效评价方法主要有360度评估法、关键事件法、行为锚定法、行为观察法、加权选择法、强制排序法和强制分布法等。目前常用的仍是KPI，主要有数量、质量、成本和时限4种类型。KPI不仅是组织和个人目标设计、监控和评价的依据，更是代表了组织运行管理的价值导向和战略方向。

（1）计划。是在清晰的组织使命、战略目标和职位职责等前提下，管理者与员工沟通，对目标和标准达成一致并形成契约的过程，其中关键的是目标设定。这里的关键词是"沟通"，而大部分绩效管理的问题都是出在这里。

（2）辅导。是计划的整体实施阶段，在于通过监控、协调和指导等管理活动，引领员工达成目标，而非只是单纯地把压力推给员工，该能力是衡量管理素质的重要指标之一。通常以GROW（Goal，明确目标；Reality，认清现实；Options，选择方案；Will，达成意愿）内容模式为工具来展开辅导。

（3）评价。是检核目标完成的实际状况，包括正式与非正式两种体系。一是行为导向。根据工作完成方式来考察并做出评判，主要有排序、关键事件和等级评定等方法，最大的问题是当两种行为出现同一结果时，很难判断优劣或符合性。二是结果导向。将结果与目标比较后做出评判，问题导向与行为导向相反。由于忽略完成的方式，当目标制定出现偏差或不可控因素影响时，容易出现评价不公现象，且容易滋生和助长为达目的不择手段，极易损害组织的长期利益。

（4）诊断。是通过各种方法，查找、分析和发现所有引起各类绩效问题的原因的过程，使之能够快速地聚焦问题源头，从而有针对性地采取行动。较为简单有效的诊断工具是吉尔伯特的行为工程模型，如表9-3所示。

表 9-3　行为工程模型中影响绩效因素及比例关系示意

环境因素	分类	信息	资源	奖励/后续结果
	影响占比	35%	26%	14%
个体因素	分类	知识/技能	素质	动机
	影响占比	11%	8%	6%

（5）反馈。是将绩效衡量和评价的结果告知员工，不仅体现为奖惩，更重要的是找出问题及背后的原因。该阶段的关键词是"回顾"，但很多时候都容易被忽视，使员工并不能完全清楚问题出在哪里。回顾既是上下级进行沟通的机会，也是检视实施过程中存在问题的重要手段。进行回顾时最好能有三级成员参与，即除当事者和直接管理者外，还应有上一级管理者旁听。

3. 指标管理

绩效考核应避免一刀切，把什么转化为考核，而是要利用"考什么得什么"的特性，把考核聚焦在某些关键性的硬指标方面，对于其他则应采用多种管理形式。对零售而言，由于其触点较多，采用指标管理来辅助会更有效。所谓指标管理，就是不与绩效考核挂钩，但通过对某些指标进行监控，从而辅助完成绩效的管理方式。也就是说，零售涉及的点很多，但真正需纳入考核的很少，最主要的是业绩和毛利两部分，另外根据自身特性，只需少量的关键性指标作为补充。业绩和毛利预算是企业之根本，是最终追求和体现的结果，因此需要作为硬指标来进行控管，其他则用指标来进行管理。

通常而言，企业总是按捺不住想要增加更多考核的冲动，但实际上通过指标管理是完全可以弥补其不足的。辅助指标本身也是目标的一种形式，但通常并不纳入考核，主要是用于实时监控，根据指标变化来判断和分析原因，或只要将指标控制在某合理范围之内，便可有效地保障主体目标的实现。例如，总目标为业绩预算，作为硬指标需要纳入绩效考核，而要想达成目标，则在于对成交数量和单价的监控，如果考虑时间维度，还有复购率指标等；以各自指标为基础，再分别寻找出与之相关的因素指标，比如与购买数量直接关联的有商品因素、来客数和转化率等因素，如果再进一步分析，与商品直接关联的还有卖场和商品本身等因素，而卖场又有动销率、缺货率、订货率等，以此类推，还可找出其他彼此相关的指标，这样就共同组成了指标体系，如图 9-7 所示。

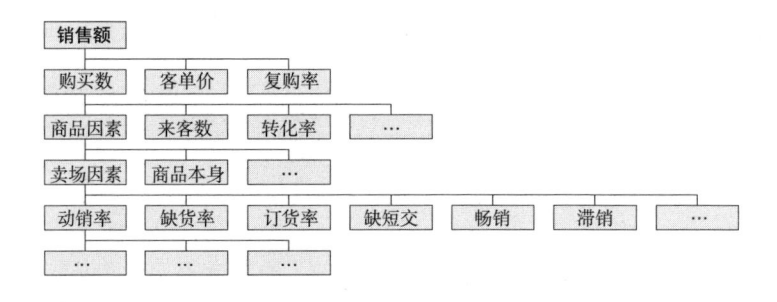

图 9-7　指标体系分解示意图

这里要注意的关键词是"直接关联",如果非直接关联,就很难抓住重点或问题的关键,导致问题会被发散而无参考价值。通过指标架构,可以很清晰地知道问题在哪里,而且由于相互间存在关联,当某项指标合理时,有可能会致使其他指标正常化,反之,如果不正常,大多时候也会导致其他关联指标产生异常。采用指标管理,可以清楚地看到最终的绩效也只是结果体现。

对于指标管理的应用,一方面在于相关指标数值的确认,另一方面则在于如何具体监控。第一,指标虽然并不与绩效直接挂钩,但也可通过评分等方式,作为奖惩、加薪或晋升等综合考评的依据。第二,指标可作为内部沟通的标准共同语言,当出现异常时,较利于共同聚焦来解决问题。第三,指标作为实际的客观反映,任何行为都将引起相关数值的变化,通过监控可在一定程度上确保良性经营,比如提升业绩最快捷的方式通常是大单出货,但通过对毛利率、DMS(日均销量)、订货与库存异常等的监控,就会很清楚是否正常。第四,可在一定程度上监督某些短期行为,比如价格促销对于销售通常都能起到立竿见影的作用,包括很多所谓爆款,也基本是由价格来支撑的,然而在优异成绩的表面下,很多见效慢的(如品类培养或结构调整)却往往会被忽略掉。价格本身是把双刃剑,通过价格吸引而来的往往是价格敏感者,这类顾客基本很难有忠诚性,一旦没有价格优势便会离去。作为操盘者如果最终玩不转了,无非是离开另找下家即可,后果却需要企业来背负。因此关注和聚焦于相关指标,至少可知道光鲜表面下的短板所在。第五,可在一定程度上释放自主和创造性。很多管理者都不太认同"上有政策下有对策",其实潜台词是希望能按某种方式来完成目标,但如果把管理焦点放在指标上,实际上更利于作业者的创新发挥,所以聪明的管理在于底线和游戏规则的设立。当然这里面涉及指标颗粒度的问题,既要能充分调动个体的主观能动性,又要避免因缺乏规矩而出现违背企业和顾客初衷的非正常手段,而这个度并没有绝对的标准,需因人、因时、因地、因实等而定。总之,盲目追求成绩单并没有意义，真正关注的应是背后的健康性，而指标管理是保障健康的利器。

三、零售组织

组织是以目标为导向，在分工合作基础上的人的集合体，或者说是由若干人或群体组成的、有共同目标和一定边界的社会实体。组织包括成员、目标、活动、资源和环境5个基本要素。传统组织结构主要有直线型、职能型和事业部型等，其中管理幅度与层级呈负相关：管理幅度宽则层级少，呈现为扁平结构；管理幅度窄则层级多，呈现为锥型结构（见图9-8）。当管理幅度达到一定限值后，管理层级并不会线性减少，但随着管理幅度增加，管理效率则会快速下降。两种组织结构并没有绝对的好坏之分，而是要根据实际要求来确定，相对而言锥形结构会增加信息传递的环节，因而发生偏差或失真的概率增大，扁平结构则对管理者的综合能力或素质要求较高。组织结构的演化总体呈扁平化、柔性化、无边界化和虚拟化的趋势，目前新型的有学习型、团队型、矩阵型、网络型和社区型等结构。

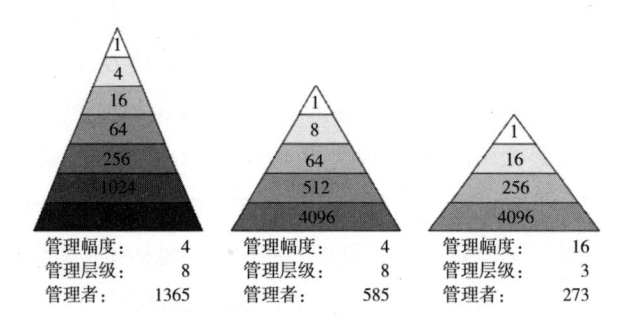

管理幅度：	4	管理幅度：	4	管理幅度：	16
管理层级：	8	管理层级：	8	管理层级：	3
管理者：	1365	管理者：	585	管理者：	273

图 9-8 管理幅度与管理层级关系

1. 服务对组织的影响

零售主要受产业经济学和营销学的影响，因此组织结构也基本上是生产企业的模式，但零售与顾客的接触更密切，而服务要求必然会影响相应的组织设置。

（1）服务利润链。

服务利润链是由若干链环组成的相互关系，表明了利润、顾客、员工和企业四者之间的关联性。该模型是由赫斯克特等5位哈佛商学院教授组成的服务管理课题组在服务价值链模型中提出的，如图9-9所示。

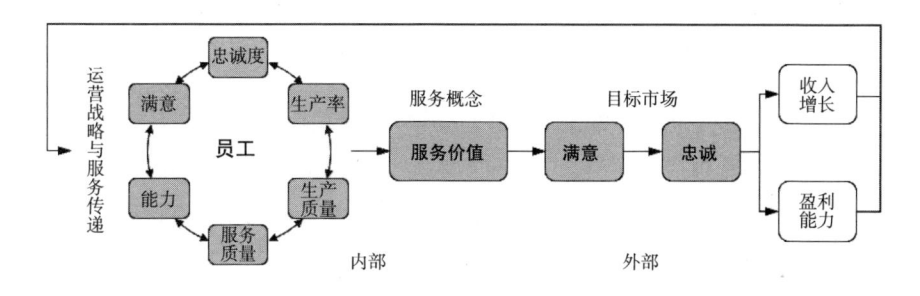

图 9-9 服务利润模型

服务利润链的核心内容是顾客价值，顾客价值＝（为顾客创造服务效用＋服务过程质量）/（服务价格＋获取顾客的成本）。从中可以看出：利润与回报增长来自忠诚的顾客，顾客忠诚来源于顾客满意，顾客满意又受感知的服务价值影响；内部高质量的服务，可产生满意和忠诚的员工，满意的员工对外又可提供高质量的服务和服务价值，顾客因服务满意而保持忠诚，忠诚的顾客最终会带来健康持续的服务利润。

第一，内部质量驱动员工满意。能否提供优质的顾客服务，最重要的是在于能否将员工视为顾客。内部服务质量取决于两个方面：一是工作满意，主要为完成目标的能力以及在完成目标过程中所拥有的权力；二是员工关系，一方面体现为人际关系，如果同事间相处融洽、和谐、平等和互相尊敬的关系环境，员工满意度和工作效率就会相应提高，另一方面是相互合作和服务的方式，当具有良好的团队精神与合作态度时，也比较容易提升员工的满意度。

第二，员工满意度将促进忠诚度。员工离职的成本主要反映为生产效率和顾客满意度降低，如果员工的忠诚度高，相对就能有效地降低流失率。员工满意度的影响元素主要包括报酬、学习、晋升、环境、能力、地位和职业发展等，员工如果感到满意，就会对企业有信心，并会为之感到骄傲，进而促使其自觉担当工作责任。

第三，员工忠诚度是工作效率和服务价值的保证。员工的劳动是创造服务价值的必然途径，工作效率无疑决定了创造的价值高低，而只有高忠诚度的员工，才能产生高的服务价值。常见的忠诚度培养主要是让员工拥有归属感和成就感，给员工合理定位并进行充分的沟通交流。

第四，服务价值提升顾客满意度。服务价值为利得与利失的权衡，而服务价值与满意度呈正相关，因此提升顾客满意度一方面可通过改进服务，提升服务品质和形象等来提升收益，另一方面则可降低购买和交易成本。当然，顾客满意度还与顾客期望值有关，而期望是一种主观意愿，所以行业平均服务水平或标准是顾客期望的最低下限，服务设计只有超越平均状况，才有可能使顾客满意。

（2）服务接触。

只要产生交易行为，就必然存在服务接触（包括远程接触、非直接接触和面对面接触），并且在整个过程中很少只有单次的服务接触（据迪士尼的测算，到主题公园游玩的游客，平均会经历 74 种不同的服务接触），然而问题是随着接触的增加，造成不满的风险也会逐渐增大，而对某部分服务的不满，往往会波及对于整体服务的印象，或对后续服务接触的否定，进而影响到整个购物过程的评价。且关键的是服务接触对顾客满意和忠诚度的影响并不存在前后和重要性之差，如果某服务接触中发生问题，就会由于缺乏一致性而造成判断困扰或产生怀疑，如果问题发生在关键触点，就极可能毁掉所有的努力。

服务的特性在于顾客会参与服务的生产过程，致使每次接触都会涉及与生产者的交互性，双方在服务组织中扮演着不同角色。因此零售与生产不同，服务活动主要涉及组织、人员和顾客 3 个元素，其相互关系如图 9-10 所示。

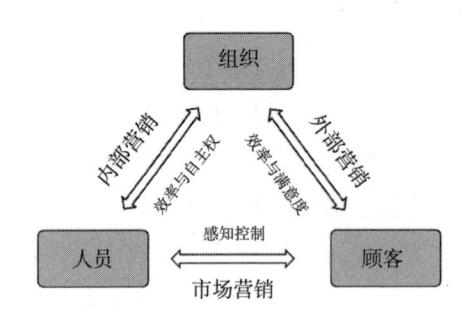

图 9-10　服务接触三元组合

第一，服务组织支配型。出于效率或管理的考虑，企业组织通常会建立一系列操作规范和流程等，以使服务作业标准化，从而可有效避免因人员变动或其他原因造成服务质量产生波动，但这往往会限制服务人员与顾客接触时的自主权和灵活性，进而制约了服务人员的主动积极性。顾客仅能在标准化的服务中进行选择，其后果就是缺乏个性化或"温度"，对于不同个体的差异要求，往往用所谓规定来应对，因而最终可能使顾客满意度降低。

第二，顾客支配型。顾客总是追求最大化利益，因此希望企业组织或服务人员能够尽量适应自己的要求，但企业组织要针对每一个体进行设计显然不现实，因此存在固有的矛盾性。随着现代技术的发展，很多企业都在尝试设计让顾客使用自助服务

（如自助收银），使顾客感觉是在自己主导下的服务过程，能较好地提升满意度。

第三，服务人员支配型。事实上，服务人员支配才是零售服务的主流，然而从人的本性来讲，服务人员并不希望有更多服务接触，所以服务人员与企业之间也存在固有的矛盾性。不过，人都希望有主导性，如果能赋予足够的自主权，就会因拥有较大控制权而调动起责任感，从而提升服务质量。赋权并不是简单的行政指令或职位安排，而是要体现在相应的组织架构并与相关的责权利相对应。

不难看出，企业、人员和顾客之间存在内在的矛盾性，因而三方需要保持某种平衡，并根据服务内容的不同而有所调整和偏重，比如医疗行业就需要给医务人员充分的自主权，自选超市可以给予顾客更多的自主性，教育、金融和法律等则应以企业组织为主导等。工业革命的意义在于效率提升，而效率往往离不开标准化的运行，但对于服务来说，标准化恰恰可能变成矛盾的来源。

在服务传递中，主要有两种接触类型：一是低顾客接触。顾客并不直接出现在生产过程，因此较利于标准化和自动化生产；二是高顾客接触。生产效率会降低，但产品营销转化的机会较高，主要在于让顾客感受到个性化服务。其中后台支持部门属于较低接触，仓储店和便利店介于较低接触和一般接触之间，自选超市为一般接触，专营店和大多数服务性行业都属于高接触。服务过程设计要考虑各环节对顾客的影响及顾客对服务体验的需求，根据不同的接触程度，可选择相应的服务方式，同时对员工、工作程序和创新等有不同的要求（见表9-4）。如果不匹配，就极有可能造成服务失败或服务成本过高等。

表9-4 服务设计矩阵

衡量检查指标	较低接触度	一般接触度	较高接触度
对员工的要求	文字和语言能力	手工艺方面的能力	良好的沟通和判断能力
服务运作重点	文字处理的一般介绍	能够控制整个流程	侧重点在用户
服务管理创新重点	计算机办公自动化	计算机辅助作用	用户与员工沟通

2. 零售组织结构

在零售中，服务属性决定了员工既是生产者又是销售者，因此需要赋予员工更多的自主性和决策权，以使其能保持灵活和高效性，充分激发起员工的能动性。从权责匹配来看，要使员工担负更多责任，就应赋予更多权力，但在现实中员工通常都处于被要求的地位和角色，所能拥有或行使的权力非常有限，对于顾客的服务却担负有责任，因而零售的权责并不匹配。对于这个问题的理解与解决，需要引入一个业务权力的概念，即在传统组织中主要体现为管理权力，且是自上而下逐层赋予的，但零售除了管理权力外，还有来自对顾客服务所需要的权力，或者说为了顺利地完成交易和更好地服务，员工需要有更多的自主权。这种业务权力也可理解为"顾客权力"。在过去卖方市场时，业务权力并不重要或显现，但对于现代零售来说，其能否被很好地体现，将直接影响交易职能作用的发挥。

如何理解"顾客权力"？其实这就好比"谁付薪谁有权"一样，既然顾客是衣食父母，那么也就可以理解为赋权者，只不过这与传统的管理权力的内涵是有差异的。由此，在零售中员工将会面临两种权力结构，而与之对应的也就存在两种责任体系。对于组织设计来说，难点在于如何有效兼容。如果将传统组织结构理解为权责的正向分解与传递，那么针对顾客赋予的权责则是逆向的分解与传递，这时便会得到与传统不太一样的组织结构，如图9-11所示。

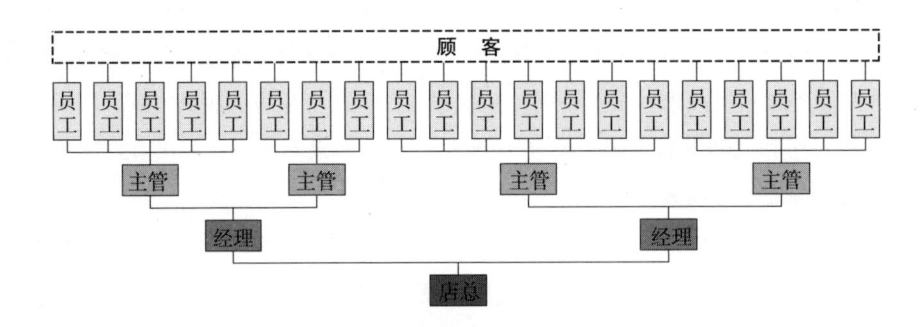

图9-11 零售组织结构示意图

可以看出，这是一种更能反映以顾客为中心的组织结构，真正体现了"顾客第一、员工第二、管理者第三、老板最后"的管理思想，并理顺了服务链的关系。与传统组织结构相比，整体形状刚好相反，呈倒金字塔形，最高权力来自顾客，然后是以距离顾客远近来划分相应的权责，显然员工是居于最重要的地位，而在其身后的是其他管理层和职能部门，最大差异是变为服务者而非管理者。以此类推直到最后，原有的最高管理者反而成为最后的服务者。

四、员工管理问题

顾客到店无非就是围绕商品和服务,其中服务很多时候都与人有关,且大部分接触的为员工,因此员工是影响交易的重要因素之一。与传统生产制造的一线工人相比,零售员工所面临的顾客对象具有不确定性,虽然无须像高科技行业那样要具创新性,却要求具有相当的积极能动性和灵活应变力,因此对于员工的管理并不能完全照搬传统的管理学理论。

零售企业与传统的生产制造企业的员工管理是有差异的,比如传统企业管理中通常都会强调执行力的问题(所谓执行力,就是按质按量和不折不扣地及时完成任务),在一定意义上来说,执行力状况代表着企业管理的能力水平,是企业成功的保障所在。然而问题是,执行力背后的逻辑通常隐含着自上而下的管理思想,并且越具有明确的标准和规范,才越利于有效执行,这与零售灵活应变的要求显然是不符的;又如当今越来越强调企业家精神,但往往所指对象都较为狭隘,而就微观层面来看,其内涵与对零售员工的要求是相通的。因此不难理解,正是由于零售具有较高的服务性,所以对于员工管理的要求必然不同。

1. 激励管理

激励有激发和鼓励之意,激励管理的主要意义在于激发内在动机,并鼓励朝着目标采取行动。贝雷尔森和斯坦尼尔指出,一切内心必要的条件、希望、愿望和动力等,都可构成对人的激励,激励是一种人的活动的内心状态。激励与需要和动机密切关联,是自内而外的动力机制,在发挥人的潜能方面效果更佳。一个组织的生命力在于组织中每位成员的热情与能动性,如何尽可能地激发员工的积极性,释放工作潜能,是管理者必须要解决的问题。激励的一般过程,如图 9-12 所示。

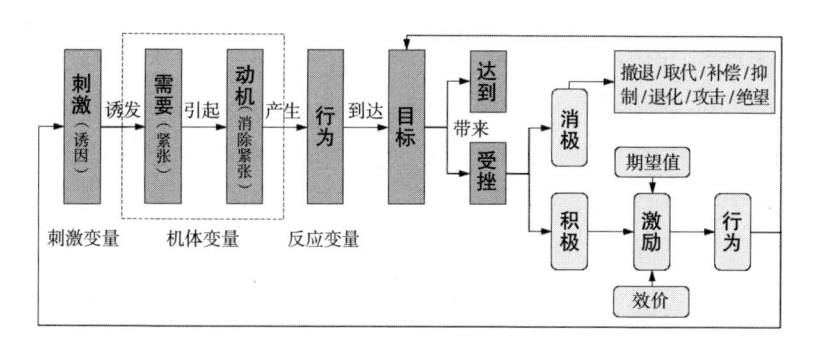

图 9-12 激励的一般过程

（1）激励前提。

有效的激励往往取决于如何看待人，因此人性假设是激励生效的重要前提。

①自然人假设。认为人是自然界进化的产物，具有动物的属性，因而激励主要在于基本需要的满足，需求是激励产生作用的基础。

②经济人假设。认为人是追求利益最大化的，所以组织会用权力和控制体系来保护组织本身及引导员工，以经济报酬来促使人们服从和完成绩效。

③社会人假设。认为人不仅有经济性需要，同时更有社会性需要，且社会性需要的满足往往比经济上的报酬更能激励人，组织应更加注意人与人之间的关系和归属感，通过关系获得认同感，提倡集体奖励制度。

④自我实现假设。认为人具有发挥潜能、追求自我完美的需要，因此控制和惩罚不是实现目标的唯一方法。如果机会恰当，员工往往会把自己与组织的目标结合在一起，通过实现组织目标而实现自我需要的满足。

⑤复杂人假设。由于人是复杂且多变的，因此需要因人、因事、因时而异，灵活采取不同的管理措施来达到目的。应使工作性质与人的需要相结合，同时与人的素质相协调，组织机构和管理层次划分、员工培训和工作分配、工作保持及控制程度的安排等，都要从工作性质、工作目标和员工素质角度考虑，不能强求统一。

（2）激励理论。

①公平理论。由亚当斯所提出，主要讨论报酬公平性对于工作积极性的影响，通过横向（与他人相对比）和纵向（与自己绝对比）的比较，来判断其公平性：当感受到不公时，可能导致工作积极性、生产率或质量等下降，或是离职；当获得较高报酬时，往往会认为是自己的能力所致，所以不愿降低报酬。制约公平感的主要有分配和执行政策，及当事人的公平标准两方面因素。可以看到，社会比较是普遍存在的心理现象，利用公平感来调动积极性是一种重要的激励手段。

②期望理论。由弗鲁姆所提出，主要研究需要或动机及有关实现信心的强弱对行为选择的影响，激励力（M）＝效价（V）× 期望值（E）。期望理论包括个人努力、个人绩效、组织奖赏和个人目标4个方面，激励过程需要处理好努力与绩效、绩效与奖励、奖励与需要满足3种关系。期望理论的基础是自我利益，核心是双向期望，其假设管理者知道什么对员工有吸引力，关注员工的知觉，而与实际情况不相关，即个体对工作绩效、奖赏和目标的满足状况等决定了努力程度，而非客观情况本身。目前企业对高层实施的期权激励就是建立在该理论基础之上的。

③需要层次理论。由马斯洛所提出，指出人类需要是由生理、安全、社交、尊

重和自我实现 5 个层次组成，满足是由低向高发展的过程，只有占主导地位的需要满足后，才能激活下一层次的需要目标。

④双因素理论。由赫兹伯格所提出，主要是修正了传统的满意观点，即导致员工满意与否的因素是有别的，特别是处于中间状态时，往往只有保健因素而缺乏激励因素，而想要激励员工努力工作，首先要注意保健因素，防止不满意情绪的产生，然后才是注意激励因素，以最终增加员工的工作满意感。

⑤成就需要理论。由麦克利兰所创建，认为人有归属、权力和成就 3 种高层次需要，但这些不是先天本能的，而是通过后天学得，且不同的人对于成就、权力和归属的程度和层次排列也不同。

⑥ERG（生存-关系-成长）理论。由阿尔德弗所提出，主要是对需要层次和双因素理论的延伸和扩展，与实际情况更接近。该理论与需要层次理论一样有层次和发展性，但与需求升级的线性模式不同，更关注需要层次结构上升过程的复杂性，多种需要既可都同时存在，但也受"受挫-回归"原则的影响，当较高层次需要得不到满足时，较低层次需要会增加强度。

⑦目标设置理论。由洛克所提出，主要研究目标的激励作用，其效果将受目标的性质和周围变量所影响：目标对努力程度的影响取决于目标明确性、难易性、责任清晰度和接受度 4 个方面；工作绩效水平取决于组织支持、个人能力与个性特点。通常个人参与设置目标，更能提高绩效。目标与绩效之间关系的强度受目标承诺、反馈、任务策略、自我效能感和满意感等调节变量的影响。

⑧强化理论。由斯金纳所提出，认为人的行为是获得刺激的函数，行为结果会对人的动机产生很大影响，从而使行为在后续得以增加、减少或甚至消失。根据性质和目的可分为：正强化，包括奖金、表扬、提升和改善工作关系等奖赏，是影响行为最有力的手段，能够增强或增加有效工作行为；负强化，包括罚款、批评和降级等对消极或目标偏离的惩罚。实践表明，奖励与惩罚结合的效果要优于单一方法，但总体应以奖励为主、惩罚为辅。强化应确保及时性，对于正强化要明确而具体，同时应因人制宜。

（3）激励模式。

波特和劳勒在期望理论的基础上导出了激励模式，指出激励和绩效间并不是简单的因果关系，在设置了激励目标后，并不一定就能获得所需的行动和努力，员工也不一定会满意，而是应形成"目标—努力—绩效—奖励—满意—反馈—努力"的良性循环，必须要考虑到奖励内容、奖励制度、组织分工、目标设置和公平考核等一系列综合因素。其激励模式如图 9-13 所示。

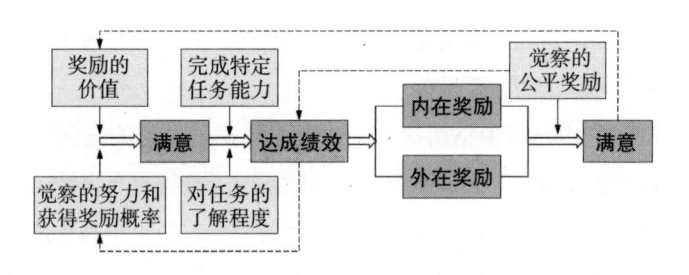

图 9-13　波特和劳勒激励模式

（4）激励方法。

①工作激励。恰当的工作具有激励的效应。工作并不是随意产生的，而是根据组织结构的岗位而设置的，反映出环境变化、组织技能和员工偏好等要求。工作设计与方法主要的内容有：一是工作简化，通过将工作任务简单化、重复化和标准化来提升工作效率，但容易出现例行公事和枯燥感；二是工作轮换，是为避免出现工作麻痹而进行任务调节，使员工有多样化选择和保持新鲜感；三是工作扩大，即增加新的任务或扩大范围，适当的压力能带来挑战性；四是工作丰富化，将工作责任、发展机会、赏识、学习机会和成就感等融入其中，并提升员工必要的资源控制权以及更大的自主权、独立性和责任感；五是员工参与，目的在于直接了解实际问题，提升工作自主性水平和满足归属需要。

工作激励较具代表性的理论是工作特征模型，由奥尔德玛和海尔曼共同提出，关注的是工作再设计，强调最好的岗位设计应给员工以内在激励，把工作按照与核心维度的相似性或差异性来描述，按照实施方法丰富了工作具有高水平的核心维度，并可由此创造出高水平心理状态和工作成果。该模型主要由核心工作特征、关键心理状态、人员与工作结果 3 个部分组成，如图 9-14 所示。

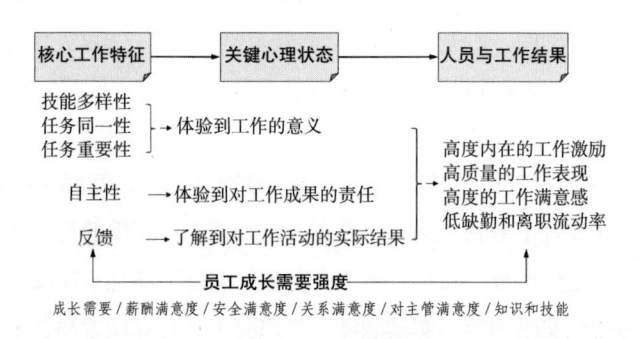

图 9-14　工作特征模型

②成果激励。主要包括两个层面：一是物质激励，是以满足物质需要出发对物质利益进行调节，从而激发工作积极性，是激励的基础和必要手段，主要包括工资、福利和员工持股计划等，有货币和实物等形式；二是精神激励，是满足精神需求的无形激励，有时会有物质激励难以达到的效果，是调动积极性、主动性和创造性的有效方式，主要包括情感激励、荣誉激励和信任激励等。

③综合激励。除了物质和精神激励外，其他还有目标激励、榜样激励、危机激励、培训激励和环境激励等，主要是穿插其中作为补充而综合应用。

2. 薪酬设计

所有激励都离不开收益作为基础，正如企业经营的最终目的一样，组织成员的劳动或其他各种付出同样也是为了追求回报，其中最基本的体现为薪酬。薪酬是一个统称，指一切形式的报酬，包括薪资、奖励、分红、福利和保险等各种直接和间接的形式（精神与物质、有形与无形、货币与非货币、内在与外在）。通过薪酬管理，可将组织与成员的利益进行有机结合，吸引和留住组织需要的优秀员工，鼓励员工高效率工作，保证组织总体战略的实现。

薪酬设计应遵循对外竞争性、对内公平性、激励性和成本控制性的原则。设计主要基于岗位、能力和绩效3个方面的评价，因此对应的有岗位、技能和绩效3个部分薪酬。薪酬设计要注意薪资效率因素，即企业付出薪酬与价值回报之比，而不是单纯看高薪与否。企业实施怎样的薪酬策略，很大程度上取决于劳动市场的状况，而由于劳动市场存在信息不完全问题，特别是应聘者状况对企业来说具有信息不对称性，导致对于新人的薪酬具有"盲目性"，即不同应聘者的工作效率或能力是有差异的，但实际使用前很难知道具体状况如何，虽然可通过各种评审等来试图多了解情况，却很难被完全反映出来，即便通过试用期还可进一步观察，但发现不合格而解聘时终究还是产生了损失，并可能错失了真正招聘到合适人才的机会。

信息不完全对企业招聘行为的影响很大，如果能真实了解应聘者状况，就可设定不同的薪资水平来进行匹配，以使支付薪资与价值回报"相等"，但显然这只是理想状态，因而通常是以某市场常规水平来确认薪资。对企业来说，当薪资条件低于市场平均水平时，表面上应聘者会减少，但更深层的是可能无法招聘到真正有能力者，这样可能导致整体员工素质和能力水平降低；如果薪资条件高于市场平均水平，至少有机会招聘到高效率的人才。反过来，应聘者想要获得高薪，就需要证明自己的价值，否则就要通过后期表现来改变低薪高能的状况。

信息不完全对薪酬设计的影响，不仅体现在新进员工的薪资确认，对于原有员工也存在同样的问题。由于企业对于雇员的行为和可能产生的后果等并不能充分了解与掌握，且往往也没有足够的时间和精力来对每名雇员进行监督，这时如果因雇员偷懒或某些行为而导致企业利益受损，却未必会受到相应的惩处，从而导致整体效率都被拉低。解决这一问题的有效方法之一就是将二者的利益进行捆绑，或者说把企业利益"植入"雇员利益之中，这样，当雇员在为自己的利益而采取行动时，便会同时实现企业的利益。虽然各企业的状况不一，但薪酬设计的逻辑大致相通，所以，接下来就简单介绍一下薪酬设计的基本原理。

假设不考虑市场和其他因素的影响，企业利益通常将随雇员努力程度的增加而增加。在加入某市场随机影响后，企业的利益状况如表9-5所示，其中假设偷懒与不偷懒、随机因素影响的概率都为50%，并且雇员可以自由决定是否偷懒。

表 9-5　企业获利与雇员状况示意

	运气差	运气好
偷懒	10000 元	20000 元
不偷懒	20000 元	40000 元

从中可以看出，如果企业效益为 40000 元，说明雇员并没有偷懒，而当效益为 10000 元时，说明雇员肯定是偷懒的。问题是当企业效益在 20000 元时，却并不能判断是否偷懒，因此如果雇员偷懒，那么企业获利就只有 $10000 \times 50\% + 20000 \times 50\% = 15000$ 元，如果没有偷懒，企业获利则可达 $20000 \times 50\% + 40000 \times 50\% = 30000$ 元，这时候对于企业而言，就在于如何才能使雇员不偷懒。换个角度来看，对于雇员来说，虽然在获取劳动报酬时需要付出成本（劳动），但回报对于偷懒与不偷懒的状况是不同的，假设偷懒时的成本为 0，而不偷懒时的成本为 10000 元，这时通过不同薪资方式的计算，就会发现其中的利弊状况。

（1）固定薪资。

假设固定薪资为 12000 元，这时候如果偷懒，收益就是 $12000 - 0 = 12000$ 元，如果没有偷懒，则收益为 $12000 - 10000 = 2000$ 元。而出于人性，雇员显然会选择偷懒，这时对于企业来说，收益就只有 $(10000 \times 50\% + 20000 \times 50\%) - 12000 = 3000$ 元，而如果没有偷懒，收益则为 $(20000 \times 50\% + 40000 \times 50\%) - 12000 = 18000$ 元。可见固定薪资的主动权其实是掌握在雇员手中，企业并不能保障其效益性。

（2）浮动薪资。

也称奖勤罚懒机制，即通过对不偷懒行为进行鼓励，以使双方都能得到相应的好处。假设薪资政策为当收益不超过 20000 元时，薪资为 0，而当收益达到 40000 元时，薪资则可翻倍为 24000 元，这时候只要出现偷懒的状况，就不可能获得报酬，不偷懒则为 $0 \times 50\% + 24000 \times 50\% = 12000$ 元，净收益至少为 12000−10000=2000 元，企业的收益则为 $(20000-0) \times 50\% + (40000-24000) \times 50\% = 18000$ 元，可以看到，虽然提升了薪资总额，却仍可获得相应的利益。

（3）利益分享。

与浮动薪资一样，也可起到激励作用。假设当企业收益低于 18000 元时，薪资为 0，当高出时超出部分就作为薪资，此时如果偷懒，预期薪资为 $0 \times 50\% + (20000-18000) \times 50\% = 1000$ 元，如果不偷懒，则为 $(20000-18000) \times 50\% + (40000+18000) \times 50\% = 12000$ 元，净收益同样为 12000−10000=2000 元。

现实中，由于存在政策等制约，所以通常采用"固定＋浮动"的模式，其中浮动部分又可演化出多种不同形式，并且随着雇员层级的提升，其浮动部分的比重会逐渐加大，对于高层管理者有些会采用期权或股票等方式来进行激励。

3. 员工体验

现代营销强调企业必须以顾客为中心，但对于零售来说，其服务特性决定了人的要素必须同时包含内外两个方面，员工与顾客既密切关联又互为影响，要使顾客获得良好体验，同时也要搞好员工体验，员工体验在一定程度上将决定顾客体验的状况，两者之间的关系如图 9-16 所示。

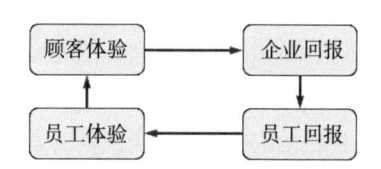

图 9-16　员工体验与顾客体验关系示意图

传统企业管理中，强调的是使命、愿景、价值观、形象、目标、激励和控制等概念，但这些对于员工而言有些抽象和遥远，大部分员工所抱有的思想和态度，就是做好自己的分内之事，然后拿到该拿的（根据盖洛普对 800 名员工的随机调查，只有约 25% 的员工是在认真对待工作），试想这种心态能给顾客带来什么？所以零售与生产的不同在于，应如何让员工也能深刻地感受到来自企业的服务。

对于人的管理，主要有授权、挑战、团队合作、沟通、兴趣、绩效和企业文化等管理，但实际上只有员工体验才是最佳的管理方式。员工体验管理简单来说就是把员工放在与顾客同等重要的位置，把员工当成顾客来实施体验管理。因为员工毕竟不同于管理者，不能要求与管理者一样有较高的认知与觉悟，而唯有让员工真正感受到来自内在的服务，通过实际体会进而更好地理解，才能更有效地传递给顾客，正如现实中普通员工和主管在服务顾客时，顾客的感受是不一样的。当员工与企业产生交集时，员工的所有感受都会汇集为实际体验，因此员工体验建设绝非仅是文案宣传，而要想让员工有良好的体验，就需要将员工当作顾客一样来对待，这也是体验管理最根本的出发点，将决定整体管理的运行。

究竟何为好的员工体验？事实上目前还没有绝对的标准。如果从与顾客体验的关联来看，可通过观察顾客的实际反馈来判定，但员工体验仅为构成整体顾客体验的一部分，且顾客体验衡量本身也非常困难，所以只能作为参考，主要还是以观察员工的某些行为表现来进行判断。比如，员工是否愿意主动推荐企业？当有不利于企业的负面影响时是否主动维护？员工是否对工作充满期待？一旦进入岗位时是否热情饱满？是否把工作视为生活的一部分？等等，而且这些并非只是极少的行为，而是至少有一定的存在，这样才可大概判断是否有好的员工体验。

5. 合伙人制

对于零售来说，一线员工担负着生产与销售的双重职能，因此员工管理与生产企业会有差异，简言之就是应赋予其更大的责权利比重。然而问题是，由于种种原因现实中零售企业的总体利润都很薄，很难有更多的利益空间向员工倾斜，以永辉来例，如果每人每月增加 100 元的收入，对员工来说只是杯水车薪，但对企业来说一年要多支付 7000 多万元，大概是净利润的 10%，这无疑是一个巨大的压力。如果是大店，还可通过减员增效或其他方式来进行平衡，但小店基本都是一个萝卜一个坑，可回旋的余地非常小。因此很多企业并不是不能认识到员工激励的重要性，而是很难做出取舍和进行平衡。

由此可见，零售对于人的管理需要更强调效率性问题，而在相关的人力管理模式中，合伙人制比较适合于零售这种具有不确定性的行业（如科技、创新、咨询和服务类），即主要是建立在利益捆绑基础上的契约关系，可促使员工更深度地参与及更好地调动主观能动性，员工是在为自己打工，从而真正做到自我驱动和自我管理。所谓合伙人，是指共同出资、共同管理企业，并对企业债务承担无限连带责任的人。合伙人制本身并不是新生事物，作为企业组织较具代表性的有律师或会计师事务所等，对于零售来说比较典型的就是众筹开店或各种形式的联合经营等，而其中的运行逻辑也是一种非常有效的企业管理机制。

纵观管理的发展，工作驱动是一个由外向内的演化过程。早期主要通过各种规范和制度，用外部力量来促使完成目标，这个时期的典型特征就是雇佣制。随着竞争加剧，一方面真正优秀的员工并不多，另一方面也希望能更多地发挥主观能动性，因此开始倡导家庭式管理理念，并且有些还实施终身雇佣制，其目的就在于能给员工以安全保障感，使员工能够认同和信任，进而更好地服务企业。然而事物总是一体两面，过于强调保障往往会带来进取或活力不足，容易导致成本压力增大，因此在当今复杂多变的市场环境下，企业管理更适用球队模式，作为球员主要在于应变等能力体现，作为球队则是在于资源和平台价值，双方是彼此依赖的关系，企业竞争力来自所有成员的协同效应。合伙人制与球队模式可谓异曲同工。

合伙人制的运行非常灵活，常见的有持股、期权、分红、合伙晋级、加盟、众筹、联合开店和内部创业等。虽然合伙人制在发挥内驱力方面更具综合性，但仍只是其中的管理方式之一，而非包治百病的万能药，况且该模式的底层逻辑是利益捆绑的合作关系，对双方来说就相当于是新的创业，因此本身具有不确定性，而且由于所面临的内外环境复杂多变，需要根据实际情况灵活适应，所以也没有绝对制式。合伙人制的实施，关键在于双方是否都能明确风险和游戏规则，以及企业最终能有多大程度的利益让渡、员工又能有多大的自主权。比如很多所谓员工持股，但员工往往缺乏话语权，使其反而变成风险转嫁和捆绑的工具。又如永辉的合伙人制，虽然员工并不承担经营风险，对于所创造的价值有多次分配机制，但问题是在目标及相关分配方案等确认时往往只能做选择题，这从某种意义上来说更像是承包制，在一定程度上会使内驱力调动大打折扣。

下篇

基本要素与组合

第十章　零售与顾客行为

消费者行为理论是现代营销的重要内容，研究的是个体、群体和组织为满足需要而对产品和服务进行选择、获取、使用和处置，主要涉及感知、行为、互动和交易等过程，包含消费心理、消费行为和购买决策等内容。零售是最接近消费者的产业，但消费者行为主要与商品密切关联，与零售活动的关联和研究并不多，因此本章主要补充这方面的内容，从中可了解有关零售活动背后的逻辑，反过来也可更好地帮助进行零售实践。为以示区分，将与零售相关的消费者行为称为顾客行为。

一、认知与情感

这里先从最初的感知开始，逐渐深入内部心理活动，然后又回到外在行为表现和消费行为。不过主要涉及与零售相关的内容，因此会有些碎片化。

1. 感觉与知觉

人通过感官感知事物的信息，并在人脑中反映为各种属性或特征的过程，就是感觉；对感受到的信息进行组织、理解和解释等整体性的认识和加工过程，就是知觉。感觉相当于原始数据，但数据本身并没有意义，需要通过知觉进行解读和定义及转换为某种认知后，才有其价值。所以知觉是具主观性的，不同的人或目的、知识、环境、背景等，解读出的结果会千差万别，比如对于水果的酸甜度，有人可能觉得很甜，但也有人觉得是酸的。另外，有时我们常会把知觉的东西以为是感觉，比如感受到了阳光、空气、大海、树木和房屋等，其实这些都是对信息处理后做出的理解和解释，只是信息来源于感官的感知，所以有被感觉的错觉。感觉和知觉都是人认知的初级形式，感觉是知觉的基础，没有感觉就没有知觉，没有知觉，感觉也将毫无意义。感觉是一切认知的源泉，而感觉又需通过五官来实现，所以在现代营销中，感官营销是极其重要的组成部分,特别是对于商业前沿阵地的零售来说,更是最直接的实践者,有着举足轻重的地位和意义。

(1)感觉的相关概念。

①感觉阈限。是指能被引起感受的最低刺激限度,因此具有主观性及因人而异。感觉阈限分为两种:一种是绝对感觉阈限,指刚好能引起感觉的最小刺激强度,比如卖场里进行气味营造,只有达到一定浓度时才会被感受到;另一种是差别感觉阈限,指能被察觉到的最小差异量,比如进行变价时,只有达到一定幅度后才容易被感受到。

②感觉适应。是指感官接受刺激量多少或强弱而改变其敏锐度,可能会由于某种刺激过多或过强而降低感觉的敏锐度,也可能是由于长期缺乏某种刺激而感觉敏锐度较强。感觉适应会受到刺激物强度、持续性、辨识难易度、接触感和相关性等因素的影响,通常需要不断变化(如引进新品)才更容易引起关注。

③感觉对比。是同一感官在同时或是先后相继的两种刺激下,引发感受发生变化的现象。两种刺激的差异性越大,就越容易被感觉到(或被觉察到),反之,当两种刺激的差异越小,就越容易产生混淆。在市场营销中,就经常会用模仿来混淆感觉,比如模仿可口可乐的红色元素或红牛的金色元素等。

④感觉联觉。是一种感觉引起另一种感觉的心理过程,有点类似联想,但还处于初级阶段,比如看到红色就感觉温暖、闻到食品香味往往容易引发食欲等。

(2)知觉的特性。

①相对性。知觉是根据已有经验为基础对感觉的信息所做的解释,而单个孤立的感觉很难做出知觉判断,如果有参照时则相对容易得多。知觉一般会把需要确认的对象作为形象,而把参照物作为背景(见图10-1)。观察者通常会自动进行形象与背景过滤,因此在实践中需有意识地加以引导,并且经营者必须清楚所要传达信息的主次之分,否则就会给顾客造成困扰,比如想要树立价格形象,但店铺氛围高端豪华,或过于强化人员服务,抑或主要售卖的是精品等。

图 10-1　形象与背景图

②选择性。在上图中之所以会出现混乱，是因为容易被互为背景，原因在于人的知觉很难同时并存两个形象，因此需要做出选择，以明确所需关注的对象。因为存在选择性，不同的人在面对同样的对象时，可能会有截然不同的反应和结论。这在实践中容易引起某些误区，比如企业总会收到不同的意见反馈，虽然都需引起足够重视，但由于各自立场的差异性，所以应以目标客群为基准，而非满足所有人的要求。反过来，目标顾客越不清晰，产品或服务则可能会越平庸。

③组织性。在感觉转为知觉时，会对资料进行有组织和系统的选择处理，对特征相似的进行归类（见图10-2）。组织性在零售中的典型体现就是陈列，须按某种特性进行归类，如果过于分散就会不利于选购。在做场景式陈列时，必须要有一定的关联主题，而做类别陈列时，则要考虑形状、颜色和价格带等因素。虽然陈列并不限制自由想象与发挥，但也不是无章可循，要让顾客"觉察"到某种规律才更便于寻找。

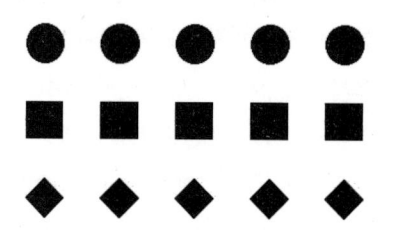

图 10-2 知觉的组织性

④整体性。知觉对象多是由不同的属性组成，但知觉能依据相关经验组成一个整体，把不完整的感知倾向为完整的对象（即平时常所说的"脑补"）。图 10-3 中，所有单个形状都有缺失，却能看到完整的方形，这就是知觉的整体性。整体性说明大脑在处理信息时，其实信息本身都是由各种片段构成的。

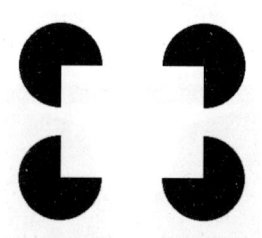

图 10-3 知觉的整体性

在现实中，整体性揭示了适当的缺陷恰恰会体现出更加真实的感觉，并且往往会激发想象力及由此提升关注度。对于产品开发或卖场引进而言，重要的是在于核心部分的价值性，而未必刻意追求完美，这反而会让认知产生混乱。所以反过来会看到，越是缺乏独特性或核心力的产品，往往越是通过眼花缭乱的营销手段，使其关注焦点放在旁枝末节，以干扰其辨别和判断。因此，对于消费者来说，越是花哨的宣传，就越要小心。

⑤恒常性。在得到和形成某种知觉形象后，就不会轻易发生改变，或者说知觉通常会有一定的延续性，比如更换不同角度观察某物体时，并不会因角度不同而改变认知，相反的只会补充和完善。企业在进行定位时，必须要明确相应树立的核心（如商品、价格、服务或体验等），重点在于让顾客能清晰地辨识到，只有当形成某种稳定的概念后，才不至于被其他因素所干扰。

⑥偏差性。在现实中，人们总会受到各种因素的影响，导致在知觉上出现偏差，常见的有首因效应、晕轮效应、刻板效应、近因效应和投射效应等。偏差性会干扰形成正确知觉，或产生某种惯性认知。错觉就是其中的某种偏差性，是被歪曲了的知觉，是对事物感知却与本来面目发生了偏差，常见的有空间、形体、图形、面积、大小、容积、轻重和色彩等错觉（见图10-4）。错觉在零售中常会有应用，比如在物品后面摆设镜子，会感觉饱满感增加，把某些敏感商品的价格拉得较低，往往会形成该卖场价格形象都较低的错觉等。

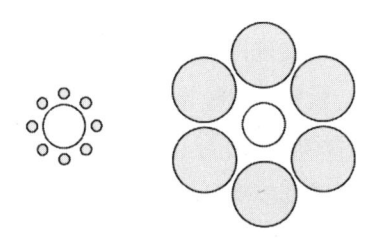

图10-4 视觉错觉之一——德勃夫错觉

2. 注意

注意就是对信息有意识地主动关注，并特别指向或集中于某一事物，主要有随意注意（无特定目的）、有意注意（有既定目标）和有意后注意（持续性关注）3种。当有明确目的或需求时，通常都会有意识地去注意相关事物，并屏蔽其他信息，所以如何引起注意对于零售具有重要的意义。

对于感官接收的信息，只有在一定范围内（如耳朵能感觉20～20000赫兹的声频、眼睛能感觉380~780纳米的光波）才会引起注意，且对于同一事物每次感觉到的值并不相同，如果差异很小往往不易引起注意。韦伯定律指出，差值与第一次刺激的绝对量正相关，即第一次的刺激量越大，要察觉出变化时就需要有更大的变化量。在实际中它常会被用来降低负面影响，比如涨价时通常会用其他不太敏感的变化来进行，如减少包装规格或进行拆零售卖；在进行价格促销时如果一开始力度就很大，那么后续只有更大的力度才能带来有效刺激。

注意在范围、稳定、分散、分配、紧张和转移等不同情况下，所表现出的特征各不相同，比如当出现疲劳、情绪波动或其他干扰情况时，往往容易被分散或很难控制注意力；如果注意表现得越强烈，则表示购买动机或欲望越高，并通常会主动和积极地收集信息；如果要转移注意，则需要外界施加干扰和自身有意识行为等。由于人很难同时关注超过7件以上的事物，因此越多意味着越容易分散注意。反过来要引起注意，除了要简单外，还在于差异性和变化性，比如价格变化、卖场重新布置、新品上架、陈列位置发生变化等，都会引发关注。另外通过互动和参与等沟通交流（如顾客调查、征求意见与建言、参与试吃试穿试用等），也可有效地提升关注。互联网使沟通交流更简单易行，不过就互动效果而言，线上更快捷、覆盖面更广，线下则更容易深入。影响注意的因素主要有以下几个方面。

（1）目标性。通常达到目标的愿望越强，注意力会越集中，并且还会关联到其他的东西。比如购买汽车，通常会主动收集、了解和研究相关的汽车知识、品牌、质量、性价比和使用范围等，并且会进行试驾体验驾驶感受；又如购买服装，会特别关注品牌、款式、材质、做工、价格和服务等资讯。

（2）吸引力。主要为能否调动起好奇心。人越是对未知的东西，好奇心会越重，特别是当出现新的事物时，通常都较易引起注意。另外，通常价值较高或技术较为复杂的物品，也容易引发更多的关注（当然如果太过复杂，注意力消退的速度也会很快）。还有，如果感觉有利可图、利益受损或遇到危险，也都会引起注意。

（3）环境。相对来说，越是嘈杂的环境，越难集中注意力，但过于熟悉的环境，又会因熟视无睹而缺乏注意力。对于零售来说，在进行产品陈列时，背景越是简单则越容易凸显产品而引起关注，背景越花哨则越不容易辨别产品。另外，通过色调、形状对比和位置变换等，也可有效地吸引注意力。反过来，很多时候也会利用环境来降低顾客的注意力，使其在选购时无须关注某些不希望的细节，比如通过卖场氛围营造（如丰富的商品、舒适的环境和热闹的场景），使顾客降低对价格的关注；如果卖场过于追求规整，往往会使顾客偏于刻板和理性而缺乏冲动，甚至还会反向推理是否生意不好。当然这种反向应用对于能力的要求更高，是一种有节奏和有章可循的掌控，而非管理不到位或天马行空的自由发挥。

（4）刺激因素。刺激物本身的特征所引发的注意通常是自动的：①越大的越容易引起注意，比如卖场的量感陈列；②增加刺激强度会引起注意，不过要注意重复度问题，在初期通常较为有效，但随着重复过多又会使注意下降；③美好和厌恶都会引起注意，所以重点在于之后的行为指向；④较鲜艳的色彩容易引起注意，并且某些颜色还会容易使之兴奋；⑤动态比静态容易引起注意，比如在卖场中动态的招牌或相关的演示或走秀等效果就更佳；⑥处于视线舒适区或特别凸显的位置更易引起注意，所以卖场中存在黄金和特殊陈列等区域；⑦独立的比集中混杂的容易引起注意，比如广告应用中的留白，卖场中的独立堆头等；⑧对比反差越大就越容易引起注意；⑨奇特、有趣、生动、悬疑或跌宕起伏的都易引起注意。

"唯一不变的是永远在变"，这才是零售的根本属性。比如为了让顾客保持关注，对于陈列或卖场布置就需要不断地变换和调整，而忌讳长期保持不变，那样顾客只会慢慢地变得漠视和迟钝（有些店为了创收和省事，会把某些位置长期租给厂商，初期可能还有效果，但随着时间推移，顾客会变得熟视无睹，坪效会越来越差，到头来就是占小便宜吃大亏）。当然变化也需要有个度，如果过于频繁，就容易出现疲劳，导致注意力的下降，比如过于频繁的促销或价格战，反会让顾客觉得无须多久又会优惠，使得价格弹性下降，并使其对原有的正常价格体系产生不信任。

（5）个体因素。一是动机，主要与兴趣和需求相关，其中介入度在一定程度上能反映动机状态，动机越强通常注意力就越强；二是能力，这里主要指信息处理的能力，虽然理论上越是具备专业知识和能力越强的，越容易快速关注，但随着熟悉程度的提升也有可能逐渐变得麻痹，所以能力还在于信息处理和意志控制。

3. 学习

学习是人有意或无意地对信息进行处理，形成某种知识技能并可转化为记忆及产生行为的改变。通过学习，可获得关于商品或购物的认知、价值观、态度、信念、品位、偏好、兴趣和象征意义等，并增强判断和决策能力。事实上，顾客购买行为和能力很大程度上都是通过后天习得的，通过生活经验的积累或相关知识的学习，从而影响其购物行为。

介入度是决定学习效果的主要因素：高介入时学习通常是有目的和较为积极主动的；低介入时则常表现为无意识或不感兴趣。现实中有些学习是主动的（如收集信息和模仿），有些则比较被动（如从众或受暗示）。广告除了能引起注意、加深记忆和引起反射外，不管受众愿意与否，都会潜移默化地使其被动学习，有些甚至会影响到产品选择和品牌偏好。在零售中，可利用氛围布置故意制造出某种调性，以此来强化某种暗示，比如悬挂与名人的合照、模仿某些生活的格调、制造某种情景再现等，对此感兴趣的人就容易被带入或引发某种行为。

我们常会看到扎堆现象，除了有从众或短缺等因素外，其中也包含有模仿学习的成分。比如我们对于不熟悉的餐馆，就喜欢找人多的地方，这除了可保障菜品的新鲜外（周转相应较快），其实还有对他人行为的模仿，虽然这并不能确保信息的准确性，但总比到完全没人的地方风险要小。当然，某些精明商户会利用反向思维，故意制造虚假繁荣景象（如雇人抢购、让人排队或进行刷单等），以凸显人气而形成扎堆效应。

（1）经典条件反射。

一个刺激与另一个刺激多次联结后，当再单独呈现一个刺激时，就会引发其条件反应。通常是在低介入状态下发生，为较低水平的信息处理和注意。该理论在于需要不断重复和非条件刺激，能较好地说明由于刺激而导致的非自愿性反应，但不能解释更为复杂的学习与行为之间的关系。在商业中，经典条件反射常会被用于各种活动，比如广告中反复灌输某用语，致使后续只要提及该用语时，就会联想到该广告及相关内容；又如在进行品牌建设与传递时，对品牌的字体、颜色和图案等要素经过反复的刺激与强化，导致受众在其他任何场合再看到这些元素时，就会自然联想到该品牌。如果经常消费某商品，一旦某种刺激出现时，就会自然联想到相关的消费，比如经常光顾某餐馆，即便偶然路过而非专程到该餐馆时，还是会自然联想到某次用餐时的情景，甚至有可能产生饥饿感。

形成良好条件反射的前提是各关联要素及对应关系要尽量简单，如果太过复杂，就很难形成特定指向及条件反射，因此零售较难形成经典条件反射，就更需要特别打造某种专属识别元素，比如特有的形象、色调、广告语或音乐等。实际上很多成功企业都会有自己非常独特的识别要素，当被提及时就会立即产生有关联想，比如ALDI——价格、海底捞——服务、迪士尼——体验、星巴克——品位、沃尔沃——安全、劳斯莱斯——成功等。

（2）操作条件反射。

又称工具性学习，是一种由结果激励来引起行为的改变，更适合高介入的情境。与经典条件反射不同的是，操作条件反射与自愿行为有关，是人的趋利避害行为而对刺激做出的反应，是先有行为后有刺激（或者说是由结果来进行诱导或激励），而经典条件反射与非自愿行为有关,是两个刺激之间的多次关联,最终形成某种反应,是先有刺激后有反应。

操作条件反射在营销中应用非常广泛,比如销售返利,一旦撤销返利后,通常购买的积极性就会打折扣。零售中应用最多的是会员制,通过积分、返利、会员独享或礼物回馈等方式,来提升顾客的黏性。价格折让也会形成条件反射,当价格优惠时就会刺激购买欲望,有些极端的甚至只找价格优惠的商品购买。

(3)分析式推理。

在认知学习中,最复杂的就是分析性推理。在推理过程中,个体需要进行创造性的思考,对已有信息和新信息进行重构与组合,从而形成新的概念和联想。当信息与信念相矛盾或抵触时,往往会用现有知识去理解新的情况,对于零售而言,就要注意有些是顾客较熟悉或应凸显的要素,对于这些要素尽量不要随意改变,这对于顾客迅速融入新的购物环境或建立信任具有重要意义。

4. 知识

顾客对商品的相关知识越了解,越能帮助其更好地做出购买决策。知识来源主要有宣传广告、网络信息、沟通互动和口碑等,不同的来源会影响不同的购物决策,比如口碑的力量就要大于广告的影响、亲朋好友的推介要大于卖场人员服务推销等。同样,不同商品所依赖的信息来源也不同,比如购买电脑最多的是来自专业测评,其次是网络论坛,然后是人员的介绍与讲解,卖场里的广告宣传效果最差。与购物相关的主要有商品、购买、使用、沟通和自我等知识。知识来源主要分"主体性"(人员)和"控制性"(企业)两个维度(见表10-1),通常企业控制的知识,接受者会持保留态度,而越是非功利性的来源,越具有公信力。

表 10-1 顾客购物的知识来源

	企业控制	非企业控制
人员	销售人员、服务人员、促销员、付酬产品代言人	家庭、朋友、同事、其他购物者、专家、意见领袖、口碑、社交和其他影响者
非人员	产品、销售点材料(如展览、商品标识、广告传单)、广告、产品目录、企业网站、黄页	网络论坛、公告栏、电视和广播节目、非企业网站(如博客、政府网站)、书籍、政府报告、报刊内容

5. 记忆

记忆是大脑将处理的信息进行存储保持，对经历事物的反映，并可再现提取的心理过程。记忆有识记、保持、回忆和再认4个环节，一般越是简单、容易理解、重复、有特点、有规律、贴近感官和具体形象的，越容易被记住，而越是复杂、短暂、抽象、平庸、无序和较难理解的，往往越不易被记住。记忆和遗忘并存，根据艾宾浩斯的研究，遗忘进程是不均匀的曲线，随着时间推移，遗忘速度由快到慢：20分钟能记住58.2%，60分钟能记住44.2%，1天能记住33.7%，6天能记住25.4%，30天能记住21.1%，剩下约20%左右能长久保留。所以广告界会强调不断反复曝光，以求强化记忆。另外，人对于纯粹的数字只能记住8%，对于"数字+字词"组合却可记住44%，如果是字词则可记住58%，说明人对数字的记忆较弱，因此通常只能记住少数敏感商品的价格（这对于制定价格策略很重要）。同样，对纯粹文字信息的记忆，会低于"文字+图案"的组合，而图案会低于增加色彩后的记忆，单纯色彩又会低于立体或动感的记忆等。可见，当越能调动更多的感官时，所能形成的记忆越深，因此零售中现场体验最能保持长久记忆，电商由于商品选择太多，导致留下的记忆反而更多地停留在价格上。

对于事物的认知，最先接收到的信息的作用最大（第一印象效应）。因为刚开始时需要有初步判断，这时后面的往往是在印证其结论，或是用前面的来解释后面的问题，如果前后没有实质性差异，就容易形成完整和一致的印象。但如果信息呈现较多且类型差异大，先前的信息就容易被干扰，再加上记忆衰退的问题，往往只有靠后的信息才易被记住。所以当差异不大且信息量相对较少时，先发效应较明显，而当信息量或差异较大时，最末效应更明显。对零售来说，顾客在刚进店和最后结算离开时较易留下深刻印象和记忆，因此对于购买活动的两端要特别关注。

6. 联想与想象

联想是由一种事物引发另一种事物的心理活动过程，是回忆的一种形式。联想可以由某情境引起，也可能由内在心理而引起。相对来说，美好的联想能促进购买动机的形成，反之则可能导致抑制、放弃或转移购买。联想对于品牌具有重要作用，品牌的意义在于可有效地引发联想，当提及品牌时，会产生属性、价值、功效、品质、形象、评价和信任等联想。对于零售常见的有联想起店铺的形象、场景和体验，当需要购买某商品或服务时，会联想起在哪里购买更合适等。

想象是对已有表象进行加工改造，以创造出某种新的映像的过程。想象与联想的差异在于：联想是基于现实的关联，想象则是非当前景象或形象化的描述；联想通常有一定范围，内容也相对单纯，想象则可无任何限制；联想有明确的指向，想象则可以是任意目标，并通常具有一定的创造特征；联想需要有参照物，想象有时也可不需要参照物。相对而言，想象是更具主动性的心理活动和意志行为。

在零售中想象比联想更具意义，顾客在进行购买决策时，通常会用想象来假设已经实现的结果，如果结果与期望不符，就极可能放弃购买或再寻找其他可被满足的属性，比如在购买布料时不可能试穿，但只要搭在身上就可想象到实际的成衣效果；试穿某衣服时，会想象应该适合什么样的场所；坐进驾驶室时，即便没有实际试驾体验，也可想象出某种驾驶感受；选择食材时，会想象出烹饪后菜品的样子；等等。所以，卖场里的场景式布置，往往会激发顾客对于生活情境的想象。

7. 思考

思考是在大量感知材料的基础上，对客观现实间接和概括性的反映，是揭示事物本质特征的理性认知过程。思考其实就是推理、判断、决策和解决问题，其过程包括分析、比较和评判3个步骤。不同顾客的购买与决策特征主要有：①独立性。通常不易受外界干扰，能独立做出权衡判断和购买决定；反之，则易受其他因素影响，购买行为较被动，且往往购后的满意度不高或较容易后悔。②灵活性。有的顾客会根据实际状况对原有购物计划进行灵活调整，有的则在缺货或不符时容易放弃或不太关注其他替代品。对于新客户来说，商家当然希望能具有灵活性，这样才更易接受其产品，对于老客户却希望越保守越好，这样就不至于轻易地流失掉。③敏捷性。有的顾客在做决策时比较迅速或当机立断，有些则表现得优柔寡断或犹豫不决，所以商家常会用价格等来促进决策。④创造性。有的顾客对于创造性或参与性的产品较感兴趣，而保守的顾客则往往会表现出某种忠诚性。

8. 情绪

情绪是一个比较复杂的概念，一般认为情绪是以个体愿望和需要为中介的一种心理活动，是人对客观事物的态度及相应的行为反应，是一种相对难控制但又能影响行为的强烈情感，与需要、动机和个性等密切相关。情绪虽然是由客观事物所引起，但所反映的又并非客观事物本身，而是事物对于主体的意义。顾客在购买或消费中产生的不确定、怀疑、期待、好奇或愉快等，都是一种情绪表现，而不同的情绪又会反过来影响到相应的购买和消费行为。

快乐是衡量满足性的重要指标，比如购买到称心的商品、实惠的价格、舒适的环境、贴心的服务、美妙的味觉享受等，都会让人有愉悦感。如果说以顾客为中心相对比较抽象，那么可将其简化为如何让顾客快乐，比如卖场的背景音乐如果是沉闷哀伤的曲调，恐怕没人会愿意多待。快乐是一种氛围，具有强烈的感染性，因此要让顾客能感受到快乐，最基本的就是员工也要快乐。与追求快乐相对的，是人有更强烈的规避痛苦意愿，有时因恐惧产生的动机要比需求所引发的动机更强烈，比如肥胖所带来的社交恐惧往往要大于影响身体健康的动机，因操作复杂带来的恐惧要大于得到时的喜悦。在零售中比较典型的就是售后问题，商家如果能提供无忧售后保障，将会更容易赢得顾客的信任。

9. 意志

意思是根据所确定目的而调节或支配自身行为，努力实现预定目标的心理倾向。意志的基础是认知支持和情感推动，其过程是由内在意识向外部行动转化。强度与自身行为价值高差的对数成正比，随行为活动规模的增长而下降，并随自身行为持续时间的增长而呈现负指数下降。在顾客行为中，意志表现为复杂的作用过程，包含3个阶段：①决策阶段。包括购买目标确定、购买需求与动机过滤、购买方式与途径选择、相应购买计划确定等。②执行阶段。这也是意志活动的高峰阶段，即顾客对商品的质量、价格、性能、款式、包装、服务等进行综合比较和权衡，逐步克服购买过程中出现的困难与障碍，以最终实现购买，包括在期间可能会重新确认新的购买决策或寻找相关的替代方案，这些都需要意志过程的支撑。③检验与评价阶段。通过具体使用和体验，评估和判断最初的决策是否合理，如果满意就可能会在意志的支配下再次购买，如果不满则可能减少或抑制再购买的行为。

10. 态度

态度是对特定对象所持有的稳定的心理倾向，是对某事物的认知评价、情感感受和行为意向。态度本身不是行为，而是行为的偏向，是人与物品的关系，且这种关系具有方向和强度属性；态度只能从陈述或行为中推断而来；对于态度，人往往不愿公开表明或描述不清；态度是习得而非本能的。卡茨指出，态度具有适应、防御、认知和价值表现的功能，正向的态度能促进需要的满足。

态度可基于感觉强度、重要程度及对其评价结果而形成。第一印象非常重要，态度一旦形成后便很难改变，因此顾客在第一次接触某商品或服务，或第一次踏入卖场时，最初形成的印象会在很大程度上影响后面的购物态度。迈尔斯指出，态度是认知、情感和行为三要素构成的复合系统，通常会通过影响认知和情感来影响其行为。所谓改变态度，就是打破三者的平衡而使其重新调节，比如通过大幅降价促销、及时增加市场上热度很高的新品、变换卖场氛围或布局陈列等，往往会改变顾客的某些原有印象和态度。需要注意的是，态度与行为有时并不表现出一致性，布莱思指出态度与行为间有两个循环（见图10-5），顾客是否购买在很大程度上依赖于对所要购买产品的态度，但有些态度是在购买前就已形成，有些则是购买或使用后形成，因此影响有些是直接的，有些则是间接的。对于零售而言，还要注意在购物过程中顾客并非只有唯一的态度，有的是对于店铺的态度，有的是对于商品的态度，还有的是对于店员的态度等。

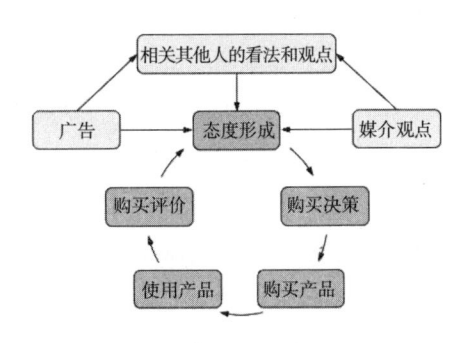

图10-5 态度与行为的循环

二、需求与动机

需求与动机都是购买的原始驱动，需求部分在前面已介绍过，这里主要讲动机部分。动机是驱使完成目标的心理倾向和内在驱动力，是基于需要并由各种刺激而引起的心理冲动。动机按需求层次分为生存、享受和发展动机，按形成心理过程分为情绪、理智和惠顾动机，按作用形式分为内在与外在、社会与非社会动机；布莱思将其分为初始、第二位、理性、情感性、被意识到和潜伏6种动机；赵金蕊则总结有求实、求新、求美、求名、求廉、求便利、模仿或从众、好癖、求安全、求自我表现和求惠11种购买动机。需求层次理论从宏观层面来解释人类行为的一般规律，但麦奎尔的心理动机理论对于顾客行为动机的解释则更细致和具体，主要包括认知性保持、认知性成长、情感性保持和情感性成长4种动机。

动机产生的原因很多，大致有内在与外部、趋近与规避、享乐与实用、理性与感性等几种。如果愿望与实际存在差距，就会形成弥补或纠正差距的驱动力，其大小与差距呈正相关。营销中常通过暗示或鼓励提升愿望，使其对实际感到不满，进而刺激产生驱动力，并且驱动力越强，对于满足的方式就会越不在意，比如非常饥饿时，对于吃什么、哪里吃、花多少钱或怎样吃等都不会有太多追求；面对强力价格刺激时，往往对于款式、规格、包装和服务等就不太计较；一个限量版上市，对材质、价格及是否合适等要求往往会被弱化；到外地突遇天气变冷急需添置衣服，对其款式、品质、价格和售后等就不太刻意。反过来，如果驱动力越弱，就会越在意其他的条件或因素，比如要更换手机时，通常会更多地关注品牌、价格、技术、潮流和款式等因素。所以在营销实践中，最重要的是如何激活驱动力，而顾客在进入卖场或浏览网页时，基本处于各种不断的刺激提醒状态（如促销、价格、爆品、氛围和各种体验等），因此往往会产生很多非计划购买。

对于顾客或消费者来说，更容易被感知的是动机，相应的行为也主要由动机所驱使，而动机本身是有方向性的，正向为趋近动机，反向为规避动机，且不同动机的驱动力是有差异的。从目标难易程度和确定性来看，因希望达到的目标可能存在变数，能否达成或达到的效果均不确定，不希望某种结果则更简单直接，因此规避动机比趋近动机要更容易和强烈些。现实中，在面对两难选择时，否定排除法往往更容易些（如不想是班里学习最差的，比想成为最好的动机更强烈），而这也是痛点理论的基础——规避动机是痛点，趋近动机是痒点。另外，调节焦点理论认为，顾客会根据更显著的动机而做出不同反应：促进型动机会使人设法获得积极的结果，以抽象方式思考，主要基于情感或情绪进行决策，更偏好决策的速度，敢于冒险也更偏于激进；预防型动机会使人设法避免消极结果，以具体的方式思考，主要基于大量真实的信息进行决策，更偏好决策的准确性，决策偏于保守。

由于需求存在多重性，导致动机也具有多重性，进而可能会发生冲突，如何解决将影响最终的购买或消费。动机冲突主要有：①双趋型冲突。主要为两种结果都有利，且动机强度或重要性相近，解决方案如果是"鱼和熊掌兼得"当然最好，但至少应凸显某一选择的利益性。②趋避型冲突。当某行为会产生正反两种结果时，因避害动机要强于趋利动机，因此主要是怎样尽量减少负面性的影响，从而更好地引向正面性的决策。③双避型冲突。两种结果都是不愿看到的，这时的下策是"两权相害取其轻"，上策则是找出能同时缓解或避免的方案，比如差异化策略，可有效避免如果品项少会缺乏选择性、品项多又容易导致同质化竞争的问题。

三、个性特征与生活方式

顾客行为是由动机所引发，而个性特征将会影响消费与决策。个性是一个人独特、稳定和本质的心理倾向和心理特征的总和。人在购买或消费时，总会受到自己个性的影响，并且往往会购买与自己个性相吻合的产品，比如为显示男子汉气概，往往可能会抽万宝路、穿牛仔装和驾驶越野车等。所以很多广告会进行某种情境或生活方式等的再现或塑造，如果模仿消费，就会"进入"某角色之中。

1. 气质与性格

气质是不以活动目的和内容为转移，典型和稳定的心理活动特性。关于气质，较具代表性的是希波克拉底的气质体液说，认为顾客在购物时通常会表现出如下行为特征。

活泼型：对购物环境适应较快，较易接受广告并受其影响，也乐于主动与服务人员接触，有时还会征询其他人的意见，但情绪较易波动，对环境变化较敏感。

兴奋型：在购物过程中情绪变化通常较为激烈，较在意服务或周边人员的行为，购买时喜欢猎奇，多属于冲动型购买，但购后也较容易后悔。

安静型：情绪相对稳定，自信心较强，善于控制自己，不易受广告宣传或他人意见的左右，喜欢自己做出购买决定，经常连续复购熟悉或喜欢的商品。

抑制型：情绪变化较为缓慢，也较注重细节，不太愿意与他人沟通，决策迟缓而多疑，既对自己的判断不肯定，又对推荐等心怀戒备。

性格是一个人对现实稳定的态度，及这种态度在习惯化的行为方式中所表现出的人格特征。性格不同于气质，个体间的人格差异主要是性格差异。性格的静态结构可分为态度、意志、情绪和理智 4 种特征。性格形成后便相对稳定，但也并非一成不变，而是具有可塑性。性格主要有外向型、内向型、理智型、情绪型、意志型、独立型和顺从型等，不同的性格会表现出不同的购物行为。

一是对购物的态度。

节俭型：因经济能力受限而较注重购买计划，也较关注实用性和质量等，受外界宣传影响较小，对于人员推介一般保持较客观的分析态度。

保守型：通常性格内向，怀旧心较重，消费态度相对比较谨慎，习惯传统的消费方式，对新事物接受较慢，并常抱有怀疑和排斥的态度。

随意型：通常经济状况较好，选购商品时随机性较大，选购标准也具有多样性，对于外界信息受影响较大，能够接受服务人员或他人的推介。

从众型：生活方式较大众化，能与自己相仿的群体保持一致的消费水平，通常没有特殊嗜好，购买行为容易受群体影响，也较易接受人员的推介。

二是购买方式和特征。

忠厚老实型：通常较缺乏主见，但善良友好，对服务人员富有同情心，虽然会有自己的购买底线，却通常很难直接拒绝。

内向含蓄型：生活通常较封闭，对于外界事物反应冷淡，受外界影响小，较喜欢根据实际需求和参照以往经验做出决定，有较强的自我控制力。

冷静思考型：喜欢根据实际需要和参照以往经验，有较强的自控力，受外界影响小，很少冲动性购买，会审慎对待人员服务或推销，甚至会提出质疑或反问。

圆滑难缠型：较为老练世故，相对比较喜欢刁难服务人员，经常会提出各种附加条件来威胁卖方，以此来凸显自己或迫使对方让步。

挑剔为难型：通常对商品知识比较熟悉并具一定购买经验，选购时主观性强，不太愿意与他人商量，善于发现细节甚至有些苛刻，往往以此为突破口进行要挟。

生性多疑型：较喜欢用怀疑的眼光看待事物，对于越是宣传推销的，就越怀疑其背后的动机，有时为掩饰多疑又会表现出干脆性，但往往又迟迟不愿成交。

情绪冲动型：选择商品时常常是跟着感觉走，容易受外界影响，如果是自己喜欢的则行动迅速，但注意力持续时间不长或容易被转移。

2. 能力

能力是完成一项目标或任务时所体现出的综合素质，是顺利完成某行为活动所必须具备的个性心理特征。能力素质模型是在麦克利兰的能力素质概念上发展起来的，指担任某一特定任务角色所需具备的能力素质的总和。能力素质包括知识、技能、自我概念、特质和动机5个层次，其中知识和技能为通用性素质，而真正区分优秀与普通的更深层因素，是潜伏在海平面下的自我概念、特质和动机，这些被称为鉴别性素质。顾客本身的能力状况，会影响购买或消费行为。

感知能力：不同的感觉敏锐程度，会影响到挑选的细致程度；较具感性的主要关注外观、操作、品牌和流行等，较具理性的则更关注性能和结构等。

选购决策：能力较强的能够充分辨别各种信息，不易受外界的干扰，能够了解自己的真实需求，所以决策时也相对较为果断。

分析评价：对于商品信息的来源与收集，能力较强的就会相对客观，信息收集偏主动也能较好地进行辨别判断，能理解更多商品知识，不易受广告或促销打折的影响，不会盲目追赶潮流，也不太会人云亦云。

审美鉴赏：该能力主要为后天习得，同时与修养、情趣和品位等相关，比如较注重搭配、布置和协调性等，对商品知识也相对比较了解。

使用能力：如果动手能力较强，那么就会更青睐DIY类的商品；如果理解掌握能力较强，通常就不太会惧怕一些操作复杂的商品；而如果维权意识较强，就往往不太会过于纠结产品质量和宣传等。

通常能力越强，就越能感受到购物的快乐，不易受各种干扰和影响，清楚自己想要什么，懂得如何享受购物和消费体验，知道怎样才能物超所值，做决策时也相对不易纠结痛苦。零售所面对的顾客能力参差不齐，所以需加以引导，有些关键信息要尽量明示，尽可能多做试吃试穿试用等体验活动，以及更深层的多组织相互交流等，所扮演的应是顾问形象（要避免被贴上"买的没有卖的精"的标签），能够帮助顾客解决购买的困扰，更好地了解商品知识及帮助省钱，解决其后顾之忧，既要亲和服务，又要形象专业（专业感越强，越容易给人信赖感）。

3. 人性及弱点

关于人性的定义较为复杂，这里主要是指在一定社会制度和历史条件下形成的人的品性，是人的本质心理属性和区别于他人的特征。人既是自然界的产物，具有其生物性（如动物性与植物性），又具有社会性，所以人性包含有两种特性。个性包含于人性中，是区别于其他人的特征。关于人性的讨论很多，中国有性善论、性恶论和无性论，西方主要为原罪里的傲慢、妒忌、暴怒、懒惰、贪婪、贪食和色欲七宗罪。在市场营销中，更具实际意义的是关于人性弱点的探究。

懒惰是一种心理上的厌倦情绪，及行为上的倦怠和散漫。在商业中，懒惰与效率往往是矛盾共同体，就在于站在什么角度来看待，比如洗衣机既可以说改善了生活质量，但也可以说助长了惰性。不过总体而言，人总是有追求更快捷、方便或更省力等的趋向，这也是零售中有关交易成本的行为基础。

贪婪是无节制或无止境的追求，及永不知足的状态。经营中常会从最小的利诱开始，然后便会不断追逐利益，并最终欲罢不能。比如开始时免费，让顾客真实体验到好处，然后就会想着追求更大的利益；常见的价格折让、秒杀或团购等，实则是让人能直观感受到获利性，然后便会乐此不疲沉迷其中；稍微含蓄或隐蔽点的是会员专享、积分兑换或活动参与等，只要还想获得更大的利益，就会跟着商家的节奏而逐渐被套牢。另外，有些所谓"发烧"现象，在某种程度上也表现为贪婪，盲目追求高性能或极致，只要出现更优就会不顾一切想追逐得到，当然厂商也乐意不失时机地推出不同性能的版本，让这些追逐者花更多的钱去购买更高性能的产品。

虚荣是实际与表面不一致时，自尊被扭曲的心理状态。其关键词是比较，即较在意外界的评价，不顾自身实际情况而盲目自我表现。在日常生活中，虚荣表现为超越自己的消费能力，或是进行炫耀性消费。"面子"问题是提升消费水平的重要动力，而厂商也更愿意进行相关的引导，但虚荣性消费与追求健康的心理或精神需求满足有着质的区别，虚荣消费的下一站往往是消费主义。

侥幸是对于意外或偶然性获利的期待，或是期望免除不利的心理活动。人对于不可控或只是小概率的情况，潜意识里总会希望能得到好的结果。在商业中利用侥幸心理的行为随处可见，比如积分抽奖、幸运顾客抽奖和购物游戏体验等，往往能使顾客获得较好的参与感，提升顾客的黏性。

4. 自我

自我是关于自己想法和情感的总和，具有多维性。布莱思认为自我有真实自我、自我形象、理想自我和别人眼中的自我 4 个维度；詹姆斯认为有物质、社会和精神 3 种自我；莫文认为有真实、理想、社会、理想社会、期待、环境、延伸、可能和联系 9 种自我。不过对于顾客行为来说，自我究竟是什么并不重要，如何树立和表现自我才更有意义。

自我强化理论认为，个体有维护和强化自我的行为，或者说个体会倾向于购买能够强化自我概念的具有象征意义的商品。该理论把商品和自我概念联系起来，能较好地帮助引导消费或组织适合目标顾客的商品。

环境自我形象理论认为，处于特定环境的个体，比较看重的是他人如何看待自己，以及与之相关的态度和情感，商品选择取决于既定环境下想要表达的自我形象。该理论把自我作为购买行为的先导，表明购买行为会随环境的变化而改变。

自我与产品形象一致理论认为，任何包含形象意义的产品，通常都会激发同样形象的自我，购买不仅看产品本身的功能，还在于象征意义。人通过产品的符号意义来表征自己的社会形象，以期获得群体的认同和归属，因而能表达自我象征意义的产品就能激发欲望。购买行为包含 3 个阶段：购买能表达自我的产品；参照群体理解产品的象征意义；参照群体将产品形象看作自我的一部分。

自我并非天生，而是后天习得的，有来自正式或非正式的学习教育影响，也有来自社会压力或周围身边期望的影响。人在很多时候都是通过某种消费来表现自我，所以针对目标顾客，重要的是能提供什么样的适合的产品和服务。对于零售而言，自我是整体卖场定位和形象表现及商品组织分类的重要依据。

5. 生活方式

人通过消费来表现自我，而生活方式则是自我的实际展现。所罗门结合社会和经济因素，认为生活方式是由人、产品与情境 3 种要素相结合的，一种特定的消费方式和生活态度。霍金斯指出，对生活方式的追求，会影响到购买决策和消费行为，反过来，通过什么样的消费行为，又会彰显、强化或改变其生活方式。生活方式与顾客行为的相互影响，如图 10-6 所示。

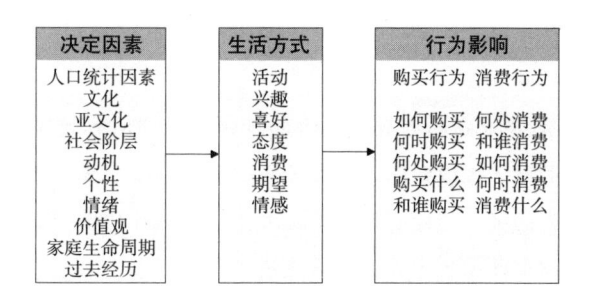

决定因素	生活方式	行为影响
人口统计因素 文化 亚文化 社会阶层 动机 个性 情绪 价值观 家庭生命周期 过去经历	活动 兴趣 喜好 态度 消费 期望 情感	购买行为　消费行为 如何购买　何处消费 何时购买　和谁消费 何处购买　如何消费 购买什么　何时消费 和谁购买　消费什么

图 10-6　生活方式与购买过程

通过对生活方式的测量，可反映出个人生活的总体状况，揭示对特定事物所表现出的态度、行为和活动，其意义在于可超越简单的人口统计或产品使用描述等限制，把与生活方式相关的因素结合起来，更好地区分和识别目标客群，了解掌握各种类型的购物或消费偏好，帮助更好地进行定位，有针对性地做好产品开发或选品，提供更适合的服务和树立相应的形象，以适应顾客生活方式而更好地激发购买欲望。

其实零售本身与生活方式密切相关。在农业经济时期，物品相对匮乏，所以以零散和偶尔集市交易为主。到了工业经济时期，随着产品越来越多，必然会要求交易的效率，因此集中的购物场所更为有效，随着购物逐渐成为生活的一部分，超市的自选方式更符合人性，而随着生活节奏越来越快，便利店开始得到了快速发展。当今已进入互联网时代，传统零售的时空制约被有效打破，因而又发展出新兴的电商业态。可见，有什么样的生活方式，决定了有什么样的售卖模式，反过来，什么样的零售模式，又会影响到相应的生活方式。

6. 个性化问题

丹·艾瑞里发现，人在群体或社会关系影响下，为了彰显自己的个性，往往会有差异表现，即人在有他人情况下做选择时，会考虑纯粹个人和群体激发两类目标的平衡，其中对于群体激发的目标，通常会尽量避免与他人的相同选项，比如就餐点单时其他人都选择了牛排，这时即便自己也很喜欢，但往往会另点鸡排。

零售出于效率的追求，往往会盯着头部畅销商品，导致同质化而引发价格竞争。但如果明白个性表现的原理，就会清楚可以寻找一些类似的替代品，同样也可以满足那些追求个性表现的顾客，既增加了商品选择的丰富度，又能在毛利方面减轻压力。当然，由于不同顾客和具体的个性表现并没有明确的指向性，因此难点在于如何选品，对于那些本身经营管理水平较欠缺或供应链能力较弱的商户，将会是极大的考验。所以大多数还是会随大流，至少确保是稳定安全的，况且即便选择了某些差异性商品，也并不表示就一定能成功，但经营风险和管理难度会提升不少，因此要迈出这一步并不容易。

个性化消费必然要求商品差异化，因此难题在于如何有效提供个性化的产品和服务，但这与产业逻辑（规模效应）是有矛盾的，或者说差异与效率并不兼容，因为规模是低成本的重要途径，规模必然要求标准化，而标准与个性是矛盾的。很多人认为互联网大数据应用可以做到千人千面而满足个性化诉求，但实际上这只是沟通或推介的个性化，并未在真正意义上解决矛盾。那么问题来了，在现有条件下究竟该如何满足个性化需求？或者退一步讲，应如何进行差异化？这里面其实涉及有关需求结构模型的应用事宜，即越靠近底层的需求，对于消费对象的要求往往越不会太高，只要能达到满足条件即可，这也是标准化得以实施的底层逻辑，而越是高层的需求，则越具主观性，因此在于如何有效地赋予产品基本功能以外的价值性。对于生产来说，重心在于赋予产品更多额外的文化和价值等内涵；对于零售而言，则可通过组织不同的商品、提供更多的服务、体现不同的价格形式、开展丰富多样的促销、呈现不同的环境与氛围等，从而有效地展现差异性。可见，零售相对来说更具某种优势，这也是为何终端渠道越来越有市场力量的原因之一。

需要注意的是，不管是营销还是零售，差异化需求与差异化顾客都是两个不同的概念，差异化需求对应的是差异化商品（泛指），差异化顾客则是指不同的目标顾客对象。这两个维度结合时，会形成不同的市场（见图10-7）。对于产品和卖场来说，在于最终定位于什么市场，进而有相应的不同策略。

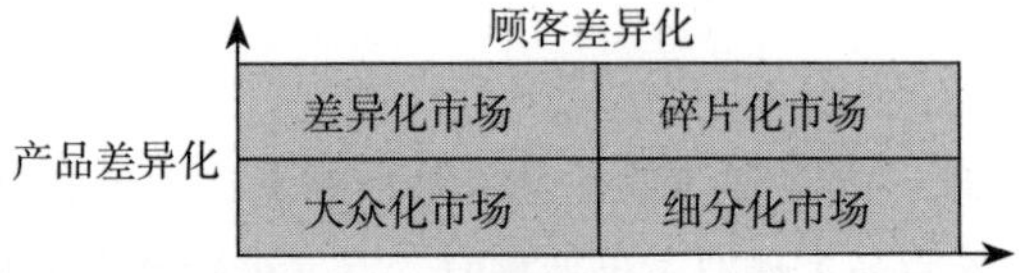

产品差异化	顾客差异化	
	差异化市场	碎片化市场
	大众化市场	细分化市场

	差异化市场	碎片化市场	大众化市场	细分化市场
驱动	创新	完全的专业化	规模效应	定制化
竞争	中等	低	最高	中等
复杂性	高	最高	最低	中等
变化性	高	高	低	低
市场导向	中等重要、中等流行	很重要、很流行	不太重要、稀少	中等重要、更流行

图10-7 产品与顾客差异的市场划分

四、影响消费的因素

在社会经济中,生产是起点,消费是终点,交换是中间的纽带。所谓消费,是人们通过消耗物品来满足需求的活动和行为过程,也是劳动力再生的重要条件和保障。商业是交换的发达形式,它与消费的关系为:①商业是实现消费的条件,制约着消费规模和结构,引导着消费方式的形成与发展,影响着消费效益;②消费是商业存在和发展的前提,是商业活动的目的和驱动力,也制约着商业的规模、水平和结构及商品流通的速度,决定着商业的变革与发展,影响着商业经营方式的变化。衡量一国经济是否良性,最终要看是否合理解决了消费问题,要看消费与其他各环节是否协调发展和相互促进。消费体现着发展经济的根本目的——提高人们的生活水平与质量。当今已进入需求导向型经济,而需求首先是消费需求。

消费不仅受消费者自身需求、动机和个性等内在因素的影响,同时也受各种外界因素的影响,其中社会和政治制度是最基本的因素,总体制约着消费的范围,经济水平状况主要体现为消费者的购买能力,文化因素则影响着消费的价值观、生活方式和消费心理及行为等。

1. 人的因素

人是社会性动物,相互间存在着千丝万缕的联系,米尔格拉姆的六度分离理论指出,人与人之间的"距离"平均不超过6人。根据紧密程度,其关联存在强关系和弱关系,虽然从生活经验来看,似乎强关系更具意义,但在商业中恐怕未必。格兰诺维特通过对招聘的研究,发现真正通过熟人介绍的比例并不高,因为越是关系密切,社交范围的重合度就越高,延展性就会有局限性。其实强关系的行为模式与商业逻辑并不相符,因为交易的基础是利益,而熟人价值有很多是无法量化的,因此很难体现出纯粹的商业行为。这就不难理解为何腾讯作为社交巨头,却始终很难在电商方面有所建树,其中的很大原因就是熟人圈基因。

(1)群体。

群体内各成员通常都有共同的目标、信念和追求,以及共同的意识、价值观和归属感等,并愿意遵守共同的行为规范和准则,承担相应的角色责任和在行为上相互影响。基于某种共同消费所形成的群体称为消费亚文化,是由对产品、品牌或消费活动等具有共同兴趣或鉴赏力的人所组成,并具有可辨认的等级结构,共同信念与价值观,特殊的用语、仪式及表达象征意义方式等特征。对于零售而言,顾客虽然都在同一场所购买或消费,但不一定就会形成消费亚文化群体,所以还需进一步关联和维护

（如会员制），相互间才能形成某种群体。

传统零售由于受时空的制约，对于目标顾客的概念很模糊，只要进店则"来的都是客"，然而随着渠道越来越丰富和多样化，使顾客很容易被分流，因而零售的竞争力标志是掌握了多少产品和顾客资源，如果顾客未能感受到某种关系纽带，那么将很难形成顾客资源。如果连目标顾客都不清晰，又何谈要求顾客有目标渠道？虽然店铺作为公共场所不能对到店顾客有歧视行为，但至少对目标顾客应有针对性的动作，使之能感受到某种利益维护，比如高档消费场所中至少应尽量避免吵闹、对于体验性高的产品至少应注意避免受他人干扰等。

（2）意见领袖与参照群体。

群体内往往会有些交汇的信息节点，将各种信息进行汇总、整理、传播，以影响其他成员，这些节点就是意见领袖。意见领袖的影响力往往会超过普通广告。意见领袖通常为某一领域的专家，有相关专业知识和对活动有较高的介入度，并对相关信息乐于沟通交流与分享。但意见领袖也不限于个人，零售企业既可通过个体来影响其他顾客，企业自身也可有效树立意见领袖形象，进而影响顾客行为。

海曼按照个体对群体的心理向往程度，把群体分为成员群体和参照群体两类，参照群体主要有会员群体、渴望群体、拒绝群体和回避群体，会员群体中相似消费的可能性较大。参照群体常会被其他群体及成员视为榜样，能直接或间接地影响顾客的看法，成为购买与消费的向导（对应的是从众心理）。个体主要受参照对象、专业权威、信息状况、产品特征和顾客特征等影响，其影响按强弱依次为"规范（功利影响）—认同（价值影响）—信息"。其中，具一定技术性或是需要客观准确信息的产品，容易受信息影响；具一定价值性、时尚潮流或艺术类产品，容易受认同影响；商品外显性越强，规范影响就越大；通常个体对群体越忠诚，越会遵循群体的规范；与群体关联越强，个体遵守群体规范的压力也越大；个体购买决策信心越缺乏，就越会受群体的影响。商业中的各种名人明星、专家形象、专业代言或宣扬某种生活方式等，都是参照群体的应用。参照群体对于消费的影响程度，可从"必需－非必需"和"可见－隐蔽"两个维度来判断：可见程度越高，群体的影响力就越大（知名品牌往往更易受其影响），反之影响越弱；必需程度越高，越倾向于自己支配，必需程度越低，则群体的影响力越大（即更愿意随大流）。

（3）家庭。

家庭是构成社会的细胞，也是关系最紧密的群体，对于购买行为有极大的影响力。有时顾客购物未必仅是为了自己，或许还背负着整个家庭的消费需求，所以家庭的购买决策相对复杂,主要有妻子主导、丈夫主导、混合型和自由型几种决策类型,同时有倡议者、影响者、决策者、购买者和使用者5种角色。另外,不同的产品特性也会影响家庭购买行为,比如价值较高的商品可能是全体参与决策,价值较低的则可能是个体做决定;常规的厨房类用品,可能更多的是女性购买;相对复杂或有一定技术性的商品,可能多为男性购买;针对孩子的商品,大部分都为母亲购买等。家庭生命周期理论把家庭分为形成、扩展、稳定、收缩、空巢与解体6个阶段,在各阶段会表现出明显不同的消费特征,比如在扩展阶段,消费主要是围绕孩子在进行,而到了空巢阶段,孩子可能大多已离开家庭,且很多已失去收入来源,消费就会以日常生活开销为主,重大开支消费极少。

女性是购物的第一主力,也是家庭日常开销的主要决策者。女性的购买动机通常更强烈,购物多偏于感性,较少关注商品本身的技术特性而更在意使用感受。不少女性把购物视作一种享受,沉醉于挑选时的驾驭感,还会把购物场所变为社交地。购物时更注重卖场氛围或商品外观形象,富于联想,喜欢自我介入和表现,购物相对比较冲动,易受外界或他人干扰和影响,既会计较价格,又容易被价格促销诱导,虚荣心和攀比心较重,既有较强的自我意识,又容易受从众影响。对于大多数男性来说情况可能正好相反,即购物并非是享受(主要是不太愿意过多纠结于细节),而是更在意身份,相对理性,大多较具好奇心而更喜欢研究技术性商品,动机形成简单迅速,独立意识较强,购物时偏自负,不易受外界干扰和影响,也不太愿意麻烦他人,一旦锁定目标就不易改变。多数情况下,男性是在被动购物,较少单纯为自己而购物,但对于具有男性标签的商品则较感兴趣。

孩子往往是家庭的中心,但因没有更多的经济来源,所以是主要的影响者。孩子较易被产品外观所吸引,易受广告或成人行为影响并喜欢模仿,偏于游戏或趣味性强的商品。年龄稍大的会有一定叛逆心理,会刻意追求一些冷门小众的商品。到青年时通常有一定收入来源,因此购物的自主意识会较强,既会凸显个性表现自我,但也会模仿和从众,喜欢追求时尚和紧跟潮流,冲动性购买居多。到老年时因相对缺乏收入,所以消费能力会减弱,消费也较习惯、稳定和理智,更在意商品的方便和实用性,且消费结构也有明显差异性,比如医疗保健等支出增加,相对比较关注自己的嗜好或兴趣的满足,有时还可能出现补偿性消费行为。

2. 收入因素

收入是影响消费的直接因素,但主要是可支配收入在起作用,影响着消费的数量、质量和结构等,不同收入类型表现出的消费特征会有较大差异。

（1）绝对收入。

即实际拥有的财产额，通常收入增加消费增加，反之则减少，但二者并非线性关系，而是逐渐递减的，即收入越高生活消费的开支比例越低。在实际生活中，低收入者的消费比例最高，但往往消费能力不足而很难形成有效市场；中等收入者的消费能力最强，但很多会出于抵御风险的需要，比较谨慎；高收入者的消费重点和结构都会有所不同，且收入与消费明显不成比例。

（2）相对收入。

杜森贝里认为，在与他人横向或与自己纵向比较时，虽然收入变化会影响消费，但也会受消费习惯及周围消费水准的影响。如果收入差距被拉大，就会导致基尼系数提升，并且抑制消费需求。

与之相关的理论，一是棘轮效应，认为当某消费习惯形成后，往往不易改变，尤其在短期内消费习惯的影响更大。消费主要取决于相对收入，且消费水平相对易于向上调整，即"由俭入奢易，由奢入俭难"，因此会产生正截距的短期消费函数。棘轮效应对零售的意义在于，顾客对于品质和档次等要求会逐渐提升，所以应不断调整以适应和满足需求，然而也可能背离原有的定位，因此既要尽量挽留忠诚顾客，又要吸引新鲜血液。面对顾客越来越"苛刻"的要求，服务品质下降将会是灾难性的。

二是示范效应，即消费行为会受周围消费水准的影响。如果收入都同样增加，这时消费支出占比相对不变，但如果自己的收入未增，由于种种原因仍会提高或至少保持消费水平，其短期消费函数随社会平均收入的提高而整个向上移动。

其实企业也有示范效应，比如其他店装修升级后，就觉得自己的档次掉价，担心会因此失去竞争力；如果其他店正在进行促销，就担心自己是否会失去吸引力，从而也必须要跟进。这些行为的根源在于没有针对自己的特性量体裁衣，建立自己内在的核心经营理念，而是盲目跟风模仿，最终搞得精疲力竭还未必能取得成效。

（3）一生收入。

莫迪利安妮和布伦伯提出了收入与消费的生命周期假说，认为一生收入决定一生消费：年轻时消费大于收入，需要"借款"维持消费；中年时收入大于消费，主要是"还贷"和储蓄；晚年时无收入，要依靠储蓄维持消费。从一生的角度来看，未来显然具有不确定性，因此往往会通过降低一定的消费和用储蓄等来抵御风险。所以储蓄与不确定性呈正相关，如果未来越不确定，储蓄意愿就越高，这也说明了为何越贫穷反而储蓄水平越高。

（4）持久收入。

弗里德曼认为收入可分为持久和暂时两种，暂时收入容易造成消费偏激，而真正有意义的是可预期的、连续的和稳定的收入，即持久收入，它对于消费可形成稳定的比例关系。持久收入主要决定消费需求，预期收入则主要影响消费信心。如果暂时收入的比重过大，那么将意味着预期收入存在不稳定性，就会有提升风险抵御的要求，反过来会降低消费需求。

3. 价格因素

价格对于消费的影响主要体现为需求定律：在其他因素不变的情况下，价格与需求量呈反比关系。需求量对于价格变化的敏感程度为需求弹性：当弹性系数大于1时，表示价格变化引发的需求量变化大，表现为价格敏感；当弹性系数小于1时，则相反并表现为价格不敏感；当弹性系数等于1时，表示两者的变化同步。需求弹性的意义在于，对于不同属性的商品，价格变化产生的影响是有差异的，因此价格策略要"因品而异"。另外，如果预期价格水平不变，通常不会因短期价格上涨而出现哄抢，如果预期收入水平不变，则会根据价格变化来决定消费状况。

影响需求弹性的因素有：①重要程度。通常生活必需品的弹性小，非必需品的弹性大。②可替代性。商品的可替代程度越高，弹性就越大。有些虽然是生活必需品，但由于受可替代性的影响，同样也会表现为较大的弹性；从类别上看，当商品被定义得越明确和狭窄时，往往可被替代的概率也就越小。③用途广泛性。某商品的用途范围越广，弹性就越大，反之就越小。④支出预算及所占比重。占据消费支出的比重越大，该商品的弹性就越大，而对于支出及占比较小的商品，往往并不太注重价格变化。⑤调整时间。所考察的调节需求时间越长，弹性就越大，反之就越小。⑥需求强度。需求强度越大，弹性也就越小，反之则越大。

4. 消费环境

不同的环境对于购买和消费的影响也有差异，比如情境或群体既影响消费行为，也影响购买行为，但政治、经济或文化等宏观环境，则主要影响消费行为。对零售来说，环境主要指具体的地理位置、氛围布置、背景音乐、气味、灯光、卫生和陈列等特性。轻松愉悦的购物环境，将会影响顾客的情绪，进而影响到对产品、服务或企业形象的态度和决策。利用环境与顾客交流，是零售重要的沟通手段之一：通常总希望顾客能停留更多时间，以便选购更多商品，所以环境就要轻松愉快而没有压力；但快餐店反而需要活泼动感的环境，以避免顾客过长时间停留；如果要塑造价格形象，则应尽量是简洁的环境，而高档豪华的环境更利于追求更多的附加价值；促销应简单易行或具某种"哄抢"的氛围,以减少顾客理性价格分析;家居和纺织品等应有家的氛围感觉,让顾客容易联想到实际的使用场景;家电或电子产品类的体验最为重要,环境背景不宜花哨复杂,以免分散注意力;等等。

情境是购买过程中个人所面临的短暂的环境因素,顾客行为会因情境变化而改变。情境的构成较为复杂,霍金斯认为它主要包括沟通、购买、使用和处置4个方面,阿塞尔认为它主要包括沟通、消费和购买3个部分,其中购买又分为商场内部、礼物赠送和不可预期购买等情境,贝克则将情境总结为物质环境、社会环境、时间观、任务定义和先前状态5个特征。情境与营销和顾客的相互关系,如图10-8所示。

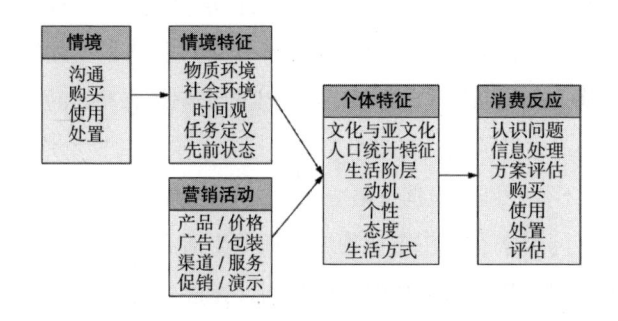

图10-8 情境的影响

物质环境包括位置区域、建筑风格、装潢格调、音响、气味、灯光、布局动线和商品陈列等,会影响顾客印象的形成,也会影响购物时的心情、逗留时长和购买欲望等。气氛调节是通过调节环境,使顾客产生某种特定情绪的过程,主要方式有:将购物环境或氛围与目标顾客定位相匹配,主要有基于功能和享受性的参考要素;将现实生活中的场景进行再现,从而达到唤醒消费的目的。

社会环境指在购买过程中受到周围人的影响,主要有营业员、购买同伴或其他购物者等。当个体越是倾向服从群体预期时,购买行为就越会表现为积极和可见性;对于容易引起尴尬的产品(如计生用品),需要注意尽量避免受其他人员的影响;充分关注购物的社交属性,并能给予足够的人员尊重,往往更能调动购买的能动性及冲动性;营业员的服务状况将直接影响实际的购物行为。

时间观主要体现在购物具体花费时间和可支配时间的状况。一般来说,用于购物的时间越少,信息收集就会越少或越简单,购买往往也越仓促,做出不满意购买的概率也越大,导致感知服务质量降低及购买品项数量减少,因此多会倾向购买便捷性的商品（如速冻食品或快餐类），或是选择较便捷的渠道（如便利店和网购）。当然，如果越是追求快节奏，对品牌的依赖度就越大。

任务定义即消费活动的产生原因，主要有自用、共用和作为礼品等。由于目的不同，因此采取的购买策略或选择标准等也有差异。如果是送礼，从信息收集到评价等都较为慎重，物品会随对象和目标场景的不同而有差异；如果是自用，往往会习惯性购买，一般更在意实用性、便利性和经济性等；如果是共用，则更多地表现为集体购买策略，会较多考虑另外使用成员的感受。

先前状态是顾客在购物时所表现出的暂时情绪或状态，是一种不与特定事物相关联的暂时特定情感，而非持久性的个人特征。先前状态一般有两种影响：一是导致顾客对购物行为的确认，比如饥饿、寒冷或疲倦等会引发购物需要；二是通过改变顾客情感来影响行为方式，比如通过营造舒适愉悦的卖场环境来影响顾客的购物心情，进而增加正面积极或冲动购买行为。

零售中环境对于购买行为的影响，比较典型的就是能激起非计划购买。现实中，顾客很多时候并不都有明确目标，而只是某种类型的模糊性需求，或有些自己并未意识到，在某种刺激下才唤醒了潜在需求，因此表现为非计划购买（有统计表明，顾客进店后约有80%以上是非计划购买，其中在百货店里的冲动性购买达39.3%，在超市里的冲动性购买达62.4%，且价值越低冲动购买的概率就越大），而情境主要影响的就是非计划或冲动性购买。

5. 文化因素

文化是人类社会所特有的现象和精神活动的产物，是历史、经济、政治和精神等社会关系的综合反映，也是知识、信念、艺术、伦理、风俗和其他社会成员所共有的能力或习惯等构成的复合体。不同的文化背景会表现出不同的消费行为。科特勒指出：文化是影响人的欲望和行为的基本决定因素，文化对消费行为的影响最为广泛和深刻。

关于文化的影响性，需要清楚以下几点：①文化是个综合概念，包括影响个体思维与行为的几乎每个方面，尽管文化无法满足生理需求，却可以影响满足感及满足的时间和方式等，且文化不仅影响偏好和决策等，还会影响感知的方式；②文化是一种习得行为，并非先天遗传的反应和倾向，因而对其他习得性的行为也较具影响性；③文化很少有明确规定的行为规范，却会有较强的行为和思想边界；④由于文化本身的特性，往往又会很少意识到其影响性，人往往总是会与同文化层的其他人一样地行动、思考和感受，似乎这样才会显得"正常"或"正确"。另外，文化对于个体行为所设置的"边界",其实质就是某种规范性,而这种规范又源于文化价值观,或普遍倡导和持有的某种信念。文化价值观主要有他人导向、环境导向和自我导向3种,主要是通过一定的社会规范来影响人的行为,某些行为所表现出的文化差异主要是由价值观差异所造成。

宗教信仰属于文化核心层的基本信念,对人的价值观和行为影响极大,并且很多都有明确的要求或规定,直接影响着消费行为。

人们在长期生活中,也会形成某些约定俗成的习俗,对于消费有重要的影响和引导作用,比如中国的春节和西方的圣诞节,对应的都有极具特色的消费。另外,不同国家或地区因审美或历史等原因,导致消费行为也各有差异,比如红色在中国是吉祥的象征,但在法国和瑞典等则被视为不祥之兆;西方普遍都比较偏爱蓝色,但在中国则反应一般。沃尔玛在早期进入中国时发展并不顺利,如果仅以消费者审美角度来看,以蓝色为主基调的卖场显然并不受青睐,相反家乐福则更快地适应了中国的习惯,因此可以看到在之后沃尔玛也开始逐渐增加了一些红色元素。

每个人不同的"三观",都会形成不同的消费行为,比如东西方文化下的消费行为就有很大不同,西方更习惯分餐制,中国则更愿意团坐共享等。两种文明各有优缺与利弊,都是基于生存演变而来,所以对于彼此更重要的是包容与互补,以求在新形势下共同发展。

亚文化是相对于大众性的非主流、局部或次文化,是主流文化中亚群体所共有的信念或价值观。一种亚文化就可形成一种生活模式,且态度、价值观和消费等也比较相似,并往往通过亚文化来识别身份并获得认同。亚文化的群体范围更小,但约束或影响性更强,因此亚文化对于消费的影响要比主流文化更强,比如民族亚文化就有较稳定的观念、信仰、语言、文字和生活方式等特征,不同民族都有较强的风俗习惯、文化传统和偏好禁忌;宗教信仰是对世界的一种看法,是形成亚文化群体的重要因素,而宗教亚文化对于人们的行为影响力更强。

我国地域较广,受地理、民族和习俗等影响,使得零售环境相对比较复杂,各地表现出的消费习惯有很大不同,比如北方普遍以面食为主,南方则以米制品为主;同样的面食,北方喜吃饺子,南方喜吃包子,西部则偏于饼馍;口味北方偏咸,长江流域偏辣,西南偏酸,东南沿海偏甜。正所谓"一方水土养一方人"。

其实对于地理差异的问题,很多都并未引起足够的重视,比如以沃尔玛为代表的外资零售,就存在水土不服的问题,其中一个重要失误就是将商品简单地纳入全国统管,但这是典型的美国背景思维,即美国各地的差异相对不大,且供应链系统比较发达，所以较适合统一运行，更能体现规模化效应。我国物流系统还并不完善，并且很多商品在各地的表现差异较大，如果仅靠总部来遥控指挥，适应性和时效性都不会太理想，统采所获得的成本优势往往很难显现，且随着店别越多，矛盾会越凸显。

随着互联网的发展，生活变得越来越方便，足不出户便可完成购物，进而引发了"宅文化"。宅文化是现代社会新出现的一种亚文化现象，追求个人感受和独立性，沉迷于自己的兴趣和爱好，拒绝被打扰或看人脸色，是身体和心智的某种逃避。宅文化最早出现于英国，大批年轻人被称为"沙发土豆"，发扬光大则是在日本，"宅"字就是"御宅族"一词的缩略。宅文化从诞生之日起就充满争议性，却真切地影响和改变着新兴族类的消费方式。以日本为例，最具代表性的就是低欲望现象，不愿结婚生子，不愿购房买车，对奢侈品嗤之以鼻，一日三餐简单朴素，但另外又催生和促进了游戏、动漫和追星等产业。其实，纵观现在的各种游戏、网络社交、电商、直播、外卖和快递到家等业务，都无不与宅文化有关。

对消费者而言，年龄亚文化中主要以世代理论更有意义。我们平时称呼的"80后""90后""00后""Y世代""Z世代"等，就是某世代的描述。在同一世代里，虽然个体消费行为还是有所差异，但总体行为模式大致相近，而不同世代却会有鲜明的消费特征和消费观。比如"80后"与"90后"的消费行为就有很大差异，"80后"的消费行为主要表现为追求高品质，讲求便利与高效，对自己的经济状况较为乐观；"90后"对产品缺陷较为在意，但对于价格并不是太敏感，喜欢个性化和参与感，虽出生于互联网时代，但同时也偏爱实体店体验，喜爱新奇特却忠诚度不高，一旦形成自己的见解就很难受外界影响，购买行为相对冲动，更注重购后体验等。

流行文化是在一定时期和范围内流传广泛和盛行的，大部分表现出相似或相近的心理现象和社会行为，表现为对某种时尚或商品的共同兴趣和追逐。在现代生活中，流行文化已远远超出经济活动的范畴，相对更符合于大众，因此具有社会普遍性和广泛性。随着现代媒体的日益发达，流行文化的传播也更快更广更深，已成为日常生活的重要组成部分和重要的社会行为。由于流行性通常能较好地激发起消费行为，因此零售对于流行商品的把握是经营的重点，而根据流行的周期性特点，对于流行商品主要应放在发展和盛行期阶段，以树立不断求新变化的形象。

6. 品牌因素

在影响购买或消费的各要素中，品牌是企业能主动控制的部分。关于品牌，这里先简单回顾一个经典案例。

百事可乐曾在全美范围内举行了一次盲测，发现在看不到品牌标识时，消费者对可乐的口感实际上更偏好百事可乐。对于这个结果可口可乐显然是无法接受的，于是针对消费者的口味偏好，专门开发了新型口味，并同样做了盲测，结果令人鼓舞，新型可乐比百事可乐更好喝，于是便将原来的老产品全部下架，重新推出了新型可乐。在刚开始时还取得一定的成效，但很快便爆发了可怕的后果，愤怒的消费者给可口可乐发了40多万封抱怨信，还在美国各地发起各种抗议示威活动，销售当然也是一路下滑。直到可口可乐意识到错误，又将原来经典的可乐重新投放市场后，风波才逐渐得以平息。

该案例生动地说明了品牌的力量，即便百事可乐的口感更胜一筹，但还不足以撼动可口可乐的品牌效应。同样，哪怕自己的新可乐的口感更好，但品牌的情感因素早已深刻于消费者的心中，一旦品牌赖以生存的载体发生了变化，对于消费者来说便有可能发生认知错乱，因此必然是无法接受新型可乐的。这也深刻揭示了消费者忠诚的其实是品牌，但往往会有某种错觉，以为忠诚的是品牌所依附的实物产品。产品提供的是功能满足性，品牌则是扎根于顾客心智中的情感性满足，功能性容易被替代，品牌印迹却不容易被抹去，品牌所构筑起的护城河要远比具体产品更为强大和持久。

品牌本是产品的一个组成部分，是消费者对产品及系列的认知标识，包括品牌名称、标志和商标等。科特勒把品牌定义为一个名称、名词、符号或设计，或是它们的组合，目的是识别某个销售者的产品或服务，并使之同竞争对手的产品和服务区别开来。品牌能帮助识别或区别商品，也是质量和信誉的背书。需要注意的是，构成品牌的具体名称、符号或各要素等，只是帮助识别和记忆，真正意义在于品牌背后展现的形象和价值。

（1）品牌社区。

品牌社区是基于某品牌持有者之间的结构性社会关系，以及与该品牌、产品使用和企业相关的心理关系。品牌社区可增加对产品的拥有感及建立起忠诚，比如某汽车品牌车主，可获得与之相关的功能和象征利益，品牌成员间还可通过交流提升各种操作驾驶技能，既增强自信和技巧能力，又能认识更多朋友而扩大社交范围，既可获得社区归属感和对企业的认同感，又能加深车主间的联系。对于企业而言，建立品牌社区包括两个方面：一是建立与产品拥有者的关系，二是帮助产品拥有者之间建立关系。

（2）品牌人格化。

品牌也像人一样，是具有个性的。奥格威指出，最终决定品牌市场地位的，是品牌本身的性格，而非产品的差异。产品承载的是物质层面的信息，品牌则承载着情感层面的信息。品牌寄托于产品，但又超越于产品，只有将二者有机结合才有意义。在品牌识别时，如果将其拟人化，会更易产生亲近和共鸣感，便于形成品牌心理特征，使消费者个性与品牌可以相互映射，进而更好地理解产品。有时也可把品牌与产品"互换"，或者把产品"等同"于品牌，这种紧密性使消费者通过品牌就可快速地评判产品及其差异，同时还能缩短购买决策流程等。

品牌是企业与消费者沟通的载体，品牌虽由企业制造，但并不属于企业，而是属于消费者。在相互沟通中，品牌拟人化是比较行之有效的方式，除基本的核心价值外，让品牌具有个性、气质、性别、年龄、阶层和生活背景等，会更容易让人共鸣，进而把品牌变成伙伴、好友或一种生活方式。对零售而言，企业品牌拟人化建设尤为重要，它会极大地消除与顾客的隔阂感，变成是自己生活的空间延伸，因此很多企业常常会强调"好邻居"或"生活顾问"的形象。

（3）品牌知识。

品牌知识是消费者记忆中与各种品牌联想相关联的认知，是储存于消费者头脑中的关于品牌的所有信息、评价和态度等，是品牌知名度和形象的集合体：品牌知名度包含品牌识别和品牌回忆；品牌形象是品牌在市场或社会公众心中表现出的个性特征，体现消费者对品牌的评价与认知，是消费者心智中的定位和总体评价。

品牌形象主要来源于消费者的使用经验、口碑、广告及各种营销等，通常用知名度、美誉度、反应度、注意度、认知度、美学度、传播度和忠诚度等来评价，其中的有形要素包括产品及包装、生产经营环境、生产经营业绩、社会贡献和员工形象等。一旦形成某种品牌形象后，当消费者再看到某品牌时，便会从记忆中引发对该品牌的联想，包括感觉、经验、评价和品牌定位等。不过在没有更多选择的情况下，基本的生理或功能需求是主要决策因素，形象往往会被"退居二线"，但只要出现竞争或可替代品，形象又可能会变成重要的选购指标。

五、顾客购买决策

对零售而言，购买与消费往往并不同步（通常只有服务性消费是同步的），传统的多为购买先于消费，而消费先于购买主要为分期支付的消费方式。购买与消费是两个不同的环节，因此主体可能存在差异。传统营销主要关注实际的消费对象，但有时购买者会更有意义，比如婴儿用品的关注对象应是购买者；雀巢咖啡在刚推向市场时，强调方便快捷及品质能够匹敌现磨咖啡，致使购买速溶咖啡会被认为是懒惰和无能的表现，在调整为购买者对消费者的关爱后，市场才得以打开。零售既要了解相关的消费行为，但更多的还应关注购买行为，从而帮助有效地完成交易。

1. 顾客购买决策

消费是商业的归宿和基础，而消费者的购买则是整个消费活动的起点，其核心又在于购买决策。购物是顾客在收入等约束下的选择过程。根据"理性人"的假设，顾客是一个有充分信息和理性追求效用最大化的主体，或者说顾客会根据各种信息及个人愿望和有限收入，购买那些能得到最大效用的商品。营销学则认为顾客在做购买决策时，往往是感情用事，然后再在逻辑上将其合理化。其实，决策是各种内外因素相互交织作用的结果，不能简单地给它贴上感性或理性的标签。

（1）问题识别。

在进行购买决策时，如果没有意识到问题所在，将很难引发购买行为。问题识别是基于顾客期望与实际状态存在的差异，而这种差异将激发决策行为，如图10-9所示。

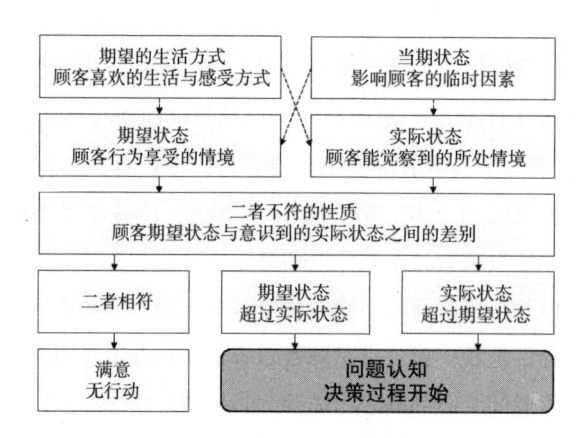

图 10-9 问题识别的过程

顾客采取何种行动，取决于该问题的重要性或情境状况，以及该问题所引起的不满或不便程度等。顾客解决问题的欲望水平取决于两个因素，一是问题的相对重要性及程度，二是理想与实际状态的差距大小，如果差距很大，或该问题可能并不那么重要，就往往会很难决策。通常只有重要的问题才会被优先解决，换言之，重要性取决于该问题对于保持顾客理想的生活方式是否具有关键性。

另外，如果顾客能意识到问题所在，那么就称为主动型问题，反之则称为被动型问题。两种问题将关系到营销策略的不同策略，比如对于全新产品，重点应揭示还未意识到的被动型问题，而如果已经有类似产品，则应主要强调与其他产品的差异性，或强化该产品的独特性或特定价值。当然，了解顾客问题相对比较被动，更重要的还是在于如何能激发或帮助顾客意识到问题，比如通过场景营销，使顾客意识到可能存在某些问题，进而激发起潜在的购买欲。

（2）决策过程。

做出选择的主要步骤为：确定目标—评估目标重要性—列出可能的选择项—评估哪个选项最有可能达到目标—确定选项—根据效果调整目标及各因素的权重。决策过程通常是依序进行的，但有时也不都完整走完所有环节，根据实际有不同的呈现。比如，对较熟悉的商品，通常就只有确认阶段；对技术性较强的商品，多会纠结于评估阶段；对价值相对较高的商品，则会更关注信息的收集。

信息收集的积极性与需求强度呈正比，同时还取决于产品的属性状况，价值或技术性越高，收集的能动性就越高。对于信息的信任度，通常以消费者为中心，距离越"远"信任度越低，因此通常是依靠记忆或经验，然后是社交或广告，对于人员传递往往是"信亲近、疏陌生"。对于不熟悉的商品，通常会用已有的认知来比较评估，包括分析产品属性、建立等级属性、确定品牌信念、形成理想产品和做出最后评价。

购后行为包括购后处置与使用、购后评价和其他行为3个阶段，通常购买的实际经验会反馈到下次的购买中，对购买行为及态度等产生影响，同时通过口碑传播扩散并影响他人的态度与行为。在市场营销中，购后行为关注的是顾客满意度和忠诚度，而在互联网时代，购后行为才能在真正意义上完成销售闭环。

对于购买而言，如果投入的成本越高，往往期望回报就越大，因而也就越不容易获得满意；如果期望值不太高，通常也不太会花更多的精力来决策，并且还容易出现两个极端，即要么是没什么忠诚度地随意购买，要么是只认准品牌或习惯性购买。如果说追求利益是正向决策，那么规避风险就是逆向选择。有时顾客并不清晰自己的预期状况，或者在面对众多选择时往往无所适从，这时通常就会使用逆向排除法，通过评估可能的风险，然后尽可能地避免或寻找替代方案，比如自己动手做饭，如果到菜市场或生鲜超市选购商品时，就不会挑选自己不会做的食材。事实上用排除法更易进行决策，比正向验证是否能满足需求要简单得多，而用排除法筛选后，最终剩下的理论上就是最优的选择。

（3）选择类型。

顾客在进行决策时，通常不会单独使用某种决策方式，更多的是在进行权衡，或利用某种方式来缩小决策范围。对于零售来说，既要通过价格、陈列和氛围等来激发感性决策，同时也要用丰富的商品和售后服务等帮助顾客基于理性来选择。

基于感性的选择较在意消费感受，在很大程度上取决于即刻的情感反应，主要以感觉来进行决策。潜在动机对于决策具有较大影响，如果是追求终极性效用而非工具性效用时，通常会采用感性决策，所以如果能有效展现所能得到的益处（如独特的产品特性和价格实惠），往往就能激发感性决策。

基于态度的选择包括一般态度、总体印象、直觉和启发线索等，很多时候顾客都是在购买前才迅速地从外部收集信息，但往往只能得到少量信息，因此决策多是基于态度而做出的。如果追求最优决策的动机较低，则往往会基于态度而决策，或者当信息获取难度大及面临时间压力等的时候，也更可能会基于态度来选择。

顾客如果具备一定的相关知识，并且能在不同品牌间进行比较，那么就相对可以得到最优决策。通常可选择性或信息越多，就越有可能做出基于属性的选择。基于属性的选择通常发生于购买介入度或动机较高的顾客身上，选择在很大程度上取决于产品间的属性比较，当然不同个体的评价标准和权重都会有差异。

由于存在信息不对称问题，通常须在使用后才能清晰，导致很难准确地评价产品或服务，因此常会有感性购买行为。而顾客常常会用某些可觉察的属性来判断某些潜台词，比如价格高可能品质也会好、质保时间长可能质量也可靠、广告多的厂商有实力公众接受度不会低、采用英文名称会有现代感或时尚性等。

（4）选择方式。

①连接式。对每一评价标准都会设置最低可接受水平，然后选择权重最高或所有项都超出最低标准的产品。常用于排除那些价格、位置不理想或不能提供期望的对象，对符合的再采用其他规则来做选择。连接式常用于低介入度的购买，只要符合要求就会优先选择而不再考虑其他，因此广泛的分销和充裕的陈列非常重要。

②析取式。对每个重要属性都会建立最低可接受水平，只要某属性超出时就进入可接受之列。析取式与连接式的差异在于，析取式不考虑影响因素的权重性，只要满足最低标准即可，显然也是多用于介入度较低的购买。

③排除式。对评价标准按重要程度进行排序，并对每一标准设立临界点，然后从最重要的属性开始考察，没有超过临界点的会被排除在外。如果有不止一个产品超出临界点，则会启用第二项标准进行过滤，直至最终剩下一个。排除式与连接式、析取式的差异在于，评判标准是可接受的临界点而非最低标准，因而标准水平被提升了，所以选择的难度也就变大，通常会以权重来优先选择。

④编纂式。将评价标准按重要性程度排序，然后选择最重要的属性中表现最好

的，如果有相同的则对次要属性进行评价，直至最后剩下一个。编纂式与排除式的差异在于，编纂式是选择最优表现部分，因此在某重要属性上必须能超出其他产品才可能会被选择，或者当某一项属性无法取得竞争优势时，就需要在另外的重要属性上做文章，以尽可能地取得比较优势。

⑤补偿式。前面4种都是非补偿式的。如果某一属性的表现比较优异，通常并不能弥补其他属性的拙劣表现，而顾客在进行选择时，有时会希望表现较好的与不太理想的之间能够综合达到某种平衡，比如很喜欢某品牌，但价格相对偏高，这时如果能增加一些小包装，就可在一定程度上弥补价格较高的负面影响。补偿式可理解为各种属性表现的综合平衡，但同时也意味着需要考虑多重属性，因而决策的难度往往较大，通常是高介入度者才会使用该规则。

（5）评价维度。

不管是购前评估还是购后评价，基本上都是围绕技术（品质、功能、风格和使用）、经济（价格、成本、生命周期和残值）、环境（社会属性、时尚潮流、文化和竞争性）和个体（自我形象、兴趣偏好、习惯和价值观）几个因素来进行的。综合来看，决策评估大致归为"感性-理性""实用-象征"和"显性-隐性"3个维度（见图10-10），基本上可对产品或服务进行分析和定位，因此不管是产品开发还是卖场引进，都能够很好地帮助其明确产品定位和确定目标顾客。

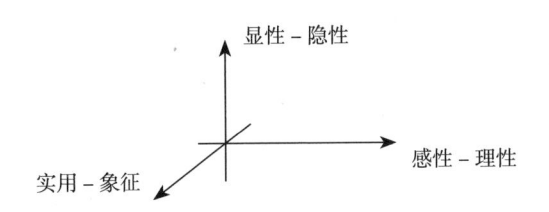

图 10-10　消费者选择评价产品的维度

2. 介入度

介入度是指顾客对某次购买行为的关注或重视程度。其中，产品介入是指对某商品或品牌的关注或忠诚度；顾客介入则是购买行为或过程的一种状态，会受个人（收入、兴趣爱好、教育和自我）、产品（产品吸引力和损益风险）或情境（使用者、场所和热点）等因素的影响。有研究发现，在选购低介入产品时，处于高介入情境的顾客会比处于低介入情境的更愿意消耗较多交易成本，但在选购高介入产品时，则不会受情境因素影响。

顾客介入度对于购买决策具有非常重要的作用，在实际应用中较具代表性的是阿塞尔的购买决策类型（见图10-11），通过顾客介入与品牌差异两个维度，可以看到不同的购物类型对应有不同的决策类型。

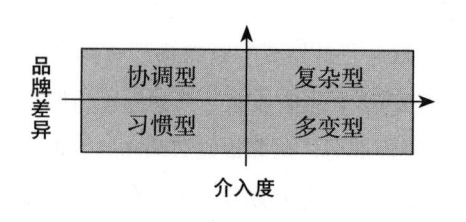

```
品牌差异  | 协调型 | 复杂型 |
         | 习惯型 | 多变型 |
                介入度
```

图10-11　顾客购买类型

（1）复杂型决策。对于功能较复杂、技术含量高、价格不低、初次购买或具有较大不可比性的产品（如奢侈品、高端数码和汽车等），购买时通常会审慎进行分析、整理和对比，并从决策到实际使用体验再到售后状况等都会全程参与，同时还往往会将相关经验知识分享给他人。对于该类产品必须全方位提供服务，缺少任何环节对于消费体验甚至购买都是致命的。另外，穿戴类产品虽然可能价值不高，但往往会涉及有关自我等信息的传递，也会呈现出较高的介入度。

（2）协调型决策。常见于价值相对较高、具一定标准性和购买频率相对不太高的产品，比如房产等，购买行为通常显得较为理性，并且因购买后很难更换，所以对售后保障要求较高，一旦不能及时解决很容易形成不满。

（3）多变型决策。对于价值低、缺乏明确标准及后悔值低的产品（如生鲜品、休闲品、日用品、家居家用、针纺织品和普通鞋服等），顾客关注往往不高，但因该类商品丰富多样，所以更愿意多方尝试而寻求不同体验，购买随意性大并易受其他因素影响，消费也较缺乏忠诚度。多变型是零售中较具操盘空间的区域，利于引发顾客的购买冲动。可从产品、价格和促销等多方面吸引顾客的注意力，调动和激发其对产品或卖点的兴趣，或通过让利等快速促进顾客做出购买决策。较忌讳把目光只集中于少数畅销品项，唯有变化才是运营之本。

（4）习惯型决策。主要为功能简单、价值低、购买频率高和同质化程度相对较高的产品，比如食品饮料、柴米油盐和纸品等，因产品类型差异总体不大，所以购买行为多会表现为3种状况：一种是为避免每次购物决策的麻烦，通常会认准某些品牌或商品（即表现出某种忠诚度），只是偶尔会尝试其他；另一种是反正产品都差不多，通常会以实惠为评判标准，谁能给到优惠就购买谁的；再一种就是较在意交易成本，所以主要以方便快捷为准（如就近购买或外卖到家等）。不难看出，习惯型购买本身还不能算作真正意义上的购买决策。

六、零售与购买

营销学中对于消费者行为的研究，主要是顾客与产品或服务的关系，但对于零售来说，实际上还存在店铺的问题。顾客到店后主要有两种不同的购买行为：一种是已有明确的目标，购物决策在到店前就已大致形成，到店只是履行完成，当目标出现缺货等才会临时重新决策；另一种是没有明确目标，或只是有一个大的方向，到店后根据实际状况进行现场决策。据调查显示，顾客有80%的购买决策是到店后才做出的，即便是入店前就已经有明确的购买计划，但仍有约42%的顾客会因促销、价格或陈列等影响而改变原先的购买决定。

1. 店铺决策

顾客忠诚的是品牌而非产品，对于店铺来说，由于缺乏紧密联系，显然更不具忠诚性。因此店铺选择基本上是各种要素综合后的结果，与产品选择的逻辑是有差异的，如图10-12所示。

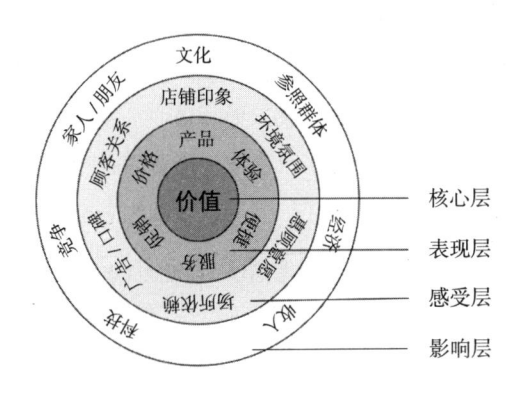

图 10-12　店铺选择模型

（1）核心层。顾客对于店铺的价值感知，主要体现为功用和享乐两个方面，功用性在于能否满足基本的要求（如购买到适合的商品和价格实惠等），享乐性则是指整个购物过程的情感满足，对购物感受到愉悦、兴奋和享受。

（2）表现层。①商品，一方面在于能否购买到想要的产品，另一方面则在于是否有基本的选择性；②价格，一方面在于能否物有所值，另一方面则是与其他店相比是否便宜；③促销，既要能确实得到实惠，又要能有效形成差异化；④服务，主要体现为对人员服务和附加值等方面的感知，以及相关的售后维护和保障等；⑤便捷，主要表现为到店的方便性，以及购买结算和交付等的快捷性；⑥体验，主要是对于购物过程的感知、过往经验和相应的互动参与等。

（3）感受层。①店铺印象，是顾客综合各要素后主观性的整体评价，相当于店铺在顾客心目中的定位，是影响顾客店铺决策的前置因素；②环境氛围，包括卖场风格、设施、布局、陈列、卫生、人员精神和售卖气氛等，直观刺激顾客感受和带来情绪反应；③惠顾意愿，是顾客综合各要素（包括店铺印象）感知后，愿意到店的倾向和态度，但有可能迫于某种原因，即便店铺印象不佳，也仍会被动惠顾；④场所依赖，是各因素产生影响而形成的正向反应，也是一种情感寄托与投射，表现为某种偏好、信任和忠诚性，可有助于提升决策效率；⑤广告口碑，不管是主动还是被动，通过不同渠道所获得的各种信息；⑥顾客关系，是能感知到的商家对于顾客沟通、关系维护所做的努力，以及顾客本身的情感依附状况。

2. 购买决策树

顾客到店或进入网页时，往往容易出现非计划购买。顾客浏览商品时，根据自己的喜好或重要性不同，关注的焦点会有差异，并且通常会有一个主次轻重的排序，优先查看或确认自己最关注的，再逐渐过滤直至最终选择或锁定目标（决策模型见图10-13）。即便是计划性购买，但在具体寻找时如果与自己的排序冲突，也会容易出现决策困扰，可见现场的影响力很大。

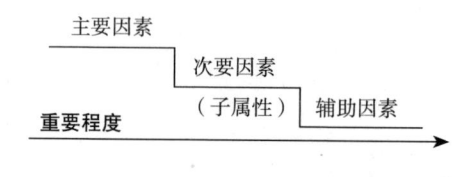

图 10-13 购买决策树模型

影响购买的因素很多，常见有品牌、价格、规格、功能、包装、品质、口感、款式、档次和服务等。由于顾客的知识、信息、精力或能力等有限，对于影响因素无法全都考虑，通常会按轻重缓急进行筛选，比如购买洗发类商品，一般会优先考虑功能性，然后依次为品牌、价格、质量、规格、香型，越靠后的因素越次要，有时可能会在权衡时被舍掉。这种依序判断是零售现场购时买所具有的特点：①不同类型商品的排序并不相同，比如休闲小食通常为"口感—规格—价格—品牌—包装"，但厨房食品则可能变为"价格—规格—品牌—口味—包装";②不同顾客的重要性排序也不一样,比如同样购买牙膏,有的可能为"品牌—功能—价格—规格—包装",有的则可能为"价格—品牌—规格—包装";③同品类会呈现出大致类似的规律,比如洗衣粉类大部分为"功能—价格—品牌—包装",而化妆品则多为"品牌—质量—功效—服务—价格—包装"。因此,零售商需要根据自身实际情况和目标顾客来调整相应策略,或根据卖场定位来进行产品组织、陈列与展示。比如,对于中高端卖场,需要凸显品牌性,所以对市场上的领导品牌需优先引进和重点陈列;如果是低端或日常生活定位,主要需凸显价格性,则领导品牌只是补充性质,陈列导向是方便价格选购。可见,零售与营销对于产品的理解是有差异的,因此在引进产品时要充分了解与卖场是否匹配,并不是简单上架陈列即可。

3. 5W3H 分析法

前面我们大致了解了顾客购买决策的状况,接下来就是如何转化应用于企业实践,其中市场营销中的 5W3H 分析法较有助于厘清思路。

(1)谁买(Who)。

即店铺所应面对的目标顾客。传统实体由于位置已固定,因此目标顾客并不清晰,主要是由经营品项和提供服务来决定什么样的顾客会到店。所以传统实体必须将店开在人流量较高的地方,这样还可能捕捉到更多的流动客源,而流动客源往往不存在重复博弈的问题,致使商家更习惯于信息不对称的经营逻辑。电商依托于现代信息技术,可有效地采集顾客相关行为数据,根据某些特征进一步形成用户画像,因此能够较为明确地知悉目标顾客,从而做到精准营销。

①按顾客介入度划分。

高介入型:较有耐心了解产品或服务,愿意花时间和精力收集相关信息,较关注产品性能或感兴趣的信息,购买行为易受环境或群体影响,广告的影响反而较弱,更喜欢购前评估,较在意满意度状况,通常有主动达成交易的意愿。

低介入型:对于所能觉察到的信息往往持有消极信念,但也有很多时候是在没有任何信息参考情况下而做出购买决策,往往个性和生活方式等与购买行为关联不强,群体对其影响也不大,却容易受广告等的影响,通常是在购后进行评估,对满意度要求不高,熟悉程度是购买的关键所在。

②按购买目标的选定程度划分。

全确定型:在进店时往往就已有明确目标,或很清楚自己的需求是什么,对所需的商品、品牌、价格、质量、型号、规格和款式等都已有明确要求,所以通常不需要太多介绍或帮助。这种购买目标通常较小且不复杂，较多见于男性，表现为进店后就直奔主题目标，完成后即离开，较少关注其他商品。

半确定型：进店时只有大致范围或多重目标，并不能明确清晰具体要求，需要进行比较和分析，因此多希望能得到帮助，通常购买过程或花费时间较长。该类顾客占据多数，是零售的主力对象。

不确定型：并没有明确的目标，进店主要是闲逛，所以浏览商品较为漫无目的，有可能不会产生任何购买。该类型顾客通常对卖场有一定好感，并在过程中实际摄取到很多信息，只是当时没有购买意愿，但可能会是潜在顾客。

③按现场情感反应划分。

沉默型：顾客反应缓慢沉着，不易受外界刺激影响，情感通常不外露，不太愿意与服务人员沟通交流，但实际上往往希望能掌控购买过程。

温顺型：不喜欢过多或太强的刺激，不愿制造麻烦，外表相对平静，内心体验却较为持久，易受推介影响，做出决策较快，对卖场通常有一定的依赖性。

健谈型：情感易变，兴趣广泛，能较快地适应环境，比较喜欢沟通和交换意见，选购商品较为自信，有时甚至表现得有些忘乎所以。

反抗型：情绪较为敏感，善于观察细节，性情怪僻或多愁善感，不易接受服务人员的推介，往往抱有警觉和不信任的态度。

激动型：个人的抑制力较弱，情绪溢于言表，通常会表现得较为自信，对商品或服务要求较高，稍不如意就会发脾气，选购商品有时表现为难以遏制。

④按购买态度与要求划分。

习惯型：对某些商品比较熟悉，较多依赖以往经验或习惯，通常很少考虑其他品牌，购买目的性较强，不易受环境或其他因素影响，购买过程多果断而迅速。

感情型：购买时通常心情较兴奋，感觉灵敏且购物体验深刻，联想丰富，容易受情感式宣传的诱惑，多以产品是否符合感情需要为购买依据。

价格型：多从经济角度出发，对价格较为敏感，以价格作为购买依据，所以对促销活动较感兴趣，也多会选购降价或促销商品。

理智型：在购前多会广泛收集相关信息，通常都有购买计划，不太容易受外界影响，挑选商品认真仔细且较具耐心，很少冲动购买，对价格能理性判断。

冲动型：情绪波动较大，对相关刺激较为敏感，较易受外界影响。通常没有明确的购买计划，喜欢追逐潮流和时尚的商品，对新品的接受程度高。购买决策以情感为主，只要喜欢就会选择购买，但往往因考虑不周又容易产生后悔。

疑虑型：顾客往往内向且疑心较重，对商品选购较为仔细，善于观察细节，购买决策多表现得犹豫不决，既希望能获得帮助，却又担心受骗上当。

（2）为什么买（Why）。

即顾客的购买动机。购买动机主要来自内在需求和外界刺激，但就需求与动机而言，有时往往很难描述，究竟什么商品能更好地满足需求未必清楚，在决策时往往会表现得犹豫不决。事实上，很多时候顾客最初往往只是某种朦胧或概念性的需求，比如肚子饿了（生理需求），想买个礼物送朋友（社交需求），想出去旅游（休闲需求），但真正具体的需求多混杂于大的范围之内（还不包括衍生或伴随需求），这就需要不断地分析比对，其决策过程犹如一个漏斗，通过不断筛选、过滤和细化，直到最后指向具体标的。零售提供商品或服务的前提是至少要弄清目标顾客有什么类型需求，这样才能落实到具体商品。

（3）买什么（What）。

即具体的商品或服务内容。顾客在购买时，通常希望能有多个选择，然后进行比对、判断、评估和取舍，确定究竟能否满足需求以及满足的程度，比如天气冷了需要添置衣服，但具体是要买羽绒服、皮衣还是防寒服，需要根据保暖度、品牌、质量、价格、款式、口碑、使用场景及是否已有类似服装等因素，来进行综合判断，以最终筛选出具体的商品。

一般而言，具体购买有3种状况：一是只知道自己有某类型需求，因此通常会先收集各种信息，然后逐步确定具体对象；二是已直接面对某商品，但并不了解具体情况，这时除了信息收集外，通常还会搜寻类似并相较熟悉的商品来进行比对，或通过试吃试穿试用等体验来加深了解，最后做出评估确认；三是已熟知某商品或忠诚于某品牌，当有需求产生时，会从记忆中搜索或调取，然后评估并确认具体商品。显然，第三种决策的痛苦程度最小。对于那些价值不高、技术或功能不太复杂、介入度低的商品选择，因购买随意性较大，所以重要的是要养成习惯性购买。在信息爆炸时代，顾客的购买印象和记忆已是影响购物决策的重要入口。

（4）哪里买（Where）。

市场营销主要探讨的是产品通过什么渠道抵达消费者，但对于顾客来说则在于什么地方能买到，而两者的交汇点就是零售。顾客对于场所的选择，主要基于两个维度：一是可购买性，如果无法买到基本会放弃到店；二是便利性，其底层逻辑是交易成本，如果成本大于收益也会放弃。因此，顾客对于店铺通常有两种选择：一是优先选择距离近的（如便利店），二是选择综合性能一站式购齐的（如购物中心）。

互联网的革命性在于扫除了距离障碍，但其实也只解决了一半的问题（即到店选择），商品交付问题反而日益凸显，或者可以说，时空优势是通过牺牲即得性换取而来的，即得性变成电商的短板。电商主要用海量选择性来弥补时效性的不足，因而对于即得性要求不高的商品，就较具竞争优势。另外，商品特性也会影响购买决策，比如热食在冷后的口感往往不佳，所以对消费时效的要求较高，如果是冷食，购买地点就相对不会受限制，如果保鲜和保质期能较好地解决，甚至还可在网络购买。

（5）何时买（When）。

哪里买的时效性与交易成本有关，何时买则是指具体的完成时间。第一，购买时间会受商品特性影响，比如食盐是经常消费品，因此基本是随时可进行，但若是购买房屋和汽车，决策时间显然要长得多；第二，购买时间与需求急迫程度有关，比如已经很口渴，必须要尽快解决，这时对于购买地点、品牌或价格等因素往往不会刻意，但对于心仪的单反相机，恐怕一辈子都未必会完成购买；第三，顾客本身的行为特征也会影响购买决策，如果是偏向于冲动型，购买决策就很少出现犹豫不决的现象，如果是精明的或受经济因素制约，就会货比三家而不急于做出决策。商家经常会用时间性来刺激顾客购买，比如限时抢购，就会加快顾客的购买决策进程。

（6）如何买（How）。

即具体的交易方式。对于顾客来说，交易可以是同步完成，也可能是错位进行的（如分期付款或预付订金等），这往往取决于商品的特性状况，价值性或风险性越高的商品，就越愿意采用分期支付，价值越低则希望尽快完成交易。不同的交易方式会影响顾客的购买决策。比如，网购就很难选择急需性的商品；便利店对于价格和商品挑选的要求并不会太高；会员店通常不会有太多服务要求；如果只能限于现金支付，就很难采买大额商品；如果没有太大的资金压力，就很少选择分期支付方式；对于迫切需要又暂时无法全额支付的，分期方式更受欢迎。另外，不同的交付方式（如直接到店、代购、邮购或电视购），也会影响购买决策。

（7）多少钱（How much）。

价格当然是影响购物决策的最敏感的因素，直接关系到顾客的利益，以及顾客对商品或服务的价值判断。价格与需求量的关系表现为需求弹性，收入弹性是重要的影响因素，并且收入和需求强度等对于价格感知也不同，因此如何树立价格形象是一个非常复杂的工程。

（8）多少数量（How many）。

即单次购买的数量，可分为两个方面，一是具体数量，二是购买频率。在消费一定的情况下，二者呈负相关，单次购买数量少，则意味着购买频率会增加，反之，购买频率可能会减少。影响购买数量和频率的因素主要有顾客自身条件、商品特性、时间、地点、方式和营销等。比如，购买力有限，就只能少量多次购买；如果是开车购物，就可一次性多采买；如果家里的空间有限，再便宜的大米也不可能囤积很多；如果保质期较短，就只能少量多次购买；对于耐存储或保质期长的，则相对可一次性多买，以免每次购物的麻烦；如果商家推出数量折扣，就可多买。零售商可以根据不同的目的，对其数量和频率进行节奏上的掌控。

第十一章　价格要素

价值是所有商业行为的核心与基础，价格是价值的外在表现。但对于顾客购买来说，价格等于付出尺度，因此对价格更敏感，并会影响价值判断。对于价格要注意区分的是：一是绝对价格，通常与成本、需求、购买力和商品属性等挂钩，主要与定位有关；二是相对价格，主要在于比较性，即同品和同类相比，以及购买者的价值预期和评估相比，是通过比较后感知是否便宜，主要与竞争和期望有关，基本逻辑就是"让顾客感觉到便宜"。相对价格须以绝对价格为基础，否则易变成玩弄技巧而招致顾客反感。

一、价格构成

对于顾客来说，价格是一种评判依据，是满足需求所要付出代价的尺度，所以相应的价格概念为：零售价格＝功能价值＋心理价值＋精神价值。对于零售来说，价格构成主要分为5个层次，如图11-1所示。

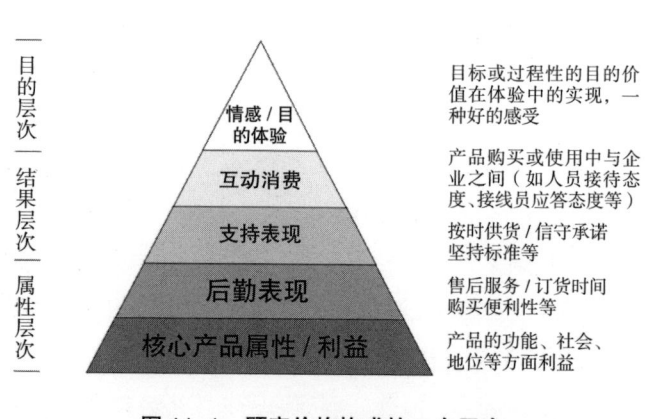

图 11-1　顾客价格构成的 5 个层次

核心产品属性/利益：是所提供的价值本质，包含功能、社会、地位、审美、享乐、知识和利益等（也就是前面提过的价值构成）。该层面是顾客整体感知价值的开始，其对于满足需求的判断，主要依赖于所见所感的产品属性表现，如果相关因素不被认同，那么顾客价值就很可能无法有效地呈现和传递。

后勤支持：是外围提供的服务支持，包括服务时间、售后服务、订货时间、购买便利性、维修与支持等。顾客即便认同和接受了产品价值，但未必就能感到最大化价值，其中对服务的要求越高，差距就越明显。后勤支持是对产品价值的有力补充，也是创造竞争差异的重要手段，如果产品本身无法拉开竞争差距或取得优势，通过支持性和辅助性服务，同样也可取得不同的顾客价值。

支持表现：销售到这一阶段才算终结，其中包括企业是否能及时供货、信守承诺和坚持标准等。后勤支持即便设计得再好，但如果实施中被打折扣，仍无法达到预期目的，比如上门安装或维修人员的态度恶劣，或者找各种理由拒绝退换货等，会导致前面所有感知的价值都化为乌有。

互动消费：是顾客在购买或消费过程中更高层次的需求，企业既无法也不应回避。企业与顾客的互动无处不在，比如购买过程中销售人员与顾客的沟通，售后通过人员、网络和电话等进行服务跟踪，顾客投诉及处理等。通过沟通互动更便于将价值传递给顾客。在消费互动中，顾客对于态度相对比较敏感，如果感知是积极正面的，那么顾客价值就会加分，反之则会减分。

情感/目的体验：顾客的情感感受，要远甚于对产品或结果的价值判断。随着生活水平的提升，价值选择会经历逐渐递增的3个阶段，一是理性消费阶段，消费者不仅重视价格，也会重视品质等状况，消费价值选择就是好与差的判断；二是感觉消费阶段，选择不再是价廉物美或经久耐用，而是开始注重产品的品牌、形象、设计及购买便利等多方面因素，价值选择开始变为喜欢或不喜欢；三是情感消费阶段，顾客越来越重视内心的满足与充实，更加注重购买和消费时与商家的互动，更注重消费过程中的情感体验，此时的价值选择已变为满意或不满意。

回到具体的定价上来，对于企业来说，价格是获得收益的重要前提，因此价格的概念为：零售价格＝进货成本＋经营管理费用＋利润＋税金。其中，进货成本为采买购进的总成本，在整体成本中占比最大，因此进货价是零售价格的重要参考指标；经营管理费用是除购进成本之外的所有开支，具有一定的内部可控性，通常会被作为节流的对象；利润是除去各项成本和费用后应得的价值增值。

企业效益主要来源于销售、溢价、成本控管和效率提升等，可用利润指标来反映。衡量利润状况主要有两种：绝对数是在一定周期内所获得的实际利润额；相对数为利润率，是反映商品或企业盈利能力大小的指标。利润率主要反映商品进售价差额状况，因未包含其他经营管理费用，所以又称销货利润率或毛利率，毛利率＝（售价－进价）/进价×100%＝（售价－进价）/售价×100%。

两种计算方式的差别在于分母不同，前一种为顺加法，也称成本毛利率，后一种为倒扣法，也称销售毛利率。将实际数据代入后就可看出差异：假设某商品的进价为8元，售价为10元，用顺加法的结果为25%，用倒扣法的结果则为20%，利润值都一样，但毛利率值相差5%。顺加法多用于批发和代理等中间渠道，即主要关心的是进价基础上直接加价状况和单位商品能赚取多少数额，更为便捷；倒扣法主要应用于终端零售，因售价直接与顾客购买相关，所以就以交易价格为基准，得出的毛利率也可理解为毛利额占比，所反映的数据相对客观准确，更能真实地反映实际盈利能力。

二、零售定价

对于零售而言，生产的售价就相当于购进的进价，然后再根据自己的成本费用和利润要求进行加价。但对顾客来说，则会参考整个市场价格状况，因此零售商不可能任意定价。塞勒提出交易效用理论，用以解释因价格优惠而产生购物的现象，即顾客在购物时会有获得效用（主要取决于商品对消费者的价值）和交易效用（主要取决于顾客购买所付出的成本），顾客对于价格判断通常会受参考价格的锚定作用影响，只要感到便宜就会带来获得效用；格雷瓦尔等指出，购买通常还会考虑商品价格与参考价格之差，及参考价格的占比状况，只要觉得省钱就会提升交易的价值（即交易本身会带来快乐），这种情感性价值在购买决策中往往能起到巨大的作用，因而参考价格是影响感知交易价值的重要因素。

现实中可形成参考价格的因素很多，比如商品原价、上次购买价格、同类商品价格、竞争者价格或顾客期望价格等。参考价格对价格感知的主要影响为：①同化效应，是人的态度和行为逐渐接近参照点的过程，是个体对外部环境的一种潜移默化或不自觉的调适。零售中常见的有分期付款、价格拆零、精准定价、部分低定价或价格暗示等，比如想要提升客单价，可用高价格商品来陪衬或大数字等来进行暗示。②对比效应。通过展现两种明显对比的事物，诱使快速做出决策。零售中常见的有价格排序、大小字体或不同颜色、高低价诱饵商品或部分高价对比等。

除参考价格外，还有一些其他因素也会影响交易价格。

一是价格认知。有研究表明，事物越具流畅性，就越易获得好的认知体验，而越是复杂晦涩难懂，就越是会趋于避开，所以越复杂的东西，越要注意简单化和易操作性。零售中常见的有按一定价格顺序进行陈列、随着商品档次提升而采用整数定价、一眼就明了的价格折扣、明确的促销理由、整洁的形象氛围和场景化布置等，都有助于形成良好的价格认知，价格认知越明确，越有利于加快成交。

二是支付痛苦。购买意味着要出让价值或付出金钱，因此会有损失的痛苦。消除支付痛苦主要有避免使用金钱符号、预支付、非现金支付、非金额付出、快捷服务和免费等方式，因此也就不难理解为何电子支付能够迅速大行其道了。

三是感知公平。双权原理认为，顾客对于价格的公平，是基于企业和顾客都有权获得合理利润及权益的两种权利信念，但只要高于参考价格就会认为不公平；交易空间理论认为，购买不仅会参考历史价格，也会比较竞争价格，还会试图进行成本估计，然后在此基础上形成价格公平的判断；归因理论主要为韦纳提出的原因推理模型，从原因焦点、可控性和稳定性3个维度来区分原因，总体来说，只有企业是由于外部和不可控的原因导致涨价时，顾客才认为是公平的。

1. 影响定价的因素

（1）企业因素。

①经营目的。如果以利润为导向，则价格策略多以跟进为主，并且积极寻求避免价格竞争；如果以市场份额或占有率为导向，则价格策略相对会比较激进，基本会以低于市场平均价为定价依据。

②位置。所处商圈购买力不同，相应的定价也会有差异；距离目标顾客远近状况，会影响顾客的交易成本，价格策略通常为远低近高；人流量较密集的黄金地段虽然成本较高，但相应的购买力也强，所以也能水涨船高；商品的同质化程度和竞争者的距离远近等，也会影响价格的制定。

③定位。即店铺在顾客心目中的位置，而价格可帮助形成某种定位，比如目标顾客为普通大众，整体售价（即绝对价格）水平就要中等偏下。

④促销。相对来说价格促销最为直观有效。企业对促销的依赖程度将决定促销力度的大小，依赖度越大所要求促销的力度越强，反之甚至可能不要求促销。

⑤形象。在众多形象要素中，价格形象最为顾客所在意，但又最不易形成稳定的形象概念。价格形象是顾客心目中的价格烙印，主要由价格定位和价格竞争两方面来确定。在价格策略中，较常见的有稳定和波动的价格形象，沃尔玛的"天天平价"

是稳定价格形象的代表，其他则多为波动的价格形象。通常越高档的商品要求价格越稳定，频繁使用高低价策略容易造成整体形象和定位的错乱。

⑥服务。所提供服务的多少将会影响费用成本状况，进而影响价格水平。通常服务项目与价格形象呈正相关，价格形象如果以追求实惠为主，那么所提供的服务相对也会较少，顾客也会觉得顺理成章，比较容易接受，如果反其道而行之，则容易让顾客觉得其中是否有猫腻而心存疑忌；价格形象如果是以建立信赖感为主，那么高低价促销时就要谨慎，重心应放在优质和差异化的服务方面；价格形象如果是以品质为主，那么就需增加更多的服务来确保顾客获得相应的附加价值。

（2）顾客因素。

①需求。需求强度决定购买的意愿程度，对于价格的敏感程度呈负相关，需求越强烈对于价格的敏感性就越低。通常流行性、季节性、节令性或网红等商品容易在短期内激发较强的需求，所以此类商品在初期无须用价格作为吸客手段。

②收入。收入与购买呈正相关，且随着实际收入逐渐增高，对于价格的敏感程度会逐渐降低。对于零售来说，所处商圈的收入状况会影响其价格策略，比如当面对较高收入客群时，价格就并非主要因素，强调的是物有所值及价格以外的体验感受等；当面对较低收入客群时，物超所值则是基本的主旋律。

③习惯。在短期内对购买行为的影响较大，因为每次变化都需要重新进行购买决策，所以通常都不喜欢过于频繁变动，对于采用高低价策略的，需特别注意控制价格变化幅度与节奏。购买惯性对价格上涨会有一定的抑制作用。

④心理。是顾客对价格水平的心理感知或情绪感受，顾客感知的快慢、清晰与准确度、强弱及接受程度等，与个体的兴趣爱好、需求、知识、经验和个性等因素相关。同时，收入水平与价格心理有着较强的关联性，同一层次的群体往往具有类似的价格心理。

习惯性心理：对价格水平已形成某种惯性和固定标准，并且以此为标准去评估或衡量相关的价格行为，当在标准范围内时会认为价格是合理的，当超出时则认为不合理或不正常。店铺的价格定位和形象容易形成某种习惯价格。

敏感性心理：是对价格变动的心理反应，不同个体的敏感程度不同。敏感度会受收入和实际消费等影响，与生活必需和价值高低等呈正相关，比如食物和日用必需品的敏感度相对较高，但如果本身的价值过低，又会降低敏感度。

倾向性心理：受顾客个性、兴趣爱好、所处阶层地位、收入状况、消费水平、消费方式和文化素养等影响，会形成某种倾向性。第一种是理性倾向性，主要表现为"一分钱一分货"心态，通常是经过信息收集和因素判断后，才会选择适合的商品消费；第二种是感性倾向性，不太过于追求品质与价格的关系，相对更顺从于需求和感受，享受消费或购买过程，价格实惠容易引发购买冲动；第三种是预期倾向性，会对未来的价格状况做预判，主要表现为上涨时争相购买、下降时则持币观望，对于一次性或相对金额较大的商品尤为明显，而对于日常用品或价值不高的商品，则主要体现为对高低价的预判，如果被寻到某种规律性，价格恢复时就很难再产生销售。

感受性心理：对商品多是通过各种对比来感知，其所依据的参照物就会影响价格判断。零售中常会用商品价格锚定和环境来进行影响，比如，对某些特定商品故意抬升或压低价格，使顾客对真正要售卖的商品形成价格错觉；通过环境氛围和服务水平变化等，来影响顾客对于价格形象的判断。

（3）商品因素。

①成本。成本是价格制定最主要的依据，只有售价高于成本才能获益。零售成本主要包括进货和运营管理成本，其中运营管理成本相对比较琐碎、隐性和间接，因此通常会以一定周期内产生的所有费用与周期内的总售货额相比，得到成本费用率，以此作为参考标准来反推其售价。在确定价格时，产品的最高价取决于市场及需求状况，最低价则取决于成本费用状况。

②特征。是商品自身的品质、外观、形象、功能、规格、包装、品牌和保质期等外在表现，对这些特征的感知将会影响对价格的判断。商品特征与价格感知的关联如表11-1所示，从中可以看到，当某价格定位出现错位时，会使整体印象都受损。

表 11-1 品质与价格关系中的印象感觉

表现		价格		
		高	中	低
品质	高	象征	性价比	疑惑
	中	溢价	相符	便宜
	低	负面	偏离	低廉

③弹性。价格变动会引发需求量变化，但不同的商品其属性和特征各异，需求量变化率并不相同，表现为不同的需求弹性。相对来说高频刚需类商品的弹性较小，

但这些商品较易引发关注,所以价格变动可能会带来某些连带效应。不过要注意,该类型商品在采用低价策略时,所吸引的可能多是价格敏感型顾客,这类顾客很难给企业带来实质性贡献,因而可能仅是赔本卖吆喝。

(4)市场及环境因素。

①供求。价格与需求量呈负相关,所以商家通常喜欢用价格手段来刺激购买,即便毛利率被压缩,但绝对销量增加同样也可保障应有效益,而且还可取得价格形象和竞争优势。因此零售定价的重点就在于如何平衡量与价的关系。

②竞争。店铺间商品同质化程度越高,价格竞争就越激烈,因此避免价格竞争最有效的方式就是规避同质化。另外,当处于竞争优势时,通常都比较喜欢挑起价格竞争,当处于劣势地位时,多是采用跟随策略。

③供应链。零售与生产不同,商品进价将在很大程度上决定售价或收益状况,因此与供应商的矛盾主要集中在进价争夺,进价水平状况由双方的市场力量所决定。有些具有一定实力的零售商喜欢用进货价格横比的方式来追求最低价格水平,这其实既违反商业规则,也是管理能力低下的表现,因为虽然进价的影响较大,但供应商同样也会转移成本,所以正解是要看总成本状况。

(5)价格感知因素。

①认知替代品效应。顾客对其他替代品及相关商品知识的认知越多,对于商品价格变化的敏感度也就越大,所以并不是只有同品才会有价格竞争,同类型商品也会影响价格。对于认知替代正向的应用,主要是将顾客较熟知的商品作为参考,这样比较便于顾客快速地判断价格状况,反向应用则是让顾客尽量无法比对,其中信息不对称和差异化是最常见的手段。

②独特价值效应。独特性,通俗来理解就是不可比性,主要体现为差异性,而独特价值的底层密码,就是前面提到的"功能+心理+精神"价值。通常而言,越具不可比性及心理和精神价值占比越高的商品,对于价格及其变化越不敏感。

③转换成本效应。当顾客由某商品转换使用其他商品时,付出的额外成本越大,价格敏感度就越低。这种状况常发生于配套性或连贯使用的商品上,因为转换后前期的付出就会变成沉没成本。转换成本在零售中的应用很普遍,比如某顾客已习惯在某处购买,如果发现另一家店的商品更便宜,就要看所节省下的金额能否抵消相应的交易成本。这说明区域位置是实体最重要的转换成本因素,但随着电商的出现,顾客购买商品的转换成本变得很低,由此极大地冲击了实体经营。另外,零售中常用的会员制及相应的政策,都是在增加顾客的转换成本。

④困难对比效应。又称风险规避效应。顾客在面对众多同类商品却又无法有效决策时，通常会优先选择已知或声誉较好的商品（因为越不熟悉就意味着风险也越大），并且相应的价格敏感度也低。顾客在线上选购时，主要可参看购买数量或商品热度等，但在线下选购时可参考因素不多，主要是看陈列量较大或人群聚集的地方，所以线下实体也可以借鉴线上的这些方式。

⑤支出效应。当总支出较高或者支出相对于收入的占比较大时，价格敏感度就高，比如购买房屋或汽车时，通常都比较谨慎并密切关注价格动态。因支出与收入相关联，所以价格敏感度与收入呈负相关，收入越高，支出效应就越低。

⑥公平效应。当价格超出顾客理解的合理范围后，价格敏感度就会提升。主要表现有：一是原价状况。有研究表明，当价格涨幅超过5%后，便会开始在意涨价行为。二是环境影响。售卖场所状况会影响价格定位，所以同样的商品在不同的地方可以表现出不同的价格（如在机场店里卖得贵一些，会被认为可以理解）。三是使用目的。对于生活必需品会比较在意价格，而对非必需品则相对比较宽容。

2. 相关的定价策略

（1）稳定价格策略。

从顾客感受来看，价格变化总体不大，虽然单品价格未必最优，但总体平均价格较具竞争力。相对的促销活动并不是很频繁，也不过于追求促销力度。实施该策略比较成功的是沃尔玛，主要依赖庞大的规模效应和高效管理做背书，但随着电商的兴起，规模优势将被极大地削弱，而以 Costco 和 ALDI 为代表的以差异化（自有品牌）为基础的稳定价格策略，在一定程度上能有效地抵御电商的冲击。

优点：①较利于培养顾客的价格信任感；②商品销售较少出现大起大落，相应的更利于商品陈列和库存的有效控管，避免脱销和库存积压等现象发生；③在一定程度上可节约物料、宣传和人力成本的投入（如减少价卡或POP的更换）；④利于人员的稳定和更多地投入顾客服务之中；⑤利于更加关注销售日常管理；⑥符合惯性购买行为，价格敏感型顾客相对较少，利于培养忠诚顾客。

缺点：①市场应变能力较差，当遭受持续价格打击时价格形象易受损；②管理容易形成惯性而导致僵化；③需要有较高的成本控制能力和良好的经营管理效率来保障，否则可能会因缺乏价格竞争力而失去市场，或为保持价格竞争而损失利益。

（2）高低价格策略。

根据市场变化和竞争需要，采用灵活应变的价格政策，并主要通过价格促销方式来引导销售，价格表现为不断波动变化的状态。

优点：①价格刺激最为直接有效，利于短期内提升销量，加快商品周转；②可有效地针对商品的不同生命周期而采用灵活的价格策略，既能获取必要的收益，又能避免后期的库存积压；③由于顾客在进入卖场后目的性购买并不高，因此通过价格手段能更多地吸引到店后产生一定的连带购买效应，既可确保客流，又在一定程度上拉动了销售；④是打击竞争对手最简捷和有力的手段，也利于树立价格形象；⑤对于价格敏感和不敏感两种客群都能兼而影响；⑥便于滞销商品的及时处理。

缺点：①对于操盘能力要求较高，一旦失控将面临较大损失；②要求具有一定的商圈和顾客购买的掌握能力，并能有效引导进入相应的节奏之中；③投入的人员和精力较多，且容易出现都关注促销而忽略日常管理与维护；④物料、宣传和陈列等投入和成本相应较高；⑤对商品订货、陈列和库存等掌控能力要求较高，否则容易出现混乱或损耗增高；⑥容易形成短期的急功近利现象发生；⑦对供应商灵活应变和配合能力的要求较高；⑧高低价主要利于吸引客流，但小型店铺本身缺乏集客能力，所以该策略并不适合，或者效果有限。

（3）其他相关策略。

①撇脂定价。在产品生命周期初期或某区域初上市时，价格可定得较高，以攫取最大利润。该策略主要应用于不可比性商品，否则初期高价可能不利于打开市场。有些出于塑造高档形象定位的需要，也会有意使用该定价策略。通过撇脂定价在前期就可以基本收回或取得必要的利益，所以价格表现总体是一个逐渐下行的趋势，后期以市场维护为主，最后甚至打折出清以免库存积压。

②渗透定价。在进入市场时将价格定得较低，以能被消费者迅速接受。该策略主要应用于同质或同类商品，并且对于竞争品有一定的替代性，可通过价格刺激来打开市场。所以主要为快销品和走量的商品，通过价格较容易起量。从市场角度来看，竞争品已形成相对稳定的价格形象，当采用低价进入时，竞争品如果跟随就容易破坏原有形象而处于两难境地，因此渗透定价就在于有效刺激购买和避免激起竞争反制之间的平衡。其实不难发现，采用渗透定价的主要是偏于满足生理需求方面的商品，而采用撇脂定价的，则主要是偏于满足心理和精神需求方面的商品。

> 小贴士：加价率高低与生活必需程度呈负相关，即必需程度越高，加价就越低，反之加价就越高；与之相应，后期价格衰落速度与流行性（或季节性）呈正相关，即流行性越强，衰落的速度就越快，反之衰落速度就越慢。

③招徕定价。不管是正常价还是促销价，在经过一段时间后，顾客都会形成一

定的心理价格范围，当被突破心理底限时，便会引起关注，这种突破某种底线的定价方式，就是招徕定价。招徕定价与渗透定价有些类似，但更注重短期性。招徕定价也非普通的高低价策略，而是突破常规的最低售价，目的是吸引顾客到店。招徕定价是一把双刃剑，具有一定的风险性，因为当突破底价时，大多数有可能已击穿成本，当吸引来的顾客对其他正常商品的购买无法冲抵损失时，时间一长企业收益将会受到巨大考验。所以即便招徕定价还可能会为企业带来其他无形的价值，但仍不宜经常使用，且频繁使用反而会使顾客产生价格疲劳，导致产生更大的价格期望而失去兴趣。应用招徕价格时，通常品项数量要求较少，多为不定期或某些特殊促销时使用，并多是采用限次、限时和限量等方式来进行。

④声望定价。是店铺、商品或品牌以信誉口碑或市场地位为基础的定价，价格通常略高于其他同类。该方法的基础就是心理和精神价值，顾客认为得到了某种额外满足而愿意支付购买。但要注意商品本身的可比性及能提供的附加值状况（如品牌价值等），如果总体收益无法冲抵支出，那么将很难取得成功。

⑤数字定价。很多营销理论在涉及定价的数字应用时，都会强调尾数效应，但实际上并非是尾数而是头数效应在起作用，即人在看到某数字时，第一数字的印象最深刻，到末尾时虽然又会有一定的关注，但更多的只是一种心理感受，即数字越大会感觉越完整，并给人一种稳定和可信的感觉，数字越小则越有单薄或欠缺感，所以大多会用数字8或9来定价，除了能最大限度地减少损失外，还能保持完整、稳重和可信的感觉；数字7看起来更像1，因而几乎很少使用；数字5和6处于中间状态，会给人某种可有可无的中庸感觉；数字4是很多人所忌讳的，因此很少会用到；数字1、2、3总体上会给人感觉无关紧要，并在一定程度上还会破坏平衡感，比如9.9和9.1两个数字，后一个就会感觉很无聊，而如果是10.1，又会因头数的增加而感到更贵；数字中0最具稳定性和权威性，特别是当后面有很多位0时，会给人一种不可变化和不容质疑感，因而高档的商品定价尾数多为0。

另外，由于人对于数字的理解和把握能力通常都不会超过四位，因此有效的数字标价应尽量在四位以内，比如1999、19.99等，当超出范围后则在后面要尽量使用数字0，比如19990、199000等。当价格到达百位及以上时，应尽量避免使用小数点后的定价，否则会给人小气、缺乏诚意或玩弄手段的感觉，比如199.9，小数点后加一个数字就大可不必。

⑥习惯定价。对于顾客已经习惯接受的价格范围，当不得不调价时，为了维持原有的售价，可通过调整成本结构方式进行间接调价。例如：某饮料原售价为3元/

瓶，规格为550ml，如果把规格变为500ml，这样实际售价就为3.3元/瓶，用改变规格的方式就达到了涨价目的。企业常会利用习惯性来进行错觉定价，比如计量单位更改、由称重方式销售改为定量包装销售、拆零销售或打包销售等。当然也可以反向来应用，比如在促销时价格不变而用捆赠或加量装等方式，这样也可起到促销降价的作用，只不过效果不如直接降价那样显著，因此这种方法经常是品牌或某些敏感商品作为维护价格形象之用。

⑦拆零定价。这主要与顾客的风险承受能力相关，当感觉损失的风险越低，对价格的敏感度也会越低。有时采用拆零的方式将大包装商品化整为零改为小包装来销售，可以使单位商品价格有"降低"的错觉，并感觉即便买错也损失不大，因此反而会提升购买倾向。另外，少量购买也会使顾客感觉可有效避免因消费不完造成浪费的心理负担，比如散装或散称食品就因单位购买得少和消费较为自由而大受欢迎，但实际上价格要高出大包装商品许多。总体来说，包装规格逐渐小型化是一种趋势，相对比较符合顾客的购买和消费行为。

⑧组合定价。是将多个相同或相关联的商品组合在一起，进行打包销售的定价方式。其好处一方面在于组合后的售价会低于单个商品的售价之和，因而给人实惠便宜之感，另一方面还会给顾客一种整体和完整性的感觉。组合定价常用的方式有捆赠、捆绑、加量及综合性礼盒或礼包等。实际上，不同的商品均可进行某种关联组合，并在一定程度上还可形成价格差异性。不过组合定价一般不太适合本身价值就已较高的商品，这样再进行组合后总体价格感会更高。另外，还可把组成某完整商品的各部分分别定价（即"刀架+刀片"模式），顾客根据实际需要可自由选择组合，这样可以照顾到不同档次和实际消费需要的顾客。这种定价方式也可反其道而行之，把组合后的主产品价格定得较低，以树立价格形象和竞争优势，而主要通过周边的附属品或易耗品等来赚取利益。

⑨统一价定价。又称一口价，常以固定单品或某标准计量单位来进行定价，比如某水果正常售价为4元/千克，但反过来如果以10元3千克进行销售，就会减少不同重量计算的麻烦。这种方式在农贸市场较为常见，常按堆、捆、把等为计量方式进行售卖。另外常见的就是均价销售，比如10元店里的商品都按统一价售卖，又如在促销中采用均一价的方式（如1元、3元、5元或10元等）。统一定价的关键在于要设定好顾客感觉便宜的价格范围，然后顾客只需考虑在此价格下的商品是否是自己所需，这在一定程度上减轻了购买决策难度。所以采用该定价方式的主要为低值易耗和不太具可比性的商品，面对的主要为注重实用的价格敏感型顾客。

3. 定价方法

价格制定必须全面和综合考虑各方面因素，否则极易出现偏差或失衡。一般来说，定价主要为"选择定价目标—测定需求价格弹性—估算成本—分析市场或竞争者的产品与价格—选择合适的定价策略—确定最后价格"几个步骤。

（1）成本导向定价法。

顾名思义，就是根据实际产生的全部费用及成本，加上一定利润的定价方法。成本导向定价在实际经营中是应用最多，也相对比较容易掌握的一种定价方式。

①成本加成定价。是在成本基础上按一定毛利率加成的定价方法。在前面已介绍过，毛利率的计算方式有顺加和倒扣两种，同样，对于成本加成定价也有两种计算方式：商品售价 = 成本 ×（1＋毛利率）= 成本 ÷（1－毛利率）。顺加法计算相对直观快捷，倒扣法计算则相对麻烦。代入数据来举例，就容易直观地看出二者的差异：假设某商品成本为 10 元，毛利率设定为 20%，如果用顺加法则售价为 12 元，用倒扣法售价则为 12.5 元，结果不同。

②目标收益定价。也称投资收益定价法或盈亏平衡定价法，是以所有销售收入补偿全部的费用和成本后，还能确保企业有目标收益的定价方式。其中，商品售价 =[总成本（固定成本＋变动成本）＋目标收益]/ 预计销量；目标收益 = 投资总额 × 目标收益率 / 预计销量。同样代入数据来举例：假设某商品进价为 10 元，进货数量 100 个，目标毛利额 200 元，那么售价应为 12 元（如果按此设定则其计算的毛利率为 16.66%）。可见目标收益定价法不如成本加成那样直接，但由于价格与销售数量是互为条件和制约的，所以通常又会变形用来测算盈亏平衡的售价点：盈亏售价 = 总成本 / 预计销量 ×100%=[进价成本 /（1－费用率）]/ 预计销量 ×100%；盈亏平衡数量 = 固定成本 /（实际售价－单位可变成本）。其中，费用率为在一段时期内经营管理中产生的所有费用，除以该时期内总销售额所得的比例状况。在实际应用时，固定成本费用率状况往往会随销量的上升而下降、随销量的减少而上升，因而准确地预估和把握销量，将会影响相应的盈亏测算和最终的定价。

（2）需求导向定价法。

主要以消费者对商品的效用评价和价值感知为依据，根据消费者对商品的需求强度、价格理解和消费意愿等来进行定价。即便产品的成本是一样的，但最终的售价会因目标顾客不同而有差异。需求定价更多地考虑到顾客需求对价格变动的反应，是在充分考虑价格需求弹性对定价影响的基础上的定价方式，但由于通常并不易掌握需求状况，因而定价也相对不易控制。随着互联网大数据的应用，相对的能更贴近实际的内在需求，因而需求定价在网络上更常见一些。

①理解价值定价。是以顾客对商品价值的主观判断和理解认知为基准，计算并制定商品售价，因此需要预测和估算商品在顾客中心目中的价值水平。理解价值评估主要根据商品性能、用途、质量、外观及市场营销等，来预测顾客对商品价值的理解。理解定价的关键在于要准确地计算出产品的感受价值，如果高估了感受价值，所定出的价格就有可能偏高，反之则可能偏低。不过总体来说，要估算准确是极其困难的，并且由于是对顾客主观价值判断的预测，所以很难使用具体的定量方法，更多的是采用定性测评的方式进行，如表11-2所示。

表11-2 评估顾客对价值理解的方法

方法	应用
内部测评	召集店内人员对所理解的价值进行评估，并进行加权平均后即可得出数值
外部测评	组织店外如随机抽取的消费者、顾客代表、商业同行、技术或营销专家等，对商品的价值理解进行评估，同样进行加权平均后即可得到相关数值
试销法	或为实验法，即预先设定几种不同的价格水平，选取少量商品或某局限区域进行投放销售，经过一段时间试销后，根据实际销量和其他反馈的信息，综合评判后最终确定出正式价格。其中信息反馈的收集可采用上门征求、问卷调查、投票评分、使用评价、举办座谈等形式
使用期后收入定价法	有些商品在消费使用后，当面临更新换代时，如果无须额外支出且还有可能产生效益时，其商品实际表现即为价值理解水平

②需求差别定价。是根据不同的区域地点、商品特征和目标顾客需求差异等，在基础价格的基础上进行增减调整，从而最终确认不同的售价。

顾客差别：根据新老客户、是否会员、购买数量或贡献值大小，以及顾客忠诚度等的差异，制定相应的价格策略。通常很少直接标注不同价格，主要是通过提供会员专享或额外回馈等方式来区别顾客。

时间差别：主要根据不同的季节、节庆、时段等进行差异定价，比如季初或刚上市时的价格会较高，季末、尾货或滞销出清时价格较低。

空间差别：主要根据所处位置的客流大小差异，或在同一区域内根据实际竞争状况等因素，进而制定不同的售价水平，比如在学校、旅游区等封闭系统内或车站码头等人流量较大地方的售价，就通常会略高于市场平均价格。

商品差别：主要根据品牌、功能、品质、外观、款式、规格、尺码、花色、型号、包装和组合方式等进行定价，比如某一颜色特别受顾客喜爱，定价就可能适当略高于其他同款商品，或者商品组合后的价格略低于单个累计价格等。

③价格弹性定价。是根据商品的价格弹性来进行定价。衡量弹性的指标为弹性系数，因此通过测算弹性系数便可指导定价：当 E=1（弹性单一）时，定价主要参考的是价格形象和竞争等其他因素；当 E＞1（富有弹性）时，平时只需保持正常售价，在需要时稍微降价便可很好地刺激销量提升；当 E＜1（缺乏弹性）时，即便有较大幅度让利也很难引发销量提升，所以该类商品并不适宜做促销，不过一定程度的价格提升，销量也不会随之明显下降。

在实际应用中，可将不同弹性系数的商品分别归类，这样在进行价格促销或调价时，可帮助事先预判可能的状况，从而及时采取相应策略。不过要注意价格弹性只是某一段时期的表现，并非长期固定不变，会随竞争、环境或条件等变化而变化。当弹性应用于促销时，还可变形为促销弹性，可用来衡量促销效果，或根据促销弹性表现来选择促销品（如优先选择弹性系数大的品项）。

（3）竞争导向定价法。

顾名思义，就是以竞争对手的售价为依据，随市场波动而变动的定价方法。因价格与交易密切关联，所以各店价格状况是重要的参考指标，竞争导向定价就是通过市调，从而及时取得市场主动的价格策略。其价格定位与相关作业，如表 11-3 所示。

表 11-3 竞争导向定价选择及操作策略

要素	定价选择		
	定价＜市价	定价＝市价	定价＞市价
区域位置	比较贴近，总体客流有限	双方相对较近，位置优势都差不多	无较强竞争者，或位置优越客流较大
服务	自助服务为主，人员服务较少	双方提供的服务差异不大，且服务项目适度	服务项目较丰富，且服务水准较高，提供更多的附加价值服务

续表

要素	定价选择		
	定价＜市价	定价＝市价	定价＞市价
陈列	陈列要求较为简单，有些销量较大的甚至为整件陈列	有一定的陈列规范要求，通常顾客有要求时才协助拿取	陈列要求较高，并对顾客的拿取会主动给予协助
商品	以畅销和高周转率商品为主	销售品项弹性较大，总体原则以满足一次购物为准，条件所限也可以类别上做文章	以高附加值商品为主，或是大型综合卖场以齐全满足一次购物为准
环境	店内环境和装修等较简洁，设施设备等也以基本够用即可	注重一定的环境氛围，店内设施设备等不追求最好但相对齐全	较注重装修风格与格调，设施设备投入较多，较为注意场景陈列和体验购物
促销	价格促销较为常用的是变相降价方式	较为注重促销的效果，对促销有一定的规划和掌控	促销手段并不常用，或较少直接体现价格促销
品牌	其他性品牌或淡化品牌性	以品牌性商品为主	高端品牌或独家经营品牌

（4）服务定价。

①收益管理。服务与有形产品的定价有很大不同，服务的有形成本相对固定，更多的是用价格来刺激需求，通过更多的产出而冲减成本，所以服务定价是在预测正常销售的基础上，通过价格手段激发更多的销售以更好地摊销。比如常见的航空机票价格，就是通过动态定价来最大限度地吸引乘客；又如网站成本不会随用户增加而等比增加，因此往往会通过免费方式来吸引大量用户，只要达到一定的用户体量，就可通过其他方式变现获益。其实线下实体的运营成本也相对固定，因此只要能有效地吸引客流，就既可有效摊销成本，还能带来更多销量从而进入良性循环。

②服务质量。由于服务的无形性，顾客对于服务质量其实很难评估，因此往往会反过来用价格来进行衡量，且服务结果的风险性越高，对于价格的依赖也就越高。以服务质量为价格依据的定价主要有教育、医疗、金融和各行业咨询与管理等。由于

质量结果通常要在服务结束后才能感知到，所以之前只能透过有限信息（如从业者资历、行业背景、成功案例、作业环境和规模实力等）来推测和评判价格的合理性，因此这些行业都相对重视各种软硬件形象建设。由于价格决定着对质量的期望，以及服务质量本身的感受和评估具有一定的主观性，所以服务定价时要格外谨慎，定价过低可能导致顾客在判断上出现偏差，过高则可能会产生较高预期，而如果实际感知达不到预期，就很容易影响声誉。

三、基本的价格作业

1. 价格作业步骤

（1）确定目标。

①利润目标。一种是毛利率目标，如果销售目标完成，相应的利润也就能达成；另一种是毛利额目标，毛利率仅为参考指标。②销售目标。通常适用于短期任务指标，对毛利状况仅做最低要求。一般情况下销售与毛利呈反比，很多都是用牺牲毛利来换取销量，因此当需要扩大销售时，应计算通过销量提升能否弥补毛利率降低后的损失，或能否达到其他的目标，否则盲目杀价只是自嗨而已。③竞争与形象。其目标相对单一明确，但要注意前提条件以及后续保障，比如需要具有一定的成本优势等，以确保能长期实施。

（2）预测需求。

主要是根据价格弹性及敏感度等影响因素，预测目标顾客范围内的市场容量状况，然后分别用不同的价格水平来推测所能产生的销量状况，再结合利润目标状况确定适合的价格。

（3）选择方法。

根据市场和自身实际状况，选择具体采用什么定价方法。因各种方法对应的管理要求不一样，所以原则上以某一方法为主，其他作为辅助验算或参考使用，否则在运作时容易导致缺乏统一语言而出现混乱。

（4）确定策略。

价格策略是为了达成目标而具体应用实施的手段或对策，虽然对定价方法应要求统一性，但价格策略非常灵活，可根据不同的商品特性、顾客对象、竞争对手和自身实际条件等状况，多种策略综合应用。

（5）预测竞争。

除了某些绝对垄断市场或封闭系统外，只要是有利可图，就几乎不可能没有竞争，所以在制定价格策略时，要关注竞争者的实际动态，或者预判竞争者有可能采取的行动等，这样才能有的放矢地确定方案。

（6）拟定方案。

根据价格目标、定价方法和价格策略等，综合确定具体的价格方案及相关的作业流程和规范等，指导具体的操作实施。定价方案通常需要有一定的备选方案，以应对突发状况或实施不理想时能够及时应变调整。

（7）实施与追踪。

对于确定好的方案，首要的是能被严格执行，这样才能在实施过程中得到准确反馈，以便根据实际状况及时调整或修正。需要提醒的是，虽然价格方式最易体现出成果，但还是要同时关注其他相关因素，否则容易被价格因素造成某些假象，而忽略了其他问题的改善。

2. 价格调整

市场是瞬息万变的，并且价格直接关系到顾客购买和企业效益，因此需要根据实际情况对价格进行及时调整。价格调整是价格管理的重要内容之一。

（1）提价。

常见的是因原材料等成本上涨而导致提价，其他还有跟随性、需求性、目标性和弥补性等提价。对于顾客来说，涨价就意味着要付出更多或利益受到侵害，因此对于涨价通常较为反感，所以除了确实因操作失误而需及时纠正外，原则上应尽量避免提价操作。即便是不得不提价，也需讲求一定的技巧：①分段提价，即原则上不能超过5%的幅度，这样顾客感觉相对不明显而较易接受；②部分提价，先选择少部分商品或配件等提价，然后再逐渐过渡到全品项提价；③间接提价，主要为减少规格重量、减少包装数量、取消某些服务项目、取消某些优惠享受或缩减售后保障等，以相对隐蔽的方式变相提价。一般来说，涨价幅度的承受性，与商品本身价值高低和生活紧密度呈负相关。

当竞争者因市场变化而提价后，如果自己的价格对目标影响不大，原则上无须跟随提价；如果因竞价导致毛利受损，或最终因成本等原因导致整体市场都在涨价，那么可跟随提价，而提价的程度既可相同也可略低。另外，根据季节或节庆等特殊状况，也可采用策略性的主动提价，比如春节发市期的"全品提价"（因为这时顾客的注意力主要在商品方面，对价格相对不敏感，可适当往上调整价格以改善利润状况，当然主要为非敏感性商品)、情人节时玫瑰花会有较大上涨等。还有些是因原材料涨价或市场维护等供应商出面要求涨价,虽然理论上来说应当按约定时间和统一标准同时调整,但有时也可能会被迫需要先行调整,那么最好是谈判争取其他相应的支持,以弥补由此可能带来的形象损失。

很多时候提价都比较简单粗暴,仅直接更换价卡或POP就了事。其实,通过涨价也可与顾客进行有效的沟通与互动,比如明确提示即将涨价的日期,这样把购买的选择权交回给顾客,并且到期实际提价时顾客已有一定的心理准备,就不至于感到唐突和反感;如果条件允许,在提价后的初期还可做一些其他回馈性活动进行过渡,让顾客感受到是真正地在为其着想,确实体现出顾客至上的准则。

(2)降价。

出于成本下降、商品衰退期、销售淡季、竞争需要或价格策略调整等原因,就需要进行降价。虽然顾客对价格总是"喜降厌升",但降价操作不当也会带来一定风险:对顾客而言,如果是非促销性降价,或给人感觉原因比较牵强,就可能会引起对质量、安全、款式或经营困难等的猜疑,而觉得理所应当或还会期待再降价;对生产而言,不当降价容易破坏市场价格体系,如果是比较成熟或具有一定品牌度的商品,还容易破坏价格形象;对市场而言,容易导致竞争者反击从而陷入价格战。因此降价也并非想象中的那么简单,对于降价时机的选择,如表11-4所示。

表11-4 降价时机选择

类型	含义	优点	缺点
早降价	在新品上市不久或还具有相对稳定的销量时	利用先发效应占有市场,能有效地引起顾客关注 通常降价幅度无须过大 可有效提升周转状况	容易导致顾客缺乏信任感 容易过早引发价格竞争,因而最终无法确保利益
晚降价	在季末或商品衰退期进行降价折扣处理	可尽量延长正常价售卖期,以最大化地获取利益 有利于维护价格稳定的形象 后期降价幅度通常较大,能获得一定的价格形象	价格形象会略显被动 到后期往往只能以较大幅度的降价及时处理完毕,如果库存比例不好,则整体利润损失较大

续表

类型	含义	优点	缺点
逐级降价	在整个季节或周期内逐步降低价格，以维持相应销量	相对比较灵活，也易于控制 损失可通过销量提升得以弥补，总体变化不大	如果被顾客摸到规律，则有可能会继续等待 容易被竞争者打乱节奏
出清降价	当季末、滞销货需资金回笼时进行的降价行为	能快速处理完毕，最大限度地及时回收资金 对价格敏感型顾客具有一定的吸引力	整体价格操作较为死板，后期损失较大

降价主要有临时（或促销）和长期（或正常）两种：促销降价理论上幅度越大越吸引人，但降幅与促销时间长短呈负相关，时间越短要求力度越大；正常降价的幅度越大反而风险越大，还易招致出现买涨不买跌的心态。现实中，由于场地、人员和原材料等总体为上涨趋势，因此降价最好还是采用促销方式来体现。在降价操作中，有个经典案例值得分享。在美国波士顿有一家叫菲尼斯的地下商场，会采用固定时间按固定比例降价，每月1~12日按原价销售，13~18日降价25%，19~24日降价50%，25~30日降价75%，到最后如果还未销完则全部捐赠慈善机构。表面上聪明的顾客都会等到折扣率最高时才会购买，但实际上大部分在50%~75%时就已销售完毕。虽然采用这种方式的多为高档商品，即便打折后价格仍很昂贵，但其真正的奥妙在于通过降价的方式有效吸引顾客的注意力而使其能再次光临，这样既塑造了价格形象，又可带动其他销售，显然要比单纯的降价销售高明得多。

（3）价格行为。

从价格行为方式来看，主要有主动发起和被动应战两种，但不管是何种状况，都必须考虑到竞争对手的反应。由于市场参与者都具有能动反应性，因此没有一劳永逸的价格行为。对于价格行为策略可从市场地位和行为反应状态两个维度来确认，如图11-2所示。

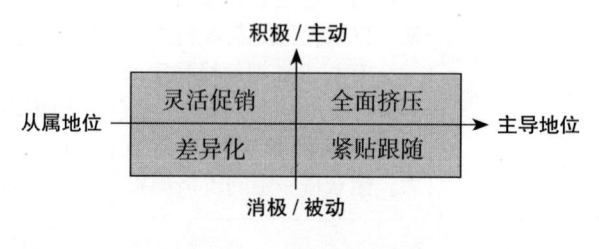

图11-2 价格行为策略

①主导－积极。对市场主导者来说，经常会面临其他竞争者的挑战，特别是通过具有进攻性的价格手段来夺取或蚕食市场份额。虽然可通过正面回击而将其扼杀在摇篮中，但基本前提是成本领先或能抬高进入门槛，否则就会陷入价格纠缠而两败俱伤，所以市场主导者对于价格是不动则已，动则必须要重创。

②主导－消极。这里并非绝对意义上的消极被动，而是相对于积极主动来说并不是希望立即歼灭，而是通过紧紧跟随打消耗战。表面上是防御性跟价，但更多的是以此为契机树立相关形象，并在其他方面进行补充、完善和改进等，从而在不至于过多损失利润的情况下，最终取得竞争优势或保持市场地位。

③从属－积极。市场上的大多数商家都属于跟随或从属地位，但往往又都很难抑制通过价格手段来取得市场竞争地位的冲动，只不过很少能具备成本领先优势，因此灵活多变的促销等才是优先选择的方式，机动性才是重要的原则。

④从属－消极。对于刚起步或实力较弱者来说，正面硬抗无疑是自寻死路，这时就需从产品特性、服务或目标顾客等其他方面来进行差异化竞争，寻求其他竞争者不易或不屑于进入的细分市场，差异性是避免价格竞争的有效手段之一。

3. 价格带管理

价格带管理是价格管理中非常重要的内容，与目标顾客、价格定位、店铺形象与定位密切相关。广义的价格带是指所有售卖商品的价格上限与下限范围，可以按整店来看，也可按各类别来看；狭义的价格带是指同一品类下由价格接近的商品所组成的集合，而同一类别下根据管理需要，可划分出若干层级的价格带。与价格带相关的概念主要有：①价格带宽度。即最高与最低价格之差，比如某店饮料类最高售价为20元，最低售价为1元，那么价格带宽度为19元。如果宽度一样而价格带不同，则表明售卖的层次不同。②价格带广度。在价格带范围内，所包含的品项或品牌数等数字越大，说明商品的可选择性越高。③价格带深度。在同一价格带内，只要价格不同就均为独立的价格线，价格线越多表示价格层次越丰富，比如在相同的价格带宽度下，A店的价格线有6条，B店的价格线有10条，那么B店的价格层次就要比A店多，相对的可选择性也会好于A店。④价格点。为销量最高商品的价格，其中或许还会包含第二、第三位的价格线商品，通常会以该点为中心向两边扩展商品结构，或以该商品为中心，周围布置陈列其他目的性商品。

价格带是个综合性的应用，各要素如果单独看都有局限性，比如价格带宽度并非越大越好，而是需要结合目标顾客所能接受的范围而定，过低可能面临整体形象被拉低，过高则浪费资源或导致形象偏离，且单看宽度无法确认主流顾客的价格落脚范围；价格带广度也并非越多越好，品项过多意味着重叠性增加，不易形成商品聚焦而给顾客带来选择困扰；价格带深度也并非价格线越多越好，在同一价格带范围内价格线越密，意味着相互间的价格差异越小，也容易给顾客带来选择困扰。

在实际应用中，通常会预先设定一个总体价格带宽度范围，然后以相近的价格线为一组，形成局部范围的子价格带，再以子价格带为基础设定层级幅度（常用的为5级左右，店别较小的2~3级也可，店别较大的可扩展到7~9级），最后在每个子价格带内再设定广度，便可得到价格带体系，如图11-3所示。

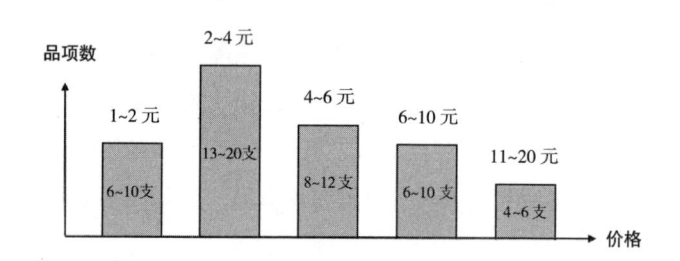

图11-3 某店饮料类价格带设定与分布应用示例

从图中可清晰地看出商品布局重点和区域范围，也有利于品项数的控管。在设定价格带时，切记要以目标顾客所能接受的价格范围为中心，然后配合主要价格带，从品牌和属性等多维度来丰富品项和设定主力品项范围。其他价格带及品项则分别担负辅助、配合、配套或补充等角色，这样既能有效地配合整体定位和形象建设，也便于提升管理效率。在实际中常见的误区就是盲目引进畅销品项，认为只要是好卖的就肯定错不了，而不管商品是否符合目标顾客及定位，也不管是否容易出现多价格重心的局面，结果是造成定位和形象的错乱，各品牌或商品相互间缺乏呼应而难以形成协同作用，只是自己内部各商品之间相互消耗和竞争而已。

做好价格带定位后，还需与竞争店进行对比，判断其定位与价格带的关系，然后找出自己可能还存在缺失的地方，或进行有针对性的竞争。针对竞争者的价格带，通常有突出、覆盖、错位和回避几种策略。仍以上图示例举例：该店有5个价格带及对应品项数，竞争店的定位与该店相差不多，但价格带定位有6个层级，经调查主要为进口饮料类，其目的在于想提升档次和差异化竞争。如果从商圈定位来看，中高价并非主流消费地带，因此未必要跟随而增加进口品类，但可选择进口类中价位相对较低的商品，补充加强在次要价格带即可，或者偶尔可用促销方式扰乱对方进口品价格体系，既可弥补缺乏该类型商品的缺陷，同时还能有效拉低竞争者对该类型商品树立的价格印象。

四、进价管理与盈利模式

零售或中间商实际上要面临两重价格问题，一是与顾客有关的售价，二是与上游供应商有关的进价。在过去卖方市场或生产主导时期，主要由供应商决定供货价格（且多是统一供价），然后零售根据自己的实际情况加价售卖。进入买方市场后，供货价格开始成为矛盾的焦点，进价管理也就成为价格管理的核心内容。

1. 买方力量

根据经合组织（OECD）给出的定义：当零售商能够以较低的成本惩罚某供应商时，那么该零售商对于该供应商就具有买方力量。买方力量所带来的直接后果，就是供应价格会出现"水床效应"，即大零售商在获得较低进价的同时，却往往会使其他较小零售商的供价被提升，所以买方力量有可能会使消费者利益受损，或者说大零售商带来的价格实惠可能只是相对的。有些零售商之所以销售份额会越来越大，主要是依赖价格竞争优势和有效降低交易成本（如位置优势和一次购齐等），而买方力量与供货价格高低往往呈正相关，会进一步促进价格竞争优势。

随着买方力量的壮大，使市场主体关系呈现出复杂的局面，主要有"供强 – 售强""供强 – 售弱""供弱 – 售强"和"供弱 – 售弱"4种关系，反映在价格行为上主要表现为两个方面。一方面，对于供应来说，通常会抬升小零售商的供价，以弥补因大零售商的压榨而遭受的损失，但这往往会导致双输的局面。因小零售商缺乏成本优势，如果再维护统一售价，那么意味着利润空间较小，导致缺乏售卖的动力，而如果要保持利润空间，就只能通过提升售价，这样显然又不利于竞争，导致反而只能更加依赖大零售商。所以，厚此薄彼的价格策略可能使自己更被动，这时恰恰更应积极扶持小零售商，当然这需要承担短期利润空间被压缩的压力。另一方面，对于零售来说，同样也存在压榨弱势供应商的进价，以弥补强势供应商所不能满足的空间，而这也只会导致恶性循环，即当弱势供应商最终无力承受时就会离开，导致顾客缺乏更多选择，又迫使更依赖强势供应商，但未必就能弥补回损失。而弱势供应商因不能得到更好的渠道资源，其产品可能也很难为更多的消费者所接触，零售也就始终难以实施差异化的策略。

有时我们看到有些店高价售卖也还能生存，这只是位置资源优势的体现，但并不是可以接受高进价的理由，因为获取该位置的其他成本可能也会相应更高。另外，由于存在顾客交易成本的问题，小零售商相应的还有一定生存空间，但随着互联网可有效降低交易成本的影响，小零售商首先会受到挤压，大零售商的市场力量也将让位于电商，线下的必将很难体现价格优势。

2. 通道费

在实际经营中，对于买方力量的抱怨更多的是来自弱势供应商和小零售商，而在买方力量下所诞生的通道费用，则是所有供应商都反感的。所谓通道费用，就是供应商对零售商支付的、为使产品能顺利或更好地实现销售而产生的费用，主要包括货架空间、商品管理、新店开张、销售返利、促销和广告等各种价格以外费用。目前学术界对于通道费的看法主要有两类：效率理论认为通道费是众多产品竞争有限货架空间的结果，通过收取通道费，零售与供应可分担新品风险，并促使提升新品水平，从而提高产业链的运作水平和效率（即压力倒逼）；市场力量理论认为通道费是市场力量的结果，会减弱零售商之间或品牌之间的竞争（即存在竞争壁垒）。两种理论都有缺陷，效率理论显然无法解释老品也存在通道费的问题，市场力量理论则只有相关信息公开的情况下才成立。另有学者认为，通道费是大供应商排挤小供应商的手段，但这里面存在大小界定的问题，所谓大主要是指金融状况较好的厂商，但与产品好坏或是否畅销并无必然关联。

对于通道费用，主要应从两方面来理解：一方面，这是零售空间资源的价格，即实际展示的空间将会变得越来越稀缺，因此必然要通过竞争方式来获取；另一方面，应作为总体成本的一部分，只是其表现与传统价格形式不同。也就是说，产品不仅面临消费者选择的竞争，同时还面临空间资源的竞争（从这个角度来看，电商具有不可比拟的优势），所以通道费的存在是必然的，供应商需要理解和承认，进而调整相应的营销策略，而零售商也不应狭隘地理解为这是额外收益的重要来源，否则只会使某些行为变形，因此要站在更高的维度来理解相关价格行为，即由于零售空间存在资源的稀缺性，必然会出现争夺的局面，并且人气越高价格体现也就越高。然而，互联网打破了这种稀缺状态，使传统零售不能还抱有依靠空间资源获得收益的思维。其实，如果站在总成本角度来看，不管是供应还是零售，成本计算都应放眼于更大的视野，通道费仅是成本的结构要素之一，在最终售价的约束下，各要素无非是此消彼长的关系，如果强调某方面所得，往往可能意味着另有所失，换言之，不能因价格竞争导致利润受损，就寄希望利用额外的费用来弥补。目前普遍存在片面追求通道费的误区，这其实是落袋为安的短期心理作祟，往往会造成供销关系紧张。

3. 垂直约束

虽然产销合一的直营方式在理论上可获得最大收益，但在很多情况下分工能够取得更高的效率，因此总会存在产销分离的状况。而产销分离就意味着生产对于市场的掌控会变得间接，在过去生产主导时期，主要是通过约束最终售价的方式来进行市场控制。转售价格维持（RPM）又称公平交易，是生产或供应通过各种方式，要求零售商以不得低于某特定价格水平进行售卖的行为。由于渠道的市场力量越来越大，目前主要为具有一定市场能力的品牌在应用。多数转售价格维持都是控制不能以低于规定的价格出售，这看似是在维护双方的基本利益，但并不符合追求最大化的经济原则，或至少不能通过价格竞争而体现成本优势状况，同时在一定程度上还会损害消费者利益（即不能享受市场竞争而带来的低价购买）。由于转售价格维持涉及对价格的干预（在某种意义上也相当于对市场的干预），因而存在争议。

特尔赛指出，发起转售价格维持的往往是制造商而非分销商，目的是克服分销商之间的搭便车现象，即有些分销商虽然会提供某些额外的服务，而其他分销商却可能坐享其成，通过降价来实现销售（实质就是利用搭便车而降低了成本，这也很好地说明了为何正规厂商和渠道的售价总会更高、为何模仿却往往容易打败原创的缘故）。当今比较典型的就是电商模式，其实在很大程度上是搭了实体的便车。

转售价格维持虽然较利于维持供应和零售商利益，却并不利于企业努力降低成本的驱动性。然而，如果无法通过价格维持而有效维持市场平衡，位置资源较好及规模较大的零售商就往往更容易取得价格优势，进而呈现双边效应而具有更大的市场力量，这样就会导致上游供应被进一步挤压甚至无法生存，使市场上缺少更多差异化的产品选择，而当缺乏竞争时又可能使价格提升，因此也不符合消费者的利益。虽然众多小零售商可在一定程度上分散市场力量，但如果不能做好价格维持，往往小零售商又将无法生存。所以对于转售价格维持需要辩证地看待，因为两种极端的价格行为都可能会造成消费者和小经营者的利益损害，这就要求双方不能寄希望于某种绝对化的保护，而是根据具体情况通过其他商业方式或手段（如履行奖励、返利、分成、售后、经营权和保证金等）来进行约束。

4. 零售商业盈利模式

企业存在的目的和意义是要能提供有价值的商品或服务，然后通过交换获得相应的利益。盈利模式主要分两种：①自发模式。企业对于如何盈利或未来能否盈利缺乏清醒的认知，或即便已在盈利，但并不清楚具体何为，盈利模式表现为隐蔽性、模糊性和呆板性的特点。②自觉模式。企业在实践中不断地学习和总结，结合外部环境和内部资源,不断地调整和适应,对盈利模式能够清晰地认识并自觉应用,具有明晰性、能动性和稳定性等特点。通常而言,在市场竞争初期和企业成长的不成熟阶段,盈利模式多表现为自发的,随着竞争加剧和企业不断成熟,会逐渐过渡或发展为自觉行为。当然,也不是所有企业都能找到相应的盈利模式。

盈利模式主要是由利润对象、利润源、利润点、利润杠杆和利润屏障5个基本要素构成。从利润来源和获取方式来看,商业流通主要盈利模式如表11-5所示,其中进销差价仍是零售中传统和基本的盈利模式,主要通过价格差异和转移服务费用来获得盈利。不过要说明的是,各模式不是非此即彼关系,而是可交叉和并存的,并且各模式也没有绝对意义上的优劣之分,其表现更多的是组合应用。

表 11-5　商业流通主要盈利模式及比较

	主要利润来源	获取利润方式
进销差价模式	进销差价；简单附加服务收入（如运输）	通过渠道控制加大进销差价
连锁经营模式	加盟收入；销售收入；其他（加盟店消费的设备、原材料及管理咨询费用等）	规模化经营,降低采买成本和配送成本
渠道控制模式	进销差价；通路费用（进场费和赞助费等）；类金融收入（延期货款支付而将资本投入其他领域）	通过建立强大的分销网络,对供应商实施反向控制
增值服务模式	为供应商提供服务（商品再加工和物流配送等）；为消费者提供增值服务（消费信贷、定制、配送和售后）	通过向上下游客户提供增值服务而获得利润
供应链管理模式	通过流程再造,降低各环节成本,提高盈利空间；为客户创造价值	通过供应链整合,利益共享和风险共担,更好地降低成本和提升效率
电子商务模式	在线销售收入；在线服务收入；提供交易平台服务；网络注册收入；网络广告收入	建立网络交易平台,利润获取综合具有销售、服务和其他来源

从历史发展来看，零售商业最早的盈利模式主要为进销差价，产品受制于上游供方，利润来源相对单一。不过由于处于卖方市场，矛盾的焦点在于能否组织到货源，只要能采买到适合的货品，仍能获得不错的收益。

随着进入买方市场，市场力量逐渐向流通渠道转移，使其对进价的议价能力不断增强，虽然市场竞争制约了售价上限，但仍能获得相当的进销差价空间。同时，由于零售更接近于顾客，对于商品选择更具敏感性，因此逐渐掌握了商品销售的主导权，上游供应开始越来依赖零售平台，这时零售通过顾客资源，可向上游索要更多的额外收益，比如电商的流量费和传统渠道的通道费，以及利用付款时差的类金融模式、对于上游的服务、分租和广告等收入。

随着终端市场力量逐渐增大，上游供应当然不愿受制于渠道的制约，很多便开始直接担负起零售的角色，并且随着互联网的到来，生产到消费的效率得到极大改善，使其可有效地跨过传统分销渠道，这势必影响到传统零售的盈利模式，因此传统零售只能聚焦于差异化，通过与上游供应链整合，打造具有竞争力的个性化和定制化产品，从而挖掘新的产品差价。在当今的网络时代下，各渠道的权重被进一步分化，致使盈利来源更加碎片化。

不难看出，传统依靠进销差价的盈利模式将会越来越难，必然会衍生出更多新的不同模式，其中典型的就是 Costco 会员店，直接明确把进销差价压到一个较低水平，维持基本的运营成本，而真正的重心和盈利点则是在会员费方面；又如电商对于传统零售的价格竞争更为灵活，而盈利模式更是变成"羊毛出在猪身上，狗来买单"，反映出更加灵活的多元化。难怪亚当·斯密指出：产品利润的降低，不是商业衰退的象征，反而是商业繁荣的必经之路。

对于未来的发展，各商家在竞争的基础上势必会越来越强化合作，其中主要有横向和纵向一体化联合：对于生产来说，主要是向下延伸加大直营布局，电商虽然是最有效的手段，但由于商品特性的要求，有些还是离不开中间环节，因此必然要求建立新型的工商关系；对于零售来说，最根本的是要解决源头产品短板，因此必须强化供应链管理，使供求双方由对立走向共生，通过供应链管理技术，改进生产工艺和进行流程再造，降低共同成本和提升流通效率等，进而提升市场竞争和利润空间。实际上，如果进一步剖析更深层的运行机制，就会发现盈利模式与盈利机制存在某种相互关系，如图 11-4 所示。

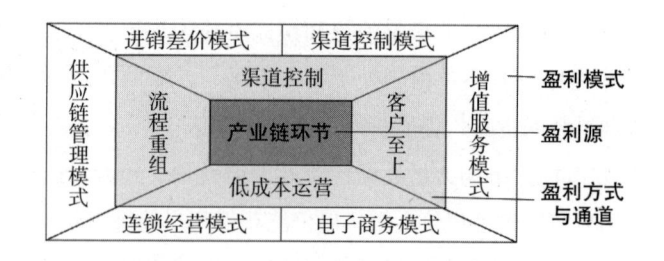

图 11-4　盈利模式与盈利机制的关系

需要注意的是，由于不同产业链的市场环境、产品属性和产业组织架构等均呈现不同的特征，所以表现出的各环节及其特征是有差异的，并且会随着时空的变化而不同，因此需要找出适合的盈利模式及相应的组合应用。

如果说盈利是开源，那么竞争壁垒或利润屏障就是节流，但二者需要同时协同运行，即只有开源是不够的，正如池子里如果不能有效地堵住漏水，当漏水大于进水时，池子将永远不可能灌满。市场上常见的竞争壁垒或利润屏障如图 11-5 所示，从中可以看到，不同竞争壁垒或利润屏障的强度不同。通常，随着企业规模的扩大，能够建立起的利润屏障的强度也越大。

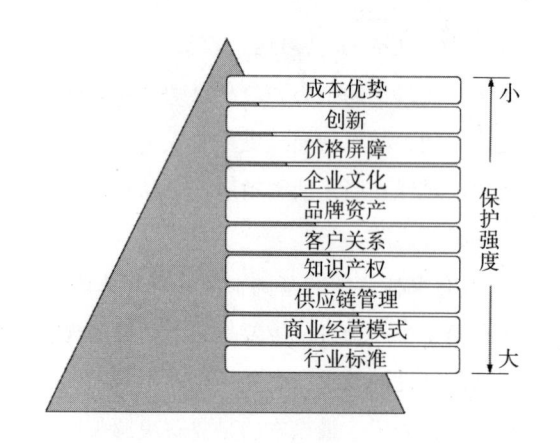

图 11-5　不同利润屏障的保护强度

各利润屏障的作用机制如图 11-6 所示，从中可以看到，各种手段所起的作用是不同的，并且有些不只作用于某一方面，而是从多角度发挥作用，因此各手段并非是孤立存在的，而是相互联系和制约，多角度和全方位地保护企业。虽然利润屏障更多的是存量保护的作用，但同时也为增量发展打下了基础。

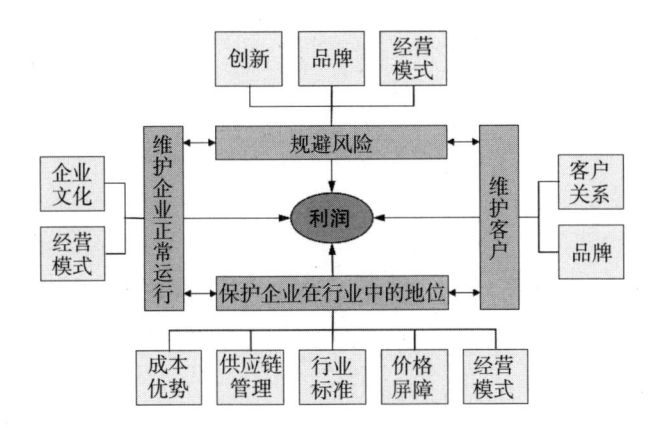

图 11-6　利润屏障的作用机制

第十二章　商品要素

所有商业活动都是围绕商品在运行。对于生产来说，重要的是能否生产出满足需求的产品；对于零售来说，则在于能否为顾客提供适合的商品，体现为商品的组织和运营能力。零售有产销和购销两种经营模式，产销的重心在于商品本身，购销的重心则在于如何组织商品。目前零售的理论基础主要为市场营销，相对更适合于产销模式，而购销模式则有自身的商品管理和运行逻辑，很多人在探讨商品管理时常把二者混淆，往往导致文不对题或堕入某种误区。

一、商品组织与管理

所谓万事开头难，在整个商品管理中，最难的就是商品的组织购进环节，从某种意义上来说，其实际状况将决定后面整体经营的表现甚至成败。

1. 商品组织结构

如同企业的组织架构一样，所有的商品运行与管理也都是以商品组织结构为基础。对于商品组织结构，可简单地理解为对商品进行分门别类，形成纵深、宽窄和大小适宜的立体架构，从而有效地提升商品管理的效率。

根据实际需要和目的，不同的分类标准可得到不同的商品结构体系，因此如何分类是整个商品组织结构的关键。对于类别的理解，就是大概可相互替代的一组近似商品，比如矿泉水、果汁、茶饮或咖啡等，都有解渴的功用，因此对应的可用"饮料"来进行归纳管理；饮料具有液体流动的属性，因此又可用液态类作为上级类别，可包含酒精类和乳品类等，如果再向上延伸还有可食用属性，则还可包含休闲小食、油盐酱醋茶等。可见归类在于采用什么样的标准依据。常见的分类主要有：按使用时限可分为耐用品和易耗品；按经营重要性可分为主营商品、一般商品和辅助商品；按选购状况可分为便利品、选购品、特殊品和非选购品；按购买习惯可分为日用品、食杂品、专用品和流行品；按时间属性可分为季节品、时尚品和平常品；按顾客对象可分为男士、女士、老年和儿童用品；按消费与使用目的可分为自用品和赠礼品；按品质与档次可分为奢侈品、高档品和普通品等。对于零售管理而言，通常分为食品与非食品两大类，然后各自再逐渐向下细分，直到不宜再划分为止，因此总体呈现为金字塔的立体结构。

为更好地理解具体的类别划分和分类结构，下面以某店示例来说明商品组织结构的概念（见图12-1）。商品组织结构主要有"宽度"与"深度"两方面要素，深度为分类阶层或层级，宽度为同一层级中所包含的类别数（非品项数）。

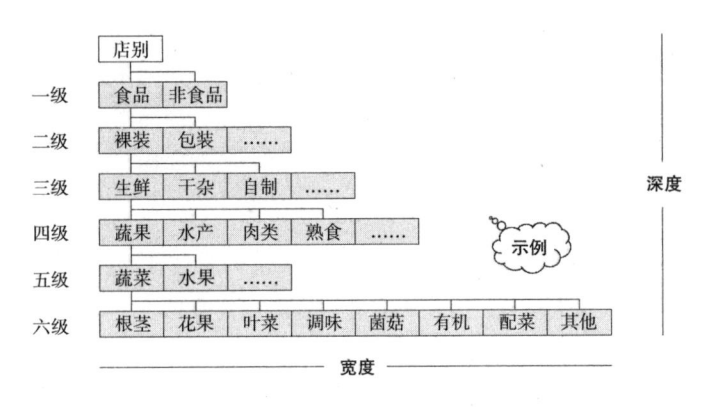

图 12-1 商品分类组织架构示例

通常划分标准是以特性、用途、目的、材质、规格、品质、价格或工艺等为依据，虽然不同属性有些是平行或平级关系，有些是包含或从属关系，但划分是以能有效管理为准则。组织结构是否合理，主要看每一类别包含的品项数及宽度与深度的比例关系，通常用业绩份额和应管理品项数来衡量：如果某类别的业绩份额较低或管理品项太少，经营分析时数据就会波动性较大，往往不易发现问题或较难找出相应规律，因而对于后续经营管理会缺乏指导性；如果业绩份额过大或管理品项太多，品类管理就会过于粗泛而缺乏细化，很难有效管理好每支单品，导致有些问题可能会被隐藏，容易埋下隐患。

分类管理切忌僵化，可根据实际需要而灵活调整，如果业绩份额较大或管理品项数较多，可寻找其他差异性的属性将其再次拆分，既可在同一层级直接拆分为两个或以上类别，也可根据从属关系分成两层，在一个大类别下有若干小类别；如果业绩份额较低或管理品项数较少，可将相近类别进行合并，或直接并入上一级类别之中。

不过要注意，不管是拆分还是合并，都应保持属性的一致性，否则在安置品项时容易出现混乱，这样就失去了分类管理的意义。

这里面涉及如何确认业绩份额和管理品项数的问题，由于不同业态和类型的店差异很大，所以标准因店而异，比如餐饮店全部销售品项数也不会超过几百支，而便利店则可能达几千支。常规而言：如果按业绩份额划分，各类别间最高与最低之比，差额尽量不大于50%，以及最低占比不低于5%；如果是管理品项数，通常是限制最高数量，最小类别的品项数通常不宜超过200支。按照同样的逻辑，也可大致确认出同层的类别数和总的层级数，常规来说每层的类别数不宜超过9个，大店的层级数通常不超过6级。

企业能否有序运转，有赖于合理的企业组织架构。同样，商品能否得到有效的管理与运行，也离不开商品组织结构的合理设置，因为这将关系到经营数据分析的效率性，进而便于快速找到问题所在或发现机会点。同时，商品组织也可反过来成为企业组织设置的依据，更便于企业内部沟通形成共同的语言架构。

2. 商品组织策略

商品组织是将不同属性的商品分别进行归类，以便有针对性地管理和及时发现问题，并根据相关属性来陈列，方便顾客在购物时寻找商品。

（1）宽度与深度。

广而深结构：即商品组织中纵向的层级延伸和横向的分类都较多，主要为大型综合类超市、大型百货和购物中心等所采用。特点是经营的品类和品项繁多，顾客有较大的选择性，能基本满足一站式购物的需要；商圈覆盖范围较大，自身具有较强的集客能力。不过商品丰富也意味着资金占用大，库存较大可能导致资金利用率降低，充斥有大量周转效率低的商品，对于经营管理的要求较高，特别是零滞销商品汰换的时效性状况将制约整体的经营效率。

广而浅结构：经营品类主要在同层级内扩展，且每一类别里的品项较多，但并不追求纵向的延伸扩展，多见于专营店和部分中型综合店。特点是类别里商品的规格、品种、尺码、花色、材质或品牌等较为丰富，关联或配套性商品也较为齐全，大多以系列化的方式呈现，便于顾客对某种类型需要的商品选购，容易形成局部集中优势和经营特色。但由于类型相对单一而存在一定风险，有更强的同业竞争入局或顾客兴趣转移时，较易出现经营困难，所以多需要向规模化发展。

窄而深结构：经营类型较多，有一定的上下层级延伸，但每一层所包含的类别不多，每一分类里的品项数也相对有限，常见于中型综合类店和折扣店。特点是经营种类相对丰富，但由于空间所限每一品类仅主要选择有代表性的或畅销商品，周转率等经营指标表现相对要好，顾客购买选择时基本的商品类型都有，但横向的品种、花色、规格大小等选择性减少，因此相对容易出现同质化竞争。

窄而浅结构：品类和品项数都相对有限，多见于便利店等小型店或服务性和特殊专营店（如报刊亭、餐饮小店、修理店或某些纯服务性店等）。特点是商品少而精，主要在于特色和便捷性而非选择性，所以位置因素非常重要；价格也非重要因素，商品以日常且购买频率较高的为主，畅销是基本条件。

与商品组织结构相关联的是商品攀升概念，即由于种种原因，企业往往会增加互不关联或与原业务范围无关的商品和服务。这在本质上还是关于宽度或深度的扩张，理论上会带来更多的销售机会，但也意味着管理难度会提升。当然这又引出一个问题，即究竟什么才是合理的宽度与深度，这主要得看商品属性和经营目的：技术性越强、价值性越高，就越需要走专营路线；越是低值易耗、高频消费和需要覆盖体量的，则越需要走综合路线；如果以扩大市场份额为主，那么广而深结构会更有效；如果以利润收益为主，那么应更关注宽度（如果增加品种能带来利润，则说明商品结构欠缺，如果减少品种却可增加利润，则说明商品组织臃肿）。

（2）需求程度与购买（或消费）频率。

这里面有两个维度：对于频率并不难理解，主要是因消耗较快而使购买频率也相对较高；对于如何区分是否为刚需，则在于是否影响基本的生存状况。从需求结构模型来看，生理需求多为刚需，心理与精神需求为非刚需。

高频-刚需：主要为生鲜和部分食品类，多是作为拉动客流的主要品类，但如果过于频繁刺激效果可能反而不佳。通常高频-刚需类的需求弹性小，却易受替代品影响，所以应特别注意关联品状况，在供给有较大波动可能及时抓住行情，比如短期猪肉价格上涨，可尽量寻求牛羊肉或禽肉类的促销来弥补。

高频-非刚需：主要为休闲食品、厨房调料、乳品饮料、日用品、纸品、洗涤日化和一次性用品等。该类商品与生活密切相关，具有一定的价格弹性，较易受环境和潮流影响，通常品牌的影响较大，并往往具有较强的消费目的性。该类商品最具备操作的空间，主要在于是用什么卖点来引起注意或激起兴趣，虽然价格方式的效果最直接，但经常使用容易培养出价格敏感型顾客，并且对于正常消费的顾客来说，反而会产生疲劳而失去吸引力，所以要寻求品项变化和多种促销形式的组合，从而时刻保持新鲜感。

低频-刚需：虽然是生活必需品，但由于相对耐用而消耗较慢。该类商品需求价格弹性大，但由于差异化和购买力等原因，未必会有高价格敏感性。因使用期限较长，其实往往更愿意尝新。一般而言，品牌忠诚度与价值呈正相关，所以越是普通百货往往替代性越强。另外，虽然有些也会表现出高频购买的现象（如服装鞋类等），但主要起作用的是心理或精神需求，所以此类商品主要是以变取胜。

低频－非刚需：主要为生活补充或辅助类商品，包括奢侈品、珠宝玉器和高档商品等，某些商品对于专业人员或爱好者来说是刚需品，但对于其他多数人来说则为非刚需品。此类商品总体上对价格不敏感，以专营为主，多为浅而窄的策略，重点是当顾客有需要时能够对商品或店铺产生第一性的联想。

3. 品类、单品和品牌管理

在确认完商品组织结构后，接下来就要具体到商品的管理，其中主要涉及品类管理、单品管理和品牌管理3个方面的内容。

（1）品类管理。

品类与品类管理是两个不同的概念：品类是将相似和相关属性的商品归纳在一起的商品群，顾客在选购时具有一定替代性；品类管理是零售与上游供应合作，以类别为单位进行管理的一系列相关活动，通过向顾客提供超值产品和服务，来提高零售与供应双方的运营效率。简言之，品类管理就是对品类的控管。

品类管理最早起源于美国，由于市场竞争日趋激烈，生产越来越依赖和需要更多渠道窗口，但随着零售的市场力量逐渐增强，零售商将所掌握的一手市场信息占为己有，作为筹码与供应商对抗，导致生产无法快速适应市场。零售虽然手握终端顾客资源，但在商品方面仍需依赖供应商。品类管理可使双方信息同步，从而有效地提升经营管理效率。品类管理是有效客户响应（ECR）中的需求管理，重点在于供需合作，是建立在相互信任基础上的管理行为。对于零售而言，品类管理有利于减少货架管理人力、降低缺货率、提高商品周转率、提升销量、合理采购及商品组合建议等；对于供应而言，最根本的是以品牌为中心向以品类为核心转变，品类管理有助于减少库存成本、增加销量、提高市场占有率和投资回报等。品类管理流程主要包含5个步骤，如图12-2所示。

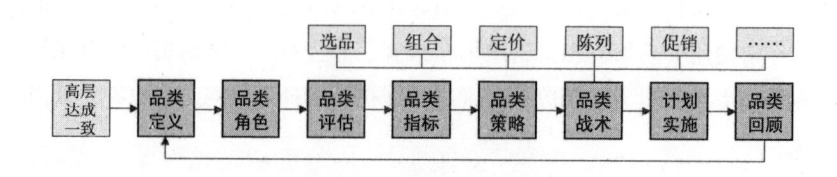

图12-2 品类管理基本流程

品类定义：其中包括两个部分，一是品类描述，主要说明品类特点、涵盖范围和划分标准等（如饮料类、酒精类和乳品类）；二是品类结构，主要说明不同品类间的关系，及商品的分类管理（相当于商品组织结构）。在确认品类定义时，需考虑顾客需求、企业定位、购买决策过程、品类趋势和经营管理要求等因素。

品类角色：将品类进行分工并赋予不同角色和衡量指标，反映经营不同品类的优先和重要性。角色分配有两种方式，一是零售导向，根据销售与利润两个维度来确定，主要有旗舰品类、吸引客流、提款机器、受压潜力、维持观望和待救伤残6种角色；二是顾客导向，其中又有两种分类方式，一种是根据渗透率和购买频率两个维度来确定，主要有目标性、常规性、季节性、偶然性和便利性品类角色，另一种是根据品类对于顾客、企业、市场和竞争者的重要性来确定，主要分为主要品、差异品、必备品和补充品品类角色。品类角色是整个品类管理的灵魂。角色定义通常采用跨品类分析法，需要考虑品类对于顾客、企业和市场等的重要性，并赋予各自权重，将其综合后根据指数情况而确认。

品类评估：零售与供应双方根据品类角色和相关指标，按照一定标准对品类进行分析与评估，为品类策略提供数据支持。品类评估主要涵盖品类发展趋势、零售商表现、市场及竞争者表现、供应商财务和配送能力等内容，通常涉及销量、利润、库存、缺货率、动销、产出率和"零售三效"（坪效、人效和品效）等量化性指标，也包括顾客购物行为和满意度等定性的指标。

品类指标：是零售与供应双方共同确定的具体所要达到的目标，在一定程度上反映出目前和希望达到的状态，也是品类评估的重要依据，并作为重要的管理指标可进行追踪和反馈。品类指标体系很复杂，需根据企业具体实际情况和所希望达到的目标而定，然后汇总形成品类评分表，从而直观地得到相应结论。

品类策略：根据所确认的品类角色、所要达到的目标和实际状况，确定相应的品类实施方式，常见的有提升客流、提升客单、增加利润、竞争维护、刺激购买、提升知名度、形象维护、提升忠诚度、加快周转率、成本领先、优化库存、提升效率等策略。需要注意的是，在确认品类角色时，同一商品或类别在不同性质的店里，所担负的角色定位是不一样的，比如美容护理类在便利店为目标性角色，在普通超市为便利性角色，在大型卖场或购物中心则为常规性角色。

品类战术：为了实现品类目标而采取的短期经营行为和具体方法，是品类策略的具体运行，包括新品引进与汰换、产品组合、陈列、定价、促销和供应链管理等的应用。下面用常规的新品引进作业来举例，了解是如何进行运作的。

首先是机会评估：收集并整理相关数据与信息；进行新品评分，主要参考指标因店而异，一般有品类特点、产品特色、市场支持、市场表现、店内推广、供应商能力、财务条款和竞争对手表现状况等指标；根据评分结果及实际状况，确定是否引进及具体的规格和花色等。

其次是制定执行：进行货架配置与陈列规划；根据市调状况确定售价；确定新品推广方案；确定下单、配货和上架时间。

再次是衡量指标：新品试销，确定试销期所应达到的基本销量；引进时机，确定市场已推出的时间距离新品引进是否适宜；订单效率，主要包括新品谈判到完成维护发出订单的时间，和供应商接到订单后配送直到上架的时间。

最后，及时将新品引进计划传递给相关部门，执行计划并定期追踪与回顾。

所谓好的新品引进，是要带来额外的增长，而不是挤占其他商品的表现，或能起到相互配合与促进的作用。新品回顾既要评估销量、销售额、利润和份额占比等，同时也应检查追踪订单效率、试销存活和引进时机等作业性指标。

品类实施：是根据品类策略和战术而进行的具体实施过程。此环节关键的是需要所有部门自上而下形成共识与理解，其中主要包括检查现有企业状况、与所有相关人员进行有效沟通、设立奖励和设立独立稽查等工作内容。在实施的过程中，需要注意可能面临的障碍有短期利益诱惑、工商之间利益冲突、供应商选择错误、管理层关注不足、中央管理与分店灵活管理之间的平衡等问题。

品类回顾：品类管理的目标是更好地满足顾客需求，对于企业则体现为销售与利润等绩效有效提升，所以需要进行实时追踪，然后根据实际进行回顾。这是非常必要的环节，一方面是对所做工作的总结，同时也是下一阶段的起点。

品类管理是一个复杂而系统的工程，是零售与供应之间的一种合作模式，对于双方都是一种巨大的挑战。以目前的实际状况而言，应该说大部分都还缺乏相应的条件和基础，因此可从相对简单的某一品类开始尝试，把整个流程走完走通，再根据实际情况确定下一步行动。在现实中，有很多小店会把某些自己不擅长的品类直接外包或托管，把主动权完全交由供应商，自己却始终是门外汉，如果后期要自己经营，这一课还是需要补上。

（2）单品管理。

单品是最基本的存货单元，表述为 SKU（Stock Keeping Unit），是商品组织结构中最基本的销售单位。单品与商品不是同一概念，比如饮料可按单瓶销售，也可按整件销售，还可按六连包销售，东西都一样，却有 3 个 SKU 数。理论上零售应以最小单位进行售卖，但出于顾客购买和差异化等需要，通常又会根据规格、数量、颜色、功能和价格等进行再搭配组合，形成新的基本销售单位。

单品管理是以单品为基本单位进行的管理。准确来讲，零售所有的商品管理都是围绕单品而展开的活动，而非简单意义的单个商品售卖。单品管理本身是相对于柜组和类别管理而言的，产生的基础是企业管理的精细化要求、消费者需求的个性化及现代信息技术的发展。通过单品管理，可精准控制库存、及时掌握销售动态、把握顾客需求、及时发现问题提升效率与效益、优化商品结构与配置等。实施单品管理的主要程序为"商品信息管理—编制单品代码—建立商品数据库—单品销售业绩与毛利管理—实施重点管理"。需要注意的是，在初始的商品信息管理部分，信息准确与否将关系到后面一整套流程的质量。

品类管理是零售与供应共同合作完成目标的管理模式，最大的不确定性在于双方的利益差异，导致沟通协调会占据很大的工作量，因此更适合市场成熟度相对较高、具有一定市场能力的店来开展。单品管理则完全是由自己内部进行掌控，最基本的要求是对每一具体单品的表现都了如指掌，且对任何单品的表现都需要了解背后的真实原因。只有在单品管理基础上的类别管理或商品组织管理，才具有实际的意义。虽然单品管理与品类管理是两种不同的管理模式，但二者并不冲突且可互为借鉴，单品管理是基础，类别管理可使单品管理的作用得以更有效地发挥。

（3）品牌管理。

品牌是商品与消费者沟通的媒介，对于消费者而言，通过品牌可有效缩短商品信息的处理过程，理解商品特性和背后隐含的内涵，以及有效评判售后风险与保障等，因此能快速地帮助进行决策。零售品牌管理主要分厂商品牌和自有品牌两块，其中厂商品牌主要为品类管理中的品牌优化管理，通过对不同品牌的绩效评估、设计品牌构成和进行最佳品牌组合等，为顾客提供最佳的品牌产品选择。

商品品牌有大小强弱之分，并与销售具一定的正相关，但还需要相适应的渠道通路和店铺形象等辅助配合，否则也很难带来必然的结果，比如依云水就绝对不适合社区超市售卖、宝洁有很多商品并不适合精品店销售、"茅五剑"并不适合便利店销售等。另外，有些品牌的品类覆盖范围较广也较深，但店铺的空间资源毕竟有限，如果全部引进就会被占据绝大部分陈列位置，仅从类别管理的角度来看似乎并没有问题，但对于顾客来说实际上就只是一种商品（即顾客通常会把整个品牌等同于一种品项，对于品牌下的不同品类往往是模糊的），因而会急剧压缩顾客的选择性。由此可见，类别管理还须注意品牌的问题，这样才能更好地进行商品管理。现实中品牌引进失调的现象常有发生，特别是当一些强势的品牌面对弱势的零售终端时，通常都会开出必须贩售多少 SKU 的条件，利用自己的优势地位强行占据货架，表面上确实可有效地占有终端空间份额，但实际上并没有起到应有的品类管理作用，其结果只是一个双输局面。

  品牌管理需要结合商品组织结构来进行。如果是广而深结构，则可多引进不同的品牌，并对品牌下的品项也可放宽；如果是窄而深结构，虽然也追求多品牌，但品牌下的品项需要控制；如果是广而浅结构，则不追求品牌数，但品牌下的品项可以展开；如果是窄而浅结构，品牌和品项则都需要控制。除品牌专营店外，最小类别下的品牌策略最基本的为"1-2-1"结构，即中间为最适合的主打品牌，两边为档次略低和略高的品牌，这样能基本上保障顾客最小限度的选择性。同一品牌下具体需要多少品项数，并没有具体的标准，常规经验来讲尽量不低于 3 支，并且在店铺定位的范围内，呈现出高中低 3 个档次的价格带分布。

  早期零售商业自己并不生产商品，所以基本没有品牌的概念，企业品牌意识也较弱。但随着连锁经营和规模的不断扩大，开始逐渐有了企业品牌意识。零售企业品牌与厂商的产品品牌间是相辅相成的关系：厂商品牌销售好坏，会影响零售的形象，企业品牌依赖于厂商品牌的表现；零售企业的品牌效应，将会影响顾客的到店选择，进而影响厂商品牌的销售。零售与厂商的品牌逻辑有一定的差异：生产主要聚焦于产品品牌，是通过产品来带动企业品牌形成，然后企业品牌在一定程度上又会帮助产品的拓展；零售由于产品并不聚焦，因此更关注企业品牌，主要通过企业形象等来影响顾客购物。不过随着零售市场力量的日益凸显，开始逐渐有能力向上垂直一体化运行，因此零售的产品品牌（自有品牌）必然要登上历史舞台。

  事实上，自有品牌发展至今已到了第四代：第一代只能算是自有产品，主要是一些技术要求简单且基本无太大生产障碍的产品，品质与正常品牌相比较次，取胜主要在于价格优势，面向品质要求不太高的顾客；第二代已有一定的品牌概念，品质有所提升，但总体还落后于正常品牌商品，价格还是主要推动力；第三代已形成正式稳定的品牌概念，较注重品质，有些已基本与正常品牌持平，最大的转变是不再简单地以价格推动，而是凸显性价比优势；第四代开始注重品牌形象，建立自有品牌的目的是更好地差异化，掌握产品主动及为顾客提供独特的价值。第一和第二代自有品牌对于市场的影响不大，除少数企业的表现稍好外，总体市场份额占比有限。随着不断的演化与发展，自有品牌开始逐渐侵蚀正常品牌的市场份额，据有关统计表明，20 世纪 80 年代英国的自有品牌份额占比只有 17%，但到 90 年代就已达 27%，近期则达到 47%；瑞士的自有品牌份额占比已超过 43%；Costco 的自有品牌份额占比也超过 28%；ALDI 的自有品牌份额占比则更是高达 90%。

自有品牌最初的出发点是为追求利润，但随着竞争日趋激烈，已成为差异化的重要手段。自有品牌的实际状况将体现企业的竞争能力，正如 ALDI 成功的根本核心就在于强有力的自有品牌；Costco 之所以能逆势增长，其根本就在于独特的商品、低价和会员制；名创优品的自有品牌虽然还处于萌芽阶段，但大量专供定制已显现出强大的生命力。然而，零售在自有品牌建设中存在某些误区，其中很多把企业品牌直接当作产品品牌来使用，但二者的底层逻辑是不同的：企业品牌是概念性的，产品品牌则要有具体指向；企业品牌更多的是建立在渠道优势之上，但渠道仅是影响产品选购的因素之一；企业品牌与店铺选择相关，产品品牌则与产品选购相关。因此，企业品牌对于产品选择的影响较为间接和有限。其实聪明的企业在做自有品牌建设时，恰恰应适当进行剥离，以免产品受损时反而会影响企业形象，有效避免一损俱损的状况，一旦产品出现问题，还会有企业品牌作为支撑。

顾客在购买时会综合考虑多种因素，比如品牌知名度、品牌形象、品牌价值和价格等，而很少单纯以某要素来进行决策。下面通过"品牌知名度"和"产品独特性"两个维度，就可知道顾客购买倾向与企业行为的关系，如图 12-3 所示。

品牌知名度	销售努力（二）	80% 购买（一）
	80% 不购买（三）	促销竞争（四）

产品独特性

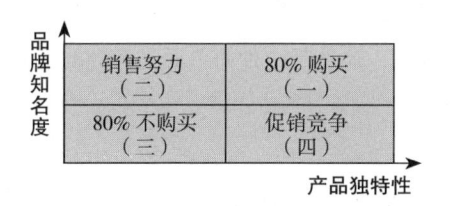

图 12-3 "产品-品牌"影响购买矩阵

不管是任何品牌，能够落在第一象限当然最好，但实际状况是大多都落在第三象限。现实中，很多人对于自有品牌缺乏准确认知和清晰定位，认为品牌本身就具有独特性，如果企业再具一定知名度，就极易造成在第一象限的错觉。其实对于自有品牌建设，主要应立足于产品本身的差异性或独特性，如果单纯靠价格，往往容易忽略需求结构模型中其他需求因素的状况，就很难形成真正意义上的品牌效应。

关于品牌建设，较具代表性的是 CBBE 品牌模型（见图 12-4）。该模型由凯文·凯勒所提出，是基于消费者的品牌价值模型，为构建品牌指出了途径，其中包含 4 个步骤：建立正确的品牌标识；创造合适的品牌内涵；引导正确的品牌反应；缔造适当的消费者品牌关系。4个步骤又可分为品牌显著性、品牌绩效、品牌形象、品牌评判、品牌感觉和品牌共鸣6个维度。

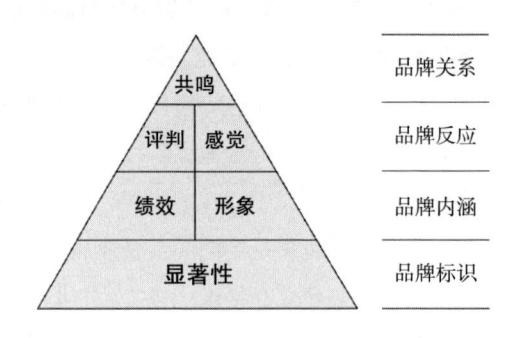

图 12-4　CBBE 金字塔模型

零售在实际运行中应特别注意不可排挤打压其他正常品牌，因为这在根本上是脱离了顾客优先的原则，并且如果自有品牌竞争力不足时，还会拉低整体的商品形象，从而降低顾客的购物体验。另外，对于实力或规模较弱的企业，发展自有品牌将是巨大的挑战，这时应在市场空白的基础上，结合自身实际而采用订购或定制方式，以小快灵的策略寻求单点突破，同样也可取得一定成效。初期时不必过于追逐所谓自有品牌，可以定制或专供特供等方式取得资源，然后再全力推行，如果失败也无伤大雅，如果有效则进一步发展，这也是一种简单而又有效的策略。

4. 商品管理的原则

（1）差异性原则。

差异性是零售的第一准则。差异性主要可从可比性、同质性和标准性几个方面来理解：可比性是不同物品是否具备比较性，比如果汁与牛奶具可比性，但果汁与玩具就无可比性；同质性是物品在比较时呈现出的近似状况，同质性越大越具可比性；标准性通俗来讲就是物品的规范状况，标准性越高，往往同质性也越高。可以看出，如果可比性、同质性和标准性越低，往往就越具差异性。

生鲜类的3种特性最低，即便同样的肉菜水果放在一起，由于产地、品相、品质、口感和鲜度等都会有很大差异，所以集中售卖也影响不大；熟食类的评判会因人的主观而异，所以餐饮业也不担心聚集的问题；包装食品类由于标准严苛，往往易造成高同质性；百货用品类虽然很多也是标准生产，但由于产品形状、颜色、规格、材质和档次等要素较多，往往也并不容易对比。如果商品的差异性越大，那么影响选购的因素就会呈现多种需求的满足性状况。

> **小贴士**：店铺竞争的距离与商品的可比性呈正相关，即可比性越大距离要求就越远，反之则可越近或聚集；商品同质性与价格竞争呈正相关，即同质性越大价格竞争越激烈，反之则越弱；店铺间的距离与价格竞争呈负相关，即距离越远价格竞争越弱，反之则越强。

目前很多商家都在进行经营调整，将重心偏向于生鲜类，有些还增加了堂食，并美其名曰新零售。其实通过可比性原理就很清楚其本质是在规避同质化，包括有些转型定位于精品或强化进口商品，实质上也是为了凸显不可比性，并且通过提升档次还区分出目标客群，具有购买力且对价格也不太敏感。强化生鲜是差异化策略之一，但冠以新零售概念就是无稽之谈了。

我国生鲜供应主要呈区域性，很难有产业化规模效应，其中的根本问题是产品标准化程度较低，且短期内格局难有较大改变。作为终端很难做好分拣、加工、保鲜和损耗等各环节的有效控管，并要面临消费购买习惯的教育压力。生鲜的时效性要求较高，只有标准性才有助于提升流通效率和降低损耗，因此必然要求推行品规管理和包装规范等，生鲜标准是整个产业链必须面对和解决的问题。

非食百货类具有一定的不可比性，因此对于价值不高的商品往往可能价格不敏感，所以成为利润的主要来源；包装食品类差异化程度有限，但也可采用品质、等级、规格、包装、组合和价格等进行差异化。同时，零售可用专供、特供、定制和自有品牌等来进行差异化。在商品确认时，如何寻找和确认差异点，SWOT 分析是常用的方法之一，商品力的体现在于能够找到和提供多少解决方案。

（2）齐全性原则。

顾客购买总是希望能有更多选择，因此就要求必须具备一定的丰富度。从理论上来说，经营的品种越多，越有利于吸引更多不同需求的顾客，或是更好地激发顾客的非目的性购买。齐全的概念并不难理解，却不容易把握：一方面是容易出现把多品项当作多品种的误区，另一方面则是缺乏零售把关而盲目堆砌，这实际上是把选择的难题丢给了顾客。因此齐全只是一个相对概念，不是只要"多"就万事大吉。不过至于究竟多少才算合理，也并没有确切答案，但从顾客行为角度来看，通常最小分类下的品项数不宜超过 7 支（或系列），而零售商的一个重要职能，就是帮助顾客筛选和把关，虽然这也有很多问题，但总强于推卸责任的齐全。

（3）市场性原则。

顾客购买是检验是否组织到适合商品的唯一标准，但如果都要等到最后才能知道正确与否，就未免有些滞后和被动。企业可设定某种预警机制，对于所要引进的品项和促销推广等,通过内部模拟市场来进行检验过滤,从而提升选品或销售的准确性,同时还可统一相关认知,以免事后相互指责。当然,市场化也容易带来效率较低的问题,并且可能使选品结果平庸化,所以主要是把它作为一种事前反馈机制,然后明确各自的职责,避免陷入内耗之中。

(4)推陈出新原则。

其目的是让顾客能保持新鲜感。既要紧紧抓住市场主流和风向标,但又要避免过于依赖某些畅销品项;既要保持相应辅助、配套和补充品类品项,又要密切监控表现较弱品项,以免拖累库存指标和影响效益。对于新品引进和老品汰换,总体应遵循"一进一出"原则,并且新老品都要有相关计划和进出评估。

(5)服务性原则。

服务的内涵很广,在商品选择时主要是指应具备的服务意识,通俗来讲就是要帮顾客找到价廉物美的商品。为顾客省钱不是简单的低价,而是为顾客提供更具性价比的解决方案,底层逻辑是培养顾客的信任感和忠诚度,从而不必过多地在价格上纠结。这就要求真正站在顾客的立场来把关,而非利用信息不对称玩弄技巧。

(6)效益性原则。

对于毛利率的改善,主要有提升售价和降低成本两种途径,由于售价会受市场价格的制约,所以更多的只能是在成本降低上做文章,其中主要在于降低进价和提升效率两个方面。不过,零售收益不能只看毛利率,还应看销量状况。现实中常会面临不同毛利与销量的取舍问题,有些销量好但毛利状况不佳,有些毛利不错却销量有限,其取舍主要是用毛利回报率(又称交叉比率,公式为"毛利回报率=毛利额/平均库存额=毛利率×周转率")来衡量效益贡献。例如,某乳品毛利率为5%,库存周转率为15次,某饮料毛利率为25%,库存周转率为3次,经过计算会发现二者的回报率是一样的,所以高毛利率并不代表会有高收益,还需综合衡量。

(7)时效性原则。

商品管理的时效性主要体现在季节、节庆、促销或新品等的掌控,即在商品引进或促销安排时,要有前瞻性和及时性,比如对于时尚性商品绝不是对当下潮流的把握,真正的功力在于之前的预判与评估。通常普通换季或促销至少需要三个月的准备时间,重大节庆性销售至少需要六个月以上的准备。因为是提前准备,商品的实际表现并不具确定性,所以对操盘者的前瞻性和掌控力都有较高要求。

二、采购决策

零售是连接生产与消费的桥梁,采购环节则是整个零售活动的重要桥头堡。作为零售活动的开始,如果商品本身出了问题,那么后面基本上就很难有所作为,所以采购作业是整个商品管理的关键,既要确保商品适销对路,又要努力使成本最优,既要能有效提供顾客价值,还要与上游实现共赢。零售与生产的不同在于,零售本身并没有生产制造环节,所以零售的营运更像是生产的营销部门,担负着价值传递职能,采购则是资源整合者和价值组织者,可见,采购不只单纯服务于营运部门的售卖,更是整体商品管理乃至经营的重要引擎。

1. 渠道决策

商品因素:①体积与重量。体积越大和越重的商品,对运输的要求越高,需尽量减少中间环节。②易腐性。越是容易产生腐败、变质或保质期短的商品,越要求加快流转速度,同样也需要尽量减少中间环节,以及强化中途储运能力。③单位价值。商品单位价值高低与流通渠道长短呈负相关,单位价值越低,相应的分销渠道应越长,反之则应越短。④技术性。对于技术性要求越高的商品,越依赖于厂家的服务,就越需要缩减中间环节,比如汽车和电脑产品,只有生产商才能更好地提供服务。⑤崭新度。针对新品推广初期,生产商直接进行市场营销,更易取得成效。⑥标准化程度。商品的标准化程度与流通渠道呈正相关,标准化程度越高,越容易通过中间渠道扩散,标准化程度越低,越需要生产直接控管。

市场因素:①市场区域。商户间的距离或跨度越大,所需中间环节及数量越可能增加。②市场规模。市场体量越大,越可容纳更多的中间环节。③市场密度。为单位区域范围内的市场规模,但对于中间环节的要求相反,密度越高生产通常会直接来经营,密度越低则多是由中间商来覆盖。④市场行为。顾客购买行为会影响渠道的长短,比如大众普通品通常需要更多的渠道覆盖;如果受季节性影响越大,就越需要中间环节来缓冲;顾客越"懒惰",直通的到家模式就越适合。

厂商因素:①实力与规模。通常实力或规模越大,就越有能力控制渠道(当然也有能力直营),而实力或规模越小,就只能依赖于中间渠道分销。②管理能力。厂家的管理能力越弱,对中间环节的依赖性就越大,反之则越希望能掌控分销渠道的状况。③企业的目标与策略。厂商越试图掌控产品与服务,或越是在意品牌建设,通常就越希望缩减中间环节,甚至是直营。

中间因素:①可得性。即是否有适合的中间商,如果没有就只能另外开辟或自己直接经营。②使用成本。中间环节的成本是选择渠道的重要因素，如成本过高无法确保收益，就需考虑缩减中间环节。③提供服务。中间商能够提供服务的状况，是设置中间商的重要考察内容，如果不能提供有效服务，通常会另找甚至是自己直营。④实力与规模。中间商的实力规模越大，通常对下游的分销控制就越强，实力规模越弱，就越需要介入分担其分销职能。⑤辅助条件。交通运输与仓储技术越发达，相对的渠道环节越可延伸，反之则只有通过自己来组织。

2. 商品决策

主要包括选品和销售管理两个方面。选品决策，是在商圈和商品供应市场调查的基础上，确定卖场的目标顾客与定位，制定相应的竞争战略与策略，确定商品组织结构和商品配置，以及商品假设数和具体的品项、品牌等引进计划，最后根据商品规划寻找供应商和商品资源。销售管理主要是追踪各类别和单品的销售表现状况，并根据顾客需求和市场变化等进行分类补充和新品引进，以及对零滞销品及时汰换等。选品是为了更好地销售，销售则是选品的直接验证。

3. 采购方式与采购组织

采购方式即通过什么方式组织进货，一般包括：①集中进货。如果是单店，主要由店长或采购部门专门负责；如果是连锁店，则统一由总部负责。②分散进货。单店是由各部门自行决策，连锁店则由各店分别对应供应商及进货。③混合进货。对于近处和例行性的各自进货，远处和特殊策略的统一进货。④委托进货。一些规模较小的店，会委托中间商或专门机构代采。⑤联合进货。由几个零售商联合起来共同进货。④招标进货。是针对某些特定要求而使用的进货方式。

对于采购组织，通常单店或规模较小时是营采合一模式，多店和规模较大时是营采分离模式。如果是跨区域大型连锁，常见的组织结构为：①各区域独立作战，相互间只是商品资源协调关系，优点是可根据各地实际状况灵活应变，比较容易把握和贴近当地的实际消费状况，缺点是采购组织成本较高，面对全国性厂商因力量分散而很难获得较好的统一性资源；②设立中央总部采购，但各地仍保留一定的地方采购组织，优点是地方资源与总部资源可有效地相互配合，缺点是总体组织结构庞大而导致成本较高，同时会因某些利益问题相互推诿或有执行偏差，需要花更多的精力进行协调，协作效率性或协同效应未必高；③全部总部控管，地方仅剩极少人员起协调作用，优点是管理效率相对较高，且集中力量容易取得较好的商品资源，缺点是各地方差异很难被有效兼顾，总部很难进行追踪管理，实际执行状况较差，对采购人员的要求极高，常会因精力有限等导致难以深入细节。

在采购组织设置中，要注意避免堕入"集体决策陷阱"，即为凸显对商品引进的重视度，专门成立采购委员会之类的组织，通常由企业高管、采购、营运和财务等主管构成，成立的初衷在于共同把关，避免受个人因素影响。这其实是一种低效的做法，参与人员越多，形成决策的效率就越低，结果往往会越平庸，并且容易贻误战机。采购决策同顾客购买决策一样，都具有很多不确定性，如果事先讨论就能看清，那么就不叫决策而是决定了，并且因每个人的角度、视野和目的等不同，极有可能只是按图索骥，而无法真正发挥引领作用。或许有人会说"三个臭皮匠，顶个诸葛亮"，但这对于不确定性的决策来说，只会增加更多的干扰，且容易形成人人管但又都不管的局面。如果产品引进失败，那么是共同承担责任还是实际作业者承担？如果只由采购承担，那么为何还要向其他不直接关联的人汇报？如果是共同承担，那么其他人员的专业知识和技能能否起到应有的作用？反过来也一样，如果选品成功，那么绩效该算在谁的头上？如果归采购所有，那么其他人员又会有多大的动力？如果是共同所有，那么采购最好的策略是不是减少犯错？可以看出，这种方式左右都无太大意义，只是形式主义，作为管理者的某种借口而已。

4. 供应商决策

包括供应商选择和管理两个方面。其中，对于供应商的筛选主要围绕商品、品质、规格、价格、交货能力与条件、服务、退换货、支持与配合、广告与促销、规模实力、市场地位、经营权限、信誉度和创新性等方面来进行，根据实际需要创建供应商评估计分表，只有达到相应分数后才能入选可合作名录。另外，从成本衡量角度来看，通过计算供应商的行为评价值，也可大致判断出供应商的接受程度，即把实际经营中的退换货和缺短交等各种无价值的附加劳动导致产生的成本，与商品供应成本进行比较，就会得出供应商行为评价值。其评估公式为：供应商行为评价值 =（商品成本 + 无价值成本）/ 商品成本。通常计算出的结果值都会大于1，如果是等于1，则说明没有无价值的成本产生。也就是说，当数值越无限趋近于1时，说明供应商表现状况越好，当超出一定的值（通常为1.04，或者说无价值成本的最大占比不能超过4%）后，就表明该供应商不可接受。

5. 财务决策

财务状况是企业一切行为的基础和目的，财务的核心是绩效，而绩效的关键在于预算，准确与否将直接关系到实际的效益状况。要确保绩效指标完成，就必须保障采购额度，所以为使资金得到合理安排及避免付款违约情况，需要做采购资金预算，而对于特殊性促销、季节性销售、临时性大单或特殊性资源获取等，则需做相应的规划和应急方案。对于具体的库存资金占用，主要依据库存天数来进行控管。例如，某超市日均销售约20万元，良性的库存可销天数应为20~25天，这样计算下来实时库存金额应为400万~500万元较为合理，如果实际超过了1000万元，则显然是资金占用过大，影响流动性和资金成本不说，也不利于企业信誉的建立。

6. 价格决策

价格包含两个方面：售价的基本准则是在经营区域范围内，不得高于同类店售价；进价确认常用的为目标价格建立模型（TPSM），是帮助验证价格是否合理的工具，主要包括历史价格、竞争者价格、首轮报价、市场价格和成本分析五方面要素，综合后可大致得到一个价格范围，然后再与目标价格和挑战价格进行权衡比较，以确认最终进价。如果有多个供应商共同报价，理论上报价得分 [报价得分 =（1－差价/最低价）×100%] 越高越好，但还需综合其他因素后才能最终确定。

7. 数量决策

由于存在仓储、运输和人力成本等因素，如果不考虑效期或其他成本和效率问题，理论上单位采购批量越大，摊销的流通成本就越低，反映的单位商品成本也越低，其呈现出反比关系。但由于大量进货存在资金积压的问题，以及仓储成本和空间资源应用的压力，甚至还可能侵蚀到所降低的成本，因而应在勤进快销的基础上，在进货批次、数量与费用成本之间寻求某种平衡，见图12-5所示。

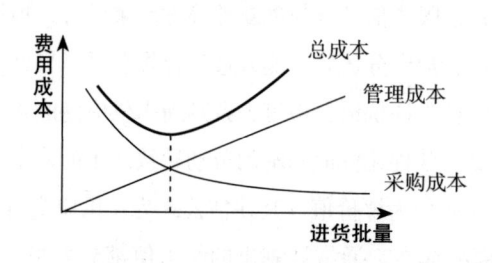

图 12-5 经济进货批量示意图

通过经济进货原理可以发现，商品进价成本与流通或采购成本密切关联，当采购挤压进价成本时，供应商可能会从交付等上面来转移成本，或者可能要求增大供应量交换，甚至出现交付异常等。因此，采购要清楚，既要确保基本的商品进价，也要考虑进价以外的其他成本，以达到最佳采购效率。

8. 时间决策

采购时间主要有两种：①非固定时间。主要有季节、流行、节庆、新品、促销或其他临时性商品采购，或完全根据实时销售状况来确认进货。其优点是补货较快捷灵活，需要关注的因素少且操作简单容易掌握，缺点是不利于供应商备货和送货时间的安排，以及可能出现送货扎堆的问题。②固定时间。主要有固定时间下订单和固定时间送货两个方面。其优点是供求双方都便于安排采购计划，供应商只需按规定时间取单备货，而零售商在安排送货时间时可适当错位进行，有效避免送货扎堆现象，可提升送货和收货的效率，缺点是间隔较长时对于中间变化反应不够及时，短期性的缺货现象较为普遍，对订货水平的要求较高。

三、采购选品

位置是传统零售的核心要素，采购作业则是整个商品管理的核心和经营活动的起点。如何才能寻找和采买到适销对路的商品，是采购管理的根本，选品力是商品力的基础，而商品力状况将直接体现商品乃至经营的管理水平。不过就选品本身来说，并没有绝对的方法或模式，且有关研究文献也非常少，更多的是依靠个人的摸索与经验传承。下面为选品应考虑的主要事项及常用方法的总结。

1. 考虑的因素

在买方市场下，零售已不再是提供什么就销售什么，而是在深刻了解顾客需求的基础上，站在顾客的立场去主动寻找符合的商品，充当好顾客代言人角色。在进行选品作业前，需要先进行大量的准备工作，对目标顾客、市场与商圈状况、商品特性与要求、经营战略与目标、店铺形象与定位、经营管理能力、供应和竞争状况等都需全面梳理，这样才能有的放矢，提升选品的成功率。

（1）目标顾客。

由于店铺的空间有限，不可能无限贩售商品，因此需要针对目标顾客来提供商品，比如某商圈以校区为主，消费主力为学生，兼有一定的教职员工，那么商品应以休闲和即食类为主，厨房类为辅，以及价值不高的时尚类、日用百货、简易家居、文玩类和数码周边等较为适合，生鲜和家庭用品类要谨慎，餐饮以简易快捷和有特色为主。常规而言，如果店铺处于人口密集的商业中心，则应以时尚潮流和娱乐体验类商品为主；如果处于相对偏远的郊区，则应尽量为大而全的商品结构，小店则需依附在有集客能力的大店周围，品项以补充为主；如果位置并不太好，商品就需有特色，并在主打类别内应尽量做到品项齐全，以取得局部的选择优势。不同商圈区域的消费特征会有明显差异，经营品项要有针对性调整，虽然这对于连锁的标准化管理会增加难度，但千店千面是最基本的要求。

（2）市场定位。

主要为店铺在顾客心目中的形象和独特卖点，不同的市场定位其商品要求是有差异的，售卖什么样的商品，就会形成相应的形象。零售中形象的概念较为宽泛，有卖场形象、价格形象、服务形象和商品形象等，商品形象主要表现为品质与档次等，常见的有精品与大众、专营与综合、潮流与传统、生活方式或年龄差异等形象定位，但基本要求是定位与目标顾客相匹配，尽量避免不协调的状况，比如便利店主要凸显的是便捷性，商品档次为中偏低，顾客无须在价格上过多纠结。

其实让顾客形成怎样的形象定位还只是初级阶段，更深层的是给顾客留下什么样的卖点记忆。所谓卖点，简单来说就是与众不同并被顾客乐于接受和具有优势的典型特征，比如沃尔玛的卖点是天天平价，迪士尼的是完美体验，苹果手机的是简洁流畅。对于零售而言，卖点逻辑与产品定位概念是有一定差异的，即单品往往具有排他性，而零售则主要是通过商品组合来完成，或者说是提供多种解决方案，呈现的是整体效应，所以选品时要避免过于偏重某品牌，否则容易以点概面而破坏其整体性。也正由于是商品组合，就更需要具有差异性（独特性）和典型性（或优势性），同质化是无法显现定位特征的。当然也要避免为差异而差异，否则容易导致都是一些生冷或过于小众的商品。

（3）经营目标。

每个企业都会有不同的经营战略与目标，而怎样的目标将会影响到相应的商品策略。如果以市场份额和业绩扩张为主，选品就应侧重大众接受度高和高流转性方面，这样更便于通过量的扩张来实现利润；如果以毛利健康为主，选品则需讲究精准定位和差异化策略，更加注重的是商品所能提供的附加值。另外，企业通常都会有辅助指标，同样也会影响商品的选择，比如有些会禁止负毛利销售，或对于类别有最低毛利要求等限制条件，这些显然会使选品的范围受限，因此要特别注意替代品的培养，或最终偏重于定制和自有品牌等。

（4）资源状况。

零售的上游供应商主要有生产商、总经销或总代、二级或区域经销代理、普通分销或批发，所提供的资源状况有所差异，通常越靠近源头，利润空间就会越大，但品种大多也会变少，因此比较适合大型及有较强商品组织能力的店；越靠近下端空间越小，但品种往往会更多，相对会有一定的选择余地，所以比较适合小型店。对于供应商需，综合考虑规模实力、经营管理、运营能力、配合状况和信誉等。一般来说，零售根据自身的实际状况，对于供应商的选择是以略高一级的方式来匹配，盲目追求更高的源头未必会获得更优的资源。而那些已具备相当市场力量的零售商，主要方向是纵向一体化，与生产深度合作直接成为定制或自有品牌。

（5）市场状况。

理论上选品的对象主要是市场上的主流商品，因为这些都是关注度较高或经过市场检验，有一定市场基础或体量保障的品项，因此相对来说安全和成功系数更高。不过由此带来的负面影响就是容易引发同质化，导致被卷入价格竞争，所以不可盲目地只看头部，还要根据目的、顾客和自身条件等来综合考虑。

另外，竞争者所处位置、规模大小、经营品项和经营能力等，将会在很大程度上影响商品的选择。当实力大于其他对手时，品项选择主要为尽量囊括市场上的主流商品，然后挑选具代表性的商品来凸显价格优势；当双方旗鼓相当时，则主要应采用差异化策略，对于市场主流无须过分追求，既要与目标顾客和自身定位相匹配，又要尽量与竞争者区别开，用多变和求新来掌握主动；当实力较弱时，则主要应采用集中优势策略，一旦找到时机就把全部有限资源快速释放，然后再寻求其他新的机会，让对手摸不到规律而疲于应战，因此商品选择可能会是临时性的，但要尽量寻求在局部形成优势，只要能有效果总会找到相应的资源配合。

需要注意的是，不同的商品特性对于市场行为的要求是有差异的，虽然总体要求是要有差异性，但有些商品反而是需要扎堆竞争，才更容易获得顾客资源，比如餐饮、鞋服、针织床品、家居家具、3C数码和建材装修等专营店类，这些品类往往越聚集，就越具影响力而越能聚客，其替代性竞争多会被体量扩大消化掉，因此这类商品强调的是特色。不过对于综合店来说，由于空间资源所限，导致往往只能选择头部商品，使得同质化更严重，因此综合店往往互为排斥而希望远离。

（6）购买习惯。

传统实体的位置是固定的，商圈内顾客的消费行为通常变化不会太大，对于某些商品容易形成习惯购买。虽然购买习惯并没有绝对性，但在短期内还是有相当影响的，比如小吃主要还是习惯于街边小店或小吃街，因此便利店要培养快餐还需有个过程；购买汽车主要还是习惯到汽车城或4S店，如果在商场里销售，则其广告效应要大于实际意义；购买具有一定档次的服装习惯于到购物中心、高档百货或商业街的专营店购买，超市里就很难出效果；生鲜类还是会习惯于菜市场或生鲜超市购买，因此生鲜成为电商的最大短板；等等。如果违背购物习惯，就意味着需要更大的投入来改变或培养习惯的形成，这往往不是普通企业能承受的。

2. 主要的选品方法

选品很难有标准的方法与流程，不同的行业都会有自己的要求和规范，因此在这里主要列出几种比较常规的方法，以供参考。

（1）商品配置表法。

对于商品组织的设定，其中一个重要作业就是商品配置表，它既是具体品项的陈列规划与执行准则，也可反过来作为品项计划。电商由于不受空间的制约，理论上可无限售卖品项，因此焦点在于如何增加曝光率（如畅销、热点和价格等排序）。线下实体对于开店主要有两种方式，一种是已有品项，根据要求寻找适合的商圈和物业，另一种是根据实际的商圈和物业状况来确认相应的业态和品类品项，但不管哪种方式，都是以商品配置作为依据。就具体作业而言，组织商品的依据主要是品类与品项规划，其中涉及品项数的设定，可用营业面积反推估算法（见表12-1）来推算。由于不同商品属性的陈列展示要求不同，同等面积下的品项数会有差异，这里举例的主要为形状差异不大的包装食品和日用品类。

表 12-1 用经营面积推算预计品项数示例

有效店铺面积	100m²
仓库面积	10m²
收银面积	5m²
经营面积	85m²
货架占比	35%
货架占地面积	约 30m²
货架面积	约 0.3m²
货架数量	100 组
最少展示面	0.15m²
单层展示	10 支
单组展示	约 25 支
总品项数	约 2500 支

注：货架尺寸为长 0.9m、宽 0.35m、高 4 层。

其中要注意几个变量：①仓储与收银面积。不同业态的要求差异很大，且还涉及是否有总仓的问题。②收银区陈列。通常该区域的商品陈列与店铺大小呈负相关。③货架类型。显然立体的层架陈列效率最高，岛式和平台式的陈列品项数要少很多。④促销区域和面积。促销堆头的陈列品项数会更少。⑤附属陈列。有些边网和侧挂等往往无须新增专门位置。⑥最小展示面。展示面是商品正面陈列时的宽度，如果展示面过小，顾客浏览时就不易发现，因此需要设定最低标准（通常不低于8cm，但不同商品属性的标准会有很大差异，如文具类和化妆品类的要求会低些，鞋服、床品和家电等则要大很多），如果单品低于标准，可进销并排多个陈列，比如饮料的单瓶与双瓶陈列效果就相差很大。

用品项数可快速测算和评估总体品项状况是否合理，但落实到各分类及具体的品项状况，则还需要借助于店面布局规划及每一单组货架的商品配置规划（又称棚格图法，见图12-6）。当规划完成后就可"照单请客"了，当然该方法相对更适合于本身具有一定资源基础的店使用。

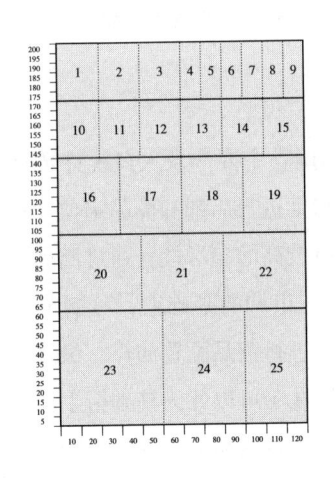

图12-6 棚格图法示例

（2）"需求－价值"组合法。

商品是需求满足和价值的载体，需求及对应的价值构成主要有生理、心理和精神3类，对应到商品时可分为功能和情感两个维度，进而形成不同的组合（见图12-7）。选品时要根据所面对的目标顾客状况，选择对应的"需求－价值"象限以适应之。

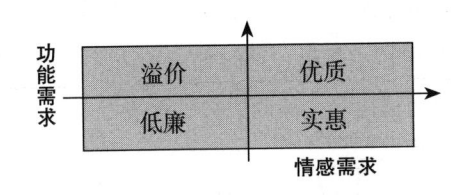

图12-7 "需求－价值"组合

功能需求对应的是使用价值，体现品质状况；情感需求对应的是价值，体现价格状况。由此，可形成4个象限组合：①高品质－高价格。该类型顾客对生活有较高品质要求，且具有消费能力，因此商品要走高端、小众、个性和精品化路线，绝对要保障物有所值。②高品质－低价格。这里的高品质是相对于价格而言，追求的是价廉物美，所以商品重点在于如何能有效感知物超所值。③低品质－低价格。这里的低品质是相对于实用性和价格而言，即往往会更在意情感方面的满足，并愿意为之买单，因此商品的实用功能并非排在首位，更重要的是在于所包含和传递的内涵（如艺术品和奢侈品类）。④低品质－低价格。属于消费务实主义，相信"一分钱一分货"，但由于消费能力相对有限，对于商品的要求只要能保障基本的功能即可。由此可见，只有认真分析每支单品的"需求－价值"内涵，再结合目标顾客和店铺定位，才能筛选过滤出适合的品项。

（3）市调法。

主要包括商圈和竞争调查两个方面。商圈调查主要涉及人口统计数据、顾客流量、市场状况、生活方式和购物习惯等，可以帮助进行店铺和商品定位，从而有针对性地寻找相关商品；竞争店售卖的商品通常具有较高的参考性，通过商品可大致反推出当地的市场、消费、供应及商品力等状况。在市调的基础上，可制定相应的商品策略，并根据商品组织结构列出需售商品，然后进行商品配置演算，最终形成商品清单。商品目录除了便于"照单请客"外，重点还在于可以此为基础衍生出其他的商品管理工具，比如重点陈列清单、永不缺货清单和必备商品清单等，特别是生鲜类因较缺乏标准性，可根据商品目录加入某些规范和要求，就可形成品规管理。其他的还有如季节性品等非常规品项，也可用商品目录的方式进行管理。

（4）挖掘法。

人们在谈到选品时几乎都会强调应主动寻找，但实际上大部分资源都来自现有的供应商，因此供应商的资源挖掘是一条重要渠道。不过，供应商提供虽然可减少寻品的工作量，但也要注意避免堕入某些陷阱，因为越是畅销商品越不愁卖，即便畅销品厂商也会积极主动地拓展市场，但相关条件可能比较苛刻，相反那些处于市场中下游的商品，通常都会表现得较为积极，这时如果采购对市场和商品的把控能力不足，就会节省了精力却采买进普通商品，从而失去了竞争力。

（5）广告法。

面对广告的狂轰滥炸，很多顾客会有排斥感，而采购却要透过其中的信息来把握市场动向。广告是一种重要的信息传播手段，并在一定程度上会影响受众的认知，影响到顾客的购买行为，比如当卖场里也有同样的广告商品出现时，就会很容易唤起顾客的记忆，从而引发注意甚至产生购买行为，即便并没有产生购买，也因广告的宣传效用，会认为该店还是能紧跟潮流或较接地气，从而带来某种程度的信任。另外，广告从某种程度上来说也是一个风向标，对社会文化等有时会引发一定的从众效应，或在短期内有可能成为某种新趋势，这时如果与自己的经营定位冲突不大，完全可以借势而为，搭便车也是一种不错的选择。再换个角度来看，能够进行广告投入的厂商，通常都会有较强的渠道拓展意愿，或者在市场投入初期往往能释放更多资源，因此可借势发力以取得良好效果。

（6）数据法。

经营数据是实际购买状况的反馈，也是顾客需求的体现，因而数据分析是商品管理的重要环节。从数据中得知哪些商品是接受度较高的，便可重点关注和强化相关品类，对于接受度较低的，则需进行引导或及时调整。数据分析除了对系统有要求外，对于作业者也要求具备一定的分析和解读能力，否则即便给出一堆数据，也未必能发现其中的机会点。由于解构要比收集复杂和困难得多，且结论往往未必具有绝对性或直接的指导意义，因而对于数据的分析能力，是采购必须具备同时也需苦练的基本功。

（7）消费模拟法。

商品的基本职能是要能解决问题，这就要求在了解商品特征及属性的基础上，还要具备相应的生活经验与常识，能够设身处地扮演顾客或消费者角色，模拟实际的购买或消费场景及进行相关试销等，从而提升选品的成功率。退一步来说，虽然很多时候未必都能亲自或全程参与验证，但至少新品的相关演示与说明是必不可少的环节，通过与已售类似商品进行比较，从而判断是否能为顾客提供不同的解决方案，而建立在此基础上的新品引进和老品汰换的成功率要高很多。

（8）商品评估法。

主要是根据市场实际和企业自身管理要求，针对相关的目标顾客、产品生命周期、商品形象、商品特性、流行及趋势、竞争店经营、市场行情、毛利政策、销量预测、周转率和售后服务等指标，确定相应的评分标准及权数，然后根据实际评分状况来判断是否符合要求。当然也可简化为只看其中的某些指标，或者进行非正式的简单评估，目的就是要避免形式化而能快速反应。商品评估的意义在于使商品选择与确认能够规范化操作，较为清楚所应关注的重点所在，在面对供应商和内部管理时能形成统一语言提升沟通效率。

四、采购谈判

谈判是采购最基本的能力要求和基础工作。之所以会出现谈判,是因为双方的利益诉求存在偏差,需要沟通、磋商、协调或交换意见等,共同寻求解决途径,从而达到各自的目的。谈判分为3个层次:一是初级层次(竞争谈判),简单来讲就是切分蛋糕,双方利益是此消彼长的关系,通常是占据实力的一方容易获得大于自己应有份额的占比;二是中级层次(协作谈判),承认双方彼此的利益,主要通过协商方式来取得各自应有的利益;三是高级层次(双赢谈判),为建立在合作基础上共同寻找将蛋糕做大的方法,然后各自获得比之前更多的利益。双赢模式与双方的实力大小有一定关联,但更多的是通过互补而取得协同效应,基本原则是互利互惠与合作共赢。

1. 谈判要点

虽然谈判的终极目的是要争取到最大利益,但又不应仅限于输赢。当处于强势地位时,往往容易依仗优势而要求获得更多利益,但所谓强势,其实仅意味着在某种环境及条件下处于优势主导的地位,而唯有让双方都能感到有利可图,才能长久持续合作;当处于弱势时,往往会因缺乏底气而不敢据理力争,但其实应向对方充分展示所能带来的好处,让其清楚如果没有合作,所谓优势也将不复存在。

零售谈判中需关注的点主要有:①交易频次。周转性是最重要的焦点。②合作时限。零售多为重复博弈,因而利益多寡通常不在于谈判能力如何,而是由市场力量所决定。③市场约束。由于最终都会有一定的市场价格限制,所以进价将直接关系利益状况。④价值因素。对于单位价值不高的大众品,主要需靠量来弥补,致使谈判较具弹性。⑤可替代性。大多消费品都具有一定的可替代性,因而不存在绝对的必采商品,所以需求方相对容易取得谈判主动。

谈判本身并不是目的,而是一种手段。采购谈判最容易体现成绩的就是在成本降低方面,但其实这是把整体经营狭隘化了。对于成本的降低,进价并不具唯一性,还包含很多隐性成本,比如供应商因成本原因可能会降低品质,导致顾客在消费中受损,除了对产品会有不满外,对于购买渠道同样也会产生抱怨,而这种形象损害将很难估量成本;又如交货保障,当供应商无利可图时,交货准时性对他而言就可能变得无关紧要,但对于卖场而言,经常缺货、断货会给顾客带来购买困扰,同样也会增加隐性成本。有时候提升的隐性成本,极有可能已超出所降低的那点进价成本,因此对于成本需要有总体观。对于大众消费品而言,成本降低可通过体量来换取,比如通过集中采购扩大规模,从而获得相应的进价折让,既能保障基本利益又能树立价格形象，进而扩大销量和市场份额，所以在某种意义来说销售才是双赢谈判的基础。另外，降本还在于效率的提升以及相关费用占比的降低，这些都涉及全员参与绩效管理，因此不是仅停留在表面看得见的进价上——当然这与管理机制有关，通常进价成本是对采购重要的考核指标，所以采购并不会关心其他成本状况。

2. 谈判过程

谈判能否顺利进行并最终达成协议，主要在于：双方各自都有尚未满足的需要；双方既有共同利益，也存在分歧；双方都有解决问题和分歧的愿望；双方能彼此信任，并愿意采取行动达成协议；最终结果能使双方互利互惠。

在谈判初期，双方应充分沟通各自的利益诉求，申明能够满足对方需要的资源与优势所在，关键是要弄清对方的真正需求，即通过提问题探询对方的状况，然后根据情况申明自己的价值所在。只有了解对方的真实需求，才能知道该如何满足，反过来，也只有让对方知道自己的诉求，才能更好地寻求解决方案。

通过沟通，基本了解各自的利益诉求，这时所面临的就是双方利益能否达到某种平衡，虽然这种平衡未必能达到双方各自利益的最大化。为了达到某种平衡及利益最优，就需要双方共同去寻找解决的方案。在资源有限时，相互间要实现利益平衡及利益最优是非常困难的，这时谈判的障碍主要体现为：一是双方彼此利益存在冲突；二是双方各自在决策和实施等程序上存在障碍。前者需要双方按公平合理和互利互惠的原则进行协调，后者则需要双方相互协作，来共同保障顺利完成。

由于事关最敏感的利益问题，因此谈判是一项复杂而艰巨的工作，需要懂得和遵守一定的作业程序，以免顾此失彼。

（1）准备阶段。

所谓万事开头难，其实谈判真正的难点并不是在过程中如何博弈，而是前期的准备工作，比如对整体市场的了解、谈判双方在市场中的地位、对方的真实意图和底牌、对商品的了解及对方谈判人员的个人状况等。而这还只是初级阶段的准备，更进一步的则是为了争取谈判有利条件，对应的需要做某些调整或其他条件的改变，比如常见的促销谈判，有时为取得较好效果，可能需要提前半年以上做准备，而这些准备可能是全方位的，包括暗中囤货或寻找对方弱点等。前期准备主要包括需求分析、信息收集、资料整理、市场调查（如产品特征、市场表现、竞争状况和分销渠道）、目标确认（包括最低目标、可接受目标、实际目标和理想目标）、明确主题、选择时间和地点、制定备选方案、人员确定及分工协作、模拟谈判等内容。

（2）开局阶段。

营造洽谈气氛。谈判气氛是在谈判开始时，由双方人员在相互介绍和寒暄中形成的，其随着谈判的进展会发生变化，并反过来也会对谈判全过程及谈判结果产生作用和影响。根据谈判内容、形式和地点等的不同，营造某种融洽或刻意的谈判氛围，可为以后各阶段的谈判打下良好的基础。谈判氛围主要包括：①热烈－积极－友好，双方抱着互谅互让、通过共同努力使彼此诉求都能得到满足的态度来参加谈判；②冷淡－对立－紧张，双方抱着寸土不让、寸利必夺、尽可能使自己利益最大化的态度来谈判，谈判变成没有硝烟的战争；③平静－严肃－严谨，双方相对理性冷静，各自陈述自己的利益诉求以及能为对方带来的利益，并努力寻求差异的解决方案；④松垮－慢腾－持久，双方对于此次谈判的重视程度都不够，或认为彼此并不能带来效益最优的结果，当然也可能是一种麻痹对方的策略；⑤综合气氛，更多的是介于上述4种之间或其他，如热烈中包含紧张、对立中存在友好等。一般来说，通过谈判气氛，便可初步感受到双方谈判人员的谈判气质、个性、对本次谈判的态度以及采取的谈判方针等。

开场陈述方案。谈判者应用必要的表述策略明白无误地阐述己方立场、观点和目的，同时也要探测对方意图，所以开场陈述应把握住内容和方式以及对方对建议的反应等要点。常规的开场陈述主要内容有：①己方对问题的理解，认为这次会谈应涉及哪些要点；②己方的利益点，希望通过洽谈取得什么样的利益；③己方的首要利益，阐明哪些对己方来说至关重要；④己方可向对方做出的让步或交换条件，己方可采取何种方式为双方获得共同利益做出贡献；⑤己方的立场，包括双方以前合作的结果、己方在对方中享有的信誉、今后双方合作可能出现的机会和障碍。

交换意见。谈判最初主要是通过愉快和非业务性的话题，来谋求建立一致的谈判气氛，接着是双方就本次谈判交换意见，也就意味着谈判的正式开始。因此，双方能否很好地交换意见，不仅直接影响到能否继续巩固和发展已经建立起来的谈判气氛，还决定着后续谈判能否顺利进行。

（3）实质阶段。

谈判双方依据所提出的诉求和交易条件，进行广泛的磋商。该阶段是谈判双方根据对方在谈判中的所作所为来不断调整各自策略的过程，也是一个信息逐渐公开、筹码不断变化、障碍不断清除，从而走向成交彼岸的过程。实质就是通过对条件的讨价还价，使双方诉求从分歧、对立和差距逐渐趋于协调一致，其中包括对谈判双方分歧的分析、施加压力与抵御压力、提出要求与让步、形成僵局与打破僵局等环节，其解决方案将决定谈判是速决、拖延还是破裂。这一阶段把握得如何，对能否达到预期的目标和取得谈判的成功，起着决定性的作用。

由于谈判对象都是具体的人，因此应尽量了解对方谈判者的背景和特性，据此及时调整谈判策略。在实际谈判过程中，需要把握围绕重点、时间有限性和以事实为依据3个基本原则，应尽量避免过多无谓的耗费。

（4）签约阶段。

从结果而言，洽谈结束有两种可能，一是洽谈破裂，二是达成协议而成交。

当谈判可能面临破裂时，谈判主持者要充分注意洽谈的气氛和可能出现的转机。通常应尽量避免促使谈判退却的语言，比如"行，我们就此结束""随便，我们不会改变立场"等，这类言辞均有情绪化的成分，只会加速关系的破裂，再想弥补就十分困难了。反之，如果积极地分析对方已亮出的观点和立场，并回应如"这是我方的看法，贵方可以三思""如果贵方还有谈的可能，我们将愿意继续洽谈""我方的大门总是敞开的，贵方什么时候有新的想法，欢迎随时联系"等，也许会给对方一个缓和和考虑的机会，因此复谈也是存在可能的。

当谈判成交时，双方应及时握手或用其他方式以示谈判结束和达成共识。这时谈判主持者应对所有达成一致的问题再加以厘清，以防出现遗漏，并为最终签约做好准备。同时，应将最终谈判的结果形成文字性的书面材料，包括合同文本和各种附件等，并约定好签约的时间和方式等具体操作性问题。有些重大的无法立即签署正式合同，可以先行签订备忘录等，以便按约递进。

（5）追踪实施阶段。

这往往是一个容易忽略的阶段。虽然这时已不属于谈判的范畴，但如果放到整体合作层面来看，前期谈判可能仅是其中的一个环节，或许后面还有更大的合作，这就需要双方认真履行合同协议以及在谈判中所做出的承诺，为下一步合作打下坚实的基础。事实上，由于零售重复博弈的特性，单次谈判中的所谓输赢都是相对的，有时候某些局部或暂时性的吃亏可能只是策略的一部分，真正的重点还是在于长期利益的获取。

五、供应链管理

供应链是指从原料获取，经过生产制造出产品，最后到达消费者手中，中间各组织组成的关系链。供应链管理是以物流为中心，对于产品流、资金流和信息流的集成管理，实质就是如何更有效地提升流通效率，是有关设计、采购、生产、销售和服务的高效协同。

1. 零售驱动

零售介于生产与消费的中间环节，必然会受到来自两方面的影响，对于销售主要体现为两种驱动方式：一是来自生产的影响，体现为推销模式和供应驱动，商品管理的重点是如何准确、及时和充足地做好供应保障；二是来自消费的影响，表现为拉动模式和需求驱动，重点是如何有效地激发需求以及将消费信息进行及时反馈等。供应驱动的作用是把商品推到距离顾客最近的地方，最大限度地简化购物决策和减少购买障碍，但顾客相对被动，未必能选到适合的商品；需求驱动的作用则是把顾客推到距离商品最近的地方，最大限度地让顾客感知价值，以及更好地判断什么商品才是符合需求的，但对于供应的应变能力要求较高。当今市场供应驱动所起的作用和效果将会越来越弱，转而越来越依靠刺激需求来拉动，需求驱动将成为主导，供应驱动逐渐沦为配合的角色。当然，供应与需求驱动相互间越是匹配吻合，交换的效率才会越高，比如要进行促销拉动，最基本的货源保障就必须跟上，否则只会招致顾客不满，既浪费了资源又未能完成目标。

对于目标而言，通常有远期、中期、近期3种，相对应的管理有战略、战术和具体3个层面。对于供应驱动来说，"战略-远驱力"主要为生产与供应的能力，"战术-中驱力"主要为预测、储运与库存准则的状况，"具体-近驱力"则主要为有货率保障等；对于需求驱动来说，"战略-远驱力"主要为品牌及与顾客关系的影响，"战术-中驱力"主要为营销活动的作用，"具体-近驱力"主要为陈列、促销、价格和服务状况等。这里需要注意的是，具体层面的效果依赖于战略与战术的指引，其实际状况既是战略与战术的结果呈现，又会反过来影响战略的制定与确认，并且越到具体层面，可掌控性就越强，反之则越弱。

为实现某绩效目标，通常是从供应与需求两个方面来解决：在供应方面，基本的是确保有货（近），货源保障主要来自合理的订单与库存，以及相关的仓库和运输调配（中），而这又决定于生产和供应的能力状况，以及仓储与运输等相关规划与建设等（远）；在需求方面，实际的陈列、促销、价格、服务及订货能力等状况（近），将影响顾客购买决策与行为，但这些卖场作业显然并非临时性行为，而是要经过前期大量的准备、策划与安排等，体现为对商品、价值、服务或体验等经营管理的整体规划（中），其中针对影响顾客购买的某些驱动因素（如品牌建设、忠诚度、顾客关系或形象管理等），则需经过长期的沟通与培养（远）。另外，需求驱动虽然处于主导地位，但供应驱动出现问题也同样会影响结果，如果诊断错误就可能出现"头痛医脚"的状况，致使整个经营管理的节奏都会乱掉。

在需求驱动管理中，对于销售主要从两个方面来把握：一是常规的补缺管理模式，即根据实际已发生的销售，来判断消费者的需求状况和商品接受程度，并以此来强化畅销和汰换滞销等；二是预测推行模式，即前期并不清楚商品的实际表现状况，需要进行相关的预测判断，并通过营销刺激来促使产生动销。电商之所以比传统实体更具竞争力，就是通过各种浏览或消费数据分析，能更准确地把握消费需求状况，相对于传统实体的补缺模式，商品组织要更为高效。相对来说，补缺模式比较适合相对稳定的日常类消费品，预测模式则比较适合季节性、新品和其他非确定性商品。由于线下实体对顾客需求的把握总体欠佳，因此其预测模式主要为批次管理。所谓批次管理，就是把总体预测进行切分（从而降低风险），每次销售都是新品作业，并且每次预测都需综合判断当前的市场和竞争等状况，以确定相应的价格与数量，然后共同配合完成目标。重点是每次销售或营销活动都仅限于当下，不同时期的情况仅作参考，无必然关联。该方式类似于敏捷管理，优点是商品策略更具主动性和可控性，是以实时消费为出发点，通过快速多变和迭代更新，使顾客始终保持新鲜感；缺点是无法形成某种稳定的规则，不利于规范管理，且每次都需要进行评测而使工作量较大，对于零售和供应商的能力要求较高，要有敏锐的市场捕捉和快速应变能力，信息数据管理与支撑难度也较大，这对于习惯日常消费品经营为主的超市来说显然不太兼容。批次管理较多应用于季节性和时尚类等不确定性较高的商品，因此预测模式在百货店和专营店中更为常见。

2. 供应链战略

费希尔最早提出了产品与供应链的匹配问题：对于创新型或不确定型的产品，应采用快速响应的供应方式，核心在于供应链的灵活性，但也意味着可能会有较高的流通成本；对于功能型产品，应采用效率型的供应方式，核心在于供应链的低成本运行。产品战略的成功，取决于是否有适合的供应链来配合。

对于大众日常消费品而言，由于消费频次较高导致竞争也最为激烈，主要是以量取胜；对于非经常消费或创新性产品而言，主要在于能激发起多大程度的需求，更多的在于不同特性的展现（如同样是服装，由于款式、剪裁、材质、花色和品牌等不同，其适应对象会有较大差异），但由于往往具有不可比性而能够承担更高的附加值空间。这是两种不同价值内涵的商品，对于供应链的要求也不一样。功能型产品容易引发价格竞争，成本压力较大，因而需要经济型的供应链来做支撑，通过规模和流转效率来获得收入；创新或流行性产品则需要供应链具有快速灵活的应变能力，主要反映在弹性产能和库存控管两个方面，库存在早期时多要预留一定的量，因此必然有较高的空间要求。两种类型的供应链有着明显的差异（见表12-2），因此在确认供应商时，要根据产品属于什么类型，再来看供应商是否匹配。

表12-2 两种类型的供应链比较

	经济型供应链	响应型供应链
主要目标	针对可预测性高的需求 最低成本	针对不可预测的需求 快速响应，减少缺货、打折货过期库存
生产焦点	保持高水平产能利用率	保持一定的缓冲产能
库存战略	高的库存周转 供应链各阶段保持低库存水平	大量缓冲库存
交货周期	不增加成本的同时，尽量缩短交货周期	大量投入资源，以各种方式缩短交货周期
供应商选择	成本与质量	速度、灵活与质量
产品战略	最大化性能 最小化成本	产品差异化

需要注意的是，对于产品类型要动态地看，比如功能型产品在刚入市时所表现的往往也是创新或流行性特征，而流行性产品在经过一段时期后，有些则可能转为功能型产品。同样，在同一类型中也可能包含其他类型产品，比如属于流行性的鞋服类并不都是潮流产品，里面也包含基本或经典款功能性产品；在功能性的饮料类中，也有文化包装的可乐或元气森林等潮流性产品，因此对于产品类型的确认不能一概而论。相应的，不同产品类型所对应的供应链如图12-8所示。

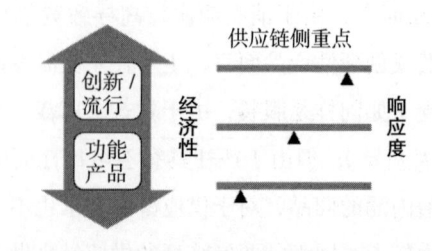

图12-8 不同产品类型的供应链侧重点

再换个角度来看，商品的即得性状况是区分零售业态的重要标志，对于即得性要求越高，就越需要具备实物库存，像传统的超市、便利店和餐饮店等都需具备必要的库存；对于即得性要求越低，销售与库存则可适当脱节，比如汽车、房屋、装修、家居、电商和非即时类服务（如管理咨询服务），这些基本只需出样销售即可；有些介于二者中间，出样与实际库存并存，比如鞋服、家电、点心和定制品等。对于实物库存，供应链要求具有持续稳定的供应能力，对供应商自身的规范要求较高，同时供应商最好也能参与到销售管理之中（如果纯粹靠订单反馈，因交货等问题往往易出现"牛鞭效应"问题）；对于非实物库存，所要求的则是快速反应能力，供应链要有弹性产能或二级库存储备能力，或要求供应链的整合度（即供应的整体反应能力和各环节的贯通性）。对供应而言，当要求即时库存时，主要考验的是供应链向顾客推动的能力，而当即时库存要求不高时，则更多地体现为供应链的快速反应能力。在确定供应商时，必须掌握背后所依赖的供应链体系，有针对性地评估相关能力，而不是简单的只要能提供产品就好。

3. 供应商管理

零售商与商品之间是一种人与物的关系，零售商与供应商之间则是一种人与人的关系，双方具有较强的相互关系，彼此会产生影响，会因对方的行为而发生变化，所以零售商与供应商之间存在着如何相处和交往的问题，需要进行相应的管理。

（1）供应商关系。

零售商与供应商相互间的关系定位，将影响到合作的方式。从重要程度来说，主要的供应商关系有以下几种。

重点型：对零售商而言，供应商具有重要地位，但对供应商而言，零售商仅列于普通甚至是无关紧要的位置。常为供应商具有一定的市场地位，或者产品较为紧俏或畅销，并对分销渠道具有一定的控制力且渠道相对稳定。当零售商无法具备一定体量做支撑时，相对较难获取更多的资源。

优先型：与重点型关系刚好相反，零售商很重要而供应商处于从属地位。常为零售商具有一定规模实力或市场力量，占据分销渠道份额比例较大，或供应商较依赖于该渠道。这种状态下供应商通常愿意提供更多的资源，但对零售商而言，更为重要的是产品本身是否具有横向竞争力的问题。

伙伴型：零售商与供应商都认为对方很重要，这也成为双方能够开展最佳合作的基础，在面对顾客、市场或竞争时，双方比较容易达成共识。

商业型：零售商与供应商都认为对方并不太重要，可能只是刚好某个点关联在一起，但总体上均无法满足对方的期望，合作关系也最为脆弱。

从规模实力与所经营的商品来说，主要的供应商关系有以下几种。

领袖型：供应商具有相当的规模与实力，并且所经营的品类和品项都较为丰富，产品也具有一定的市场影响力，供应商能提供较好的商品资源与支持，合作状况主要看实际操作的灵活应变性以及相互间的匹配程度。

专业型：供应商具有一定的经营规模与实力，商品经验丰富且技术成熟，但经营商品的品种相对较少，在其专业领域内通常具有一定的竞争和主导力，在终端多为专营店的形式或是专柜经营，在电商平台主要为旗舰店。

补充型：供应商的规模和实力相对较小，且经营的品种也较少，无法带来更多的市场份额或影响，主要用于弥补某些缺失或不足。

灵活型：供应商总体的规模和实力有限，但经营的品类或品项相对较多，主要在于如何灵活地应用商品资源。相对较适宜于小型店的供应。

（2）供应商开发。

供应商管理主要包含开发引进和运营管理两个部分，二者是同一问题的两个不同侧面，是互为作用和条件的关系，如果没有引进适合的供应商，那么后面的管理也将很难有所作为，而如果没有销售管理做支撑，试图通过不断换新来寻找供应商，最终也会面临"劣币驱良币"的问题。

供应商开发的主要流程如图12-9所示，其中的重点在于能够清晰目标，建立相关的评估体系，要尽量避免受个体主观因素的影响。

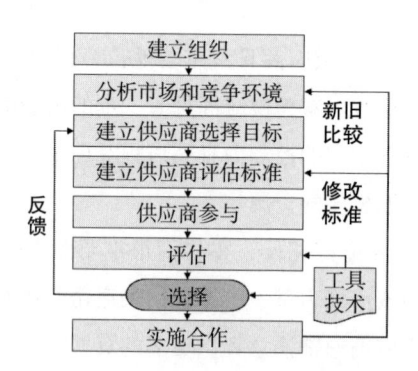

```
           建立组织
              ↓
        分析市场和竞争环境
              ↓                新旧
        建立供应商选择目标    ← 比较
              ↓
        建立供应商评估标准    ← 修改
              ↓                 标准
          供应商参与
              ↓
            评估              ← 工具
              ↓                 技术
            选择
              ↓
          实施合作
      （反馈）
```

图12-9　供应商选择流程示意图

分类与分级的目的在于能更清晰是否匹配定位及提升效率，比如经营食品类的供应商，未必就适合供应生鲜，因为商品属性不同，对经营管理的要求也就不同。

进行供应商划分，就是为了能更加聚焦和专业性经营。对于分级管理常见的是按规模和实力分级，主要是"供应商 ABC 管理"（即主要对供应商的销售、毛利和费用贡献进行监控，当然还有很多辅助性指标）。另外，还可从不同维度进行分级管理，一般通用的有如下几种等级类型。

①战略合作。战略性供应商主要从 3 个维度来确认：一是市场地位，占据统治地位或有较大的影响力；二是品牌度，具有较高的传播度和较强的品牌影响力；三是不可替代性，一旦缺失则其他品牌或产品无法弥补。需要注意的是，一方面要与自己经营的定位相关，而不是以市场表现来衡量，比如自己并不经营数码类，那么苹果手机再知名也与己无关；另一方面所关注的是商品影响力，而不能单纯地从规模实力来判断。战略性供应商通常都会比较难管，但可换个角度来思考，既然能成为有影响力的供应商，必然有其内在的道理，所以关键在于找出双方都能接受的管理方法，而不是必须要按自己的规则来做。实际上，供应商之所以会选择与你合作，肯定也有他的需要，双方真正关心的不应是谁听谁的问题，而是如何能达到各自的目标，因此，对于战略合作供应商应采用"因商制宜"的方式来管理。

②重点合作。其实真正的战略供应商并不多，主要还是对于重点合作商的管理。重点合作的确认是以能够创造的收益为标准，主要遵循的是"二八原则"，且真正的资源重点也应投放于此。通常而言，由于该类型供应商并不完全具有不可替代性，所以只要能够给其带来销售回报，相对还是比较容易配合的，重点是双方需要共同确认目标和投入资源，所谓管理，就在于有计划有步骤地推动经营。

③补充性。主要针对的是必需但又非市场主流的商品，但如果没有这些品项的衬托，整个品类的完整性就会受损，反过来又会影响主流商品的销售。对于该类型商品的管理是一个普遍性难题，通常总体绩效状况并不会太高，但品项数的占比较大，最直接的会反映在库存管理方面。该类型商品对管理的要求较高，但投入产出却未必成比例，而如果管理缺失又必然拖累整体效益。不过，战略性供应商毕竟只是少数几个市场头部，重点商品合作商也基本都会被其他竞争者关注，真正能做出差异化的，更多的还是在于对该类型的挖掘，只是产出或影响有限，需要具有相当的管理和操盘能力。

④淘汰性。不适合的商品就要及时淘汰，道理谁都懂，但难点在于如何有效地判断。简单的方式就是对销售末位进行淘汰，因为末位往往意味着市场或顾客不接受，但重点是在此之前必须要查找原因，以免误伤。对于供应商的末位淘汰相对要更加麻烦，特别是有些必要的补充性品项，但整体又确实产出极低。通常的做法是联络

与之关联的其他供应商牵线搭桥,然后将还需要销售的品项转移出去,统一交由另外的供应商来供货。

⑤待考察。主要分为新进和即将淘汰两种类型,在约定的时间内(通常为3~6个月)需要达到某种指标要求,如果未达成就要转入淘汰性供应商之列。不过要注意的是,待考察不是划分好后就让其自生自灭,而是背后还应有相应的维护和配合动作,并且在过程中还要不断追踪相关进度,随时做相应调整。

(3)评估与选择。

供应商评估的内容主要有商品市场表现、代理权限、品牌状况、价格能力、财务状况、合作条件、规模与实力、竞争店合作状况、促销支持、服务能力、交货保障能力、品质、生产、人员和管理状况等,根据实际需要细化相关评估项目并分别进行评分。相关评估指标主要有:产品指标,包括单品地位、产品组合、品质状况、顾客投诉率、退换货率、质量曝光率和商品汰换率等;经济指标,包括价格水平、付款条件、业绩和利润、成长与达成、促销支持、畅滞销与竞争力、品牌状况、技术能力和资金实力等;供应指标,包括准时交货率、缺短交率和需求反映度等;其他还包括合作态度、员工态度、沟通与配合、管理规范、诚信与信誉、共同参与能力和相关知识技能培训等指标。相关的考核评估不仅仅针对新进供应商,对于老的合作商也应定期进行检核,而非进来后就一劳永逸。综合来说,对于供应商的选择应遵循质量、成本、交付与服务并重的原则,如果某些要素存在明显缺陷,就要慎重或从一开始就应寻求解决短板问题的方案。

供应商选择主要有定性、定量和两者相结合3种方法,包括公开招标、协商选择、线性规划、ABC成本、层次分析(AHP)、模糊综合评判、神经网络、TOPSIS法、数据包分析(DEA)、结构分析和灰色综合评价等,在零售中常见的有以下几种。

①评分法。根据实际要求确定所要考察的指标,将每一因素分出不同等级和对应分数,然后逐项进行评分,最后将全部分数加总,再按设定的总分范围确定不同等级,进而选择出供应商或与之探讨存在的问题与改善措施。针对某些需要重点考核的项目,可采用权重的方式,以免被相对不太重要的因素所左右。评分法相对比较客观,并且还可应用于不同供应商之间的比较,但难点在于数据的收集(特别是新供应商),因此需要某些特殊指标及人为辅助判断。

②竞争法。将所需的条件、要求或目标公开发出,供应商按要求进行响应,然后从中选择最优者。竞争法比较适合同类型商品有众多供货者,通过公平竞争择优选取,供应商选择的效率相对较高,但要注意后续的具体实施追踪。竞争法相对于招标

法而言，流程或程序等操作简单，评审主要通过自己内部进行即可。

③比较法。重点关注某几项核心指标（如价格成本等），对于购进商品根据不同的供应商进行横向比较，优先选择有优势的。应用相对简单直接，只聚焦重点指标即可，而无须花更多精力顾及其他，比较适合新进供应商选择或新品选择。

④直观评判。根据对市场、行业相关和竞争店供应状况的调查，经过简单分析和过滤后就可选择供应商，较为简单快捷，适合引进新供应商时使用，但容易被信息偏差或主观性影响，所以多应用于初选，还需其他方法验证。

（4）管理供应商。

对于供应商的管理，保持长期合作关系是基本前提，如果只是一次性合作就谈不上所谓管理。管理供应商其实与对人的管理一样，基本上是"好管的不好用、好用的不好管"，因此很多人在谈及管理时都会强调应如何规范，往往也就有很多规章制度的约束。但问题是制定规则本身并不是目的，而最终意义在于如何能更有效地获得资源，如果本末倒置弄就很难从根本上解决问题，正如指标数据只是结果的反馈，而不是目的或约束手段，重点是要如何做，才能得到想要的结果。

①目标管理。目标管理的实质，在于双方具有共同的行为准则：对供应商而言，能够知道在该终端的投入与产出状况，便于提前做好相关准备，使供需双方能有共同的语言，进而更好地参与经营（在某种程度上其实是把销售职能向上推移使之分担）；对零售商而言，可从多个维度来确保经营绩效的顺利完成，并有效减少内外各环节的沟通与协调。目标管理是对双方的共同要求与约束，也可理解为某种"权责对赌"，但也是最行之有效的供应商管理方式，真正意义上将供应捆绑在了一起。之所以几乎没有零售商会签这种对赌协议，除了认知缺失及原有管理体系不匹配等原因外，很多是担心自己的主控权被削弱，操盘灵活性被大大降低。过去在管理中因为没有任何承诺，所以也无须承担任何责任，使供应商始终处于某种被动状态。虽然都知道供应链是决定竞争成败的关键，却很少能真正地将利益进行捆绑。实施对赌管理表面上似乎是捆绑住了自己的手脚，但真正意义在于把供应商捆绑到自己的经营战车之上，貌似失去，实为得到。

目标主要有业绩、毛利和费用3个方面，其他还有交货率、库存可销和零滞销率等，指标总体应尽量以可被量化为原则。当目标确定后，其实很多谈判问题也都可迎刃而解，如进价成本、政策资源、促销计划和年度合同等，因有共同约束而只能协调一致。另外，目标管理还涉及相关资源投入的问题，即对供应商的资源要求似乎天经地义，但对于零售商自己所能提供的支持，其实也需要清晰化，比如确定不同的陈列、人员维护、订单处理和促销等执行标准,并划分出不同等级要求,或者可以根据供应商的要求与合作状况,来确认所能提供的支持程度,既让供应商知道零售商的对等付出,也让营运或其他部门清晰地了解应该如何运作。这是一种新的运营理念,对供需双方来说都是一个新的挑战。

②服务管理。是目标管理的有效补充,更多反映的是供应商的参与或配合度问题。由于有些指标缺乏可量化性,所以需要将定性指标尽量细化和确定评判标准,当发生问题时,要能立即沟通协调和及时处理,而非像目标管理那样定期回顾。服务管理的主要内容有:交货保障,即按时、按质、按量交付货品的状况;前台维护,主要为促销员管理、陈列与订单监督及相关销售配合(如广告和促销物料)等;售后保障,主要为送货到点、安装调试、顾客投诉率及妥善处理各种状况等。

③阶段管理。对于供应商的管理,主要表现为5个层级,如图12-10所示。

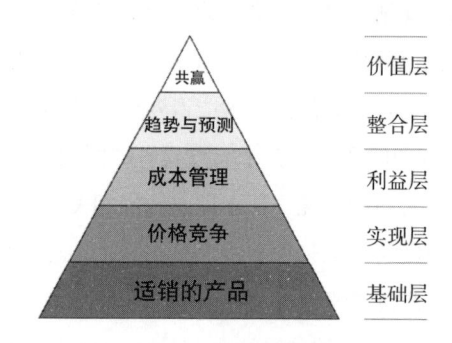

图 12-10　与供应商关联的管理层级

基础层:寻找到适销对路的产品,是所有商品管理行为的基石,离开此基础其他都没了意义,当然对应的是要能找到合适的供应商。

实现层:又称销售层。销售除了适合的产品作为基础外,价格对于顾客购买的影响最大,因此价格保障是顺利实现销售的重要因素,也是确保企业竞争的有利支撑,所以供应商是否具有价格竞争力,是必备的考核条件。

利益层:价格竞争力的基础来自成本优势,而不是赔本赚吆喝。不管是供应商还是零售商,其目的都是获取收益,因此不可避免地会存在利益争夺,这就要求目光不能仅局限于单品的进价成本,还应具有总成本概念,同时还应清晰整个供应链体系的总成本逻辑,在综合平衡的基础上寻求利益最大化。

整合层:是利益层的执行纲要,其中包含两个层面:一是总成本管理,即需要综合考虑供应商的配送和服务等成本状况;二是商品管理,既要通过准确预估使其有效衔接各环节及提升效率,也要把握市场动态,避免出现脱销或滞销等,从而达到真正意义上的总成本控制。可见,这是共同的销售行为,是相互依赖的关系。

价值层:随着供应商进一步降本增效,就可能提供更多的资源,从而使零售商也具有更强的竞争力,由此双方进入良性循环,最终实现共赢。供应与零售只有捆绑在一起,才能更好地为顾客提供价值,而零和博弈只是在耗费价值。

④激励机制。对于供应商的最大褒奖,就是能帮助其完成目标,其他还有合作级别提升、扩大经营品项、新品推广支持、部分费用优惠或减免、结算优先、荣誉表彰、实物或现金奖励等(当然对于未达要求者也应有负激励),这些也能间接起到推进销售的作用。同时,协助供应商及时处理面临的问题,也是对双方负责的体现。

⑤常见问题。在管理供应商的过程中,经常会见到以下问题。

第一,自制与外购。这是生鲜经营中常遇到的问题,其他专营类别偶尔也会碰到(如美妆和鞋服等),究竟是自制、购销、联营还是外包,不同的经营策略使得供应商选择会有差异。对于该问题,主要在于基于怎样的立场或战略出发点,各有优缺点而无绝对性,关键在于能否有效地弱项弥补,比如购销或自制较为主动可获得更高毛利,但库存、资金和损耗等压力也相应较大,联营或外包的经营压力相对较小,但供应商往往不太容易与企业经营节奏合拍。这里以科尔尼模型作为参考(见图12-11),只是该模型是基于生产提出的,虽然针对零售做了调整,但可能并不够严谨,主要在于帮助理解和参考借鉴。

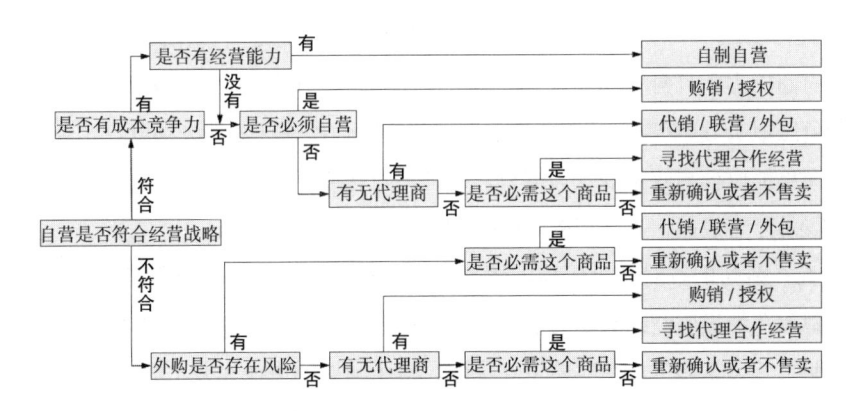

图 12-11 科尔尼模型在零售中的应用

第二,单一与多家。越是知名品牌往往越不太听话,所以对供应商多喜欢用制衡原则进行选择与管理。但要注意,制衡的前提是同一品类下不同品牌或产品的平衡(如碳酸类是可口可乐与百事可乐、泡面类是康师傅与统一、冻品类是三全与思念之间的平衡），而非相同产品或品牌采用多供应商的方式。有时出于战术性需要，会采取串货等非正常手段来逼迫供应商就范，但这并不能根本性解决问题，真正的核心还是在于能否通过合作取得利益，其实很多时候都是因为回报不对称而产生矛盾。当然，如果确实是供应商本身的某种"恶意"行为，那么就坚决不能妥协。

第三，直采与代理。在供应商选择时，总体应遵循"最短路径"原则，即通常直接的源头最优，中间环节越多意味着利润空间越低。不过具体还需灵活应用，并非必须只能与源头合作，由于自身体量或某些商品属性（如补充性）的原因，有时只需在区域内保持直供合作即可，反而可能更易得到综合性的资源支持。

第四，总采与地采。与上面的直采与代理问题有些类似，主要是连锁零售容易遇到。对于企业管理来说，总采与地采所反映的问题实际上是集权与分权的关系，从控制度和灵活性两个维度，就很容易可以看出二者的关系，如图12-12所示。

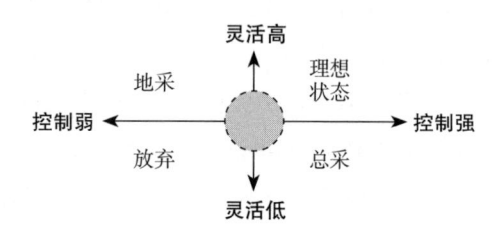

图 12-12　总采与地采策略的选择

在具体实践中，不能过于强调只能为某种模式，而是要根据商品属性、市场状况、供应商能力和自身实际等进行综合平衡后确定，其中有些可能处于中间地带（图中的灰色区域），这就需要具体分析而做出相应取舍，并针对缺失部分寻找弥补方案，而不是简单地以公司政策规定为借口。但凡绝对化或一刀切，则反映出的所谓供应商管理也仅是浮于表面，其深层的内核是有问题的。

第五，新与旧。对于供应商的管理很容易出现"重选择、轻管理"的问题，即把精力都放在新供应商的寻求与引进上，并以此作为制约老供应商的砝码，似乎只要有"备胎"就会掌握主动。然而事实证明，过于频繁的更换，并不能带来更多的收益和所谓主动，因为利益都不是凭空而来的，新供应商带来的额外优惠，最终都会通过各种方式返还回去，并且新增部分也未必能抵消由此带来的各种显性和隐性的交易及管理成本。想要通过多供应商来形成某种制衡，其根本在于能否有利可图，如果仅是简单粗暴的替换，往往只能带来短期效应，而若总想着"割韭菜"，那么自己也终将成为市场中的韭菜。

六、销售管理

商品销售是重要的转换环节，既是对商品引进的验证，也关系到收益和能否获取更多的资源。从零供关系来看，经营形式主要有以下几种：一是直销，即供应商直接面对顾客，通过专营、特许经营、店中店或专柜等形式进行销售，商品营销和财务状况全部自行负责；二是代销，即供应商将产品委托零售商销售的方式，商品所有权还属于供应商，承销者不承担经营后果与风险，销售管理严格来说仍由供应商负责，比较适合新品推广、单位价值较高和库存风险压力较大的商品销售；三是联营，即以共同投资或协议规定双方的责权利，双方共同拥有商品的所有权，共同参与经营管理及承担后果；四是经销或购销，即供应商将商品所有权转移给零售商，所有商品的经营状况均由零售商自行负责，收益主要体现为购销差价。

1. 绩效管理

绩效是经营中最核心的部分，"绩"是指成绩，"效"则有效率和效益两重含义，但效益才是最终的目标和结果，所以绩效主要为收益部分。由于利益实现必须依赖于销售，因此整个经营管理主要关注的是业绩和利润两项指标，其中，业绩类主要为额度指标（金额法），但需配套使用数量指标（数量法），综合应用才能更准确地反映实际状况；利润类也是以额度指标（绝对值）为主，但同样还需毛利率指标（相对值）配合，才能综合体现收益状况。

除此之外，有的还会根据实际状况和需要再细分多项子指标，或使用某些服务性关键指标，从而更有利于管理和实现目标，比如通过损耗和费用率等指标使其对成本控管更精确，通过新品和汰换率等指标来强化商品更新等。

（1）排行榜。

对于销售来说，较为简单的是排行榜法，按销售额、销售量、毛利额和毛利率指标分别进行排行追踪，从而剥离出并重点关注产生了80%的业绩和毛利的商品。具体为用加总的总额（注意是金额），乘以80%后，再按排序由高到低依次相减，被减的就是所需关注的品项。零售常见的是"ABC管理法"，一般而言，A类商品占比约50%～60%，B类商品约30%～40%，C类商品约5%～10%，通过分级可清晰管理的重点在哪里。不过ABC只是一种方便性的描述，并非只能划分3级，具体的层级数可根据自身管理需要而定，比如有些还会加上排行最末的1%～2%，用于对零滞销进行管理。另外，"ABC管理法"对于毛利额也同样适用，为方便区分，通常称为"abc管理法"，不过注意统计口径应一致，否则就失去了可比性。

由于每支单品都有相应的业绩和毛利状况，如果合并起来就会得到"双 ABC 管理法"，根据表现对应有不同的商品策略（见图 12-13）：绝对核心当然是 Aa 类商品，次级的是 Ab 和 Ba 类商品，最基本的管理要求就是要绝对保障货源；Bb 类商品为待观察状态，可暂时维持现状；对于 Ac 和 Ca 类商品，需要找出对应的弱项来重点进行提升；而 Bc 和 Cb 类商品则要根据实际情况先重点提升某一项指标，再根据后续状况调整和改善另一项指标；对于 Cc 类商品原则上是要进行汰换，但如果是补充类而又暂时无法有其他更好的替代品，处理时则需慎重。

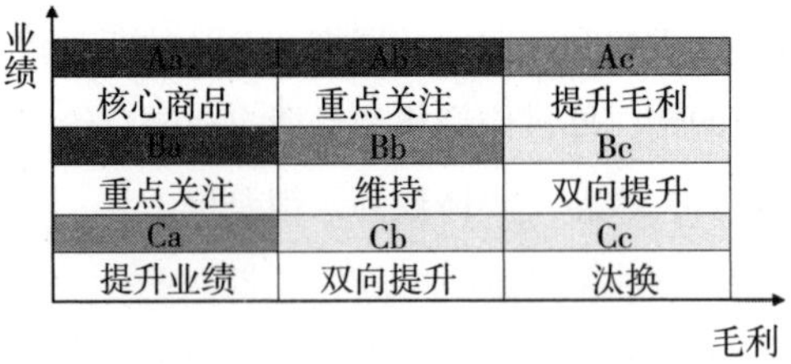

业绩			
Aa	Ab	Ac	
核心商品	重点关注	提升毛利	
Ba	Bb	Bc	
重点关注	维持	双向提升	
Ca	Cb	Cc	
提升业绩	双向提升	汰换	毛利

图 12-13 双 ABC 管理商品策略

事实上，业绩和毛利很多时候都为"鱼和熊掌不可兼得"的关系，这时除了用毛利回报率（交叉比率）进行评估外，总体管理原则还是应以业绩优先，因为业绩是顾客或市场接受度的实际体现，但顾客并不知道也不关心实际的毛利状况，与顾客利益直接相关的是价格水平而非商品成本或盈亏状况，因此销售管理优先考虑的是业绩，然后才是想办法通过降低成本或提升绝对量来实现利益最大化。

（2）成长率。

排行榜是各商品间比较后所处位置的表现，但商品自身的表现状况并没有得以反馈，比如在某时段 B 商品的表现弱于 A 商品，但实际上 B 商品是新品，A 商品则正在进行强力促销。商品管理中如果增加一个时间维度，每一单品与过去相比，便可看到其连贯表现，这种与过去相比所得到的比率就是成长率。其公式为：成长率 =（当期数值－过去数值）/ 过去数值 ×100%。

排行榜是与其他比，成长率则是与自己比，当然成长率本身也可相互比。成长率的应用范围很广，只要涉及前后可比的都可应用。在进行经营分析时，比较常见的有两种方式：一是同比，为当期与去年同期相比，相对来说所处条件状况大致相近，所以反馈出的数据会有一定的参考性。不过要注意的是，有些是要用农历时间段来同比（如春节、端午和中秋），有些则要对应到周的天数来同比（如周六和周日），否则数据结果会出现失真。二是环比,为当期与最近时期相比,主要原因是缺乏同期数据,其所依赖产生的背景条件有差异,所以数据反映的客观性较弱(如春节时期与节前相比),但对于动态的即时状况能够较快速地体现。

(3)达成率。

排行榜和成长率都是对已发生状况的检视,但显然检讨不是目的,而是要总结经验教训等,从而最终能顺利地完成目标。因此对目标和相应的实施方案或行动计划等也需要实时追踪其实际状况,该指标就是达成率。其公式为:达成率=(实际数值/目标数值)×100%。

达成率应用的关键在于目标的设定,设置过高可能无法完成,容易产生挫败感,过低则又可能不需多努力便可轻松完成,失去了设定目标的意义。目标设定通常会参考成长趋势、市场状况、竞争状况、资源状况和自身财务状况等指标,其中成长趋势主要以同类平均表现为基准,适当略高于平均值,比如某类商品年平均增长15%,那么原则上就不应低于该值来设定目标。

绩效管理本身是一种目标管理,主要是对指标达成情况进行追踪与考核,因此目标预算的设定尤为关键,但由于设定时不可控或影响的可变因素较多,往往很难做到准确预估,因此绩效考核中往往又会增加成长率指标等来辅助,需要结合应用才会相对客观一些(当然通常是主看达成、辅看成长)。

(4)坪效、品效和人效。

坪效原是中国台湾地区计算商场经营效益的指标,为每坪(约等于3.3平方米)可产生的营业额,但现在多是用每平方米来衡量。坪效通常是以年度为单位进行计算,以尽量避免短期促销或季节变化等造成数据的频繁波动。坪效正常表达为××万元/平方米/年,但通常会简称为××万元。坪效本是衡量产出效率的指标,但因面积相对固定,所以也可从侧面反映销售能力状况,只是数据过于笼统,主要是参考使用,比如在正常情况下,一个标准超市的坪效为2.5万~3.5万元,如果低于该值就要警惕和关注了。由于商品类型及结构等不同,坪效表现会有很大差异,所以坪效数据不能机械地应用,比如3C数码与社区生活超市的数据差异就不能说明什么问题,同样,即便同为综合超市,经营商品的结构不同,表现出的坪效也不尽相同,像快销品类就会高于普通非食百货类。所以现在有些人拿坪效来说明新零售的优越性,显然具有一定的误导性。

通常与坪效同时应用的还有品效(商品平均产出)和人效(企业人均产出)两个概念,与坪效一样都是效率指标。品效反映的是平均销售表现,通常超市的品效为

300~1000元/支/月左右。常规来看，经营面积越小品效越低，这也从侧面反映出集客能力与可选择性有关。人效是门店综合竞争力的重要指标之一，主要衡量人力的产出效率状况，以及评估和控制相应的人力成本，不同业态的人效差异较大，超市的人效为80万~100万元/人/年，便利店则通常为30万元/人/年左右。

将坪效、品效和人效反过来应用，会发现更加快捷直观且实用，可作为一种简单的预估速算工具来使用（见表12-3）。对于其他行业或业态等，只要大致清楚相关的标准数据状况，就可通过该方式做出快速的预估测算，或者验算一下现在的实际状况是否合理，从而及时找出问题所在。

表12-3 坪效、品效和人效估算示例

项目	数值	单位	计算
年销售业绩	90000000	元/年	3000×30000
应销品项数	12500	支/店	90000000÷12÷600
应设人员数	100	人/店	90000000÷365÷2500

注：经营面积为3000平方米；坪效为30000元/平方米/年；品效为600元/支/月；人效为2500元/人/日。

（5）经营安全率。

用于营业快速测算的还有盈亏平衡点概念，即达到盈亏平衡的营业额，而实际状况与盈亏平衡要求的差异，反映出经营的安全程度。其公式为：盈亏平衡点数值＝固定费用/（毛利率－变动费用率）；经营安全率＝（实际数值－盈亏平衡点数值）/实际数值×100%。

经营安全率数值越大，表示该门店的经营状况越好。一般而言，经营安全率在30%以上为良好，25%~30%为较好，15%~25%为一般，10%~15%为不好，10%以下为危险，当出现负值时则表示已是亏损状态。

2. 异常管理

商品管理中除了经营性的指标外，还有很多辅助性的管理性指标，其中有些是针对异常的反馈，对于整体经营具有制约与矫正的重要作用。

（1）异常毛利。

当毛利率低于或过高于正常范围水平，或出现负毛利销售，就需要纳入异常追踪管理。产生异常毛利的原因很多，主要有竞争调价、促销成本未降、进价谈判失误、订单异常、策略定价、滞销处理、贴标错误或建档错误等,需要找到具体原因并及时调整。异常毛利追踪通常是每周例行列出异常清单,然后由采购和营运人员同时进行原因检查及追踪改善,并在下一次列出新的清单时检视改善的成果。

(2)异常销售(零/负/滞销)。

零销又称未销,是在一定时期内没有产生任何销售。这里面涉及时间的设定问题,时限过短会使变化频繁而波动较大,过长则可能无法及时反馈和追踪。时期设置主要根据商品属性来确定,比如熟食类时限最多为2天,生鲜和日配类为3~7天,包装食品和干杂类为10~15天,非食百货类为15~30天,只要超过时限还未销售就为零销异常。产生零销的原因主要有库存、品质、陈列、建档、贴标错误或价格等状况,在改善处理时多用排除法,先将内在原因逐一解决,如果还未产生动销,那么可能就是市场或顾客接受的问题,就需及时汰换以免占用资源。

负销就是负库存销售,多为入库时输录错误和盘点错误导致库存不准确,或是建档或贴标错误导致卖错货号等,所以管理的重点在于及时确保库存和销售数据的准确性。负销往往意味着其他高价值商品可能已出现损失,因此需及时排查。

滞销是指销售较慢或较少。有些是简单地规定在一定时间内必须销售多少量为评判基准,有些是按排行榜最末位的状况来确认,有些则是在一定时期根据DMS值来判断(如DMS $\leq$ 0.1,就为滞销)。滞销与零销产生的原因和处理方式大致相似,但更多的精力是放在库存管理方面,并需要及时寻找类似的替代品。零滞销管理对于实体店而言是个较为头疼的问题,如果将其砍掉而将精力都集中到畅销商品上,就会减少顾客的选择性,导致畅销品也会缩水,而如果处理不当又会影响到库存健康及资金效益等状况。实际上门店的坪效、品效和人效等数据,很多都是由于零滞销商品所拖累,所以零滞销的异常管理尤为重要。

(3)品规管理。

由于生鲜存在标准性问题,对于商品确认很多时候都是直观鉴定,这显然不利于规范化管理。生鲜经营的好坏在很大程度上取决于供应链整合与效率状况,供应链能力越强,终端的压力就越小,而供应链各环节及与终端间要高效协同,就必须有共同的语言,其核心就是标准性,并围绕产品标准建立起相应的作业体系,产品标准是整个生鲜运作效率与效益的基础。不过生鲜商品是依赖于自然生长,致使真正意义的标准化很难,所以要根据实际由简到繁、由易到难逐步推进,可采用倒推法先由最基本的验收标准开始,再逐渐推行到供应系统直至产地源头。验收标准是收货时对于品质和规格等的基本要求,比如长度、直径、烂叶、虫眼和鲜度等。标准确定以可操作性为准，并尽量求得在各环节达成共识，然后再逐步规范和细化。

（4）效期管理。

很多商品都有保质期，如果在期限内未销售出去，就意味着会产生损失，因此对于有时间限制的商品需要进行效期管理。由于产品属性不同，效期管理的方式也会有差异。一般而言，效期管理主要分为3个阶段：①进货期，当不足70%的保质期时就不收货，进口类可适当延长至50%～60%；②销售期，主要遵循先进先出的原则进行售卖，同时要规范相应的检查和责任制度；③临近期，在距保质期不足30%时就要开始处理（如退还货或及时促销），在距保质期不足5%时，原则上就要下架。有些商品（如乳品类）可能在刚到一半时就要立即快速处理。处理保质期不好的商品时，需明示相关情况，以免顾客购买后未及时消费而产生损失。

七、库存管理

库存状况既与销售有关，同时还会影响到整体的效益。对于实体而言，理想状态是商品在当天便可立即销售完毕，没有任何实物库存压力。但现实中库存会受两方面的制约，外部因素主要为供应商的实际交付能力和交付成本，以及顾客需求预测不确定和基本陈列要求，内部因素主要为各种经营所需的调整及相关成本和效率等，这些都迫使实体很难做到无库存销售，库存是必要的调节与缓冲器。

DMS是整个库存管理的基础。由于种种原因每天的销售量不等，如果每天根据实时数据就立即做出反应，将会极为被动并很难准确补货，因此需要用一段时间的平均值来过滤掉短期随机性干扰。DMS是基于时间维度的指标，其数值状况取决于所设定或抓取的时间长短，如果间隔过长，反映变化的灵敏度就会较低，过短则会波动较大，一般而言，生鲜类是3～7天，日用品和食品类是7～15天，百货类是15～30天。这种通过均值反馈出的销量变化会相对稳定，在一定程度上能反映某种趋势。同时，可用移动平均法来反映其动态趋势，即以最近日（通常为头天）为基准，然后根据要求的时间段计算，便会随时得到最新的DMS值。不过，由于实时销售越靠近才越具参考性（如春节在刚发市时DMS值会明显滞后，如果据此订货将会导致数量明显不足，而节后又会因前期销售较好，根据计算出的数据会要求加大订货量，从而导致爆仓），所以通常采用加权方式进行平衡，这样对于近期变化的反映就会灵敏很多。

DMS本身既可单独列出应用于管理，又是其他管理指标的计算依据，特别是在订货和库存管理方面具有非常重要的作用，将会直接影响其他数据的变化，其计算的准确性及相关的应用能力，将直接影响经营的状况。

1. 订货管理

订货是整个商品活动的起始，直接关系到实际销售的表现，也是库存合理与否的重要前提，订货、销售与库存三者间是互为关联、制约及条件的关系，是推动商品经营及整体效益的"三驾马车"。

在订货时涉及有订货发起者的问题，主要从两个角度来参考确认：①从驱动性来看，需求拉动主要由最前线的门店来发起，然后订单依次反馈到周转仓、总仓、供应商和生产商，优点是能根据实际情况及时按需补充，缺点是容易层层加码而引发"牛鞭效应"；供应推动主要由采购或总部主导，适于具有不确定性、无市场参考、商品组织较困难或不稳定的商品，缺点是容易与实际销售状况脱节，库存与销售很难最有效地匹配，并可能造成经营节奏破坏等。②从商品性质来看，新品、促销、具有季节性或其他特殊政策等品项，较适合由采购和总部来发起，而其他例行性销售的品项则由门店来发起。对于门店而言，补货主要围绕顾客进店、转化率及实际销量来做文章，而促销或非常规销售则为谁主导谁订货；对于采购或总部而言，重点在于能够掌握和分析实时库存状况，以及与供应商的协同状况。补货计划有供应商制作、门店制作、总部制作和总部制作门店修正几种方式。

（1）预测管理。

不管是由谁来发起订货，都将面临如何做好销售预测的问题，补货效率是建立在准确预测之上的，而问题是对于销售预测实际上很难做到准确，越是参考近期偏差反而越大，参考历史趋势还可能更为贴近些。订货主要受供应商能力、交付状况、运输状况、仓储条件及补货时间和频率等影响，预测的影响因素则较具不确定性，比如天气状况、竞争者动向或需求变化等。对于已售品项，预测主要是基于对历史数据的分析，可有效过滤和筛出某些偶发因素（如促销、陈列调整、价格变化或团购等）所造成的影响，进而找出正常状态下的合理销量。再换个角度来看，与销售对应的是顾客购买，因此客流是重要的基础保障，所以也可转化为对客流因素（如天气变化、道路交通和商圈状况等）进行分析，从而确定相应订货，只是这种分析方式相对间接，主要是作为定性的参考辅助。

市场营销中的预测主要有购买者意向调查、销售人员综合意见、专家意见、市场试销、时间序列分析、直线趋势、统计需求分析和多属性态度模型等方法，但这些都不太适于零售，下面为一些常用的零售预测方法。

总量分解法：适用于具有一定替代性的预测，比如同一品牌乳品，只是包装规格有差异，当某一规格出现缺货时，完全可购买另外的规格来替代或弥补。对于替代性补货来说，只要出现缺货而又无法立即补充时，就应加大补充订货，但由于单品管理的原因，可能会出现脱节现象，从而导致总体货量会被放大，所以需要进行总量预测，然后再分解到各单品进行预测。在实际中，当某单品缺货时，正常作业是先进行货源确认，然后根据实际再下单补货或转订其他商品，但如果经营品项较多时还是会有一定困难，比较考验各店的订货管理能力。

平均预测法：就是DMS概念的应用，适用于需求平稳、波动不大和季节变化不强的商品订货。正常品订货主要参考正常的DMS，另外也可参照促销时的DMS或特定时段的DMS（如节庆或周末数据）来订货。

需求走势法：由于每天的销售表现缺乏参考性，所以预测时通常会把时间范围拉长，并相应地把时间颗粒度增加（常用的时间颗粒是以周为单位），这样会得出某种销售走势，然后再把每周的销售额除以总值，就会得到相应的需求指数，对于新的销售预测只需把相应的需求指数乘以总预估值即可。该方式在具体计算时较为方便快捷，重点在于总值的预估状况。但要注意该方式同样只适于相对稳定的品项，并随着颗粒度增加，更适合基于类别的总量分解预估。

统计预测模型：传统的预测多以时间为基础，所以也称时间序列模型，主要有移动平均法、指数平滑法、线性回归、霍尔特温特指数平滑法、多项式回归等。有的则以某影响因素为基础，根据某种关联性来进行预测，比如婴儿用品与人口结构和出生率相关、雨具与天气变化相关、尿片与啤酒相关等，这些都是做出预测的参照因素，不过通常会把时间与关联因素预测综合来应用。

（2）基本订货方式。

最初级的订货方式是根据陈列进行人工下单，即只要排面出现缺失，就与供应商联系或自行采买，及时补齐。通常是每天营业结束后，就要进行陈列整理，然后根据排面的实际状况进行补单。这种订货方式较为直观，缺点是缺乏重点和预见性，对于销售目标调整和市场变化缺乏灵活应变性，所以为提升订单的准确性，就要判断不同商品的周转状况，销售表现好且周转较快的即适当加大补货量。再进一步，就是确认供应商的送货状况，由于供应商很难做到随订随到，因此需约定一个订单提前量，以确保准时和有效地送达。这时要注意下单与到货有个空窗期，需要进行预判，预留出这一期间的销量和正常最小陈列量。由此可以看出，与订货关联的，主要有销量、库存数、订送货数量和订送货时间等因素。

供应商当然希望能一次全部送完，但零售的空间资源有限，无法承载陈列、库存与资金的压力，所以需要寻找可共同接受的平衡点。在实际中常用的是"经济订货批量"（EOQ）订货方式，公式表示为 $Q=\sqrt{2DS/H}$（Q 为经济订货量，D 为某时期的销量，S 为每次订单成本，H 为单位库存成本）。零售相对于生产而言，更强调货品的流转速度，因此更多考虑的是订货与配送对于成本的最大容忍度，或者说要寻求最短订货周期与成本之间的平衡。通常零售订货所要考虑的因素，主要有本次送货到下次送货的周期间隔（要注意有固定和非固定时间的订货），最近一次到货应保留的最小库存量（也称安全库存，对于零售而言也可理解为最基本的陈列量），以及其他的季节、促销、大宗和竞争等可能影响销量的因素，将各种因素综合后便可得到相应的订单数。主要的订货公式为：订货量 =DMS×（订货周期＋到货天数）＋安全库存量－订货时库存量－在途量 =DMS×（订货间隔＋到货期限＋安全库存天数）－订货时库存量－在途量。

可以看到其中有 DMS 的应用，因此需借助系统来完成补货，但这对于小微店和个体店来说就面临成本的问题（因为目前很多小的零售管理软件基本没有 DMS 计算功能），不过至少应弄清原理，可挑选部分重点品项进行人工检验。其实即便是系统订货，但由于影响订单准确性的因素很多，而系统是无法甄别哪些因素发生了变化的，所以还是需要人工调整，以及时准确地应对突发状况。不过人工调整的比例应控制在一定范围内（如只针对重点商品或因某些变化而可能影响较大的商品），并且在人工修改时需增加审核环节，以减少人为的主观干预性。自动补货主要适用于正常销售，对于促销、生鲜、专柜和季节性销售，以及新品首单、打折出清和大宗单等也不适合。影响自动补货订单准确性的因素很多，主要表现在两个方面：外部因素主要为供应商的货源保障和配送及时性，内部因素主要为参数维护的准确性和销量变化，而销售又受多重因素影响，进而导致订单变数较大。

缺货是销售的最大"杀手"，顾客到卖场后如果没有购买到目标商品，购物体验将会受到极大破坏，如果这种情况不断地重演，甚至可能会失去该顾客。因此对于缺货必须引起足够重视，比如设置不可缺货清单、与供应商充分沟通缺货的危害性、将其捆绑在一起共同为缺货行为负责等。事实上，补货是一个极为复杂的工程，除了上面介绍的内容外，还有补货时间与频率、库存设定、总仓与分店衔接、前置仓和全渠道补货等事宜，由于篇幅所限这里就不再细述。

（3）促销订货。

相比于正常订货，促销订货要更为灵活多变，其中主要考虑的因素有：①促销弹性。与价格变化相关，理论上促销弹性系数越大，就需要随之加大预测值，反之则要注意控制预测。②促销 DMS。如果有过去相关的促销数据，就可根据实际销售表现状况来预测，如果没有则可参考相近似的品项表现来预估。③促销目标。简单来说就是把目标作为预测来进行补货计划（其实很多正常品也是通过目标分解来进行预测的，包括非例行性商品的供应推动）。一般而言，促销订货主要是先看能否达到其目标，然后通过促销弹性和过去的实际数据来验证。

对于可替代性商品来说，当某商品进行促销时，就意味着其他可替代品的销售可能会受到影响，即便有些影响并不明显，但由于陈列等资源缩减（卖场的空间资源是一个固定值，正常陈列与促销陈列是此消彼长的关系），因而需要综合考虑整体销售变化，对于其他正常品需要适当降低预值。而对于同一单品来说，促销更会影响正常的销售：在促销前夕，通常有些需求并不太紧迫的顾客往往会持币观望，这时表现出的销售就会略低于均值，所以要注意不能过早进货，否则仓库压力会较大，当然这也要求供应商的配合能力状况，时间和准确交付是重点；在促销之后，通常也会表现出较大的下降状况，因此对于销售空窗期也需要进行相关预测，以确保库存与销售的合理配置。

（4）异常订货（畅销缺货/应销未订）。

畅销缺货是指销售较好的商品，却出现低库存甚至零库存状况，从而影响到应有的销售表现。既然是畅销品，说明是符合顾客或市场需求的，所以就要重点给予照顾。其管理的关键在于确定什么才是畅销品，而不同属性的商品其定义是有差异的，比如生鲜类每天都会产生销售，而大家电可能几天都未必有销售，因此不能一概而论。常用的是以 DMS 作为参考，当食品类的 DMS $\geq$ 3、日用品类的 DMS $\geq$ 1、非食百货类的 DMS $\geq$ 0.4 时，就可认为是畅销品。具体标准依各店状况而不同，并且是要剔除促销、大单或异常状况的正常销售状况。

另外要确认什么是缺货状态，通常是当该商品的可销天数小于 3 天时就可视为已出现了缺货。造成畅销缺货，主要有突发性异常销售、订货异常、未及时和准确到货、订货周期或参数设置错误、销售预估不准确或陈列变化等原因。

应销未订指属于正常应售商品，但超过正常订单日（通常为 3~7 天）后仍未下单，也无在途订单，且库存为零的商品，直接后果就是导致零滞销异常。应销未订与畅销缺货的差异主要看库存状况，多数是供应商未及时交货所造成（从缺短交和未到货的管理指标中也可看出），也可能是订货方诸如新品或新开档等原因所导致，但不管是何原因，根本还是要归结于自身的管理问题。

2. 存货管理

零售与生产的库存逻辑并不相同，库存主要是用于直接销售，基本上都是围绕成品进行的，仓库只是起到暂存和周转的作用，并且库存与陈列密切关联（因电商是虚拟陈列，所以库存主要与物流相关），因此零售是以补满排面或饱满陈列为基准，库存原则是勤进快销。这里面涉及多少陈列量才合适的问题，但并没有标准答案，通常是以销售目标为基础，结合商品属性、动销快慢和竞争者状况等因素来进行规划，动销较快的商品，其陈列量和排面在理论上要高于动销慢的商品，后台仓库应适当增加备货以便及时补货。

（1）库存天数。

库存管理的重点在于库存周转，其中又主要看库存周转率和库存周转天数两个指标。财务定义的公式表示为：库存周转率（次数）= 平均销售成本/平均存货；库存周转天数 = 平均库存/平均销售成本 =360/库存周转次数。财务数据虽然比较准确，但需要经过一定时间并通过盘点后才能得到，这对于管理应用来说就显得有些滞后和缺乏效率，因此在具体业务层面更常见的是用库存可销天数（简称库存天数）来管理，公式表示为：库存可销天数 = 当前库存数量/当前日均销量（DMS）。

可以看出该指标更为简单实用，因当前库存量和日均销量都是即时数据，所以时效性较强，并且应用的范围较为灵活，既可看单品的状况，也可看类别、部门或整店的状况。不过由于存在 DMS 的计算准确度问题，因此与财务数据还是有一定的误差，主要是便于实时业务方面参考使用。

使用库存天数管理，可有效地解决库存量大但未必是高库存、库存量小也未必就合理的问题，例如：A 单品库存为 200，DMS 为 10，则库存天数为 20 天，B 单品库存为 10，DMS 为 0.2，则库存天数为 50 天，虽然 B 单品的库存数量不大，但周转效率并不高。另外，库存天数还可帮助明确库存的管理标准，只是不同行业或业态因商品属性的差异性，库存天数标准不尽相同，比如大型综合超市或百货店一般为 30~40 天，普通的标准超市或便利店一般为 20~25 天。从商品属性来看，保存期越短要求的库存天数越低（如鲜肉和熟食类原则上不超过 1 天），保存期越长则可适当延长，但最长不宜超过 90 天，因为存在付款后商品还积压在手中的问题。从供应链角度来看，库存天数标准可成为零售与供应之间共同的行为准则，作为商品是否适销的量化标准，也是某种意义上的纵向一体化管理。

理论上库存天数越低越好，意味着单位时间内的库存可周转次数增多，产出的效益就越好。从公式中可以看出，降低库存天数可通过两种方式来实现：一是在销量不变的前提下，降低库存量就可降低库存天数，但这样可能会带来负面影响，一方面可能造成商品陈列不饱满，进而影响顾客的选购，另一方面则涉及订货周期和配送成本问题，订单过于频繁将面临配送运输效率和成本的压力；二是增加销量或提升DMS值，即主要在于提升销售。两种方式就效果而言，改变分子较为简单快捷，但改变分母才更具意义，或者说提升销量才是解决之本。不过管理者需要警惕人为制造DMS数据的行为，谨防被所谓客观数据所误导。

（2）异常库存（高库存）。

在了解库存天数的概念后，就比较容易理解有关高库存的异常管理，即衡量库存是否合理，不仅要看库存的数量和金额状况，还要看库存的可销天数状况，当库存天数高出正常合理值时，就可以判断可能出现库存异常。比如某类型单品的库存标准天数为30天，但实际为60天，那么就可直观判断已是高库存。如果再结合数量或金额因素，还可反映出不同的高库存状况。例如：标准库存天数为30天，实际为60天，这时A商品的数量为100个，B商品的数量为2个，如果从数量上来看，A商品的库存大，但如果从金额上来看，A商品虽然有100个，但总金额只有500元，B商品虽然只有2个，但总金额为3000元，显然B商品所占用的库存金额更大。在实际经营管理中，高库存异常通常是以金额为基础进行判断的，这是因为库存与资金占用直接关联，高库存就意味着资金积压。对卖场而言，如果有限的空间资源被高库存占用，那么整体资金流转速度就会受影响，且正常品和畅销品所应有的空间可能被挤占，又会影响到销售，导致分母状况进一步恶化，进而可能产生更多的高库存商品，由此陷入恶性循环之中。所以对高库存的处理绝不可掉以轻心，处理好坏将关系到整体商品动销的效率。

除了某些策略性的囤货外，高库存几乎总是与零滞销相伴随，即当销售不畅时往往就会出现高库存异常，所以库存与销售是互为关联又矛盾的关系，如果没有一定的陈列做保障，销售就可能不顺畅，而如果增加陈列后销售却未达预期，则容易出现高库存异常。因此，在处理零滞销与高库存异常时，通常需相互参照来综合进行，否则可能出现"按下葫芦浮起瓢"的状况。如何处理二者的异常，首先在于商品的基本面判断，要清楚商品所担负的角色，是属于策略性商品，还是配套性商品，抑或是补充性商品，不同角色处理的方式也不尽相同；其次是对于所谓异常也无须一刀切，可分为不同等级来处理，优先处理风险等级较高和造成后果严重的部分，比如库存天数同样为60天，但A商品金额为500元，B商品金额高达3000元，那么通常要优先处理后者，但由于其数量只有2个，这时就要判断减少后的陈列状况，如果有问题则还需另想办法。所以异常管理不能绝对化，其意义在于给予警示和挖掘背后的原因，但不可本末倒置盲目追求指标好看。

（3）库存管控。

导致库存问题的因素很多，主要包括销售计划、存货预估、订单能力、陈列变化、到货保障和货款状况等。为确保销售不受影响，需要设置合理的库存余量，以有效应对因供应商不能按时、按质、按量交付或自身原因造成的后果，但问题是，究竟多少才算合理？这显然没有标准答案，比如实体通常都希望追求"货卖堆山"，这样可在一定程度上有效激发顾客的购买欲望，但这极可能会超出正常的库存要求，而究竟超出多少才算合理，基本上还是依赖于经验判断和实际需要，这对于库存管理来说就是人为增加的不确定性。

同样，为应对由于种种原因无法随订随到的情况，通常会设定周转库存标准，然后以此制定到货周期（假如某单品周转库存为6，DMS为2，那么到货周期为3天），以利于供应做准备。这时会看到，可通过缩短到货周期的方式降低库存，但前提是一方面要与供应建立信息共享，让其能及时了解实时销售状况，以有效缩短货品准备周期，另一方面则要强化预估、陈列和订单准确率等，否则仍难做到有效控管。

电商似乎不存在库存问题，只需根据订单组织货源即可，所以理论上并无周转库存和到货周期等概念，但如果放到整个供应链系统来看，电商的库存问题实际是转移到上游而已，而电商自己主要面临的是交付问题。

（4）有货水平。

商品的最终归宿是消费，因此生产与零售的共同语言就是保障商品供给，这样才有可能换来更多销售。作为终端零售，最基本的就是要通过合理的陈列展示，从而提升交易的概率，而陈列就意味着存在库存问题，因此零售通常还会用有货水平来协助控管。所谓有货水平，简单来讲就是顾客到店后实际能购买到商品的状况，比如顾客打算购买5种商品，但其中有一种缺货，这时购物完成率就为80%，或者顾客有5次到店购买某商品，其中有一次未能购买到，这时的购物完成率也为80%。如果转换为企业角度，该购物完成率就是有货水平状况，有货水平越高，表示购物完成的程度越高，所以需要对有货水平进行管理。

从理论上来讲，门店必须要100%有货，才能避免因缺货而导致销售损失。但问题是，在设置有货水平时，销售本身是个不确定的变量，因此需要先将其固定。为便于理解，我们先以目标预算为基准：假设某商品成本为7元，售价为10元，每天平均销售20个，如果当天不能售完，必须做报废处理，这样100%有货时订货就为20

个，然而做过零售的都知道，到后期货品陈列展示越少，销售就越不畅，通常的解决方法就是适当增加库存以尽量维持陈列。这时候就面临应该增加多少的问题，如果增加部分也能售出当然最佳，但这显然只是理想状态（否则就变成无限增加销售了），所以只能用最坏的状况来计算，这时正常收益为60元，可允许的报损为1~8个（超出后就会整体亏损），而具体数量就取决于新增部分实现销售的概率，其计算公式为：可能增量收益＝毛利额×销售概率＋损耗额×（1－销售概率）。根据上述数据计算，要使增加部分达到盈亏平衡，其新增后能被销售出去的概率至少应为70%。可以看到，将要增加多少转换为销售概率，可以更好地判断每增加1个后能够实现销售的可能性，显然增加的数量越多，销售出去的概率会越低。如果最终判断增加1个是可行的，那么订单设置就应为21个，而允许最低库存为20个，这样有货水平就为95%，在这个状态下能够实现收益最大化。可见应售库存与应备库存是两个不同的概念，应售库存是最低线，应备库存是最高线，中间差距为允许误差值。

上述计算是经过某种逻辑推理而来，主要是想说明追求100%有货水平并无实际意义，且现实中也很难做到100%到货，因此有货水平只是作为理论底限而应转换为到货率管理，即有货水平主要是帮助设定最少需要多少库存，到货率则是反映订单的实际完成状况，虽然订单最终是以应售库存作为依据，但并非每次订单都是全部所需库存，而是对于应有库存出现减少时进行的补充，因此就每笔订单而言，仍须按时、按质、按量准确交付，这也是对供应商交货服务的基本要求与考核。有货水平体现的是最基本的库存要求，但在实际运行中不可能每次都去计算，所以更多的是作为理论指导和管理分析来应用，而交货率是保障有货水平的重要条件，是对供应商到货保障的最底线。

（5）库存盘点。

盘点是指定期或不定期地对商品进行清点，将实际与账面进行核对比较，以确定实际库存和损耗状况。盘点是商品管理中极为重要的环节，能及时修正并提供准确的经营数据，确保账实相符，以及暴露出潜在的问题，在一定程度上来说盘点结果是衡量经营状况好坏的标准尺度。盘点的基本要求是真实、准确、完整、清晰和全员参与。盘点按周期性可分为定期和临时盘点，按覆盖范围可分为全面和抽样盘点，按时间性可分为营业前（如交接班盘点）、营业中（如临时抽盘）和停业盘点。

通常的盘点流程为：盘点准备会议—确认盘点制度—制作盘点配置图—商品整理—编制盘点表—执行盘点—数据审核（包括复核）—差异检查—调整结算—盘点报告。单次盘点主要包括盘点前、盘点中和盘点后3个环节，有时根据实际情况还有预盘，目的在于通过预先的演练及时发现问题并处理掉。

盘点前：主要有盘点培训、人员安排、商品整理、环境清理和顾客告知等相关准备动作，在盘点前需要确定盘点计划、配置图和程序控制表，以及完成货架编号和每一货架的盘点单，检查进价是否异常和进行相关报损、退换货、库存更正的动作，并在最后及时完成放单。

盘点中：主要有初盘、复盘和抽盘 3 个环节，初盘和复盘都需全部进行，抽盘则根据实际要求确定（如抽盘百分比或重点商品）。盘点数据执行的依据或权重，依次为初盘服从复盘，复盘服从抽盘。所有盘点过程原则上必须由两个人同时进行，并共同签字确认完成，之后不得再有涂改。另外，前台卖场与后台仓库盘点可以不同步进行，但不管是前台还是后台，一旦进行盘点时就不可有货品出入。另外还要注意耗材、退货区、收银区和客服区的盘点。

盘点后：将盘点单全部收回，检查是否有漏单或漏盘及签字是否完整，然后立即将最终数据录入系统，形成初始盘点数据并生成盘点差异表，根据异常在规定时间内重新核对和寻找原因，经过调整更正后，最终形成盘点报告。

第十三章　服务要素

零售服务中较具代表性的就是分销服务，主要包括品类服务、环境服务、区位服务、交付服务和信息服务等内容。分销服务与顾客交易成本密切相关，并且对交易成本具有成本转移效应，即企业对于顾客服务的成本与顾客交易成本呈负相关，成本似乎发生了转移，比如店铺开设到人员密集区会降低顾客的时间和交通成本、通过一站式购齐会降低顾客的时间和调整成本等。当付出减少时就意味着收益提升，因此会刺激购买，而销售增加又会促进规模效应，有效降低购进成本，这样就会进入良性循环，所以由服务引发的成本转移，是零售有效吸引顾客的内在原理。

一、服务营销组合

实物产品的理论基础是市场营销中经典的4P营销组合，但由于服务与实物产品存在差异，因此会有自身的运行逻辑和营销组合。

1. 产品

服务产品是无形的，对其理解主要在于：①顾客利益，即顾客从中能得到的效用或价值；②服务观念，即从事何种服务及能满足怎样的需求；③基本服务组合，即所能提供的系列服务，包括核心服务、便利服务和辅助服务3个方面；④服务递进体系，包括服务生产与消费全过程的各环节。服务提供者需综合考虑提供服务的范围、质量、水平、品牌及售后等，根据目标顾客的实际状况来组合应用。

2. 价格

服务定价有其自身的特点：①因为缺乏相应的参考和标准，无形产品要远比有形产品的定价更困难；②因服务的不可存储和波动性，边际定价策略的应用较为普遍，经常会使用价格折让以充分利用剩余生产能力（如航空定价）；③由于不可分割性，服务受时空制约较为明显，当都只能集中或局限于某时空下才能享受到服务时，其激烈的竞争将影响价格制定和服务水平；④实物产品通常是依据品质来判断价格，服务产品则往往是根据价格来判断服务质量。

3. 沟通

服务沟通主要还是在于人，其中包含两个方面：①作为生产者，服务人员的态度等将会直接对服务质量产生较大影响。对于服务的管理，其实很大程度上就在于对人员的态度与表现等的管理，但恰恰人员管理又是最难把控和标准化作业的，任何微小细节都可能导致前功尽弃或被全盘否定（反过来，很多对于企业的肯定也是来源于服务人员点滴细微的服务）。②作为消费者，只有他们的积极参与，才能更好地保障服务得以顺利地实现，并且因服务的特性，使其他顾客更愿意相信经过实际体验过的顾客感受描述，因此顾客关系营销比实物产品更为重要。

4. 有形展示

有形展示就是将无形的服务有形化，使服务的内涵尽可能附着于有形的实物之上，以便于能够更直观地感知、消费和评价。对于附着有形物的选择与应用，是服务能否被有效传递的关键。通常顾客较为熟悉的，或其本身也较为重视的，以及较容易被理解的物品，比如提供给顾客的购物袋，其品质状况会极大地影响顾客对于零售店的整体质量感觉；店面的装潢状况，可以有效地反馈出所能提供的服务水平等。

有形展示根据是否能被顾客拥有，可分为边缘展示（为周围辅助且价值不高的物品，如演唱会的入场券）和核心展示（不能为顾客拥有，却能展示出服务的核心价值，如酒店星级和企业形象）；根据构成的要素，可分为物质环境（其中又包含周围因素，即消费环境或氛围等；设计因素，应用最多的是产品包装和环境布置等；社会因素，为所有参与的人）、信息沟通（将企业值得吸引的地方，通过广告、公共关系、口碑和网络等多种媒体和形式传递给顾客）和价格（本身也是一种传递方式，能直观影响顾客对于服务的内涵、质量、信任和期望等的判断）3个方面。

有形展示是企业宣传和传递服务信息的重要手段，通过感官刺激能够使顾客感受无形服务带给自己的好处，引导顾客对服务产生合理期望，帮助形成第一印象或识别企业及产品形象，同时还能指导和协助培训服务员工。事实上，服务生产者本身就是很好的有形展示，服务人员的精神面貌、言行举止、仪表仪态和态度表现等，都无时无刻不在传递着服务信息。

二、零售服务类型

零售服务是零售商为顾客提供的、与商品销售相关联、旨在增进购物价值并从中获益的一系列活动。从接触类型来看，主要有两个层面：与人有关的包括服务台、收银员、营业员和促销导购等，以及相关的行为动作和态度；与物有关的包括装修装饰、氛围格调、灯光音响、动线布局、指示标识、设施设备、停车场、购物车篮、陈列、商品、缺货、促销、价格、卫生、送货、安装维修、售后与退换货等。不难看出，它几乎涉及了各个方面，因此也可以说：零售即服务！

1. 服务分类

（1）按售货流程分类。

售前服务：是在顾客购买之前企业所做的各种准备性工作，目的就是向顾客尽可能地传递信息，主要内容有需求调查、免费培训班、顾客参与设计、氛围布置、广告宣传与咨询、商品整理与陈列、道具准备与整理等。

售中服务：是对进入卖场或进行选购的顾客提供的服务，帮助和解答选购过程中的相关问题，以促使顾客顺利地做出购买决策，主要内容有顾客接待、车辆疏导、照看儿童与宠物、人员导购、商品介绍、协助办理手续、现场演示与试用试吃、包装商品和便捷支付等。仅就商品介绍来看，电商似乎比线下更具优势。

售后服务：是交易完成后继续提供的服务，主要内容有质保与无忧退换货、免费送货、安装维修、服务热线、以旧换新、技术培训和联谊活动等，提供有效的售后保障，从而打消购买或消费顾虑。

（2）按投入资源分类。

硬服务：通过相关设施设备来实现顾客服务，比如停车场、休息室、儿童和宠物托管、电梯、寄存处、购物车篮、试衣间、空调与通风、冷链设备等。

人员服务：为通过人而实现的服务，包括人员自身的形象与素质、为顾客传递各种信息及为他人提供的服务劳动等。

信息服务：向顾客提供关于商品、价格、企业以及形象等信息，包括商品目录、价格信息、企业形象与文化、广告宣传、人员介绍等。

（2）按提供服务分类。

自助服务：虽然减去了人员服务部分，但其他的服务并未减少，主要是让顾客感觉是自己在操作。自助服务主要包含两类：一类是让顾客自己寻找和比较选择等，比如超市自选就是典型的自助服务；另一类是让顾客自行操作相关设施，比如自动柜员机、自动售货机和自助收银等。电商是两种自助形式的综合。

有限服务：即企业因能力、成本或经营商品属性特征等原因，只提供部分的服务项目。实际上绝大多数的服务均为有限服务，企业只能结合自身实际和市场需要，完成最基本的和打造具有自身特色的服务。

全方位服务：即在每一环节都提供细致周到的服务，当然伴随的就是营运成本增高，所以该类服务比较适合于高价值商品，顾客也愿意为其高附加值买单。

（3）按顾客需要分类。

方便性服务：是针对顾客选购商品而提供的相关服务，也是对于购物提供的基本服务，主要有合理的营业时间、品类指示、商品货位或店铺区位标示、合理的商品策略、布局合理通道宽敞、方便停车、服务人员素质等。

伴随性服务：是在购买过程中所需要的服务，主要有促销、价格、陈列、人员导购、现场演示、现场制作、试吃试穿试用、送货、安装和包装等。

补充性服务：该类服务似乎与商品购买并无直接关联，却能很好地推动或辅助销售，比如休息室、餐饮室、自动取款、寄存处、照看儿童及宠物、电话咨询与预定、导购指引和停车位等，这些服务往往会给企业形象增色不少。

2. 售卖服务

在零售卖场中，与顾客接触最密切的有收银与客服、营业销售、售后和客诉处理等几大服务类型。下面仅就售卖服务做简单介绍。

顾客购买大致会经历9个心理过程：①店貌感受，即顾客在刚进店时的总体感受；②注视与留意，顾客对于感兴趣或关注的，通常都会驻足观看；③引起兴趣，顾客愿意仔细了解相关信息，并且往往会有寻求帮助的相关动作；④产生联想，实质上是在做效用评估；⑤产生欲望；⑥比较与权衡，主要是进行价值评估，以及横向比较是否还有更优方案；⑦信任，对于最后的决策需要更多理由支撑，这时就在于商品、卖场和服务人员能够给予其多大的信心；⑧决定购买；⑨购后体验。

围绕顾客购买心理的变化，可以进行相应的销售服务：①等待时机，除了正常的迎宾招呼外，顾客在浏览时一般都不打扰；②接触搭话，通常在顾客凝视、张望、触摸或寻找时，就可主动接触顾客询问需要什么帮助；③出示商品，根据顾客需要进行相关的产品介绍，重点在于产品的特点和能够带来的好处，并配合出示相关的证明，同时适时配合进行试吃、试穿或试用等；④商品说明，在初步的产品介绍后，通过互动进一步了解顾客的反馈，然后再有针对性地深入；⑤参谋推荐，到这时已进入比较权衡阶段，因此最重要的是实事求是，而不是只说好的一面；⑥处理反对意见，很多推介之所以会"倒"在上一阶段,就是害怕展现"缺陷",为此甚至会与顾客争辩,但如果真正具有同理心,那么不管所谓好坏,最重要的是,售卖的不是产品,而是信任;⑦邀约,根据顾客表现出的某些信号,可尝试进行购买建议(有直接、选择、机会、印证和奖励等方法);⑧成交,主要是帮助完成相关的包装和售后安排等工作;⑨出售连带商品,不管是否成交,都要真诚地对顾客表示感谢,并可再简单询问和推荐其他相关商品。

三、服务设计与传递

所谓服务设计,就是对企业所要提供的服务项目、服务质量和服务价格等做出决策,通俗来讲就是为顾客创造最佳服务体验的过程,因此需要所有相关行动者及其之间的相互作用,并对辅助材料和基础设施要有一个整体的看法。服务设计主要遵循以用户为中心、共同创造、顺序性、服务有形化和系统整体的原则。

1. 零售服务决策

顾客对服务的期望是服务设计的基准,因此了解顾客期望是服务设计最为关键的环节。一般而言,顾客对于服务有两种不同类型的期望:一是理想服务。顾客当然希望能得到最好的服务质量水平,但往往也会承认所希望的可能并不太现实,因而是一种理想状态下的要求。二是适当服务。也就是顾客最低可接受的服务质量水平,如果低于限度就会产生不满,甚至会选择背离。不同的业态或商品属性,对适当服务的要求并不相同,比如仓储店的服务要求就相对简单,而高档专营店则会非常在意每一个细节。即便在同一店内,顾客在不同的时机和环境下,最低服务要求也会发生变化。从长期性来看,随着时间推移,顾客对最低服务的要求是会逐渐提升的。

在理想和适当服务之间为容忍区域(见图13-1),是顾客承认并且也愿意接受的服务差异,向下超出会产生不满,向上突破则会有好感。比如顾客对某商品有一定的价格预期,当高出时会认为价格较贵,低于时则认为比较实惠。不同顾客的容忍度会有差异,有些容忍度较小或适当服务要求较高,则表现得较为挑剔,而有些容忍度较大或适当服务要求较低,表现得就相对宽容一些。

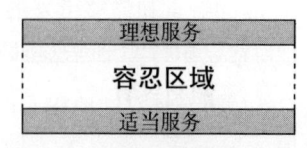

理想服务
容忍区域
适当服务

图13-1 理想与适当服务示意图

> 小贴士：容忍区域大小与商品价值高低呈负相关、与消费承受呈正相关，即价值越高容忍区域越小，价值越低容忍区域则越大，消费承受力越高容忍区域越大，消费承受力越低容忍区域则越小。另外，适当服务水平的高低与价值高低呈正相关、与消费承受力呈负相关，即价值越高对适当服务水平的要求越高，价值越低对适当服务水平的要求则越低，消费承受力越高对适当服务水平的要求越低，消费承受力越低对适当服务水平的要求则越高。

在当今的买方市场下，缺乏服务几乎是不可想象的，因此需要根据自身实际、业态、竞争、商品属性和顾客等状况，设计出适合目标顾客的服务。基本原则为：适当服务必须有，否则极有可能导致顾客流失；理想服务不强求，却是形成差异化和树立形象的手段。需要注意的是，适当服务因店而异，且它和理想服务并无绝对的区分标准，同一服务因业态不同而担负的角色会有差异，比如安装调试，对于家电专营店来说只是适当服务，但对普通综合超市而言则是理想服务。

零售服务具有增加商品形式效用、增加时间和地点效用、促进所有权转移、增加便捷性效用、提升店铺形象、改善客流和提升竞争力等作用。零售服务决策主要包括如下几方面内容。

（1）项目决策。

确定具体向顾客提供的服务内容及类型、数量等。服务项目有很多，但由于存在成本的制约，在选择服务项目时需要考虑顾客需求、销售促进、销售方式、店铺规模、商品特点、成本和竞争等因素。常见的服务项目有导购服务、送货服务、投诉处理、培训服务、安装维修服务、退换货服务、包装服务、修改与定制服务、洗涤服务、购物车篮、休息室与停车场、以旧换新、代管小孩和宠物等。

（2）质量水平。

即能够提供服务的程度，通俗来理解就是服务的档次。按较粗的线条来看，有低水平、中水平和高水平服务，究竟提供怎样的服务水平，除成本因素外，重点在于商品属性和顾客习惯感知等，通常价值越高的商品越需要高水平服务，反之则对服务水平的要求越低。如果服务水平错位，就容易造成价不符实的感觉，比如现今实体店在氛围布置方面越来越舍得投入，但若本身是定位于普通社区生活服务，布置过度反而容易使顾客引起价格猜想，或觉得距离自己生活太远而望而却步。

（3）服务价格。

服务是否收费或收取多少，是极其重要的服务决策。如果收费，顾客将要增加付出，在面对相同服务却免费时，就会失去竞争优势，并且支付费用后往往会比较珍视和有更高的期望,如果未能达到预期,则会更加不满;如果不收费,企业将会面临成本压力,顾客也可能重视不够;如果是部分收费,又会存在哪些项目收费哪些不收的选择问题,以及是否便于区分执行,比如店铺的装修装饰氛围只能为所有人共同享受,无法进行区别对待。至于如何确定具体的收费金额,实际上至今也没有任何参考或统一标准,有的为顾客随心所欲(如西方常见的服务小费),有的为确定某百分比(如佣金抽成),有的为明码标价(如会员费),有的则是可以协商等。总之,服务收费是一把双刃剑,用得好可以增加顾客黏性、提升附加值和实现效益平衡,用得不好反而会增加顾客不满情绪,甚至选择放弃。

2. 服务蓝图

服务蓝图是服务传递系统的组成部分之一,是一种有效描述服务传递过程的可视技术和示意图,涵盖了服务传递的全程。它借助流程图的方式将服务过程、员工行为、顾客行为的有形证据直观地展现出来,通过蓝图描述,服务可分解为提供步骤、任务和方法,并使服务提供过程中所涉及的人的行为都能被理解和处理。更重要的是,顾客同服务人员的触点在服务蓝图中能被清晰地识别,从而达到控制和改进服务质量的目的。服务蓝图的结构要素定义了服务传递系统的整体规划,包括服务台的设置、服务能力的规划等,其管理要素主要明确了服务接触的标准和要求,规定了合理的服务水平、绩效评估指标和服务品质要素等。

服务蓝图架构如图 13-2 所示。从中可以看出,服务蓝图主要包括有形展示与顾客行为、前台员工行为、后台员工行为和支持过程 4 个部分,而中间有外部互动、可视和内部互动 3 条分界线。服务蓝图非常简洁直观,可以很好地为零售服务设计所用,进行针对性和整体性设计,有助于建立完善操作程序,便于可视化管理与控制,易于沟通与培训,理解各部门的角色和作用,增进服务过程中的协调性等,同时也比较容易了解到某些薄弱环节,可更好地帮助改善服务质量。

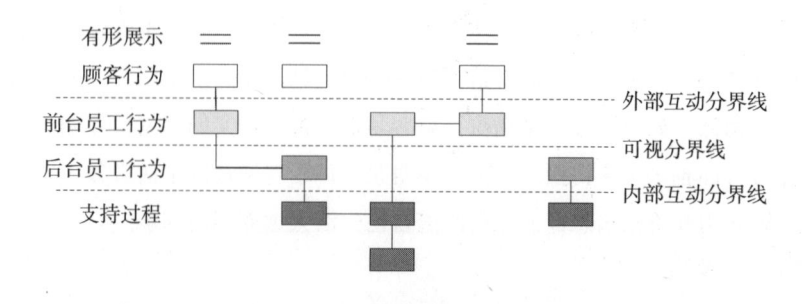

图 13-2 服务蓝图架构示意图

3. 服务传递系统

服务传递系统就是服务产生及传递到顾客的体系，包括成本、质量控制及顾客满意的产生。服务传递设计是一项较具挑战性的工作，需要能够提供一种与竞争者不同的服务概念和战略，主要涉及地点、使顾客和工作流程更有效的设施与布局、服务人员的工作程序与内容、质量保证措施、顾客参与度、设备选择和服务生产能力等问题。在设计服务传递系统时，应充分考虑与顾客相关的服务接触，其中服务体系设计矩阵（见图13-3）就是一种根据接触方式不同而优化设计的工具，其设计流程主要为"确定服务类型—确定顾客接触程度—确定与竞争对手的差异—保持灵活应变性—动态化设计"。

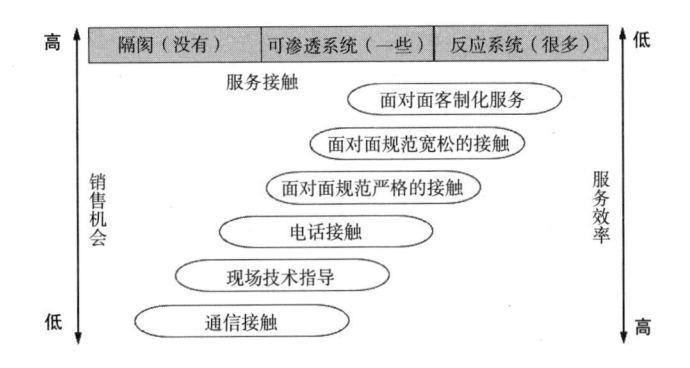

图 13-3　服务体系设计矩阵

从图中可以看出，服务效率与销售机会是反向关系。相对来说越是大店越会倾向于规范化管理（严格接触层面），因而小店竞争必须要有更高接触的个性化管理。标准化服务的目的在于确保优质服务能够贯穿始终，服务的有效性依赖于政策、流程和管理水平状况；个性化服务顾名思义就是缺乏一致性，服务设计与传递取决于服务提供者的判断和能力，对于实施者的素质和能力有较高要求。规范或标准化服务容易形成规模效应，利于零售扩展，比如麦当劳和肯德基快餐店，都有着极为严格和细致的服务行为标准和规范，使得在一定程度上免受大厨的制约，可在全球各地开展，至于标准化的口味，反而变成某种卖点。

在某些情况下，顾客并不完全需要全部的服务，这时应尽量设计标准化且容易理解的服务，最好让顾客能"自助"完成。这方面做得比较成功的是宜家，通过布置各种不同的场景展示，顾客能够比较直观地感受而"不太需要"专业人员参与其中，拥有更多的自主权，这在零售中确实是独树一帜；对于那些高频购买商品，顾客通常都有一定的购物经验，因此过于强调个性化服务未必是一个明智的选择，而应该去关注其他竞争者所欠缺的细节；对于较具一定技术性或价值较高的商品，就需更多地偏重于个性化服务，这样容易使顾客感受到被关注。

四、零售商圈与选址

顾客为何购买，最主要的是在于能否满足需求或解决问题，体现为具体购买决策时对利得与利失的判断，总体来说是希望用最小的成本获得最大的价值，其中利失主要包括实际支付和交易成本两部分，而交易成本对于零售有着特殊的影响。

时间具有不可再生和公平性，被耗费后将无法再弥补，因此在某事物上花费的时间越少，就意味着会有更多的时间投入其他，从而可能获得更多的收益。在所有的行为活动中，时间要素主要体现为便捷性，便捷是商业活动中非常重要的因素。纵观零售的发展，主要都是围绕便捷而展开的：第一次零售革命为百货店的兴起，极大地方便和满足了一次性购物的需要；第二次零售革命为超市的诞生，有效地提升了顾客的自主选购性；第三次零售革命为连锁革命，将店铺的触角伸到顾客周围；便利店的兴起，更是以便捷直接作为基本的运营逻辑；随着进入互联网时代，其中有关信息和交付的便捷性（如直接到家），又将孕育和推动着新的零售革命。

对于传统实体而言，地理位置是最重要的便捷因素，好的位置就相当于成功了一半，从某种意义上来说零售竞争主要在于位置之争。位置对购物的影响在于：随着距离推移，交易成本会随之增加，需求动力会逐渐下降，购后满意也会随之逐渐降低，甚至可能出现抱怨情绪，比如现在人们都习惯使用自来水，但如果必须要到3千米外去取水，那么"痛苦指数"将可想而知。不难发现，该规律与需求定律不谋而合，即随着距离的增加，购买的成本就会提升，从而导致需求的下降。

当然，除了位置因素外，还有在整个购物过程中感知的便捷性，比如卖场内移动是否方便、拿取商品是否方便、结算是否方便、泊车是否方便、售后是否方便等。根据日本一家超市做过的调查，顾客对于价格的重视程度仅为5%，而开放易入为25%，商品丰富并方便选择为15%，明亮清洁为14%，可以看出前两项都是对于便捷性的要求，这也从侧面印证了便捷对于零售的意义。

1. 零售商圈

传统线下实体一旦开店，就意味着覆盖范围将很难改变，因此选址的好坏对于经营是否成功有着直接的决定性，而选址与商圈有着密切的关联。

商圈是指以店铺为中心，沿一定方向和距离扩展，吸引顾客的覆盖范围。店铺的位置是固定不动的，那么以店铺为中心，以顾客最大限度愿意到店购买的距离为半径，所形成的范围就是商圈。商圈决定着能够覆盖的顾客的数量与质量状况，因此理论上来说覆盖的范围越大越好，但由于交易成本的制约，商圈总会被限定在一定范围之内。由于互联网打破了时空界限，电商的商圈范围要远远超过实体店铺，所以仅就这点来说，实体店铺就已处于极大的竞争劣势。

（1）商圈类型。

第一，按层次划分。

顾客到店会受距离的影响，距离越近吸引力越大，因此通常会用顾客份额占比来划分商圈：核心商圈，能够包含50%~80%的顾客范围；次级商圈，能够包含10%~30%的顾客范围；边缘商圈，除核心与次级之外的商圈。一般来说，核心商圈保基本，次级商圈靠范围，边缘商圈靠特色。对于电商而言，位置距离的意义较弱，更多的是以某群体的疏密关系来划分商圈层次。

第二，按交通方式划分。

按层次划分通常是以店铺为中心来画圆，但实际中会受很多因素影响而形成不规则形状，所以更实用的是用通行方式来确认：步行商圈，以徒步方式能够到达的距离为界，通常以5~10分钟为限，商圈半径为100~600米；骑行商圈，以骑行方式到达的距离为界，通常以5~15分钟为限，商圈半径为1~2千米；汽车商圈，以驾车或乘坐公交工具到达的距离为界，通常以10~20分钟为限，商圈半径为3~5千米（地铁商圈的半径可达10千米以上）。这种划分方式加入了时间的概念，是根据实际的花费时间来确定，但缺点是对于划分出的商圈不能确认出层次性，对某些业态并没有实际意义，比如便利店基本上以步行商圈为主，极少涉及其他商圈，步行商圈就是核心商圈，所以需要将两种方式综合应用。

第三，按属性划分。

实体商圈：过去零售都是以实体店铺为主，所以商圈是以空间位置来进行划分，商圈确认后的典型特征就是覆盖范围具有一定的稳定性和静态性。

虚拟商圈：主要针对互联网的虚拟空间，覆盖范围具有动态性。目前虚拟商圈主要有电商聚集和具有某种主题或兴趣爱好的社群聚集两大类型，包括私域也可理解为某种特殊形式的商圈。随着传统空间的界限被打破，实体与虚拟最终会形成立体混合商圈，零售未来的发展主要在于对综合商圈的把握。

第四，按辐射范围划分。

都市型商圈：为商业高度密集、经营服务功能完善、服务辐射范围超广的商业中心或商业集聚功能区，通常位于城市中心区、主要交通枢纽或历史形成的集市区域，业态齐全，功能完备，资源配置合理，市场细分度深且最具活力。

区域型商圈：可理解为缩小版都市型商圈，主要在某居民集聚区、交通枢纽和商务区，能基本满足区域内的购物、餐饮、休闲、娱乐和商务等需要。

社区型商圈：商业有一定程度的集聚，主要配置居民日常生活必需品和生活服务的商业集聚区，是最基本的商圈。

特色型商圈：具有浓厚的文化氛围和风情特色等，能够增强人气、带动区域辐射和集聚能力，吸引购买消费的商业休闲功能集聚区。

第五，按形态划分。

商业区：为商业体较为集中的区域。特点是繁华热闹、流动人口多、人气兴旺和各种店铺林立。较容易形成聚合效应，商圈辐射范围会相应扩大。顾客消费具有快速、流行、娱乐、冲动及总消费金额相对较高等特征。

住宅区：也称社区，主要为家庭住户较多和住宅房屋集中的区域。特点是流动人口相对较少，以本地和常住人口为主，所以消费群体相对稳定，讲究便利性和回头性，生活必需品、日常用品和家庭用品的购买率较高。

文教区：为校区和文化与教育相对比较集中的区域。顾客群体以学生和教职工为主，总体消费金额不高，但光顾频次较高且时段性较强，品类多集中于文体用品、休闲用品与食品、饮料和速食类等。

办公区：以写字楼、企事业单位为主的区域。顾客主要为白领及工薪族，消费习性是上下班购物，强调便捷性，商品选择包容性较强，消费水平相对较高。

工厂区：以工厂企业为主的区域。顾客以蓝领为主，消费水平相对较低，主要是讲求实惠，但总量消费未必弱。

混合区：是几种形态混合的区域。具备各单一形态的消费特色，因而呈现出多元化的消费习性。

（2）影响因素。

商圈的构成主要有消费人群、有效经营者、商业管理、商业发展前景、商业形象和商圈功能等几方面要素，如何选择需要综合考虑。

第一，外部因素。

人口因素：店铺所处区域的人口密度、收入水平、消费能力、职业状况、性别与年龄、家庭组成、生活方式、文化与教育及流动人口状况等，对于商圈形成具有决定意义。人是消费的主体，所以人口状况是最重要的参考因素。

地理环境：店铺具体是处于郊区、市区、工业区、商业区还是住宅区，以及实际面临的沟坎、隧道、桥梁、河流、铁路、公路或高架桥等，都将影响商圈的实际使用状况，同时，店铺周围的道路状况、公交状况和交通设施等，比如店铺周边的隔离栏设置、单行道的设置、停车限制、楼梯和坡道等状况，都会影响到店址质量和店铺的影响力。

商业聚集：虽然商业区具有较强的吸客能力，但不同的商业聚集状况所形成的商圈也有差异，其中主要有两种聚集：一是以同业为主的聚集，具有较强的相互竞争性，商圈范围会"1+1＜2"，但应避免大型同质店过于集中；二是以异业为主的聚集，相互间具有较好的互补性，从而形成良好的集客效应。

城市规划：城市规划决定着店铺未来的发展状况，最直接的就是商圈内的人口将面临如何迁移，或者因道路改变而影响人流状况，或者经营场所房屋拆迁或重新规划等，这些都影响着商圈的变化动向。

第二，内部因素。

店铺规模：通常单店的规模越大，经营的品项就越多，就越能满足顾客的选择性和一站式购齐的需求，集客能力也就越强，因而商圈范围也就越大，反之则越小。比如便利店几乎没有集客能力，主要是捕捉过往或就近的顾客。

经营种类与市场定位：对于购买频次高的日常生活类的食品和用品，通常商圈的覆盖范围都不大；对于非必需品类或技术性较强和价值性较高的种类，顾客通常都需要了解更多的商品信息及货比三家，因此商圈的范围通常都较大；如果只是独家经营，理论上可以说是一个完全的商圈。换个角度来看，如果定位于中低档次，那么商圈的范围就相对要小，越是偏向于高档次，商圈范围也会相应地扩大。

经营管理：处于同一区域的两个店，经营管理不同也会影响商圈范围，经营管理水平高、信誉好，知名度和美誉度也会提升，吸引顾客的范围就会扩大。同样，那些经常进行广告、公关和促销等的店铺，对于顾客的吸引力就要大于较少使用促销的店铺，包括借助社群等网络辅助，也能在一定程度上扩大商圈。

（3）商圈分析。

在确认基本的商圈后，就需要对商圈的构成状况、特点、范围及影响因素等进行分析，从而为选址、制定和调整经营方针策略提供依据。商圈分析的主要内容有：选址研究，包括人口统计、供货来源、促销、经济情况、店铺区位可获得性、竞争状况、政策法规和租金等；消费者研究，包括消费者购买行为与习惯、满意度和购买力研究等；客流量分析，统计经过的人流量、性别、年龄和进店人数，进而分析客流差异、时间分布和客流规律等；市场评估，主要包括城市、居民和其他相关经济指标分析；竞争者与自身分析；基础条件，主要包括房屋状况、水电气配套状况、交通和通信状况等。

引客效应分析：引客效应即商圈的吸引力状况，主要根据商圈内的人口状况（包括居民人口、工作人口和流动人口）来确认，计算公式为"商圈引客效应指数＝平均每日客流量／（居住人口＋工作人口）"。指数越大表明吸引力越大，如果指数大于1，则说明该商圈已成为中心商圈或区域中心商圈。

向心力分析：向心力是指商圈内各零售业态满足顾客需求的程度，因此前提是要弄清商圈内的人口特征，然后是业态结构、分布及经营状况分析，进而进行各种业态饱和度分析。店铺的饱和度通常用饱和指数来衡量，通过潜在需求和实际供给的对比，来测量商圈内零售店每平方米的潜在需求，计算公式为"饱和指数＝（某地区购买某类商品的潜在顾客人数 × 某地区每位顾客用于购买某类商品的支出）／某地区经营同类商品店铺的营业总面积"。一般来说，饱和指数越高，就意味着该地区竞争相对缓和。根据饱和指数状况，大致可分为店铺不足、店铺过多和店铺均衡等几种区域，显然，在店铺不足的区域内较易获得成功。

购买力分析：即借助与区域购买力有关的指数来估计市场潜量，计算公式为"购买力指数＝（A×50%）＋（B×30%）＋（C×20%）"，其中A为本地区占总区域购买力比重，B为本地区零售额占总区域总零售额比重，C为本地区人口占总区域人口比重。也可理解为，A为商圈内可支配收入的总和，B为商圈内的零售总额，C为具有购买力的人口数量。一般来说，购买力指数越高，销售预期达成的概率越大。购买力指数测算相对简单快捷，只是要注意的是，根据各因素对购买力影响的大小，需给每一个因素分别规定相应的权数或比重，换言之，上面公式中的50%、30%和20%并不是固定不变的，只是通常表现出的一个常数而已。

发展潜力分析：如果商圈内的零售商不能满足目标顾客的消费需求，顾客就会转移到其他地方或通过其他途径购买，从而导致商圈客流降低。商圈发展潜力可通过购物指数来反映，即商圈内的消费者每月在本地的消费额与在商圈外消费的比例，或商圈外的消费者每月在当地的消费额与在商圈内消费的比例。

目标商圈评分表：商圈评分（见表13-1）是对商圈情况的综合反馈，通过横向比较筛选出最优选项。其关键在于合理设置权重和科学打分，评分主要有小组打分法、德尔菲法等，同时对某些项目可设置一票否决准则。

表13-1 目标商圈评分表

商圈类别	具体商圈	地理位置	商圈面积	人口总数	有效人口比例	有效人口总数	商圈级别	自家店面数量	同业店面数量	同业著名品牌	房租	员工平均薪资	人均消费额	得分
	权重													
商业区	1													
	2													
	…													
	小计													
社区	1													
	2													
	…													
	小计													
文教区	1													
	2													
	…													
	小计													
……	……													
总计														

地图法：是以行政地图为基础，将店铺经营的基本资料绘入，制作出商业环境地图，从而了解开店区域商业状况的商圈分析方法。主要涉及的资料有行政区人口数、户数及分布，竞争店铺位置分布，住宅区和商业区位置分布，以及等高线地形和城市规划图等。制作步骤一是准备行政地图，通常是以千米或百米为单位进行分区，或以自然小区为单位，然后分别填入所了解的人口数和户数等信息；二是标识出竞争

店的位置分布状况。以预计开店地为中心，以商圈辐射为半径画圆，然后分别标出竞争店面积、营业额等资料；三是标示出竞争店覆盖商圈范围及周边街道等的人口数和户数，同时标示出计划店的商圈覆盖状况；四是制作地形图，确认并标示出阻碍购物的状况，包括坡道、楼梯及隔离栏分布等（注意对于道路或地形通常每隔100米要标注标高，以掌握坡度或其他状况），以及停车、交通线路和信号灯等状况；五是制作城市规划图，重点在距离商圈1000米范围内，标示出道路规划、拆迁与在建小区、商业中心等，进而最终完成完整的店铺地图。

2. 店铺选址

店铺一旦定位后，便不可能再发生变化，因此店铺选址就成为极为重要的决策，对于具体店址的考察显得尤为重要，需要从多方面来进行测算与评估。

（1）店铺条件。

城市商业条件：①城市类型，主要包括地形、气候、行政、经济、历史、文化、工业与商业、中心与卫星、历史与新兴等状况；②城市设施，主要为与人员活动有关的学校、图书馆、医院、体育馆、娱乐场所、公园、旅游和行政机关等设施的种类、数目、规模及分布状况，对店铺能否起到吸引客流的作用；③交通条件，主要为各区域间和区域内的交通条件，往往能决定客流状况；④城市规划，包括街道开发计划、道路拓宽计划、高速公路建设计划、地铁发展计划和区域开发规划等，对未来商业都有较大影响；⑤顾客因素，包括人口数、户数、收入、消费水平、消费习惯等，都会直接左右零售的发展；⑥商业属性，主要有店铺数、员工数、营业面积和销售额等，以及相关的竞争环境，都将影响店铺未来的发展。

店铺位置条件：①商业性质，主要为是否具备商业属性；②人口状况，将决定店铺的规模大小；③竞争状况，决定着竞争的激烈程度、经营品种、规模、格调和位置等，对店铺设置会有较大影响；④客流状况，这将决定店铺可能的销售或收益；⑤道路状况，重点看人行通道或街道是否有被分割，以及过往车辆的数量、类型、道路宽窄和泊车等状况；⑥场地条件，包括面积、形状、地基、倾斜度、高低、方位、日照和道路连接状况等，这些都与投入改造成本和顾客购物便捷度有关；⑦法律条件，包括是否符合相关城市规划和建筑规定、可能存在的各种限制条件、所存在的权责风险等；⑧经济条件，根据实际的租金状况计算并评估卖场盈利状况，了解掌握当地供应状况，以及当地用工状况和人员素质、薪资要求等。

（2）选址原则。

便利原则：主要包括顾客方便购物和物品配送便捷两个方面。对于顾客购买来说，当然是店铺距离越近越方便，所以选址应尽量在人员聚集的中心地带，如影剧院、商业街、公园、文体娱乐场所、旅游景区、办公写字楼、校区周边或机关等场所，相应更容易带来客流。对于距离相对较远的顾客，则在于实际交通状况，交通越便利则辐射的范围越大。对于物品配送来说，最主要的是在于交通与仓储的便捷状况，将涉及运营相关的成本和效率问题，即要考虑配货时交通运输是否方便以及店铺布局的合理性等，使配送成本达到最经济或相互间货品调配较方便。通常对于高频消费的品类，越需要注意商圈覆盖的深度，对其配送点的集合度要求越高，反之则要考验单次的运输能力。

竞争原则：即根据经营商品的属性进行综合判断，既要能有效发挥自身的特色和优势，又要尽量避免直接竞争，比如大型店通常以商业中心区为主，这样更利于保障商圈覆盖，小型店则以社区为主；有些专业性的或较具不可比性的店，反而应尽量集中在一起，更易提升整体的吸引力。在扩张网点时，要注意商圈覆盖范围的合理性，如果两个店过近则可能造成商圈重叠，形成自己与自己竞争的局面。当然，如果是采用排挤性策略，则反过来会追求密集布局，但前提是属于高频消费的品类（如餐饮类）及总体供求平衡，如果供大于求，市场就会无法有效消化，这样即便排斥其自身也无法吃饱。

效益原则：衡量优劣的标准是经营效益，因此店铺位置要有利于经营，通常为商业活动频率、人口密度和客流量较高的地方。

（3）选址类型。

孤立店：为单独的商业建筑用地。优点是无直接竞争者，租金较低，能见度高；缺点是如果规模不够大，吸引力就会相对较弱，商圈覆盖也有限，广告宣传等营运成本较高。所以孤立店通常比较适合大型综合超市、仓储店、汽车城或家居城等，经营种类较为丰富，价格也相对较低，基本能满足一站式购齐的需要，交通较为便捷且停车方便，本身较具集客能力。单独的小店都很难生存，主要作为大店的配套服务，或聚集后形成规模效应，才能增加集客能力。

自然商业区：①中心商业区（CBD），商业网点最为密集，优势是具有规模和集群效应，商圈影响范围较大，业态和设施等较为齐全，较易集客及客流量大，缺点是租金等费用成本较高，因过于集中而容易造成交通拥挤且停车困难；②次级商业区（SBD），分散在多个繁华程度相对较低的区域，通常在街道的交叉路口，由一家大型店和众多中小型店组成，形成相对集中的商业区，基本的主要业态都有，但总体规模略小；③邻里商业区（NBD），主要为满足住宅区购物或服务方便而形成的小型商业区,往往因条件所限而缺乏大型店,但小型店业态也相对丰富,特别是生活服务类较为齐全,与顾客关系相对稳定,但因总体规模都不大,所以影响的范围有限,以居民聚集区为主;④商业街或专业区,主要由相似品类的店聚集在一起而形成的商业区,具有一定的商业特色,并可能会形成某种特色文化区(如某些自发形成的集市),因此也比较容易吸引顾客,但因单体规模都不大,竞争压力相对较大,如果没有自身的特色,很容易被淹没其中。

规划商业区:为某区域内经过总体布局与规划设计,并进行统一管理的商业区,业态类型较为丰富,配套设施等也相对齐全(购物中心就可以理解为某种规划商业区)。由于是统一管理,因此在经营品类等方面相对有要求,容易形成互补、保障品质,具有较好的形象,往往容易形成新型中心商业区,但缺点是租金等费用成本相对较高,经营压力较大,同时竞争也较为激烈。

(4)选址分析。

第一,客流分析。

客流是一段时间内到店的顾客数量,包括流量、流时和流向等要素。客流状况是决定经营成败的关键因素。

到店顾客可分为3种类型:分享客流,即客流主要依赖于邻近的其他店,以小店伴随大店居多,或顾客因类型大致相同而顺便前来,比如在逛其他店时顺便进店、或因拥挤而到旁边近似的店看看等;派生客流,即并非专程购物,而是因其他原因顺便进店,在聚集区比较容易截获客流,如车站码头、医院或学校等;本身客流,即具有一定目的性而专程前来购物的客流(其实我们所探讨的吸引客流,主要是指这部分),通常大型商业体或商业聚集区本身都具有较强的集客能力。店铺在选址时,主要应根据商品属性和相关条件状况,选取能够方便顾客的地方开店,不可盲目追求所谓吸引来客。

潜在顾客:具有需求但未实际产生购买行为的都为潜在顾客,因此需要具体了解目标顾客的人口数量、密度、分布、结构、收入和购买力等状况,由于实体店受位置因素影响较大,因此应选择目标顾客相对集中的区域为佳。

流动顾客:在商业区、人流较为密集的区域或交通要道等,顾客并非都具有目的性,因此需要了解经过该区域的顾客状况、时段、目的性和停留时间等,如何能吸引注意或使之产生冲动,是决定店铺成败的重要能力之一。

第二,店铺分析。

店铺按业务特点可分为3种类型:独特型,即经营品类相对比较独特,或周边竞争较少，通常具有较好的形象和声誉，较易吸引顾客；竞争型，即附近区域存在的经营相近的店，并往往以价格为主要竞争手段；比较型，虽然也处于相同区域，但往往不具可比性或专业性较强，顾客喜欢比较后才购买（如鞋服类、化妆品、装饰建材、家居、家具和休闲用品等），这类型的店并非以价格竞争为主。

异业聚集：周围的业态和经营品类差异较大，相互间基本不产生直接冲突和竞争，反而因具互补性而增强吸引力，是较为理想的聚集模式。不过相邻店的品类跨度也不能太大，比如汽车修理店与服装店相邻，就会显得极不协调。

竞争聚集：就是相同类型的经营者集中在一起。同类聚集要看具体的经营品类状况，并非全都不好，比如可比性相对较弱的品类聚集在一起时反而可能会起到集聚效应，能更有效地吸引顾客和扩大商圈覆盖范围。即便是完全竞争，在一定程度上也还是会扩大商圈范围，但因交叉蚕食而只能是"1+1 < 2"，导致相互间的市场份额都可能不足，所以需要进行差异化，才能更好地立足。

关联聚集：各店经营的品类和服务具有一定的关联性，从而使顾客产生连带购买行为，比如家电与配件关联、茶叶与器具关联等，各种鞋服、服饰和家居等也存在某种弱关联，通过聚集也可很好地形成商业生态。

多维聚集：除了异业聚集外，还有其他服务性业态（如学校、医院、娱乐和健康体育等）的聚集，能够共同形成完整的商业和生活生态圈。不过扩大到一定程度后，在一定范围内又会面临新的异业竞争或关联聚集。

第三，交通分析。

便捷性：在车站码头、地铁出入口、交叉路口、娱乐场所和广场等地方，人流量都比较大，是设置店铺的较好场所，但如果有隔离栏等限制，就会大大削弱其价值；大型体育设施虽然会有巨大的客流，但客流不稳定、缺乏规律，所以未必优于其他非人流聚集区；要注意有些地方貌似客流量大，却并不易留客；对于以回头客为主的店铺，重点不在于先天客流而是周边相关设施的配套状况。

街道：现实中经常出现同一条街道上，两侧地段的客流往往并不均衡，因此选址时要进行具体测量，同时还要考虑交通条件、公共设施、行走方向习惯、出入口状况、阳光照射和著名建筑等情况，结合自身实际选择位置。

交通：采用什么交通工具，将在很大程度上制约着客流状况，如果某区域对交通工具有明显限制，那么就有可能不适合某些零售业态；同样，因交通拥堵或停车不便等，也会明显制约顾客的前往，这对于大型店会是致命打击；便利店虽然几乎与车流无关，但也需要设置在人流的主要节点上。

地形：虽然在路口、出入口、车站和公共场所附近的能见度较高，但店铺周边的绿化、隔离、停车区域、台阶和坡度等，也会影响实际的使用。有些地方的道路管理较弱，门前往往有较多的流动摊贩等，也会挡住行人的动线而影响进店。

第四，竞争分析。

竞争几乎无处不在，有时店铺集中后会产生集聚效应，但相互间毕竟存在竞争关系，只有当吸引来的顾客大于或等于被分流的顾客时，才不会感受到压力，如果不能建立起竞争优势，就极可能会面临被淘汰。在进行选址时，必须对市场和竞争者有充分了解（如竞争者的位置与距离、规模与实力、经营管理能力、经营品项、目标客群和市场占有等），如果自身实力强于竞争者，理论上是可进入该商圈区域参与竞争的，但如果弱于竞争者或相差无几，就要看是否具有特殊或差异性，否则还是尽量远离为佳。当然强弱是相对的，也是在不断动态变化的，所以通常要以不利的状况来计算营收，不能盲目自信或乐观，否则极有可能会出现收支失衡。

第五，发展规划分析。

选址最担心的，是开店不久就面临拆迁而不得不关闭，因此要特别关注城市和道路等发展规划，了解并判断未来一定时期的发展前景；有些可能目前欠佳，但未来具有发展性，可以考虑提前占据；如果空铺较多，需了解是否为商业环境氛围不佳，因为空铺过多容易产生衰落感，会加剧顾客不愿前往的心理；有些特殊的宗教、文化和习惯等，对顾客的购买行为也有较大影响，这些在选址时都需特别注意。

（5）店铺评估。

店铺评估要特别注意避免先入为主，切忌出现"箭射画靶"的现象，客观分析是最基本的底限。

第一，商圈分布图。

有时可先仅选取少量重要指标（如人口与收入等）来进行商圈划分，只要满足条件就将其划为商圈范围，然后再以某商圈为基点，逐渐向周边扩展依次确认，最后就可连成一个整体，从而得到商圈分布图。这样可以较快地确认目标重点区域，并在每一商圈内重点进行竞争分析，找到竞争者还未进入的区域，从而抢先布局。在进行商圈分布设置时，参考指标不宜过于复杂，否则不易划出位置区域范围，所以指标数据的准确性尤为重要。商圈分布图的缺点是对跨区竞争者的判定可能不够准确，即在本区域内距离竞争者位置相对合理，但距离另一区域的竞争者位置可能很近，还有就是在划分区域时不能准确反映地形和交通等条件状况，因此在具体确认时仍需参考其他因素进行评估。

第二，营业潜力。

根据商圈内的住户或人口数，估算某类型商品的平均消费额，然后再根据商圈内的市场占有率，便可计算出营业额潜力状况。这种方式计算简单，需参考的指标相对较少，但对具体指标数字的准确度要求较高，否则结果会偏差较大。其公式为：店铺潜在购买力 = 商圈内居民支出总额 × 市场占有率。其中，商圈内居民支出总额 = 每月平均类别支出金额 × 商圈内人口数。

需要注意的是，在确认商圈人口数时，应把核心、次要和边缘商圈的人口状况分别进行统计，并赋予到店购买的权数，然后再将分别计算出的结果相加，便可得到支出总额。同样，市场占率有也应分别计算（不同商圈的市场占有份额是不同的），然后再将分别计算的结果相加，就可得到该店应有的营业潜力。

第三，损益分析。

如果仅计算出营业额预估值，还不能因此而判定是否可以经营，还需计算各种费用成本的投入，以此来评估损益状况。

费用预估：费用主要分固定和变动两类，固定费用有租金、薪资、福利、折旧和管理等，在一定时期不随销售变化；变动费用有水电、保管、包装、损耗、运杂费、利息、保险和税收等，会因经营而随时产生变化。对于费用的控制并无绝对标准，需根据实际情况而定，常规而言，总体损耗率应控制在5‰以内；人员薪资总额不得超过总费用的一半；总费用占营业额的比重，便利店应在18%以内，超市应在15%以内；总费用与总利润之比应维持在80%以内；正常费用占总费用的比重应在95%以上；总促销费用率通常不超过1.5%。另外，零售中较大的投资主要有工程和设备两类，如果是自持物业，那么还涉及建筑和停车等投入。工程类包括装修装饰、内外招牌、仓库建设、空调系统、水电照明、网络、音响和安保等，设备类包括冷冻冷藏、陈列器材、收银、车辆和办公等设备设施。

损益评估：根据所预估的营业额，就可计算出大致的销货毛利状况，然后再减去费用成本，便可得出相应的损益状况，即税前损益 = 销售毛利 −（固定费用 + 变动费用）。决定损益的主要有营业额、毛利率和费用成本三大指标，其中毛利率主要体现的是实际经营管理能力。也可倒推来确认店铺最低营业额要求，以此计算出店铺的盈亏平衡点，也就是根据实际店铺规模及费用状况，来推算出盈亏平衡点的最低营业额要求，即盈亏平衡点营业额 = 固定费用 /（毛利率 − 变动利率）。

第四，商业渗透率。

主要指商业实体每天每平方米经过的人流量，通常渗透率达0.5以上时，基本就能保障生存。但要注意的是，该数值是指实际进店人数，如果仅是路过非目的性进店，那么相关指数还需提升数倍以上，或者还要参考进店率状况；通常先看总体商业体量的状况，然后具体到某区域或店时还需单独测算。例如，假设某商业体量达10000平方米，如果按照0.5的渗透率来计算，那么最低限度至少需要每天有5000人进店，才有可能生存。渗透率比较适合于对现有商业体的测算，通过实际测量便可得知潜力状况，如果小于目标客流，就要具体分析顾客流失的原因，并且要评估需要怎样做才能达到目标客流的要求。

第五，人均商业面积。

即顾客在购买或消费时所占用的商业面积，目前国际上的通行标准为1~1.2平方米/人。在所确定的商圈范围内，根据实际人口数，乘以设定标准就可得知目前的商业面积是否合理，可快速判断目前所处市场的竞争状况。比如某商圈范围内有10万人，经计算合理的商业面积为10万~12万平方米，如果实际已经很高，且空置率也很高，那么就要再综合考虑其他因素，入市需慎重。

在应用人均商业面积时需要注意：该标准并未考虑流动人口数，因此对于商业中心来说可能会偏低；要注意城乡差异，不同城市结构其商业容纳状况是不同的，比如普通乡镇的标准系数可能仅为0.5~0.7；该标准是个平均概念，所以在同一城市里不可一概而论，要注意不同地块的商业分布状况；该标准主要是依据商场数据而来，略微偏低，因而不能机械地超出一点都不行。

与人均商业面积相关的，是有关过度进入的问题。公式为 $n^* = \sqrt{at/f}$，即市场均衡的店铺数与固定成本成反比，与市场规模或份额成正比。因顾客交易成本与市场份额相关联（交易成本降低就意味着可释放更多的购买力，也就可以容纳更多的店铺），因此衡量合理店铺数的标准应是固定成本与交易成本之和达到最小。目前我国人均商业面积普遍超标，这从侧面反映出零售实体总体处于过度进入的状态。另外从绝对集中度指标（CRn）来看，线上竞争力明显要强于线下实体，因此目前线下实体处于既要避免过度进入，又要不断扩大规模以提升竞争的矛盾之中。

第六，评分法。

在面对多个备选店址时，除了分别运用上述方式进行评估外，还可将各影响因素集中起来进行评分比较，如表13-2所示（因篇幅所限，这里只列举部分）。

表 13-2　店铺选址多因素分析评分示例

影响因素		评分				权重	计算权重后得分			
		店址1	店址2	店址3	……		店址1	店址2	店址3	……
人员	商圈内人口或住户数									
	收入和购买力状况									
	职业状况									
	行人数量									
	行人类型									
交通	车辆类型									
	交通状况（如拥堵）									
	停车场数量与质量									
	停车场到店距离									
	公交状况									
	道路状况									
	运输与送货状况									
店铺	周围店数量和规模									
	竞争店状况									
	互补性状况									
	可见度状况									
	经营面积									
	地形与形状									
	需改造状况									
	使用年限									

续表

影响因素		评分				权重	计算权重后得分			
		店址1	店址2	店址3	……		店址1	店址2	店址3	……
经济	物业费用									
	宣传推广费用									
	租金条件									
	劳动与维护费用									
	损益分析									
其他	供应链状况									
	发展潜力									
	政策									
合计										

2. 应用举例

前面介绍了有关商圈和选址的内容，在具体应用时，主要集中体现在商圈范围内究竟适合容纳的合理店数、距离竞争店多远才算合理的问题。而且，即便是自己开设连锁店，同样也存在开店密度的问题：过松可能存在服务不到部分顾客，留有市场空隙，或可能只集中在某店，导致无法提供足够的服务；过密则可能面临都吃不饱或内战。因此需要进行选址规划，具体步骤如下。

（1）确定单店盈利所需周边人口数。

首先，需确认进店消费的比率及每人的年度消费额，进而计算出单位人数的年消费潜力。假设进店消费比率为10%，年度消费额为1000元，那么每人消费潜力为10%×1000=100元。其次，需确认盈亏平衡点，进而计算出盈亏平衡的顾客数。假设盈亏点为20万元，那么盈亏平衡顾客数为200000÷100=2000人。最后，计算出需要的最低顾客数：2000÷10%=20000人，即该店需要的最基本的顾客数为20000人。

（2）确认商圈范围。

根据售卖商品属性，确认到店顾客的主要交通方式，以确认大致商圈范围（假设为日常生活类,主要以步行为主,那么根据10分钟步行距离便可得到大致商圈范围),这时再来看商圈范围内的顾客数量是否达到要求,如果不足就要看是否可以通过其他方式使有效商圈范围扩大,否则就不宜开店。

(3)最后确认。

如果商圈范围内的客源没有问题,这时就要确认同类竞争店的状况,即统计商圈范围内的竞争店数,每个竞争店都需按上述方式进行测算,然后把商圈交叉覆盖部分的顾客数对分,将其扣除后便可得到客源基数,这时便可清晰地看到店铺经营的潜力。在目前总体存在市场过度进入的情况下,大多店铺都客源不足,需要想办法多渠道开源,但如果所有店都在开源,那么总体改善的成效也比较有限,因此就得谨慎入市。反过来,如果客源基数已超出本店的最大服务能力范畴,那么就可考虑开始开连锁店铺了。

五、服务质量

通俗来说,服务质量代表着服务水平高低的状况,但对于顾客而言,服务质量却是一种主观的感知,并没有绝对的评判标准,也很难被准确地衡量。关于服务质量的研究,主要有两种不同的角度。

1. 服务劳动角度

服务质量是服务劳动质量和服务商品质量的统一。①服务劳动质量为服务劳动的状态和方式,给服务对象带来影响和效用,大小与劳动质量高低呈正相关。从劳动角度来看,服务劳动质量高低集中体现在服务方式的优劣上(服务方式是对劳动所构成的服务劳动模式的总概)。②服务商品质量是服务商品满足服务对象消费需求的程度,服务商品质量的差异主要表现为满足程度的差异,因此,服务商品质量是劳动成果的反映,而非劳动过程内容的反映。服务劳动质量与服务商品质量具有协同性,如果服务劳动质量高,相应的服务商品质量也必然高。

判断服务质量的标准,主要有经济效益和交往关系两个维度。一般而言,经济效益与交往关系呈正相关(当然也存在经济效益好但服务质量低或交往关系不佳的现象,原因一是服务商品处于极度短缺状态、二是服务商品被垄断),并且交往关系好坏将取决于经济效益状况。也就是说,企业必须要与服务对象建立良好关系,但如果不能得到相应的利益,那么就会失去关系维护的动机,经济效益是建设关系的物质基础,只有得到效益回报,才有条件进一步完善服务设施和美化服务环境,从而使服务对象感到舒适、被尊重及产生信任感。决定服务质量水平高低的因素，主要有以下几个。

（1）服务劳动者的劳动质量与收入水平高低的关联程度。

收入是劳动付出和选择岗位的重要依据，收入标准通常有社会范围、同行业或企业间、企业内部3种方式比较，如果收入低于某均值，那么多会选择离开，但如果受阻或有其他被迫原因，就可能会以降低服务质量来抵消不满。

（2）服务商品供求关系。

服务商品同样也符合商品交换的需求定律，当供大于求时，为了能更好地完成交易，服务质量会不断提高，当供不应求时，服务质量则往往容易下降。

（3）劳动力市场状况决定服务质量的总体水平。

如果劳动力供过于求，就会有就业的危机感，便会促使服务水平提升；如果劳动力供不应求，服务质量则多会处于停滞甚至下降。

（4）服务劳动者的价值观。

如果服务劳动者对服务工作抱有偏见，那么服务质量也就失去了重要的基础。就业价值观对服务质量的影响，主要体现在服务态度上。服务态度是具体劳动的组成部分，其好坏一方面取决于劳动者的情绪状况，另一方面取决于劳动者的技术水平。服务态度能直接被服务对象所观察、体验和评判，因此服务态度是服务质量最直观的表现，如果服务态度不好，即便服务质量有较高水平，顾客也还是会产生不满，反之，即使服务质量水平表现一般，但通过服务态度也可能被极大地弥补。其实在很多情况下，顾客对于服务更多的是在为服务态度买单。

（5）服务设施状况。

服务设施是开展和完善服务活动的基础，其影响主要是通过对服务方式的形成与变动来实现，通常服务方式的变动，都是相关设施利用方式发生转变或更新的必然结果。生产资料的质变，都会引起服务方式的显著转变。

（6）交往环境。

交往环境是人们进行交往活动的客观条件的总和。交往环境可直接决定服务对象的交往观念，不同的交往环境可产生不同的印象，从而影响服务方式和经济效益的变动。对顾客来说，服务质量高低在于能否依服务对象交往观念的变化而改变服务方式，即能否符合顾客的认知要求，这比单纯提升服务质量的其他因素要有效得多。

（7）整体管理水平。

服务质量是企业素质的具体体现，质量水平与企业管理水平密不可分。管理水平转化为服务质量，取决于选择的经营模式、管理原则、方式及实现手段等，其中管理者与劳动者的关系又将影响服务质量水平的改善状况。长期以来，对于服务质量水平的提升，很多都是用思想教育的方式来解决，但实际效果较为有限，主要由服务质量未与收入挂钩、管理制度不健全、执行力弱、劳动力缺乏就业压力、服务观念不正确、服务商品和劳动力总体供小于求等几方面原因所造成，因此要解决问题还需对症下药，只有多管齐下才能取得较好的效果。

2. 顾客感知角度

服务质量即为顾客感知的质量，是顾客评价服务的要素之一，其中顾客感知的服务质量包括结果质量和过程质量两部分，而过程质量一般很难用客观标准来衡量。在服务消费时，顾客会参与生产过程，因此比较容易影响感知服务质量的形成，如果企业形象较好，在服务过程出现小失误也可能被原谅，反之则即便是微小瑕疵也往往会被认为服务质量不好。

（1）质量维度。

可靠性：即准确可靠地执行所承诺的服务的能力。没有人喜欢出尔反尔或不守信用，而对于同样没有被完成的服务，如果是因为违背了承诺，顾客感知的服务质量就要比没有承诺时糟糕得多。

保证性：即服务人员的专业技能、知识及态度等，能否使顾客感到值得信任，特别是顾客在接受高风险或不确定服务时（如银行、保险、地产、医疗、证券交易和法律服务等），信任显得尤为重要。信任和信心主要是通过人的相互联系而建立，而企业组织本身的信誉、口碑和规模实力等也会产生较大影响。

响应性：即服务人员帮助顾客或提供便捷服务时的自发状态，与之相应的是，当处理顾客的要求、咨询、投诉和问题时，能够专注、快捷并及时地响应和反馈，时间越短，问题滑向负面的概率就越低。

移情性：企业组织给到顾客的关心、关注和个性化等服务，本质就是通过个性化的服务，使每个顾客能感受到唯一性和特殊性，并能感受到服务时企业对顾客的理解和尊重，这将会对感知服务质量带来额外的加分。

有形性：有形的工具、设备、人员、材料和环境等可被感知的外在表象，以及所组成的形象等，将直接影响顾客对服务质量的判断。有形性常被企业用来提高形象，以及向顾客标明内在的质量。

（2）差距模型。

事实上，顾客感知的服务质量本身并无法判断其好坏，而主要是在于与其他同类服务以及自身期望相比,当超出时就会感到服务质量较好,反之则会不满(见图13-4)。因此,所谓感知质量只是一个相对的概念,即便客观上质量水平再高,但主观上如果未达预期,也还是会认为质量水平较低,反过来,即便质量水平再低,但只要达到或超出了预期,也仍会认为有较高的质量水平。这就要求企业必须了解顾客最基本和常规的期望,从而在设计时避免出现"负差距"。

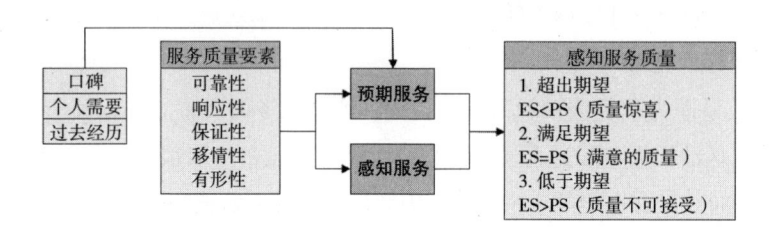

```
口碑          服务质量要素
个人需要       可靠性         预期服务        感知服务质量
过去经历       响应性                        1. 超出期望
              保证性                           ES<PS(质量惊喜)
              移情性        感知服务         2. 满足期望
              有形性                           ES=PS(满意的质量)
                                            3. 低于期望
                                               ES>PS(质量不可接受)
```

图 13-4 感知服务质量

对于零售来说,顾客满意是对企业、产品、服务和员工等的综合评价,横向来看包括理念、行为、视听、产品和服务的满意,纵向来看包含物质、精神和社会逐次递进的层级。满意度和服务质量评估常会替换使用,但满意度涵盖的范围更广,还包括产品质量、环境因素、个人因素和价格状况等,服务质量则是从可靠性、响应性、保证性、移情性和有形性几个维度来反映,服务质量只是满意度中的一部分。对于服务质量感知,顾客和经营者会体现出一定的差距,如图13-5所示。

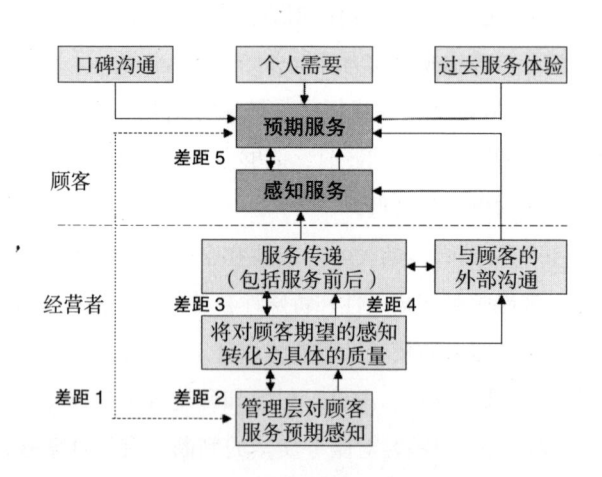

```
        口碑沟通      个人需要     过去服务体验
                ↓        ↓         ↓
                      预期服务
顾客            差距5  ↕
                      感知服务
---------------------------------------------------
                                   与顾客的
                  服务传递          外部沟通
                  (包括服务前后)
经营者         差距3        差距4
                  将对顾客期望的感知
                  转化为具体的质量
         差距1    差距2
                  管理层对顾客
                  服务预期感知
```

图 13-5 服务质量差距模型

顾客差距:差距5为顾客差距,也是差距模型的核心,其中心思想就是要弥合期望服务与感知服务之间的差距，从而建立起长期的关系。

经营者差距：差距 1 为质量感知差距，又称认识差距，是顾客期望与管理层对期望感知的差距，顾客期望通常来自广告、过去的经历、朋友介绍和需求等方面，而缩小差距主要有改进市场调查、增进管理层与员工的沟通交流、减少管理层次、建立顾客数据、缩短与顾客距离等方式；差距 2 为质量标准差距，是制定的服务标准与顾客对服务的预期的差距，或设计的标准缺乏可行性，导致顾客无法感受到，因此在制定时既要有完备的服务理念、服务标准、服务体系和服务目标，又要能可执行和量化；差距 3 为服务传递差距，是服务的生产与传递没有符合企业要求，或没有达到管理要求，其原因包括服务实施因顾客参与而被打乱，或培训不到位、缺乏足够授权、评价和奖惩不当、员工自身能力不足、不愿执行或标准矛盾等；差距 4 为市场沟通差距，是企业宣传和承诺的与实际提供的不一致或发生脱节，这可能是夸大宣传、执行差异、环节过多、个体和能力不到位等因素所导致。

服务差距模型较好地揭示了质量问题产生的缘由，可以更好地帮助企业了解改进服务质量的途径，缩小差距。

第一，了解真实需求。任何服务设计都应建立在真实需求的基础之上，而不是用行规或主观意愿来决定，比如花大力气培训收银员的服务态度，但顾客需要的是在 10 分钟内完成结算动作（含排队等待时间），如果本身的收银机台设置或人员安排不合理，那么服务态度再好也无意义。了解顾客需求主要有保持沟通顺畅、开展调查和顾客访谈、完备的投诉体系、内部交流与反馈等方式和途径。

第二，寻找并控制关键点。服务的触点很多，但也有轻重缓急之分，顾客对有些关键点会相对比较敏感，因此需要确认每一触点的吸引力如何，并找出容易导致顾客满意或不满的触点及原因，从而抓住有效的触点并以此提升质量。

第三，具体可行的服务标准。服务的个性和差异性与标准性是矛盾的，但也不能否定标准的必要性，标准意味着行为规范和基本要求，也意味着公平和尊重。基于服务的特性，在确定标准时既要简洁和尽可能量化，使之有明确的可操作性，又不能过于死板，在不违背基本底线的情况下，可灵活机动地加以应用。

第四，全员参与。服务绝不仅限于与顾客直接接触者，如果不能提供有效的支持和保障，前线人员往往很难完成作业。比如有时员工的态度不耐烦，或许是因为错过了用餐时间，有时员工表现出漠不关心，或许是绩效与之没有关联，有时员工对顾客的提问置之不理，或许是还有其他顾客缠身而无人支援等，这些都是管理和设计不到位所造成的。因此要树立全员服务意识，每个人的工作都是在为他人服务，只有全员形成浓厚的服务氛围，才有可能更好地将之传递给顾客。

第五，有效的服务补救。服务补救是最后一道防线，既有可能出现反转，也有可能使情况更糟，因此服务补救是极为重要的一环，需要重点进行关注。

（3）测量与改善。

对于服务质量的度量，要远比有形产品复杂得多。服务质量测量内容主要有：①过程，为服务传递的方式，由一系列关键事件所构成，在服务过程中，基本原则就是要保持活动的逻辑顺序及服务资源的协调利用，过程对顾客感知服务质量起着很重要的作用；②结构，即有形设施和组织设计是否完备，有形设备的外观是否与提供的服务相匹配，以及人员资格和组织设计是否合理等；③结果，为顾客在服务结束后的所得，是最核心的测量对象，也是服务质量测量最终反映的结果；④影响，是服务过程结束后，对顾客短期或长期的影响。

服务质量测量是要找出差异及问题所在，从而尽量维持服务满意水平。企业对服务质量的规定与执行，应始终贯穿于整个服务传递的系统设计与运行过程，而非事后检查和控制，要使服务过程、服务设施和工作设计等都能体现服务水平。顾客对服务质量的评价是一种感知和认可的过程，并往往是根据服务人员表现及互动状况来进行，因此服务人员至关重要。对于测量反馈出的问题，重点在于如何真正理解顾客眼中的服务质量标准，并激励员工采取相应措施和积极实施相关标准，以进一步完善服务系统，促使服务质量得以有效改善。

标杆管理：即企业将自己的产品、服务及相关市场营销等，与其他竞争对手（尤其是最强或直接的竞争对手）的标准进行比较，以此为基础不断进行调整，进而逐步提升水平的行为。标杆管理方便简捷，比较适合初入者快速掌握和实施，即便对于成熟企业，也能起到对比参考和检视的作用。

流程分析：通过分解组织系统和架构，鉴别顾客与服务人员的各个触点，从中改进服务质量。其主要步骤一是用服务蓝图的形式画出服务的各项内容，二是找出容易导致失败的关键点，三是确立能够体现服务质量的执行标准和规范，四是找出顾客能看得到的服务展示（即触点）。

"田口式"模型：该模型是以田口玄一的名字而命名，主要倡导产品应"超强设计"，以确保在不利条件下产品仍有适当的功能。其基本理念是，对顾客来说，产品质量最有力的证明就是被滥用（即在极端状况下使用）时的表现。对于服务来说，就是要找出各种极端的状况，并设计出相应有效的预防和应对措施。

六、排队管理

排队与等候为同义词，所以排队管理就是控制和管理等待服务，其结果将反映服务管理水平的高低。从广义上来看，排队并不限于看得见的有形队伍的等待，还包括无形的等候，比如预售预约等候、购买大件物品后等候送货、购买家具后等候安装、网络通道堵塞等候、等待服务人员上门维修等，这些都不是现场的排队等待。通常而言，当服务需求超出服务提供的能力限度时，或者总体服务能力虽然充足，但出现短时间聚集而又无法随之立即扩大服务时，就容易出现排队现象。对顾客而言，排队意味着会增加时间成本，虽然具体状况很难被度量，但对其购物过程是非常重要的影响因素，往往会决定最后的体验感受。一般来说，对于排队的忍受限度与产品或服务的需求强度成正比，需求强度越大，所能承受的等候时间就越长，如果仅是临时冲动或强度较弱，排队可能就是影响最终购买的"杀手"。也就是说，排队管理好坏将直接影响顾客的非计划购买，即同样的需求强度肯定是以快捷优先。

理论上企业应尽量降低顾客的等候成本，这就要求企业随时保持较高的服务能力。比如，到饭点时会出现大量人员集中就餐，就需要增配大量服务人员；节假日时卖场客流会急剧上升，为确保收银结账不等候，需增配收银人员和设备；高速公路在车流高峰时，需增加通道和收费窗口等。但这些增加的人员和设备会体现为企业的成本提升，并且需要的服务保障越强，成本会越高。由此可见，排队实际上是包含企业服务和顾客等候两种成本，并且二者呈现为此消彼长（成本转移）的关系，减少等候成本，服务成本就会增加，只有当二者相加之和最低时，双方才能达到平衡和最优效益。但顾客通常无法了解服务成本状况，仅凭对等候的感受来判断服务质量或水平，因此对于排队的容忍度总体相对较低。可能有人会说，缩减等待时间，还可通过提升服务速度（即提升效率）来实现，成本投入也会相对降低，但其实这是假设了原先的速度并未饱和，那么原来就已存在沉没成本，况且片面强调提升服务速度，也还存在劳动报酬是否匹配的问题，而如果是通过降低服务质量来换取速度，显然又降低了整体的价值性，因此效率提升虽是降低成本的有效手段，但对于服务而言效果相对有限。

1. 排队系统

要解决排队问题，就需要深入了解造成排队的原因，其中主要从排队系统来切入。排队系统主要由 6 个部分组成，如图 13-6 所示。

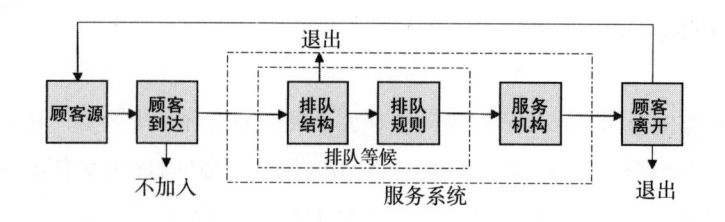

图 13-6　排队系统框架示意图

（1）顾客源。

有限总体：是指要求服务的顾客数量是有限的，当顾客有增减时，其总体也会随之增减，对服务要求的概率也会变化。

无限总体：是指顾客数量足够大，当顾客人数发生变化时，基本不会对系统概率有显著影响。对于两种顾客总体的解决方式是不同的。

（2）顾客到达。

顾客源反映的只是规模体量状况，如果服务能力不能匹配顾客源，当然就会造成排队的状况，然而很多时候造成排队的，是顾客会出现不同时刻到达的情况（见图13-7），使得短期内的服务能力与顾客要求不匹配。

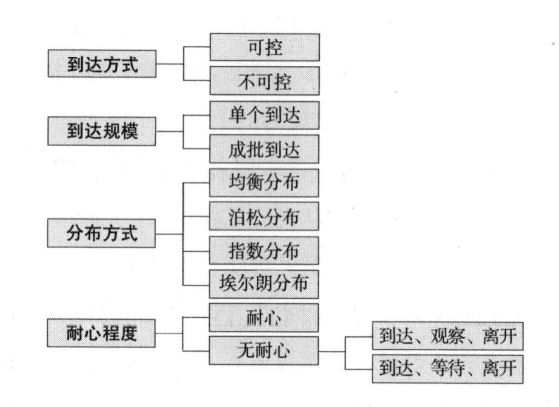

图 13-7　顾客到达特性

到达方式：一种是可控的，主要通过价格、促销或供给等方式来吸引或排斥顾客前往；一种是不可控的，比如对于疾病就诊、景区旅游或车辆过站等，通常就很难控制。

到达规模：即顾客到达时的人数规模状况，有些是陆续单个到达，有些则是成批地到达，而导致排队的多为后者。

分布方式：从时间性来看，如果在一定时段到达的顾客人数基本相等，且时间间隔也基本相同，那么称为均衡分布。但实际上在大部分情况下，到达人数和时间间隔都是呈随机分布。

耐心程度：顾客排队分为有耐心和无耐心两类，无耐心又分为直接放弃和排队一定时间后放弃两类。但不管有无耐心，对于排队的容忍度总体有限，虽然每一个体的容忍值有高低差异，但当排队时间超出容忍值时，都会表现为无耐心。

（3）排队结构。

即排队的数量、位置和空间要求，以及对顾客行为的影响。排队结构总体来说可分为单一和多线两种，其他都是在此基础上的变形，比如叫号服务，在取号时仍遵循先到先得的单一排队方式。

单一排队：服务窗口是单一的，并在窗口前的队列只有一个，所有人员都遵守先到先得原则，在时间上对任何人都是公平的。缺点是后到者在看到较长队伍时可能会放弃。采用预约或叫号方式，优点在于"隐藏"了实际排队人数，减少了人数较多时的心理压力，并可有效地利用其他方式来分散等候的注意力。

多线排队：是由多个单一排队并行组成的排队方式，优点在于顾客会自动选择人数最少的队列，在一定程度上可能实现后到先得（也会使服务人员的工作量被自动调节趋于平衡），从而降低顾客放弃的概率。缺点是不同窗口的服务质量水平容易被凸显，当不同线路的移动速度出现差异时，移动较慢队列中的顾客容易产生不满。

（4）排队规则。

即在队列中决定顾客接受服务次序的原则（见图13-8），顾客人数、平均等待时间、等待时间变化范围及服务机构效率等，都是影响排队的重要因素。

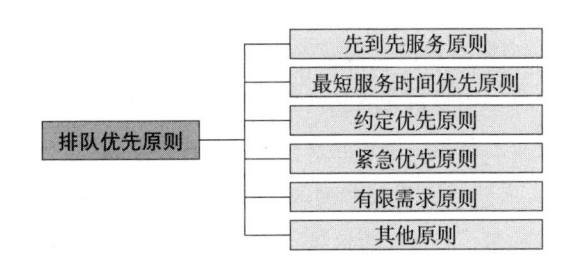

```
                    ┌─ 先到先服务原则
                    ├─ 最短服务时间优先原则
                    ├─ 约定优先原则
  排队优先原则 ──────┤
                    ├─ 紧急优先原则
                    ├─ 有限需求原则
                    └─ 其他原则
```

图13-8　排队优先原则

日常生活中比较常规的是先到先服务原则，即顾客享受服务是以时间为依据，时间对于每个人来说最具公平性，所以先到先得被认为是最公平的原则，而其他所有的排队原则都具有一定的歧视性，是预先设定某种条件，从而将其他不符合者排除在外。比如紧急优先原则，所谓紧急程度就存在如何判定的问题。以挤公交为例，理论上应优先让不能赶上就会导致迟到者或者病人和伤员等乘坐，但问题是对此的判断又缺乏标准性，比如不能按时到达约会地点而导致分手是否算紧急，因迟到而损失一笔订单或耽误行程是否又算紧急，等等。

有些会根据顾客贡献大小来区别服务，对有价值的顾客提供更便捷的服务，但这是对其他普通顾客的歧视；有些会针对不同的业务特性来进行区别，比如设置大额快速通道，将不同购物金额或数量的顾客区分开，以期提升收银效率，但这并不具可操作性，因为顾客在观察队伍时主要是以人数来判断，而对于所谓购买金额大小则会有不同的认知，并且当某些"不守规则"的顾客到达时，收银员也基本不太可能拒绝服务，因此整体规则也就会被打破；有些还会用支付方式来进行区分，将现金支付和刷卡支付分开，这也只是把顾客支付手段单一化了，使得可同时使用两种方式支付的顾客又增加了队列选项，对于排队管理并无实质性改善，而且当只能使用一种支付方式的顾客发现有其他方式掺杂其中时，往往会增加不满情绪。

（5）服务机构。

单队－单通道－单阶段：这是最简单和最基本的队列结构形式，小型店基本都是采用该形式，比较容易计算出队列人数与服务时间的标准分布问题。

单队－多通道－单阶段：最典型的就是银行营业厅，统一用单一排队，然后依次根据服务窗口状况安排服务。

单队－单通道－多阶段：比较典型的是洗车服务或装配流水线作业，只能等上一服务完成后，才能进入下一阶段的服务，并且队列可能呈现多段排队。购物中心和综合商务区等也大多是该种形式。

单队－多通道－多阶段：比较典型的是超市收银，可以选择任意收银机台服务，但完成后可能又需要到总服务台完成其他相关事宜。另外就是到医院看病，病人需要经过挂号、就诊、检查、缴费、治疗和拿药多环节并依次进行。

多队－多通道－多阶段：比较典型的是外出旅行，因目的地不同，只能形成多队的状况，然后经过购票、交通、景区等，服务机构和下一环节都呈现不同。

服务率：即单位时间内服务顾客的数量，而非服务顾客花费的时间。当服务时间相对固定时，那么就符合均衡分布，但很多时候都为随机分布。

利用率：为实际服务顾客时间所占用的比值，主要用于描述服务机构的繁忙程度，通常用到达率与服务率之比来表示能力利用率。例如：超市的单台收银机服务率为每小时 20 名顾客，当实际的到达率为每小时 9 名顾客时，那么其能力利用率仅为 45%，说明有一半以上时间是空闲的。

（6）顾客离开。

当整体服务完成后，顾客离开，这时主要会出现两种情况：一种是回到顾客源头又重新开始新的服务要求，也就是平时所说的回头客，如果整体服务令顾客满意，那么顾客回头的可能性就要大很多；另一种就是由于种种原因，要求重新服务的概率较小，基本上处于不再回头的状况，或者说将失去这一顾客。

2. 等待心理与管理策略

梅斯特是较早研究排队态度的学者，他在服务法则中指出：顾客满意首先是感到没有等候！虽然高效的排队管理可以加快队列运行进程，但排队仍是令人厌倦的。在排队等待中，存在某些共性心理特征，只有了解后才能更好地改善服务行为和过程，在一定程度上可通过管理策略使之转向有利于企业的方向。

（1）"空虚无聊"使等待更难忍耐。

人对于空虚和无聊的等待会有某种天然的畏惧，感觉是在耗费自己的时间，相当于增加了机会和交易成本。如何消除顾客在等待中的空虚无聊感，是重要的管理课题。经验表明，大部分人的等待忍耐时间为 10 分钟左右，而随着现代生活节奏的加快，等待忍耐的时间还在呈缩短的趋势。当超出忍耐时间后对于服务体验的正面态度将会急剧下降，严重的甚至可能会放弃服务。在忍耐时间内，最重要的是要分散顾客的注意力，淡化排队的意识。星巴克采用横向排队方式的意义就在于通过观看员工的操作，使顾客的注意力被有效地分散，从而缓解等候的痛苦。与之相对的是快餐店的纵向排队，由于看不到前面的状况，纵向排队往往很容易导致产生焦虑，但快餐店通过在前面上方展示菜单，既可让顾客在盘算点餐时被转移等候的注意，又可在一定程度上保持焦虑并加快节奏，一举两得。海底捞则主要是通过增加其他额外的服务，或给顾客一定的小恩小惠，使顾客忘记根本是在排队，甚至享受其中。

零售中收银是较为敏感的环节，因为顾客将面临付出，所以对于某些服务不到位的地方，会变得更为挑剔及缺乏耐心。对于收银的排队管理，首先是环境布置要简洁温馨，使其尽量舒缓心理压力，然后可播放一些轻松的背景音乐，或是一些娱乐、新闻和企业文化等影像信息（注意少用广告，这反而会给顾客增加不断推销的压力），如果条件允许，可将促销活动如互动游戏或抽奖等安排在顾客视线所及的地方，这些都能较好地缓解、分散或转移顾客的注意力。另外，自助收银本是一种很好的参与式服务，但目前变得有点走极端，自助与人员变成两种独立的状态，自助会使购物更加感觉是在例行公事，而缺乏人员服务的"温度"。事实上，顾客不喜欢的是等候及收银员僵化的表情和态度，如果在充分利用自助优势的基础上，适当增加人员辅助来弥补某些不足，就可有效地提升服务质量。

（2）"心中没数"使等待更难忍。

这里说的"没数"，是指对于排队还需等待多长时间不知道，即对于前面的服务状况不清楚，顾客处于一种茫然不知所措的状态，就会产生某种不安，特别是当队列移动速度低于预期，或比其他队列移动速度慢时，就会更加疑惑和焦虑。虽然可转移或分散其注意力，但如果超出忍耐时间或其他队伍变化较为明显时，顾客仍会感到不满。这时可适当地让顾客了解当前的服务状况，如果是某些不可控因素所造成，那么可相对缓解其不满。例如叫号排队方式，当取号时显示前面还有多少人数，或屏幕实时显示人数，便可让顾客心中有数，焦虑情绪也会缓解很多。

预约是以相反的方式来解决"心中没数"的问题，顾客在预约时间未到之前，可自由支配行动（关注转移），这样就似乎没有感到排队的存在。不过履约性显得尤为重要，当顾客到时间却并未获得服务，其不满情绪会被加倍放大。

由此可见，要解决"心中没数"的问题，可通过转移而让顾客无意识，或让其了解实时进度，这就需要与顾客保持必要的沟通，且传递的信息要尽量客观准确，而用"不会等太久"等回答，其实与什么都不说差异不大，如果转为说明造成的原因，并给出确切的解决时间，则效果要好很多。

（3）"进入角色"使等待更容易接受。

对于顾客而言，等待和服务是两个截然不同的概念，所以当等待结束时，往往会认为就开始了服务，因此对于一些需要前奏性的服务，可先进行"预开始"，造成已开始服务的错觉，从而即便可能还要等候，但排队焦虑也会大幅减轻，比如餐厅在点单时通常就被视为服务已开始，虽然最终上菜时间与候座时间差不多，但两者的感受是有明显差异的。当然，这些前置性的服务与正常服务的衔接时间也不能被拉得过长，否则会使顾客感到被"欺骗"而更加不满。

（4）"公平公正"使等待容易接受。

当顾客发现比自己后来者却能更早享受服务时，其排队的焦虑就会直接转化为抱怨或不满，甚至有可能出现情绪宣泄，因此公平公正性就成为排队中最基本的原则。即便是有某些特权或特殊原因，也要慎用。

除时间具有绝对的公平性外，其他都无法保障公平性，这就需要退一步寻求局部的平衡状态，比如将排队规则或制度公开、透明和明确化，让顾客选择是否接受并遵守和执行（如会员或 VIP 特权享受），不接受的顾客就会被隔离在外，进而形成相对封闭的公平公正的内部环境或空间。作为服务管理方，要做的就是防止个别行为而造成平衡被打破，凡是超出规则以外的行为都应及时制止，避免更多遵守规则的人利益受损。

（5）"更高价值性"使等待更容易接受。

因为时间本身也具有价值性，所以服务本身的价值高低，也会影响排队等待的心理状态，服务的价值越高，时间价值就会相对减弱，而服务的价值越低，就越会在意等待的时间，比如购买房屋所愿意等待的时间，与购买一瓶水所愿花的时间根本不可同日而语。另外，除了价值因素影响外，专业性和技术性越强时，人们愿意花费和等待的时间也会越多，比如家电安装调试或房屋装饰装修等，这时愿意等待的时间要远比普通的商品购买多得多。还有，如果能够提供个性化的服务，顾客通常也比较愿意花更多的时间进行等待。

（6）"高效率"形象使等待更容易接受。

当顾客看到服务人员都在紧张忙碌，那么对其等待往往也能保持信心，且不会过多"怪罪"于服务本身质量问题；如果呈现出松松垮垮或低效率的工作氛围，顾客就会感到排队无望或更为焦虑。所以，向顾客展示高效率的形象，是劝说其加入队列和等待服务的有效手段。将工作状况展现出来，其实是一种无形的互动和沟通，会让顾客感受到被重视，因而等待是可被谅解和忍耐的。效率性可通过服务人员的行为动作、精神面貌和情绪等展现出来，而机器设备的快速运转、"嘈杂的环境"和简洁而不失礼貌的服务态度等，也会从侧面衬托出某种氛围。另外，当顾客在排队等待时，会将所有服务人员都视为同一整体，因此最易引起反感的就是看到其他人员的闲散现象，从而会将其迁怒于造成排队的原因。这就要求服务管理者在进行工作安排时，应秉持顾客优先的原则，当出现排队异常时，要临时调整其他人员的工作重心，及时参与到解决排队问题的作业中，哪怕仅是维护一下秩序，至少也让顾客感受到是被关注的，并且也规避了闲散现象的出现。

七、服务补救

零售的触点很多，必然会面临很多问题。首先，任何店都不可能做到全顾客覆盖，即便互联网打破了时空界限，但仍受很多因素的制约；其次，任何店都不能做到全品项销售，电商也只是理论上的无限；再次，零售具有很强的服务属性，但由于服务的不可分割性，导致任何服务结果都具有很大的不确定性；最后，零售是生产与消费的交集，环节越多，出现错误的概率就会急剧上升。因此，从效率性来看只能"抓大放小"，过于追求细节或舍本逐末反而可能带来灾难性的后果，但由于很多问题又是源于细节，因而关键在于如何平衡。

在服务过程中，发生失误当然是令人难堪和遗憾的，没有任何人会因失误而感到愉快，不过在多数情况下失误是可逆的，重点是发生失误时所采取的措施和行动。很多事实证明，一项成功的服务补救，可能会产生比第一次就正确服务还要好的效果。服务补救就是在出现服务失误时，对顾客不满和抱怨迅速做出的补救性反应，通俗来理解就是如何做好二次服务。服务补救不仅限于处理顾客投诉，还包括其他对失误的弥补。

事实上，服务补救本身也会成为服务质量的构成部分，因此服务补救实际的运行状况如何将直接影响顾客的感知质量。当服务发生失误时，对于如何进行服务补救，顾客同样也会产生某种期望，当实际的补救结果超出顾客期望时，仍能获得较高的满意度，且所留下的印象往往还会大于正常服务时的感知。好的服务补救意味着具有某种保障，如果能较好地解决问题，顾客除了自己获得满意外，也更愿意向人分享，所以良好的服务补救是口碑效应的重要来源。而且，只有当糟糕的状况被很好地解决时，才更容易获得顾客的信任，从而也更容易提升忠诚度。

虽然服务补救有诸多益处，但并不意味着可以为了补救而补救，根本的还是在于如何最大限度地避免服务失误，因为没有人是为享受服务补救而消费的。另外，服务失误在很多情况下会造成顾客财物和时间精力等的损失（如物品丢失、结算错误或因地板处理不当造成滑倒等），处理不当会进一步加深顾客不满，处理过度又会造成企业严重损失，因此服务补救是一项复杂且需要较高处理能力的行为。

1. 失误反应

当发生服务失误时，顾客的反应各有不同（见图13-9），但都会影响到对服务质量的评价。在没有服务补救的情况下，服务失误往往会导致退出或消费停止，而顾客的后续行为，取决于是否还愿意保留在原服务的状态——根据研究表明，选择沉默的顾客往往流失的概率最大，最好的状况反而是要进行投诉。

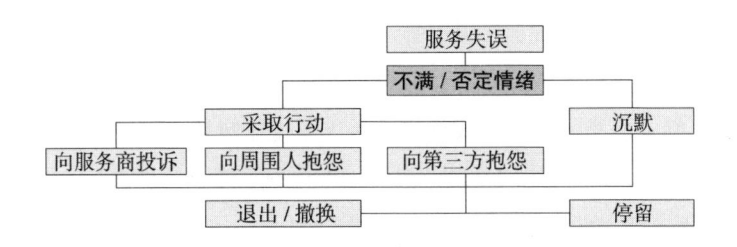

```
                    服务失误
                  不满/否定情绪
            采取行动              沉默
  向服务商投诉  向周围人抱怨  向第三方抱怨
            退出/撤换              停留
```

图13-9 服务失误后的顾客反应

（1）消极型。

顾客通常很少采取行动，除了不愿意花更多的时间精力外，很多时候是怀疑行动的有效性。如果是经常性地发生服务失误，那么顾客大概率会选择离开。

（2）发怒型。

顾客较喜欢表达感受，倾向于向周围人员传播不满情绪，而不太愿直接进行投诉，基本上不会给服务商第二次机会，且转向其他竞争者的概率较大。

（3）发言型。

顾客同样喜欢表达自己的感受，也更乐意向服务人员抱怨，但相对不太会向其他人员传播负面情绪或不满，而是相信抱怨的结果是积极和有助于改善状况的，所以抱怨时也会充满一定的期望。

（4）积极型。

顾客有抱怨的习惯，既会向服务供应商抱怨，也会向其他人员或第三方抱怨，并且对抱怨的结果往往较为乐观。相对而言积极型比较中立，抱怨并不完全代表其立场，往往只是活跃的发起者。

2. 顾客抱怨

在实际管理中，服务人员的收入通常与服务结果挂钩，所以常会出现回避或掩饰顾客投诉的情形，再加之客诉处理技巧和能力缺失等原因，往往最后发展到不可挽回的地步。事实上，投诉是顾客留给服务提供者的唯一补救机会，如果顾客抱怨向周围扩散，将会给服务补救带来极大的困难，所以唯有正视和面对投诉。当顾客感到不满时，发生抱怨的概率与服务失误造成的损失成正比，并且商品价值越高，抱怨的可能性越大，抱怨的强度和追求的结果也越大，而价值越低，抱怨的可能性也会随之降低，有些可能仅是发发牢骚而已。下面为比较常见的几个顾客抱怨原因。

（1）商品原因。

如品质问题、配件不全、包装损坏、商品过期、品种规格不全、商品缺货（特别是畅销缺货）、价格问题和标签错误等。

（2）服务原因。

如态度不好（冷淡、不友好或盛气凌人）或过于热情、不当的交易流程（手续烦琐、结算时间长、收补错误）、缺乏诚信（不兑现承诺、信息混乱或错误、附加费用、不公平交易）、服务项目不全、售后差和送错货等。

（3）设施与环境原因。

如地板太滑或有较多障碍物、通道狭小拥挤、缺少休息区、无寄存设施、电梯运行不稳定、光线较暗、温湿度控制不佳、通风不好、卖场内有异味、噪声过大、卫生间过小和卫生较差、试衣间不足、收银机台不足和设置不合理、动线和货架布局不合理、停车场较小和缺乏疏导、整体清洁卫生较差、顾客物品丢失、缺乏指示牌或标志不清等。

（4）顾客原因。

如顾客本身主意变化不定、顾客认知不足或带有偏见、顾客期望过高、顾客固有购买习惯、顾客自我表现和自我保护、顾客支付能力受限或顾客本身的某种恶意行为等。

3. 抱怨处理

（1）正确认识。

顾客抱怨并不完全是负面消极的，也有其积极的一面，至少能够反映和帮助发现所存在的问题，拒绝和回避都是极其短视的行为，当抱怨得以妥善解决时，还有可能成为加分项。

（2）预防产生。

虽然"进攻是最好的防守"，但反过来也同理，"预防是最好的解决"。在服务设计时，应尽量对可能出现的问题做出预判，或者当处理完毕后要找出真实存在的原因，及时改善以免再次出现同样的问题。

（3）弄清原因。

在处理顾客抱怨时，应认真地仔细倾听，了解背后的真实原因，这样才能有针对性地提出解决方案，切不可公式化和模式化处理。

（4）建立处理系统。

处理方式主要有3种：①集中解决，优点是处理政策可保持一致，并可减少围观从而能专注和专业地解决，缺点是顾客会有孤立感和心理压力，容易产生失去援助感，所以往往不太喜欢；②分散解决，优点是不需要专门人员便可就地解决，相对快捷灵活，缺点是处理政策容易出现不一致，并且如果问题解决后没有及时上报，有可能导致无法发现和改进相应的问题；③相结合解决，表面上汇集了两种方式的优点，但对于结合的度并不容易把握，且投入人员或精力较多，效率也未必最优。

（5）政策依据。

在进行抱怨处理时，应遵循《消费者权益保护法》并以此作为底线，同时也应遵守其他相关行业标准或准则，协商出合理的解决方案和处理方式，过度夸大损失并不利于双方合理解决。

当顾客正式提出抱怨时，通常都会抱有某种期望，比如能迅速得到解决、希望能得到一定补偿、能得到某种心理满足及公平公正等。布朗和塔克斯总结出3种投诉后寻求的公平类型：一是结果公平，即认为只要服务失误，就应给予适当及合理的补偿，并且是"理所当然"和"罪有应得"的，但赔偿的结果只需与损失相匹配即可。事实上大多数人并不赞同过度赔偿，讹诈的终归是少数，不应涉及赔偿就变得对立。二是过程公平，相较于结果，有些顾客更在意处理过程的时效性，较欣赏业务和应变能力强、处理快捷公平的人员，当感到缓慢、拖延或无诚意时，会加重不满感。三是相互对待公平，有些时候顾客投诉后，并不会太在意赔偿结果的多少，却会在意需要给出的"说法"，并且对于投诉处理时的态度较为敏感。其实很多客诉的问题之所以被扩大化，多是由于处理时的态度所引起的。

4. 补救策略

要特别注意的是，失败的补救比不采取任何措施还要更糟，因为顾客会遭遇双重失望或打击。下面为补救措施的基本准则，但并非都要严格照搬，有些轻微的可能只需前两步即可，但不管最终实施了多少步骤，真诚的态度是贯穿于始终的要素、关心与尊重是始终要传递的信息、快捷是最基本的行为要求。

（1）道歉。

道歉是最简单快捷又行之有效的补救方法，主动承认错误往往更易取得谅解。日常中往往容易出现两种极端：一种是因害怕要承担责任，因此很难开口道歉；另一种则是非常轻易或随意地就张口道歉，有时甚至连顾客还未反应过来究竟是何原因，这样其实会给人感觉缺乏诚意，是没有什么效果的。

（2）紧急复原。

该方法是道歉后的自然延续，即要立即终止失误行为。顾客在对服务不满后，通常希望企业能做一些事情，以求得心理上能有所平衡，因而迅速采取行动意味着对顾客的尊重和较强的纠错能力，或者至少是一种态度的表明。如果能在较短时间内得以妥善解决，顾客不满的情绪往往也会很快消失。

（3）移情。

紧急复原只是把失误的表象消除掉，但并未真正解决不满。这就需要站在顾客角度，努力理解产生不满的原因，让顾客意识到企业非常关心和理解其遭遇，并积极采取措施减少或弥补其损失。这时真诚是最基本也是唯一的底线，如果被感觉虚情假意，那么顾客会认为是在敷衍或施舍，反而会更加愤怒。

（4）象征性补偿。

在取得顾客谅解的同时，如果确实已造成经济损失，就应给予相应补偿，并在此基础上增加一些象征性补偿，补偿额度视实际损失状况而定。补偿的本质在于表明态度，但如果成本过高则会增加企业压力。

（5）动态追踪访问。

回访主要是在于确认或评估服务补救措施的有效性，但该环节比较容易被忽视。追踪访问的频度与补救的价值成正比，价值越高越需要增加追踪频次，因为价值越高，顾客就会越在意被弥补状况以及处理的态度。相反，价值越低则应减少追踪，否则会让人感到小题大做或某种被骚扰的感觉。另外，追踪回访时要特别注意避免让人产生是在例行公事的感觉。

八、安全管理

生存与安全是最基本的需求，顾客在购买和消费过程中，人身和财产安全是最基本的前提。安全管理是为实现安全运营，合理组织和使用人、财、物的行为，通过制定安全保障方案和管理措施，控制各种不安全状态或人的不安全行为，确保商品、设施和人员的安全与完好。安全意味着利益保障，所带来的是信任感。

作为顾客接触的窗口，不管是任何原因产生的损害，顾客都会将售卖者列为责任一方，如果安全问题时常发生，那么在顾客心目中极易造成不信任感，并且可能导致负面传播。因此必须要对安全问题引起足够重视，从顾客角度出发全面梳理整体购物过程，过滤出每个可能造成安全隐患的地方，并及时加以调整和改善。比如卖场清洁卫生本是最基本的服务，但如果缺乏规范的操作流程，在地板湿滑时未能有效阻止顾客通行，这时就会存在极大的安全隐患；对于顾客看不见的食品加工部分，如果未能严格按作业流程运作，食品卫生就很难得到保障，进而影响到顾客的身体健康等。

在整体的购物或消费行为中，顾客对于安全比较在意的地方，会更多地集中在售后保障方面，因为交易完成后如再遇到其他任何问题时，通常都很难找到对应的解决窗口——对生产来说，随着物品所有权的转移，理论上就不再负责（当然现在的法律法规是有相关责任与义务要求的）；对零售来说，大多时候只是担负交换的职责，对于品质状况并不能完全掌控。然而顾客在购买或消费时，即便发生问题的概率极低，但对个体是百分之百的概念，因此顾客始终都会存在后顾之忧，这时如果有谁能出面对相关后果进行"担保"，带来的安全感将不言而喻，购买或消费信心必然会大增。实际上并不难发现，能够秉持无忧退换货的店，销售状况通常都不会太差，一般都会优于缺乏相应政策的店，这就是由于顾客的信心增加，反而会在一定程度上增加消费，并且增加的部分往往也会大于直接损失部分，说明无形的安全感所带来的价值会远远超出售后保障的成本。

零售对交易完成的理解，除了正常售卖外，还应包括运输到家、安装调试、维修保养与维护、操作培训等，这些售后服务是顾客安心购买的重要条件，同时也是竞争差异化和价值创造的延伸。在互联网时代，售后与购买决策已形成闭环，其状况将在很大程度上影响下一轮的购买决策和新的潜在购买，售后行为已是整个经济链中的重要环节，如果缺失则在一定程度上也就意味着产品存在缺陷。

由此可见，安全管理对于零售来说具有非常重要的意义，能够有效解决顾客的后顾之忧，其实相当于为顾客提供了价值或收益，同时也是"顾客至上"的另一侧面体现。因此，安全意识应贯彻于整体经营管理准则之中，是其最基本的出发点，所有行为规范都必须考虑安全这一基本要素。

1. 企业安全管理

（1）顾客安全。

人永远是零售的第一主体，顾客安全当然是要放在首位。卖场中与安全相关的包括是否有广播提示、自动扶梯是否有人员服务、严禁儿童在电梯玩耍、顾客较多时是否有控制和疏导客流、对顾客发生哄抢的预防措施、水电设施保障安全、通道设计合理且不能堆放任何物品、顾客财物防止偷窃措施等。

（2）职业安全。

安全规范：在经营管理中，必须要有相关的安全作业流程，使员工按照规范要求严格操作，正确合理地使用工具、规范摆放和堆码等，以保护商品、设备和人员的安全。有高空作业时需设置安全隔离栏，作业区不能有顾客进入。

防护用具：针对不同工种需配备相应的作业保护装备。低温冷库作业应配备保温衣物，防止被冻伤；肉类或蔬果作业应配备防切手套，防止手被割伤；易伤皮肤的作业应配备防护手套，防止皮肤受损伤；食品作业应配备口罩、帽子和手套，防止食物被污染；等等。

安全储运：仓储货架的设计布局要合理，正确合理使用运输工具，搬运过程中应全程加固商品，运输器械或车辆时需注意行人安全，车辆必须持证上岗。

（3）设施与用具。

设施：对于大门、户外广告、灯箱、橱窗、电梯、影音器材、防盗、电路吊顶与照明等，在设计和施工时应充分考虑安全使用状况，消除潜在安全隐患。

器械：对于案板、刀具、生鲜操作用具、操作台和陈列货架等，必须妥善保管及合理摆放，避免造成对人员的误伤。

设备：包括冷冻冷藏、加工设备、烘焙、水产设备、货架、卡板、收银、叉车、购物车和清洁车等，须做好维保工作，确保人员使用和商品的安全。

（4）环境安全。

地面：包括及时清理各种垃圾和污渍、设置安全提醒标志牌或警示标识、保障通道顺畅无其他障碍物、物品摆放不能脱离员工管控范围等。

商品：确保商品按正确的方式陈列；严格执行效期管理；货架和促销位置区域设置合理；严禁超过安全高度陈列；陈列物品最高处与屋顶保持安全距离；仓库商品不得紧靠墙堆放；破损商品及时清除；裸装食品必须增加使用包装销售。

设施设备：按操作规范使用设备；使用无尖锐锋利和带边角的设施设备；检查并清洁购物车篮、桌椅、卫生间和试衣间等；操作器具不能让顾客接触到；较重和尖锐商品安全存放；避免使用有毒、易碎和其他不安全的装饰物品等。

店外：车辆进出是否顺畅和停放安全；是否有明确区域规划以及相关的引导指示牌设置；购物车是否合理摆放；顾客进出卖场通道是否顺畅；碰到恶劣天气时是否放置脚垫和发放雨伞袋；大门周围的垃圾和积水等是否及时清理等。

2. 防损管理

损耗是指账面库存与实际盘点库存之间的差异，主要包括两种类型：一是合理损耗，为经营过程中不可避免的损耗，比如水分流失、去冰销售、去边角废料加工和收银时舍分等，以及不可控意外事故（如顾客不小心损坏或自然灾害等）所造成的损耗；二是非正常损耗，比如商品保管不善而变质或过期，运输、存储、陈列或销售过程中造成的损坏，加工作业不善或人员偷盗等。理论上非正常损耗可通过规范管理和科学作业来避免，但实际上总是在所难免。综合超市的允许损耗范围通常在5‰以内，但生鲜类通常会在2%~3%。

（1）主要的损耗原因。

导致损耗的原因很多，总体可分为两类：①作业管理类。主要有商品进货时验收不当、退换货价格差异、变价差异、品质管理不当、坏品处理错误、收银失误、盘点误差、效期管理不当、商品陈列与存储不当、生鲜加工处理不当等原因而造成的损耗，因机器设备维护问题或出现故障等间接导致商品损耗，也属于管理损耗。②偷盗类。主要有内部、外部和供应商偷盗所造成的损耗。根据有关研究表明，偷盗损耗通常占总损耗的70%~80%，而内部人员偷盗损耗又会占到一半以上。

收货和储运：包括收货和退换货流程错误、点数和磅秤不准、已收和未收未明确区分、退换货后未及时扣除货款、商品质量控制不严、搬运时受损、补货上架时受损、收银退回或其他区域商品收回不及时、退货不及时造成报废等。

运营环节：包括订货数量不准、引进商品不适合或不符合季节等导致滞销、陈列过大造成商品积压、效期管理问题导致商品过期、自制商品品质不佳、步留率偏低、自用品和赠品管理不当、建档错误或贴错标签、设备使用不当造成商品损坏、生鲜商品品质较差、价格制作不符合规范、变价错误、设备故障、顾客损坏等。另外比较隐性的还有缺货、陈列不足和商品不适合等，也属于损耗。

收银环节：包括每日收银差异控管较弱、漏扫或忘记收款、收银时损坏商品、退货赔偿、机器设备故障、收银人员侵占等。

（2）预防与管理。

自然损耗：①生鲜品类自然损耗较高，需要严格遵守鲜度管理措施；②对于称重类商品要以净重收货；③严格执行品规管理，改善存储和增加包装保护。

加工损耗：①肉品类和大型水产类通常需分割售卖，因此需准确计算出加工产出表，加强技师专业技能和加工技术水平；②熟食的产成率低，需准确合理地计算成品率，按食谱卡要求进行作业；③生鲜的丢弃率往往较高，需规范初加工时丢弃物评判标准，提升加工技术水平；④采购源头和收货质量把关。

变质损耗：①未售完报损，准确预估销售数量，严格订货管理，对不能隔日销售的商品应及时打折清仓，还能隔日销售的则要妥善存储，可退货商品在规范的保质期内下架并及时进行退换；②存储条件异常（如设备故障），与设备维护商签订异常维修保障，确保设备能及时得到维修，确保备用电源设备运转正常，若无备用电源需及时转移处理；③收货损耗，严格执行品规要求收货，对不符合收货日期的商品要拒收，培训收货人员相关收货知识。

过期损耗：①过保质期，收货时应严把品质和时间关，存储和销售时严格执行先进先出原则，销售过程中严格执行效期管理；②商品过季或过档，合理预估季节或促销商品销量，季节结束前应提前做降价出清活动，档期结束应及时退货给供应商，对于不可退的商品，应及时折价让利于顾客。

收银损耗：①人为损耗，严格执行收银操作规范，对于找补要快速细心，懂得辨认钱币真伪，收银结束后必须第一时间交款；②作业损耗，包装物品须打开检查，以免混入其他商品，严格扫描收银，避免记忆错误而造成损失。

储运损耗：①搬运损耗，需明确商品搬运和陈列等规范，严格执行流程标准和轻拿轻放；②存储损耗，规范相应堆码高度，且任何物品都不能直接落地和紧靠墙面，堆放应上轻下重、堆码整齐，视情况进行加固，避免运输器械损伤货品；③鼠虫损耗，检查并堵住所有鼠源可能的通道，在确保人员安全的情况下放置灭鼠灭虫药物和用品；④进退损耗，采用复核制收货点数，及时准确地录入系统，进行换货作业时必须确保一进一出，退货应及时库存下账。

内盗损耗：①针对夹带、偷吃和偷盗，加强道德及价值观教育，开展举报有奖和强化内部互相监督；②针对员工与外部人员串通里应外合，对于员工和收货出入口进行盘查和清点稽核；③针对收银勾结，要求收银员不得为亲属和朋友结账，员工购物需在指定收银台结账，不定期抽查收银员作业状况，对收银员需采取担保人制度管理；④其他，严禁无关人员进入收货区，购买商品只能由收银出口离开，严格执行相关的携入携出规范，所有与卖场相同的自用品不得入场，必须带入的要张贴标签区别。

外盗损耗：①针对夹带、偷吃、换码和换包装，鼓励全员反扒，对可疑行为需跟踪观察，加强监控和防盗设备，对易偷盗商品加装防盗标签，自贴码需有易断裂痕，缩小收银通道；②针对供应商离场和退货夹带，携带商品都须填写相关单据手续，安管员严格检查物单是否相符，对物品需做盘查；③针对非正常出货（如大宗商品出货），至少需两人以上进行清点；④针对促销员偷盗，检查试吃试用品相关手续并对照检查抽盘；⑤针对联营商偷盗原料加工商品，检查原料进出状况，其他员工进行监督。

3. 生鲜损耗管理

生鲜类是损耗产生的高发区，且很多都是由其作业性所引起的，因此重点在于操作和流程的规范性。由于涉及的内容相对比较专业，因此下面只做简单介绍。

（1）有关计算公式。

金额损耗率：以金额法来计算损耗率，是较为常用的经营管理指标。金额损耗率＝损耗金额/（损耗金额＋销售额）×100%；损耗金额＝损耗数量×移动平均进价；移动评价进价＝（期初入库进价×期初入库数量＋本次入库进价×本次入库数量）/（期初入库数量＋本次入库数量）。

制成率：是将不同的原材料进行加工制作后所得到的成品率，主要应用在熟食和腌制等深加工方面（这里要注意区分"千元用量"的概念，千元用量＝平均消耗量/销售额/1000，虽然也是不同原材料的计算，但主要为补货用）。制成率＝成品总重量/原材料总重量（A＋B＋C＋…）×100%。

步留率：为日文直译，即成品率或原材料可利用率，其中不能利用的部分即为加工损耗。步留率主要是应用在肉品分割和蔬果分拣等方面。步留率＝切割后的重量/切割前的重量×100%＝（毛重－损耗）/毛重×100%；实际进价＝原始进价/步留率。

包冰率：为包含冰的状况，即当化冰后按实际销售时便会产生损耗，主要应用在冷冻水产或其他禽肉冻品等方面。有些通过直接转卖来减少损耗，但显然这是在变相夺取顾客的利益（因为在上游都会相应除去包冰率的）。包冰率＝1－（解冻后重量/原重量）×100%。

值入率与值下率：值入率就是实际的毛利率，主要是应用于生鲜方面（因生鲜的进货成本计算是有差异的）；值下率即为销售损耗率。毛利率＝值入率－盘盈亏率－报废率－变价率；值入率＝设定毛利/切割后的总售价×100%＝（零售价－进货成本）/零售价＝1－进货成本/零售价格；值下率＝降价＋报损金额/切割后的总售价×100%。

（2）分割类计算。

分拆类生鲜品（如猪、牛、羊和禽类）基本是以整片购进，经过分解加工后才能进行售卖，因此存在成本和毛利核算问题，即以采购单品的批次采购总成本，与分解后各对应单品销售额的总和对比，便可计算出采购单品的批次销售毛利。核算可以细化至每批次的采购单品，也可按一定的周期进行分类核算。按照采购单品批次，分拆类生鲜品分类核算主要依据的公式为：总销售额＝总采购成本＋总损耗成本＋毛利额。在公式中，有几项为已知或事先可采集到的标准数据，总采购成本是指采购单品的本批次采购成本总和（如本次生猪的采购金额），总销售额为所采购的单品分解成销售单品后的销售额合计（如本批次生猪分割成排骨、瘦肉和五花肉等销售单品之后的销售额总和），所以可反映为如下公式：总销售额＝（销售单品A的价格×销售单品A的重量）＋（销售单品B的价格×销售单品B的重量）＋（销售单品C的价

格 × 销售单品 C 的重量）+…；销售单品重量 = 总猪重量 × 销售单品出品率；总损耗成本 = 总销售额 × 标准损耗率。

　　计算出总损耗成本后，就可计算出最终毛利额及毛利率。不过还存在出品率和标准损耗率两个问题，其主要是通过分割实验来进行参数提取——采购单品的品级规格，以及转化到部门商品结构中的销售品项确定后，主要的准备工作就是进行一定批次和数量的分割试验，从而提取到核算的标准参数：①详细记录每个分拆后销售单品占单位屠体重量的百分比，由此累计可得出销售单品出品率；②记录屠体分解过程中的加工损耗、在卖场加工销售期间内的脱水损耗、合理的过期报废损耗和废料损耗等占单位屠体重量的百分比，累计可得出标准损耗率。

　　由于这些核算参数需要不断地累计经验数据，会受到来自采购单品质量状况和屠体分解作业的影响，因此还需在经营过程中定期进行分割试验，以监控和修正核算参数，越是成本核算偏差较大或问题多发的，分割试验频率越要加大，以保证核算参数的准确性。分拆类生鲜品加工和成本分解过程难以做到随时采集数据，部门内定期盘点作业就显得非常重要。如果标准核算参数相对准确而稳定，分拆加工作业规范能够保证，那么通过定期盘点就可监控其经营的毛利状况。

第十四章　沟通要素

产品或服务需要通过某种渠道才能抵达消费者，而这个环节也将必然担负着双方沟通的职能。零售作为连接生产与消费的桥梁，同时也是双方连接与沟通的重要枢纽。随着电商的兴起，除了信息范围更广和时效性更快外，整个沟通的重心发生了偏移，更强调互动性、参与性和能动性，而不再是传播什么就接受什么，企业与顾客的关联更紧密，销售也越来越依赖于沟通。电商之所以对传统零售造成巨大冲击，除了商品和价格优势外，最重要的就是沟通效率要远高于线下实体。

一、人员服务与沟通

沟通包含3个要素：一是沟通主体，为信息的发出者与接受者，其中信息传递有单向和双向两种；二是信息内容，为所要表达和传递的具体事项；三是渠道方式，为具体借助的载体（如对话、信函或网络等）及采用何种方式进行沟通。沟通根据符号种类可分为两种：一是语言沟通，包括口头语言（交谈、会议、教学和电话等）、书面语言（信函、传真、邮件、报告、期刊和书籍等）和形象语言（图片、幻灯、影视和广告等）；二是非语言沟通，主要指肢体类沟通，包括动作、表情、眼神或说话的音调高低、长短和断句等，都可表达某种情绪或信息。语言类较擅长信息和知识类的沟通，肢体类则更擅长情感的辅助表达，只有二者同步时才最具表现和说服力。另外，根据结构或系统性还可分为正式和非正式沟通，根据传递方向可分为自上而下、自下而上和平行沟通，根据互动性可分为单向和双向沟通，根据主体角度可分为自我、人际和群体沟通等。

在零售的顾客沟通中，人员沟通占有主导地位，但随着竞争日益激烈，通常会缩减人力成本，导致人员服务呈下降之势（当然随着顾客对商品越来越了解，往往也不太希望被打扰），因此信息获取将越来越依赖于其他方式。不过对于价值较高和具有一定的技术性，或者是不太了解、不确定或情感因素占比较大的商品来说，人员沟通还是最有效和最有"温度"的，人员服务仍有其必要性。

在实际经营中，人员服务的难点主要在于如何安排服务及配置人员，以及如何衡量人员服务的效益。就第一个问题而言，因无法完全了解顾客的实际状况及顾客存在的个体差异性，因此对于配置很难找到适合的平衡点，主要是从某些规律性来入手。从商品属性来看，越是标准化和复购率高的商品，所需人员服务会越少；反之，越是标准化程度低、技术含量高或操作复杂的，就越需要人员服务。从价值性来看，价值越低的越不太需要人员服务，因为人们对于选购失败有一定的损失承受力，所以会更在意自主性；反之，价值越高则越需要人员服务，因为选择失误的损失压力较大，导致购买行为会较为谨慎，所以往往也更依赖于直观快捷的人员服务。从行业特性来看，越是纯服务类行业，就越是需要有人员服务，而越是以产品为媒介和服务性要求弱的，则越可减少人员服务。从服务谱系图中所显示的服务与产品的关系，可反映出服务人员的需求状况，如图14-1所示。

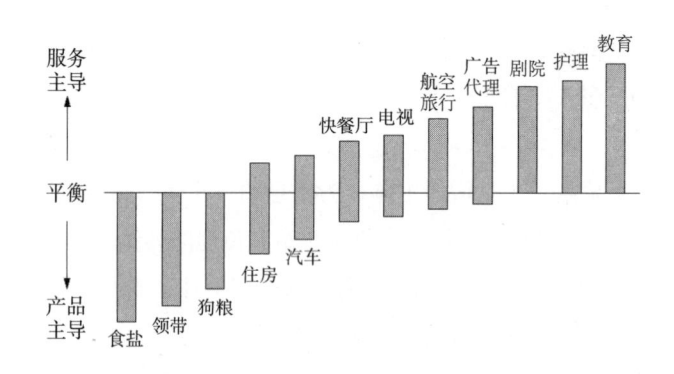

图 14-1　服务谱系图

至于第二个问题，因服务质量本身是一个主观性概念，结果会因人而异，所以人员服务的效益也很难量化。如果是纯服务行业，服务效益通常用可接受的服务价格来衡量，但如果以实物产品为主时，价值构成还有其他因素，服务主要体现为附加值，那么要明确区分出服务收益并非易事，也很难进行量化，因此不能单纯用投入产出作为人员设置的依据，还需综合考虑其他因素。

1. 顾客类型

在人员沟通中，基本前提是要尽量了解顾客状况，从而针对不同类型的顾客采取相应的沟通方式，比如对于沉默型顾客应少说话并鼓励让他自己看，对商量型顾客应提供专业商品知识或欲擒故纵，对好争论型顾客应礼貌和以建议为主，对慎重型顾客应平和亲切和有问必答，对爽快型顾客则应提供参考和替其决断等。

（1）老鹰型。

该类型顾客通常具有较强的控制欲，更多的是注重结果而不太关注细节或过程，所以在沟通时应尽量简捷明了直奔主题，过多的铺垫或说明反而会降低沟通的效果，在沟通过程中可适当将主动权交给对方让其表达（当然，遇到底线试探时应立即打断和予以纠正），当展示出欲望满足后通常都比较容易切入。

（2）孔雀型。

该类型顾客通常比较感性，较为忌讳单刀直入，更多的应以情感共鸣作为突破口，先以感兴趣的话题入手，态度上保持积极热情，适时赞美和虚心请教或畅谈情怀，只有满足其表现性需求后，才能确保沟通顺畅进行。

（3）鸽子型。

该类型顾客往往感觉自己比较弱势，所以较为在意他人的看法，喜欢借助他人或事物来抬升自己，在沟通时要避免直接施压，态度要温和谦逊，沟通话题以引导式为主，尽量避免直接要求，多举例他人（最好是熟知的）的使用状况。

（4）猫头鹰型。

该类型顾客通常具有较强的自尊心，较为冷静果敢，做事有条理并注重实证，所以应给予足够的被尊重感，在沟通时要注意标准化和流程化的应用，如果表现得越具有专业性，则对方越容易被说服。

（5）沉默型。

该类型顾客通常比较温和平静，遇事也不太会表现得很主动，所以在沟通时应保持适当的主导性，多用开放式提问和表示好奇，并可适时进行一些小的互动或游戏等，只有保持一定的刺激才不至于冷场，当然这些都是在顾客表现出有沟通意愿时才进行，否则就会把沟通变成某种干扰。

（6）撒谎型。

撒谎背后的原因多是逃避责任或惩罚，顾客撒谎通常是不太认同但又无更好的理由拒绝（不过也有些是习惯性撒谎），使得有效沟通很难进行。该类型顾客比较喜欢幻想并为之享受，既自傲又多疑，所以在沟通时应创造与其他人员隔绝的氛围，以倾听为主，不急于做出结论，需要长期保持沟通。

（7）不善交际型。

其实这与是否擅长无关，而是在表达方面有所欠缺，有时会出现词不达意的现象，这时沟通的态度尤为重要，特别要注意避免和排除焦虑，从中找到问题所在，进而用疏导的方式来进行沟通，以避免尴尬或把话题聊死。

2. 方式与技巧

如果是第一次接触，并不知道顾客究竟是什么类型，那么又该如何沟通？这里就涉及从接触到交流的技巧与方法问题。通常卖场的业态和定位等能够过滤出一定的目标顾客，但实际到店的顾客仍然千差万别，因此需要通过一些方式来了解顾客，进而才能有效地进行沟通。服务人员既要积极、主动和热情，又要注意距离和分寸感（哪怕没有任何行为动作，也是一种沟通方式，正如有些顾客是希望不被打扰的），所以服务人员的沟通能力是零售必备的素质要求。

（1）望。

这里是指要学会观察，通过观察来探究顾客的真实需求（通常有说出来的、未说出的、满足感的、真正的和秘密的5种需求），以及揣摩顾客的心理状况（如顾客的内心期望及为什么）。顾客可能会直接进行表达，也可能会含蓄或下意识地表达，并且恰恰是非语言表达往往能透露更多的信息和更具准确性（有研究表明，信息传递中语言只占到7%，语气占38%，其他身体语言则占到55%），这就需要敏锐而细致地观察，才能捕捉到更有用的信息。

在非语言表达中，"以貌取人"是常用和直观的方式，即一个人的年龄、穿着打扮、行为动作和情绪态度等，都会适时地折射出某种状况，以此为基础，便可预先做出简单判断并设定相关的沟通话题，再通过交流进一步验证是否吻合。观察时要在轻松自然的状态下进行，千万要避免让顾客产生被监视的感觉。虽然有关沟通中基本的表情、行为或心理等知识必不可少，但最有效的还是要保持同理心，只有站在顾客角度，才更容易理解其所作所为。

（2）闻。

望是主动搜索和寻找信息，闻则为接收所发出的信息，所以有些人会把"听"作为沟通的基础。顾客发声之所以重要，除了表达需求外，根据相关统计表明，在不满的顾客中，每25个顾客中只有1个会进行投诉，而1个不满的顾客会影响周围25个人的购买意愿，投诉者的问题如果得到解决，有60%的人还会与企业保持关系，如果能迅速得以解决，有90%~95%的还会保持关系。因此可以得出这样一个结论，投诉者比不投诉者更愿意与企业保持关系，不投诉者并不完全是忍气吞声，只是不信任问题能够得到很好的解决而已，但会通过其他方式来影响他人，或者直接选择离开。

既然是倾听，首先，要避免主观性，不要一开始就假设已明白顾客的问题，即使不同意，也应耐心而不要轻易打断对方；其次，在倾听时最好能适当记录，既是作为备忘，也是一种尊重和投入的表现；再次，在倾听时要适时给予回应（如目光交流或语气呼应等），以表示欣赏或鼓励继续；最后，要对内容进行确认，有疑问的地方应继续请教。从听的过程来看，由低到高有漫不经心、敷衍了事、例行公事、专心致志和将心比心5个层次，倾听似乎是在被动接收，但实际上往往掌握着主动权，其表现或回应决定着沟通的走向，且对方往往是能够感受得到听者的状态或层次的，而要想听到真实和内在的心声，唯有处于后两个层级才有可能。

（3）问。

这里的问不是单纯意义上的提问，而是主动表达信息的行为，包括提问、咨询、介绍和说服等，其共性都是说。如果听是对顾客信息的被动接收，那么说就是主动的行为，这时其实已经涉及传递的层面了。

说是在观察与倾听后的行为，只有准确了解顾客的真实意图，才能使信息内容更具针对性及有效地解决问题，如果只顾自己表达，极有可能出现"鸡同鸭讲"的情形，有时甚至还会伤害到对方。市场营销在做市场细分或确定目标市场时，其实也是在观察了解和听取市场信息后，才能指导提供适销对路的产品。

说就是信息表达，如果是产品或服务介绍，则重点在于特点、竞争优势和获得利益等的陈述，其中信息焦点以2~3个为最佳，过多无法记住还可能造成混乱；表达时应客观、真诚，切忌夸大或过于热情；用对比的方式更容易区分竞品，但要注意不应贬损他人而抬升自己；应让顾客清晰沟通的目的，顾客所获得的利益是沟通的基础。说不仅仅限于语言的表达，同样重要的还有肢体等非语言的表达应用，并且在很多时候肢体语言的威力要远大于语言的描述。事实上，顾客在进行沟通时，除了希望能够直观地获取相关信息外，往往会更在意是用何种表达方式，通过对其情绪和态度等的感受，来验证所传递信息的状况或真实程度，以帮助进行购物决策。电商在沟通中由于缺乏直观性，所以说服性未必强于实体店，特别是对于需要人员服务的部分，显得缺乏"温度"。

（4）切。

对于沟通而言，切就是通过互动与交流，进一步验证或发现问题，了解顾客真实意图的过程。顾客在购物时必然会经历一系列的交互行为，比如各种交谈、问答、咨询、推荐、寻求帮助、游戏、活动和试吃试用试穿等，这些都有助于激发其兴趣与关注度，增强彼此了解，提升顾客参与和增加黏性。当然，互动也会有消极负面的，比如发生争执或投诉处理不当等，可能导致销售失败。

互动是顾客沟通的有机组成部分，是沟通的高级阶段，没有互动的沟通将是不完整或缺乏效率的，但由于种种原因，传统的顾客沟通多为单向性的（如广告和促销等），顾客的声音通常都较弱，企业与顾客之间很难形成互动，导致沟通效果并不理想。随着网络时代的到来，顾客声音的影响开始逐渐增大，如果缺乏有效的交互设计，将很难做到真正意义上的顾客沟通。

在沟通中，面对面交流是比较简单直接的一种互动形式，但要求双方都有较高的投入性，否则很难顺畅地进行，对具有社交障碍或不愿被打扰的顾客来说，就会感到一定的压力，导致在主动服务时效果往往不佳，这就需要通过其他方式来进行沟通。需要提醒的是，虽然互动强调的是相互性，但并非必须要做出某种回应，重点是顾客的思维是否处于某种活跃状态，表现为兴趣、关注和参与性等，如果越是投入，表达的欲望就会越强烈，这才是真正的互动节奏。顾客能主动提问或寻求帮助是良好沟通的起点，但很多时候则需要企业有意识地创造互动氛围，通过主动提问、热门话题、趣味游戏、设计探索、凸显差异和邀请参与等，哪怕是最简单的打声招呼，也可以为进一步互动做好铺垫。另外，除了在内容和形式上需要多样性外，互动还需确保反馈的便捷性和渠道的通畅性，比如顾客在需要帮助时要清楚该找谁，或在没有人员指引的情况下，顾客是否能自助完成一系列动作（顾客自助行为是一种较为高级的交互设计），或者是当有顾客提问时，最起码第一时间要有响应等，而这些在互动设计中是常常容易被忽略的。

3. 群体沟通

现实生活中除了点对点的直接沟通外，还有很多是多重交叉沟通。当各种人因某种共同的要素（如血缘、兴趣、爱好、工作、学习、身份或利益等）而关联在一起时，就构成了群体，群体内各成员具有共同的目标和利益，相互间能协作与配合，具有共同的价值观和归属感，对于沟通往往更具主动交往性。群体内各成员的这种紧密关联，成为当今商业不可或缺的资源。在互联网时代，电商之所以展现出强大的竞争力，根本就在于连接的力量（百度连接的是信息、淘宝连接的是商品、美团连接的是服务、腾讯连接的是人），连接背后意味着更多的资源。传统企业主要通过商品来与顾客连接，但与人的直接关联显然是短板，这说明对于商业的思维逻辑需要改变，关注焦点不应仅限于产品，同时也要关注顾客的连接。

零售与顾客最为接近，天然具有顾客连接性，但并不表明就具有社群属性，因为人员集聚不等于社群，比如车站码头或影剧院里的人员同样具有共同目的，但只能算作集合体。因此店铺虽然能够聚客，但还需进行相应的社群建设与管理。虽然会员制也算是某种社群，但显然还不够，因为真正意义上的社群应具备同好、结构、内容、运营和复制5个要素。其中，对社群的衡量主要有3个维度：①社群是否是自组织和自驱的，如果只是靠外部的利益刺激，那么也多是乌合之众；②群内成员的自愿付出性，像集合体就几乎没有任何主动为之的行为；③推荐性，即社群内部往往有利益同享的倾向，推荐性状况将关系到社群的生命力。好的社群能使群内成员促成某种强关系，并产生裂变效应。罗宾奈特在《给予者》中指出，人在自己的人脉圈中主要有顶级、关键、重要、次要和潜在5种关系，但真正能对自己产生重大影响的其实并不多，最多也就5个顶级、50个关键关系及100个重要关系，社群的作用在于，相对来说比较容易帮助形成前面几种关系。

社群按地域可分为全域、本地、周边和海外群，按成员构成可分为企业、联盟和粉丝群，按内容可分为产品、兴趣、知识、品牌、技术和行业垂直群。各类型根据不同的属性还可进一步细分，比如兴趣爱好又可包括运动体育、文玩收藏、宠物花草、自驾旅游和文化影音等，产品销售包括保健养生、母婴系列、家用清洁和美容护肤等，服务分享包括培训营销、学习成长、行业交流和专业服务等。

几乎所有个体都会置身于各种不同的社群中，只是过去由于受各种制约，很多都被局限于某一特定区域内，跨时空连接较为困难，所以相对具有稳定性（其实传统的商圈也可理解为某种特殊社群）。互联网使社群建设变得非常便捷，消费者可以轻易地置身于各种群里，但也因此而变得缺乏珍惜性，社群的稳定性和忠诚度都明显下降，这就要求需强化社群营销与管理。社群建设包括社群的定位、载体、场景、目标、价值和文化6个设计模块，其商业逻辑为"社群模式=IP＋社群＋场景＋分享"；社群营销通常要经历建立信任、转化成交和产生裂变3个阶段，其中主要包括"社群定位—社群管理—专业服务—互动成交—引客到店—产生裂变"6个步骤，所以必须明确主题、严格群规、为成员提供高品质的服务及形成线上线下的互动。构建社群的关键是要有明确的目的和核心价值，不同的动机将决定发展的方向和运营模式，其中常见的目的有共同爱好、销售产品、打造品牌、拓展人脉和树立影响等，而社群价值主要体现在内容产品、周边服务、社交体验和配置资源等方面。现在很多社群的状况并不理想，经常是经过两三个月的蜜月期后就变得沉寂，或者充斥各种广告或"灌水"，其原因就是目的和价值体系没有厘清，就开始一门心思惦记着如何变现。需要时刻牢记的是，社群也是一种组织，维持组织内各成员关系需要的是相互间的信任，而社群存在的基础则在于能否给成员带来利益或价值，如果付出与获取不匹配，就不可能长久稳定地发展。

零售商在社群建设与营销方面要注意避免堕入某种误区，即零售本身已是在售卖商品，因此主要目的不应再落于产品销售，而是应强化与顾客的沟通连接，以及除商品外还能给顾客带来什么价值，真正的重点为顾客关系经营（情感连接），把社群作为顾客的"心智商圈"来经营与管理。另外，要避免将所有顾客都想吸入社群的冲动（这只是粉丝或流量思维，但粉丝与社群是两种形态，其内在运行模式有很大差异），而把重心放在如何经营和维护好核心客群，再由这些社群成员去裂变。与纯粹的线上社群经营不同，零售社群要充分挖掘线下的优势，结合线下活动来巩固社群关系和维持活跃度。

会员制是一种传统的社群模式，主要目的在于提升顾客的忠诚度或黏度，通常是以会员独享和回馈等方式来体现成员的利益或价值，有些是通过等级差异来满足成员的心理和情感需求。会员制常见的有公司制、普通制、终身制和信用制等，入会主要有付费和免费两种（就会员质量而言，通常付费制的会员服务和会员本身的质量要高些）。现在很多会员制的状况并不理想，其中主要原因有：①片面追求会员数量，有时为达到会员数量指标，往往会降低门槛甚至采取免费的方式，但这对于老会员是一种伤害，且整体质量也难有保障；②很多并不能或不敢收取费用，反映出对提供的服务缺乏信心；③缺乏必要的后期维护管理，很多都是为办会员而办，但办完后就基本没有什么后续动作，最多只是偶尔的一纸通知，这显然是把运维的问题简单化了；④过于强调或只关注直接的利益得失，缺乏对于心理、情感或关系的维护；⑤群内各成员间缺乏有效的沟通与互动，凝聚力和归属感较弱。

二、客户关系管理

在零售沟通中，客户关系管理是非常重要的一环。客户关系管理早期只是以收集信息为主的接触管理（CM），之后逐渐演变为以电话服务为主的客户关怀（CC），最后美国高德纳咨询公司提出了客户关系管理（CRM）概念。之所以要进行客户关系管理，原因在于只有20%的顾客创造了80%的营业额或利润，因此企业有限的资源不应被平均分配，而应倾斜于这些价值顾客，以降低流失率（据研究，流失率每降低5%，平均顾客价值就能增加20%~85%甚至更高）。

在当今的市场环境下，企业不应仅限于产品、资本和信息等，同时还应关注人的资源，而客户关系管理的意义就在于可挖掘和保障顾客资源，通过沟通形成客户关系，通过关系深化形成客户忠诚，最终形成客户价值并实现终生价值最大化。

客户关系管理简单来说就是与客户保持良好关系，寻找和挖掘出具有价值的客户并满足其需求，通过有效互动强化或保持顾客忠诚，由大众营销转为一对一营销，最终实现企业与客户的双赢。客户关系管理是建立在营销和信息基础上的管理理念与策略，将企业管理视野向内部延伸并扩展到外部，是实践版的顾客主义和顾客导向。客户的范围很广，其中有非客户、潜在客户、目标客户、现实客户和流失客户5种类型（见图14-2）。对零售而言，客户主要指顾客或消费者。

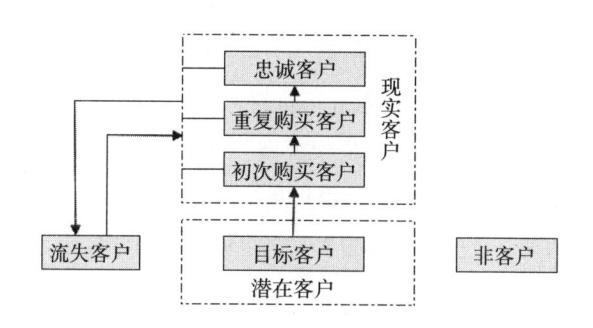

图14-2 客户类型及流转状态

所谓关系，就是相互间作用和影响的状态或某种联系。关系一词在汉语中往往容易让人产生负面的联想（如"请客送礼""拉关系""赔笑脸"或"献殷勤"等狭隘和不正当行为的理解），但对于商业而言，企业与顾客之间则为交易、服务和利益的关系，双方通过交换而各自获取价值。科特勒将客户关系分为基本型（产品销售出去后就不再与客户接触）、被动型（销售后允许客户在有问题时进行反馈）、责任型（销售后企业会主动征询客户的意见或建议）、能动型（企业会不断地与客户沟通互动，以取得产品改进或新品开发等信息）和伙伴型（寻找出客户的问题所在，并且有针对性地提供解决方案，协助或支持客户取得成功）5种类型。建立何种客户关系取决于产品和客户特征，可根据客户规模和产品边际利润水平两个维度来进行选择（见表14-1）。需要注意的是，这5种关系并没有先后或优劣之分，采用何种类型取决于产品特征与客户定位等，并且会随环境和客户生命周期等的变化而不断调整。

表 14-1　客户关系类型选择应用

客户类型	高边际利润	中边际利润	低边际利润
大量客户	责任型	被动型	基本型
适量客户	能动型	责任型	被动型
少量客户	伙伴型	能动型	责任型

1. 理论基础

（1）关系营销。

该概念最早由贝瑞所提出，即吸引、维持和增强客户关系，通过满足客户需求，进而赢得客户的偏爱与忠诚；麦肯纳指出，关系营销是将顾客、供应商和其他合作伙伴整合在营销活动中，相互间形成紧密互动的关系；佩恩提出了内部、客户、供应商、影响者、员工和推荐者"六市场框架模型"，认为关系营销是通过创建、培养和延续顾客关系，进而长期拥有顾客的；摩根和汉特指出，关系营销是建立、发展与保持成功关系的营销活动；古梅森认为关系营销是关系、网络与互动；格隆鲁斯认为关系营销是关联企业的市场关系；米尔曼和威尔逊则根据客户性质和参与度水平，提出了大客户关系发展管理模型。

关系营销突破了生产、产品、推销、营销和社会营销观念，强调客户关系在企业战略和营销中的地位与作用，从获取短期利润转为保持长期关系，核心是重视相关利益关系，并超越简单的物质利益互惠而形成一种情感满足，企业通过维系这种情感来获得顾客保持，从而建立长久利益机制。能否正确处理消费者、竞争者、供应商、分销商、政府机构和社会组织等的关系与互动，是企业成败的关键。关系营销的实质就是对客户或其他利益群体关系的关联，具有营销活动互利性、信息沟通双向性、信息反馈及时性和战略过程协调性等特征，是客户关系管理的雏形和理念基石。

贝瑞和帕拉苏拉曼归纳了 3 种创造客户关系价值的关系营销层次：①一级关系营销，又称频繁市场营销，是最低层次也是最基本的关系营销，维持客户关系的主要手段为价格刺激，通常为给予频繁购买者一定的营销奖励（如累积里程和积分兑换等）。一级关系更多地体现为陌生人间的关系维护。②二级关系营销，既要增加客户的财务利益，又要增加社会利益，通过深入了解客户的需求与愿望，从而提供具有人格化或个性化的服务（如较为常见的 VIP 贵宾服务）。二级关系营销的重点在于建立客户组织（如社群和会员制等），以某种方式将客户吸纳进入该组织中，从而加强与客户间的联系。③三级关系营销，主要为增加结构纽带，即对于关系客户具有价值，而客户却不能通过其他来源得到，其目的在于提升客户转向竞争者的机会成本，同时增加客户脱离竞争者转向本企业的利益，常见的有技术独特或市场垄断等。

（2）一对一营销。

该概念由佩珀斯和罗杰斯所提出，是企业在充分掌握客户信息的基础上，根据个性化需求，开展个性化、针对性和互动性的营销活动，目的在于提升客户的忠诚度。一对一营销主要包含客户份额、重复购买、互动沟通、定制化和客户等级5个核心理念。一对一营销要求保持反应敏捷，识别、追踪和记录个性化需求，保持长期良好的互动关系，从而提供符合需求的定制化产品。

相关的实施工具主要为IDIC模型（见表14-2）：①识别客户（Identify），客户详细资料是实施一对一营销的关键，重点要了解消费习惯、个人偏好和财物状况等信息；②客户差异化（Differentiate），即由产品差异化转向客户差异化，由于企业所面对的客户难以计数，不可能全都具体针对每一客户，因此需根据贡献度进行等级划分，并对不同级别的客户分别采取相应的服务策略，通过有的放矢从而提升效率与效益；③双向沟通（Interactive），信息收集只是一种单向的行为，更具意义的是建立信息互动与交流平台，更高效及时地得到反馈，从而更好地满足个性化要求；④行为定制（Customize），前面3个环节的最终目的都是实现定制化服务，这就要求企业内部围绕定制重新构建流程，重点是在高效和满足需求的前提下如何实现利润最大化。

表14-2 一对一营销战略发展的4个阶段

一对一战略实施	IDIC	产品驱动	客户敏感	客户驱动	一对一
	识别	追踪产品而非客户	根据产品识别客户	企业层面识别客户	了解每一客户状况
	区分	产品而非客户	按照价值识别客户	按照价值与需求区分客户	追求满足个体需求
	互动	极少接触客户	零星接触客户	客群建设与沟通互动	与个体形成反馈互动
	定制	大众商品	根据客户需求改进产品	为不同层次或客群提供产品	个性化产品

2. 关系建立

（1）客户识别。

客户识别是通过相应的技术手段，根据大量的个性特征和购买记录等数据，找出潜在或有价值的客户。客户识别与市场细分的区别在于：传统营销是对整体客户按不同因素进行细分，最后确定出目标市场；客户识别则是从目标市场中再寻找出有意义的客户，以此作为客户关系管理的对象。也就是说，客户识别是在同类型客户的基础上，再挖掘出对企业有价值的客户，市场细分是客户关系管理的基础。

由于并非所有购买者都是有价值的客户，因此企业要关注的是那些终生价值最大化的客户，而不应把有限的资源均分给所有客户，这样反而可能会无法更好地满足优质客户而失去更多，并且造成企业定位模糊及缺乏核心竞争力等。根据谢尔顿的"20/80-30/50法则"：顶部20%的客户创造80%的利润，底部30%的客户消耗掉一半的利润。所以，客户数量不是衡量企业获利能力的指标，客户质量才决定企业盈利的大小。正如盲目使用价格手段进行促销，招来的往往是价格敏感型顾客，基本谈不上价值贡献和忠诚度，但对于中高端定位的店来说，中高端顾客更在意的是品质和物有所值，因此价格折让只会是无谓的损失。

客户识别主要有识别潜在客户和有价值客户两个方面：当还未成为客户时，客户识别类似于客户细分，通过各种方式筛选出目标客户；当已产生购买后，就在于如何识别有价值客户。其中包括两种类型，一是交易型，更在意价格实惠，对于差异性不大又消费频次较高的商品，价格是较为有效的手段；二是关系型，更注重产品或服务品质，并希望能形成值得信任和依赖的关系，价格并非首要因素。显然关系型客户更具价值，因此先要剥离出交易型客户，然后再过滤出价值客户。

（2）客户选择。

客户选择是处理客户关系时争取主动的一种策略，是建立和维护客户关系的基础，也是有效管理的前提。客户选择也包含潜在客户和有价值客户的选择，对于有价值客户重点是要进行"好与差"的区分，"好"就是指能为企业带来持续利润的客户，通常表现为具有忠诚性、保障企业盈利、服务成本相对较低、经营风险较小、愿意与企业保持长期伙伴关系和有一定市场号召或影响力等特征。可见，客户不能僵化地用大小来衡量，特别是不能仅看单次购买的价值量大小，同时还需追踪购买频率或回头率状况，也就是说，主要是看在一定时期内的总购买力状况。

在进行客户选择时，应选择与企业定位一致、具有潜力、"门当户对"和具有忠诚性的客户。企业由于追求效益使然，对于客户往往喜欢"抓大放小"，但问题是企业与客户是双向选择的,当双方处于某种不平衡状态时,资源优势方往往会歧视劣势的一方,即所谓"店大欺客、客大欺商",所以盲目追求优质的客户,其维护成本会远高于适合的客户,这样最终效益未必最优。客户选择可通过客户综合价值和企业综合能力两个维度来进行(见图14-3):客户综合价值包括购买总额、复购率及交叉购买、无形价值(规模效应、口碑和信息等)、耗费总成本和客户风险等;企业综合能力包括技术、人力、物力、财力和管理等。这里要注意,企业综合能力是顾客角度的感知,是获得利益与付出成本的比较,正值表示有较强的综合能力,负值则表示满足客户关系的能力较弱。

	企业综合能力	
↑	消极选择	重点选择
	放弃选择	择机选择

客户综合价值

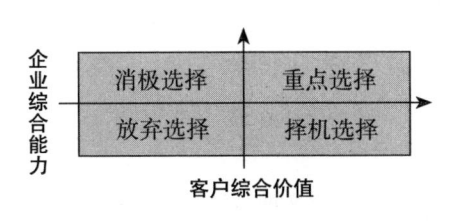

图14-3 客户选择矩阵图

客户选择类似于市场细分,主要在于产品性质、目标市场、竞争对手、外部影响(如社会、经济、文化、环境和人员等)、渠道陈列、营销战略、成本与资源等的取舍,而在不同战略下的客户状况也不尽相同。

客户获取战略:在产品生命周期的投入期或企业成长初期,重点是要获取大量新客户,即使有些并不是目标客户。当新客户与目标客户相类似时,其所形成的客群能否起到招集作用或产生某种集聚效应,是客户获取的关键所在。

客户扩充战略:由于种种原因顾客总是会有流失,所以企业通常都会积极寻求扩展客户规模,如果是单纯扩充就相当于客户获取,但大多会采用产品延伸来打破原有边界,既保留忠诚客户,又吸纳更多新的客户。

客户忠诚战略:将战略重点集中在客户的回头率上,培养忠诚客户比获取更大的市场份额更为重要(这也是客户关系管理的核心所在)。实施该战略的基础在于,企业已经有相对稳定的客户基础和数量,并且这时通常在产品生命周期的成长和成熟期,因此忠诚客户所创造的利润最大。

客户多样化战略:是利用新的产品或服务来吸引新的客户。企业在发展到一定时期后,原有产品或服务已经很难吸引更多的新客户,这时往往会采用多样经营来保持发展。有的新品或服务与原来有一定的关联,有的则完全脱离而跨界经营。如果具有一定的关联性，那么在一定程度上还可利用原有客户资源，但如果是全新开发，原来积累的资源就几乎归零，并且下游分销等推广的作用也有限。

（3）客户开发。

有统计表明客户的年流失率为10%～30%，所以企业在培养忠诚客户的同时，仍需不断寻找或吸引新的客户。传统的客户开发主要有面对面开发（逐户访问、会议、俱乐部、圈层和人际网络寻找等）、介绍性开发（亲朋好友、老客户和商业伙伴介绍，以及名人效应影响等）、远程开发（电话、短信、信函、邮件和网络等查找）和其他开发（资料查询、业务咨询、猎头式和直接挖人等）等方式，对于实体零售来说，更多的则是在商圈范围内采用入户投递、媒介应用、办理会员、开业独享和介绍优惠等方式来进行。

3. 关系维护

（1）客户分级。

在客户引进之后，就需要进行管理与维护，其中对客户实行分级是有效的客户关系管理的基础。客户分级就是根据客户对企业的价值贡献和重要程度，将其分为不同层级，为企业的资源分配提供依据，以及更好地进行有针对性的服务。客户分级不能狭隘地理解为客户歧视，因为分级是在于客户价值贡献的差异性，如果平均分配对于优质客户则反而缺乏公平性。

客户分级常用的衡量标准是利润贡献度，总体应符合"80/20原则"，较为直观的体现就是金字塔模型，有较大贡献的客户处于塔尖，如果按价值贡献来看，又将呈现为倒金字塔形状，较少的客户贡献绝大多数的利润。在客户分级中，层级数并没有绝对性，比较常见的有大中小三级划分。其实客户分级也可理解为客户ABC管理法：A类客户的利润贡献占比为50%～60%，B类客户占比为30%～40%，C类客户占比为10%～20%。对于A类客户，要尽量保持沟通顺畅和情感交流，充分听取意见和建议并激发参与度，并有相应的政策资源倾斜，使之能有较好的归属感；对于B类客户，重点在于能清晰地表述出不同客户等级所享受优惠政策的差异性，然后要有相应的客户奖励措施，或体验部分A类客户的权益，以激发其向A类客户靠拢；对于C类客户，仅需保持基本的服务，重点是成本控制和挖掘有意义的客户（有意义的客户可理解为意见领袖），通过区别对待从而产生某种引导性。

（2）客户保持。

老客户是企业生存的压舱石。有研究表明：向新客户推销的成功率仅为15%左右，而向老客户推销的成功率则可达50%；向新客户推销的花费是向老客户推销的6

倍；有约60%的新客户是来自现有客户的推荐；客户流失率每降低5%，利润增长幅度将达20%~85%。客户保持就是企业维持已有客户关系的行为，使客户关系生命周期尽量延长。客户保持需要企业与客户相互了解、相互适应、相互沟通、相互满意和相互忠诚。与客户忠诚的概念不同，客户保持是整体性和全过程的，最终目标是客户忠诚。影响客户保持的主要有顾客行为、客户满意、转移成本和客户关系生命周期等因素，造成客户流失通常有内部员工流动、客户面临新的诱惑、销售渠道不畅、缺乏诚信、细节疏忽、未及时了解市场状况、企业的服务意识淡薄、营销策略组合不当、企业文化缺少务实精神及对中小客户管理欠妥等原因，主要应从做好质量营销、打造良好形象、树立客户至上服务意识、强化客户沟通、增加客户利益、建立良好客群关系、保持创新和加强市场监控等方面来进行改善。

客户奖励计划：简单来说就是对客户重复性购买行为所给予的奖励或回馈，在一定程度上体现了多购多得的公平原则，可有效地提升客户的转移成本，以及为企业管理和资源投放提供依据。客户奖励计划主要涉及奖励额度、奖励等级和奖励时机等要素，包括有形与无形、产品支持和享乐型价值等奖励，可以仅局限于企业内部实施和享受，也可跨企业或行业共同合作进行。影响客户奖励计划效果的主要有设计特征、客户特征、市场特征和企业特征等因素。不过，参与客户奖励计划的客户对于收益要求通常比未参加的要高，导致企业会增加额外成本，况且如果本身已是忠诚客户，购买量也未必会随奖励计划而增加，致使受客户奖励计划所吸引的可能仅是便宜取向客户，因此客户奖励计划并不是简单的奖励刺激。

客户关怀：最早由克拉特巴克所提出，作为一种基本的服务质量标准涵盖了经营的各个方面（从产品或服务设计到如何包装、交付和服务等）。客户关怀需要对客户行为进行深入的了解，准确把握和快速响应个性化需求，为客户提供适合的产品或服务，从而提升客户满意或忠诚度。客户关怀系统的一般结构由分析层、运作层和接触层组成，数据结构则由数据源、数据存储、支持应用和信息渠道所构成。但要注意的是，客户关怀并非是营销性行为，或者说不应以回馈为直接目的，而是通过关系维护来获得长期性利益，否则客户就会感觉有功利性。所以，客户关怀的目的在于保持良好客户关系、延长客户关系生命周期、建立口碑效应和提升客户忠诚等。客户关怀应遵循的原则有以客户为中心、全面接触、换位思考、针对个性、快速响应、真诚面对和超越期望等，比较常见的有电话关怀、短信关怀、生日关怀、节庆或特殊日子关怀、账单和积分反馈、网站服务、呼叫中心、礼品、咨询建议和沙龙讲座等方式，当然还有隐性的品质把关、价格管控、提升体验和服务等，也都属于客户关怀的范畴。

合作伙伴：要维系良好的客户关系，莫过于让客户也参与其中，合作伙伴关系是客户关系管理的终极形式。合作伙伴关系是建立在相互信任的基础上，双方能够信息公开与分享，分担和共享利益与风险，主要包括利益、情理和情感关系，具有长期性、全方位、相互信赖、共同目标、共享信息、共同改善、共享成果和共担风险等特征。根据贝瑞和帕拉苏拉曼的关系营销三级层次理论，合作伙伴关系应体现为增加财务收益、增加社会收益和增加结构性联系利益3个方面的回报。合作伙伴关系的关键字是"信"与"共"，这需要有良好的信息沟通与反馈机制，能够及时反映真实需求，共同确定所关心的目标，共同参与和利益均享，让客户感受到自己是组织中的一员。同时，维护与发展合作伙伴关系的重点在于"诚"，只有真诚才能表现出务实、主动和个性化等，彼此是交往而非单纯的交易关系。

（3）客户满意。

凯斯最早提出了客户满意的概念，认为满意就是客户的需要和欲望得到满足；谢思认为满意是顾客对所付出代价与获得收益是否合理进行评判的心理状态；亨特认为满意是顾客对消费经历的一种感觉状况，是一种对所购产品、服务以及整个市场的评价，是与价值观、需求和愿望等比较后的情感反映；阿塞尔认为满意取决于商品的实际效果与预期对比，当达到预期就为满意；奥利弗认为满意是客户对所接受产品或服务过程的评估，以判断其是否能达到所期望的程度；科特勒认为满意是通过对产品的可感知效果与其期望相比后所形成的愉悦或失望的状态；福尔克斯认为满意是客户对结果进行评估与归因后所产生的情感。总之，客户满意是一种心理活动与状态，既包含认知部分（判断与评价），又包含情感部分（主观感受），当达到预期时就表现为满意，未达预期时则表现为不满。

客户满意是企业长期稳定发展的必要条件，是取得竞争优势的重要手段，同时也是实现客户忠诚的重要基础。客户满意具有主观性、层次性、相对性和阶段性的特征，主要有物质、精神和社会3个层次的满意。衡量客户是否满意，主要有美誉度、依赖度、知名度、回头率、投诉率、购买额、价格敏感和推荐率等指标。客户满意的应用主要有"期望一致/不一致"、感知绩效、多过程、需要与欲望满足程度、公平、归因、情感和遗憾等模型，下面列举的是奥利弗（见图14-4）和美国顾客满意度指数（见图14-5）两种模型，以供参考了解。

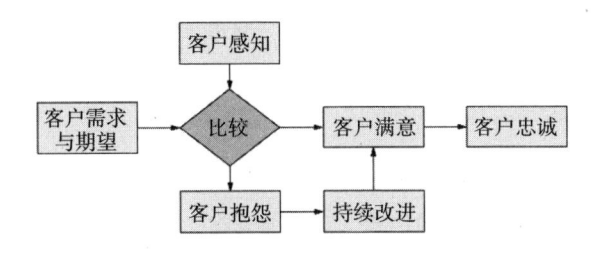

图 14-4　奥利弗的客户满意形成过程

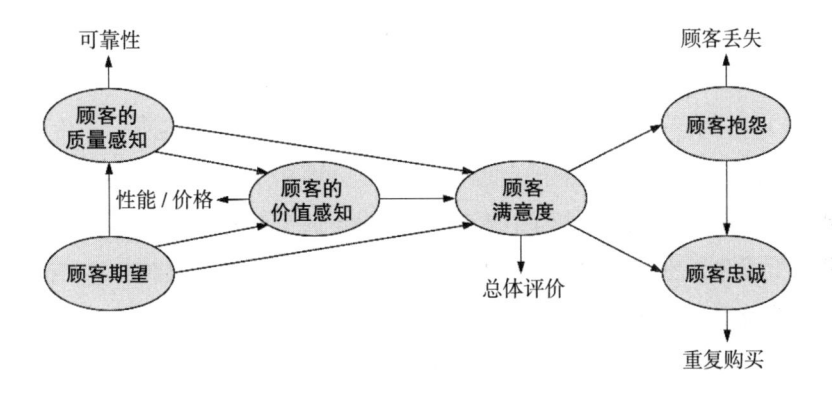

图 14-5　美国顾客满意度指数模型

客户预期：客户期望是多方面的，并且相同的产品或服务会因预期差异而使其满意度不同。客户预期是个动态过程，影响客户预期的主要有价值观、需求、习惯、偏好、消费习惯、消费经历与经验、广告宣传、价格、包装和展示等因素。如果预期过高，容易导致不满，但如果期望过低，又可能表示缺乏吸引力，因此企业应合理地宣传和引导，切忌过度或虚假宣传。另外，由于存在客户期望递增规律，因此要求产品或服务不能长期停留在原有水平，要至少保持不能低于竞争对手，否则满意度就会逐渐下降。对零售而言，重点在于尽量避免错误引导而导致顾客形成预期错位，比如定位为大众消费的却在销售高档商品、定位为精品店的商品和服务却很普通或经常做价格促销等，这些都容易造成错乱和不满。

实际感知：通过相关体验或使用会形成某种感知和评价，其中对于购买来说，只有当收益大于付出时才会感到满意。零售的收益主要体现为提供质优和符合需求的商品、保障服务水平、提供个性化服务、保持良好沟通和树立良好形象等，降低成本主要为帮顾客省钱、提供便捷和相关保障等。对实际感知的度量主要为客户满意度（又称满意指数），是对满意状况进行调查和衡量的指标，目前通行的是 RATER 指数,即信赖(Reliability)、专业(Assurance)、有形(Tangibles)、同理(Empathy)和反应(Responsiveness),客户对企业或产品的满意程度反映为RATER指数的高低。

(4)客户忠诚。

客户忠诚是客户对企业、品牌、产品或服务的某种态度和行为,反映为专一和重复性购买和使用。奥利弗指出,客户忠诚是对偏好产品或服务的深度承诺,并在未来一贯地重复购买和使用,且不会因市场的场景变化和竞争性营销的影响而产生转移。关于客户忠诚,有些还会细分为行为忠诚、态度(情感或意识)忠诚和综合论等类型,从现实来看企业更看重行为忠诚,但如果缺乏态度忠诚这一基础,最终还是很难形成持久忠诚,理想状态还是二者的统一。

客户忠诚的形成也是一个动态过程,主要经历"认知—认可—产生偏好—形成"4个阶段。狄克和巴苏基于态度和行为维度,将其分为忠诚、潜在忠诚、不忠诚和虚伪忠诚4种类型;凯瑟琳基于满意度和忠诚度的关系,将其分为垄断、惰性、潜在、方便、价格、激励和超值7种忠诚类型;诺克斯根据购买品牌数量和投入程度,将其分为忠诚者、习惯购买者、多品牌购买者和品牌转移者4种类型;克里斯托弗和佩恩则基于忠诚程度,提出客户总体、潜在客户、采购者、客户、支持者、倡导者和伙伴七级客户忠诚梯模型。衡量客户忠诚的主要有重复购买次数、价差销售数量、销售升级比例、购买金额、价格敏感度、挑选时间长短、对竞争品牌的态度、产品质量承受能力、客户关系生命周期长度和口碑效应等指标。

满意是逐渐积累起来的连续心理状态,是一种长期沉淀形成的情感诉求,所以难以被量化和衡量;忠诚是长期偏好和选择,是再购及参与活动的意愿,是一种行为表现。满意是推动忠诚的重要因素,主要表现为信赖忠诚和势利忠诚(如价格、奖励和转移成本)两种。然而根据有关研究显示,在满意的客户中,仍有65%~85%的客户会选择其他替代品。虽然有些是迫于压力、搬迁、成长或破产等客观原因,但多数仍为竞争诱惑、需求转移、习惯改变、尝鲜探知、想丰富消费经历、人员离职或企业变化等主观原因。当然反过来看,也会存在有些虽然不满,但也会表现出某种忠诚现象,例如惰性忠诚和垄断忠诚等。

琼斯和萨瑟的研究表明,顾客满意和顾客忠诚的关系会受行业竞争状况的影响(见图14-6):在高竞争行业中,顾客表现为图利者,当客户满意稍微下降时,客户忠诚便会急剧下降;而在低竞争(垄断)行业中,顾客表现为囚禁者,由于存在竞争障碍,即使不满意可能也会表现出较高的满意度。

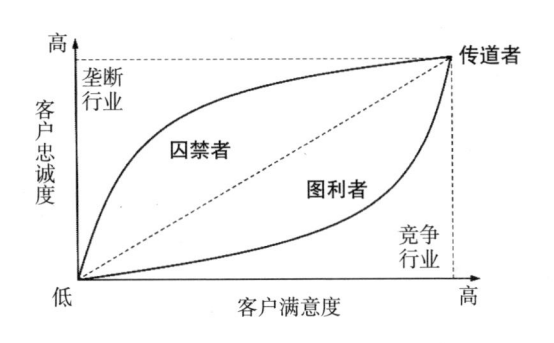

图 14-6 客户满意度与客户忠诚度的关系

情感因素：当基本需求获得满足后，便会开始寻求情感的满足，而当理性与感性需求同时获得满足时，才可能形成牢固的满足感。维基·伦兹指出，情感是成功市场营销唯一和真正的基础，是获取价值和客户忠诚的秘诀；杰姆·巴诺斯则指出客户关系与人际关系有相同的基本特征，包括信任、依赖、群体、共同目标和尊重等内涵，客户关系管理的本质，就是建立客户与企业的情感联系。企业只有与客户建立起超越经济关系之上的情感关系，才能赢得客户的忠诚。

归属感：人是群体性动物，所以先天存在需要被认同和归属感，只有感受到归属感，感受到被重视和尊重，才能形成某种依存关系，进而对组织具有较高的忠诚度。不过这种认同或尊重是具有个体性的，如果是普遍性的，则往往会让人感到是在例行公事，换来的仅是不讨厌而已，很难达到忠诚的层面。因此，对于企业来说，提供个性化产品或服务是更高的内在准则。

信任因素：信任是构成客户忠诚的核心要素，信任就意味着安全感和值得依赖，比如相信商品或服务是为客户着想和价廉物美的，因此不需要花太多精力进行购物决策。同时，基于信任往往也会希望周围其他人员来共同分享。

转换成本：即放弃后产生的有形和无形损失。一是实际利益损失，包括客户奖励计划、实际产品或服务利益损失、购买其他所面临的风险；二是交易成本，包括学习、时间、精力和选购等，实体店中较为典型的就是因位置差异而带来不便；三是情感成本，包括个人关系、社群关系和品牌关系等的损失。相较于前面两种转换成本，情感成本更难被弥补。关于转换成本，应清楚地认识到本身并不是形成客户忠诚的必要条件，而只是提高了客户转移的门槛或障碍，如果仅依赖于成本制约，只会给客户形成被绑架的感觉，一旦出现更强的竞争时，客户流失速度也会更快。

企业忠诚：忠诚是双向和相互的，但很多企业只关注和要求客户忠诚，而很少注意到自己的忠诚行为，比如为追求客户增长而将更多的利益倾斜给新客户，更有甚者还利用大数据"杀熟"，这些都从侧面反映出其客户关系意识的淡薄，无非是抓住了某种机遇形成垄断后的肆意妄为，就客户关系的维护而言其实非常脆弱。

员工忠诚：一方面，员工的满意和忠诚状况与客户的满意和忠诚度呈正相关，只有满意和忠诚的员工，才能更有效地传递和提供令人满意的产品或服务，进而影响客户的满意和忠诚度；另一方面，只有企业对员工的忠诚，才能换取员工对企业和客户的忠诚，从而更好地为企业和客户服务。

顾客忠诚度是指忠诚的程度，是对产品的感情量度，反映转移的可能性。衡量客户忠诚度的主要有客户满意度、重复购买率和推荐意愿等指标，主要从消费（钱包份额和交叉销售）、关系（最近购买和购买频率）和情感（产品提及率、主动寻找与介绍、价格敏感性、挑选时间、竞争态度、口碑和满意度）等方面进行测量。客户忠诚计划是企业培养和保留忠诚客户的行为措施，但在实施忠诚计划时，并非必须要全方位开展，可根据自身状况分阶段进行，比如先实施相对简单的积分、联盟和会员等，其他的客户组织和员工忠诚等，则需要逐步来开展。

三、店铺沟通及相关要素

在市场营销中，营销沟通主要是围绕商品进行，但零售作为交换的介所，除了需要将产品有效地转移给消费者外，自身也存在服务传递的事宜，我们把零售的相关行为称为店铺沟通，主要包括产品沟通、价格沟通、促销沟通、陈列沟通、服务沟通、环境沟通、形象沟通、品牌沟通和企业文化沟通等。事实上，正如信息传递中占比较大的是非语言沟通一样，零售中更多的也是店铺沟通，然而在传统零售理论中，店铺沟通并未被提升到足够高度及成为独立要素，相关内容较为分散，显然并不利于形成某种合力，致使未必能真正有效地沟通与传递。由于零售的触点较多，如果缺乏内在的统一性，就极易出现混乱、矛盾甚至负面的信息传递，从而导致顾客体验或感觉不佳。比如，虽然都在大谈"顾客是上帝"，但很多时候顾客似乎并不太领情，反而会感觉店家比较功利，甚至对顾客缺乏基本的尊重，这其中多是由于不同部门的利益重心和信息传递差异所致。

1. 店铺外围

对于店铺的印象，主要依赖有形物的感知，比如店铺外观、装修装饰、设备器材、招牌、橱窗、色彩、环境、卫生、动线、布局、商品、陈列、价格、促销、服务与员工状况等，这就要求需针对目标顾客的行为、习惯、喜好和心理等，传递相应的定位、形象和价值等信息。店铺设计主要涉及心理学、美学、光学和声学等多学科的综合运用，包括整体规划、门面设计、环境设计、店内布局和商品陈列等内容，需遵循可见性、易识记、一致性、独特性、人性化和效率性原则。

（1）建筑与停车场。

线下实体通常是以店的出入口为界，分为内场与外场两个部分。外部多是以视觉识别为主，主要突出第一印象和某种特征而希望能快速引起注意，激发顾客的感性认知和留下某种印象，较少涉及商品、价格和服务等具体细节。

建筑物的外观和造型是向顾客传递的第一个信息，在一定程度上可以折射出内在的风格特征，比如轻质材料易给人以务实或实惠的感觉、鳞次栉比的霓虹灯招牌会给人繁华且丰富的感觉、大面积的玻璃墙面给人以现代感、多线条给人以简洁和时尚感、方正而对称给人以稳重感等。如果外观风格与经营特性相匹配的话，则可以较好地强化印象。当然现实中大多并不完全匹配，不过可以通过某些装饰，或针对门头、出入口、橱窗和广告等设计来进行调整。

对于建筑开发与设计，不仅要有丰富的建筑学知识、较高的艺术修养、较强的空间想象力和造型能力，同时还应有相关的商业特性与营销方面的知识；既要能够给人与众不同的感觉，又要能兼顾多数人的审美或经久耐看；既要经营者能方便使用（如便于配送和空间利用合理），又要对顾客或消费者友好（如停车便捷、出入和移动顺畅、环境舒适等）。常见的建筑结构多为单层、多层、单间或多元式，对卖场而言，单层的空间最好利用，容易进行布置；多层则主要为大型百货和购物中心等综合体使用，虽然空间利用率最佳，但顾客的兴致通常会随楼层增加而衰减；单间或多元式较为常见的是临街铺面，是比较传统的线下经营场所形态。

对实体而言，停车状况是非常重要的零售资源和基础条件，因为相应的出行方式将体现怎样的交易成本和生活方式，与商圈范围和顾客质量相关。在同城的交通方式中，通常驾车购物的消费水平要高于其他交通方式，因此停车设计将决定实际能吸引到的顾客状况，以及顾客的便捷性体验。仅就便捷性来看，停车场距离卖场的远近将影响实际到店的状况，如果距离卖场超过5分钟的路程，那么基本就谈不上所谓便捷性，除非卖场本身足够吸引顾客，或是出于迫不得已的原因而让顾客做出相应的妥协。另外，还要注意购物车能否轻松抵达车辆位置。

停车场大小受卖场规模、商圈状况、客流容量和汽车饱有量等因素影响。根据有关研究和测算，如果到卖场的顾客全部采取驾车方式，那么停车场面积应为卖场面积的 5 倍以上；日本 LEC·东京法思株式会社提出，每 30 平方米营业面积应配备 1 辆车的停车面积；美国对于中型零售每 100 平方米要求配有 5 个停车位；法国对 1 万平方米营业面积的要求配 220 个车位；我国对停车位配比的规定是停车场用地总面积按规划人口每人 0.8~1 平方米设计，每 100 平方米建筑面积需要配备机动车位分别是写字楼 0.5 个、娱乐性质的 1.5~2 个、餐饮性质的 2.5 个，现实中在一般省会城市通常是按每 1 万平方米临街商业 40 个、综合性超市 100 个和剧院 40 个左右来测算，写字楼约每 300 平方米 1 个。虽然我国对于车位设计有明确规范，但并没有相关标准车位尺寸的规定，只是规定了最低满足尺寸，比如车间距、离墙距离和回转通道等，因此需因地制宜进行规划，车位设计总的是以方便出入和最大化利用为基本原则。

事实上，停车不便已是影响线下实体购买的重要因素之一，但显然相关的停车管理和服务并未引起足够重视，相反很多时候还被作为额外收益的主要来源。除了车位总体紧张外，停车费问题也是导致购物体验不佳的原因之一。对于停车费的设计，根本目的是区分开非购物车辆的占位，因此主要在于如何与商户进行有效的联动，如果系统无法支持，也要寻求其他购物免费停车的办法。

（2）店铺招牌。

店招主要涉及店铺名称、标志和招牌几个部分，是店铺的第一广告和顾客注意的第一焦点，具有很强的指示和引导功能，也是区别其他店铺的重要手段。良好的店招可以很好地树立店铺的形象，比如麦当劳金色拱门，就几乎可以代表整个企业的精髓。

首先是名称。如同人需要有姓名一样，店铺不管大小都应有自己的名称，既要易读易记和富有美感，又要能有效地吸引注意及引发联想。好的名称能给人留下生动、清晰和深刻的印象，增强店铺的感染力。店铺命名的方式很多，有的以创始人命名，有的以经营特色或业态命名，有的以所在地命名，有的用谐音命名，有的以某种美好意愿命名，有的则以某种特别风格来命名，但不管采用什么方式，都应遵循以下基本规范与要求。

合法合规：不能盗用或对他人的命名造成侵权，以及用一些不实信息误导他人（如第一、首位或知名等）。现实中经常会看到有些采用"擦边球"的方式来命名，这貌似是一条捷径，但并不符合竞争定位的法则，在某种程度上把自己定位于从属的地位，意味着永远被动。

独创性和易识别性：店铺名称本身是一种信息传递语言，因此不能过于平庸，命名主要遵循简洁、独特、新颖、响亮和大气等原则，但要注意如果过于生僻，会把顾客关注的焦点集中于名称上，而忽略了应传递的内容。

可传递性和联想性：在读音上应具有朗朗上口的节奏感，不能过于拗口，否则当顾客很难识别或拼读困难时往往会被放弃。在名称的内涵或寓意方面，应让顾客接受和认同并能产生相应的联想，理解所要传递的文化价值等。

统一性：不仅是各连锁店名要统一，名称寓意与经营类型、定位、形象和识别等也要保持协同和一致性，如果名称与实际发生错位，就很容易被误导而出现偏差，留下的印象反而会更不佳。虽然有的也会采用对比落差的方式来命名，期望通过强烈对比来提升关注度，但总体上仍是协同一致更容易被人接受。

其次是标志。标志是以单纯、显著、易识别的物象、图形或符号等来表明某种特征的记号，具有表达意义与情感及指令行动等作用。标志是比文字还古老的识别与传播体系（如图腾），效果直观且容易接受，既便于识别和记忆，也易于产生联想。其实仅靠名称是很难有效传递信息的，如果没有其他相关元素配合，那么名字就仅是文字符号而已。这就需要一些特有的造型、图案和色彩等元素，通过简洁、含义明确、标准统一的视觉形象，将店铺的理念、形象、特征和文化等传递给大众。

店铺标志从构成要素来看，可分为文字（这里指被设计过的具有一定特殊造型和颜色等的文字形象）、图形和图文复合标志；从造型特色来看，可分为具体、抽象和两者相结合的标志。在标志设计中，除平面设计和创意要求外，还须考虑营销和消费者的认知和情感等，遵循新颖独特、简洁明了、易于识别、寓意准确、造型优美、艺术感染、适用与扩展等原则，同时应注意相似相近、大小修正、错觉改正和禁忌等问题。一个好的标志无须更多地进行解读，顾客就能直观地感知其内涵，却又与众不同，不落于庸俗。

最后是招牌。常见的招牌有广告塔式、横置式、立式、壁面式、遮幕式和悬垂式等类型，按照位置可分为额头招牌、骑楼招牌、立式招牌、外伸招牌、顶楼招牌、大型看板和街角招牌等，需根据实际地形、建筑、周边环境和招牌表现需要等综合考虑确定。招牌放置位置应以人的 25°～30° 视角范围为佳；如果是悬挂式招牌，则最低处距离地面不能少于 2.8 米；以视线范围为基础，不同招牌高度影响的视觉距离不同，如果高度在 4 米左右，则视觉距离在 20 米左右，如果高度在 10 米以上，则视觉距离可达 500 米；随着距离越远，字体或标志等也要相应放大，在 20 米距离时最小字体高度不能低于 8 厘米，500 米距离时最小字体高度不能低于 100 厘米，否则将无法辨识清楚而使广告牌失去意义；招牌在很多时候会受建筑和环境的制约，因此还需在材料、光源和形状等方面做文章，如果条件允许，对于招牌的几何形状设计，应尽量满足黄金或白银比例，以彰显协调和美感。

招牌是店铺的第一广告或第一关注点，不过顾客通常最先是从形状和色彩开始关注的，然后才会注意到相应的内容，因此色彩应明亮醒目，通常都以高明度或较鲜艳的色调为主，并且色系搭配总体上不应超过3种，否则容易变得凌乱且不易驾驭。在使用颜色时，应与主营的品类和传递的内涵相关，比如经营餐饮、肉品和食品类的通常以红、橙、黄等暖色为主，经营蔬果或绿色食品类的通常以橙、黄、绿等为主，经营水产海鲜类的通常以蓝色系为主，而经营鞋服、针纺和家居类的则通常以粉色系为主。一般来说，浅色系（如粉色、灰色和白色）较为亲民，深色系（如咖啡色和黑色）较具质感，艳色和对比强烈的较为适合年轻对象。

招牌元素主要有文字、标志和图案。文字要美观、大方、醒目、具有艺术性、易辨识，主字体要尽量显示自己的特色；附属说明的文字在大小和结构安排上应注意不能喧宾夺主，内容需简洁通俗，能够清晰辨识；标志与名称同为重点，但过大或过小都较为忌讳，要注意相互间的协调与配合；图案主要为背景及主题或氛围烘托，处理不好很容易反客为主，所以有很多店铺干脆直接取消不做图案背景。

（3）出入口。

出入口是连接外围与内部的咽喉，实际通行将影响和决定店铺的客流状况，顾客如果在进出时感到不顺畅，很容易从一开始就产生负面情绪，进而影响整个购物体验。实体店铺主要有独立店、临街店、商业区、购物中心和集市几种类型，由于经营品类、业态和规模等各不相同，结合实际的位置、交通和设施等状况，出入口要求和设计会有很大差异。出入口与招牌通常会被视为一体，因而设计时需要保持协调性，比如购物中心内店的空间有限，门头招牌就很难发挥作用，所以很多都是在整体门面上做文章，与橱窗一起组成整体店面形象。不过要注意的是，招牌或橱窗与出入口风格可能会截然相反，出入口应尽量显得稳重大方，不宜采用过于艳丽、明亮或异型设计，否则顾客会感受到不安而不愿通行。

小型店通常只有一个出入口，需根据实际门面宽度来设计具体位置，通常有局部开、半开和全开3种方式，其中局部有左、中、右3种开门方式，中间进出式显得对称而较为稳重，但店内容易被分割为两个区域，顾客进入后的动线设计相对比较麻烦，而两边进出的整体动线较易规划。由于我国交通规则的原因，通常更习惯靠右行走和注意右边，所以相对来说从左进入更适合顾客的移动习惯，顾客进店后容易快速了解整体状况，以及习惯性地走到内部区域。

封闭型：出入口相对较小，主要通过橱窗进行展现性遮挡，有些可能还会设计成开门式出入。这种较为适合销售高档商品，具有一定隐蔽性或避免打扰的销售要求，通常顾客的目的性都较强，且多以回头客为主。不过对于超市来说，由于是开放式自选销售，出于商品安全考虑很多也会采用封闭式设计。另外，由于北方冬天相对较冷，出于保暖的需要也会采用封闭方式。

半封闭型：商品以专营和非快销品为主（如鞋服、床品、家居、美妆和数码类等），对于私密性要求并不很高，但较为注重环境氛围和用户体验，所以多会采用玻璃和橱窗进行隔挡，通过展示内在情景来吸引外面行人的关注。

开放型：较为适合日用品、快销类和生鲜类等大众消费为主的业态，顾客从外面就可轻易看到里面经营的状况，并且进出没有障碍，所以相对感觉较为亲民。在做商品陈列或展示时，原则为前低后高，前面尽量不要有更多的遮挡物，以保持良好的通透性。应注意的是，临街开放型店铺最突出的是清洁卫生问题，如果灰尘等不能及时打扫，店铺的整体形象将会受到折损。

大型店通常会有多个出入口，主出入口应设在人流量大和交通便利的一方，尽量与交通要点和重要建筑、广场等呼应，并要做好形象与周边环境协调共生；要注意人员流动路线和方向，内外通道必须保持足够宽敞；副出入口及通道可略小于主出入口，主要分布于其他交通口和停车场口等；中大型超市的出入口通常是分开且各自独立的；要特别注意出入口设置须符合消防的要求。

出入口最基本的是要保障顺畅通行，因此需根据所处位置、最大顾客体量、进出时间性和安全性等因素，计算出合理的平均客流量，确定出入口数量、区域大小和实际应开宽度等。因店铺大门有推拉式、旋转式、移动式、电动式、感应式和复合式等类型，所以在计算时要根据不同的通过特性进行调整。在出入口设计中，常会出现某些误区而影响到店铺定位或形象，比如中高档鞋服、数码、金银首饰或化妆品等专营店，有些采用开放式设计，恨不得让所有人都能看到，这其实是有损店铺品位和形象的，虽然会给人感觉比较亲民，但不利于质感形象的树立。也就是说，越是需要强调某种调性、氛围、质感或个性的，就越不适合用全开放式店面。

（4）橱窗。

橱窗是以商品为主体，通过布景、道具和装饰等衬托，配合灯光、色彩、文字和标志等，进行商品介绍、形象宣传和综合展示，是顾客在真正进入店铺前的第一感知。橱窗按时间性可分为定期展示、时令展示和临时展示橱窗，按陈列品可分为专项品和综合性橱窗，按表现手法可分为环境型、想象型、抽象型和综合型橱窗，按表现形式可分为开放和封闭橱窗。出入口、店招和橱窗是店铺外围沟通的三要素，但橱窗的表现最为灵活和丰富。

正如一篇文章在开始时通常会给出某种基调，橱窗是用形象直观的表现手法告知顾客所售卖的商品及其风格、定位和形象等，是店铺里所有信息的浓缩和艺术化反映，所以橱窗是一种微缩的舞台、一种立体化广告方式、一种现场版的"电影海报"或"预告片"。相对于网络沟通，线下实体更需要视觉设计来吸引顾客，而橱窗则是实体最重要的视觉营销展现的地方。

橱窗主要有引入情景、视觉场景、艺术风格、对话互动和概念表达5种表现方式，以及直接展示、寓意与联想、夸张与幽默、广告语言的应用和系列化等表现手法，比较常用的有综合式（横向、纵向和单元）、系统式（材质、类型、性能或用途）、专题式（节庆、事件或场景）和特定式布置方式。橱窗的情景表现或场景再现主要有两种方式：一种表现店内的商品、风格、形象和文化等，作为店铺的窗口或"眼睛"，顾客透过橱窗便可直接感受到店内的状况；另一种则不局限于店铺的表现，而是扩展到某种生活情景的再现，或进行故事化的表现，具有极强的感染力和带入感，这种方式通常更适合品牌的宣传。橱窗内容主要有情节型、构成型和寓意型3种构思形式，其设计的灵感并非来自缥缈的冥思苦想，而主要来源于时尚流行趋势主题、品牌产品设计要素延展和品牌当季营销方案等几个方面。

橱窗的对象是人，所以最基本的应符合人体工程要求，比如橱窗的腰线应与顾客视线保持同一水平；如果是大型上下贯通的橱窗，内部主题应与顾客视线保持同一水平，即水平中心线距离地面约140厘米左右；如果是非贯通式橱窗，橱窗的底部距离地面应不超过80厘米；橱窗的通常厚度应大于60厘米，并且总体宽度一般不宜超过6米；如果需要一定的通透设计以吸引顾客能观察到内部，则不宜设置超过3米宽的不通透背板，并且遮挡物高度不得超过130厘米。

橱窗的功能是吸引顾客、传递信息和帮助销售，所以商品展示是橱窗的核心内容之一，也是整体橱窗的灵魂。商品选择通常为能够代表店铺的特色品、新品、季节品、流行品、形象品或具有一定品位和档次的商品。商品展示并非简单复制店内陈列或摆放，而是综合背景、道具和灯光等，凸显所要表达的主题，让顾客能清晰地了解其中心思想，顺畅地进行某种交流。橱窗较为忌讳充分利用而被填满，或千年不变给人感觉毫无新意，或简单粗暴变成广告海报的窗口。在进行表现时可采用艳丽的色彩（与出入口的要求相反），再配合刺激的灯光效果，从而引起顾客注意。信息表达应简短直接并略带夸张性引导，以激发起顾客的某种潜在意识，比如当展示夏季商品时可尽量简洁且留白，或通过某种场景使其产生联想，而当展示秋冬商品时则应夸张和加强厚重感，以唤醒顾客的潜在需求。

很少有商品能自己独立完成展示，大多需要道具加以配合。在道具使用上，总体原则是不能喧宾夺主而掩盖所要宣传的商品，有时确实因体积过小或场景设计要求而很难展现时，也要通过灯光聚焦或特别展示来进行凸显。橱窗展示与商品价值性同样符合"距离规则"：价值越高展示的商品应越少，道具使用也越简单，主要采用灯光等方式进行重点聚焦；价值越低则可采用多品种组合展示（如场景化或某种生活方式的展示），道具组合也可丰富一些，并且除道具组合的配合外，还可大胆使用塑料、泡沫和纸质等轻型材料进行环境衬托，或者用各种光源来渲染气氛。

传统的橱窗沟通基本上都是单向的传递，且大多为静态展示，但随着电子技术和互联网的发展，橱窗与顾客间的直接互动沟通也变成可能，比如可以采用电子屏或者触屏式橱窗，除了具有更丰富的表现以外，更重要的是让顾客能够翻阅信息甚至直接购物，这也是增加线下交互的一种良好尝试。

2. 店铺内部

顾客在进入店内后，所感知的信息将会暴增，但人在面对复杂的信息时，往往会开启某种保护机制，因此要求所表现的信息能尽量保持协调和一致性，否则会出现接收错位。对于顾客感知来说，线下实体的信息较为丰富，除商品和价格外，还有装修装饰、氛围、色彩、音乐、布置和陈列等，经综合汇集后便会形成某种定位、印象或评价等，这些都关系到顾客最终的购买行为将如何走向。如果顾客购买目的性不强，那么就容易受各种信息的影响，如果目的较强，则不易受其他信息的干扰。比如顾客冲着某特价而来，那么对停车、环境与清洁、商品和人员服务等往往会匆匆掠过，只有当买到目标商品后，才又开始关注周围的状况，然而卖场并不清晰每个顾客的状况，因此应主要聚焦于要传递怎样的信息。

（1）场所状况。

内部建筑格局是实体能否顺利和有序地进行经营活动的基础，空间大小制约着经营的规模和品类（陈列制约），楼层状况将直接影响顾客的流向等。对于基本的装修与装饰，既要符合实际经营使用的要求，又要能营造某种环境氛围，让顾客购物感到轻松舒适，同时还能传递某种经营理念和企业文化。

（2）地面。

地面平整是最基本的要求。卖场内有任何沟坎、坡道或其他障碍等，都会造成顾客的移动不便，严重的还会带来安全隐患，从而使顾客注意力分散。最理想的场所为单一平层，但这通常只有中小型店才能做到。多层的占地利用效率最佳，但对于零售未必理想，这就涉及空间转换及楼梯的布局、大小和形式等问题。

楼层的主要问题是会打破购物的连续性，并且顾客还要付出额外的体力和精力，因此谈不上便捷性。电动扶梯和观光电梯是很好的解决方案，但如果因成本或建筑条件的制约而只能是普通楼梯时，可采用某些主题性的设计，来分散顾客在转移楼层时的不满，同时还可使购物过程张弛有度，但要注意慎用陈列商品（包括商品广告）的方式，因为无间隙的商品灌输会使顾客始终处于某种紧张状态，所以还是应以某些轻松诙谐和形象生动的布置为主（购物中心通常把电梯设在中庭，就是让顾客在关注卖场时就不知不觉地完成空间转移）。同时，楼梯还有疏散宽度的问题，即根据总经营面积、总顾客流量和相关系数来确定最低宽度要求，其中换算系数通常为 0.6~0.85 人/平方米，或者说每百人的楼梯宽度在 0.65~1 米之间。

卖场地面主要涉及材质、颜色和图案等问题。材质主要有瓷砖、地胶、水泥、石材、木质和地毯等，不同的业态、档次和风格等对于材质有不同的要求，通常地毯和木质类会给人以温馨柔和感，硬质类较便于清洁卫生，但会显得生硬偏冷，所以往往需要通过颜色和图案等来协调。材质档次将影响卖场的定位状况，比如最朴素的水泥面会给人一种实惠感，地砖给人大方和洁净感，木质或织物给人某种档次感，异型材料则会给人某种品位和格调感。地面颜色在总体卖场的色彩风格中占有很大比重，因此要注意避免出现喧宾夺主的情况，地面色彩总体以偏暗或灰色为主，主要彰显洁净和稳重感，让顾客把注意力更多地集中于商品上。有时为避免单调，会在地面加入某些图形或图案要素，但总体原则应为简洁大方和经久耐看，过于繁杂反而容易让人产生审美疲劳。一般来说，曲线风格显得柔和，直线风格显得简洁刚性，不规则风格则较具个性显得活泼。其实不难发现，在没有实物商品售卖的场所中（如纯服务性的店），地面装修装饰相对要花哨很多，主要是借此来进行某些信息表达，而以销售商品为主的店，地面则素净得多，因此以售卖商品为主的店不能觉得好看就盲目模仿。

（3）墙面。

综合性的超市或便利店，墙面露出的较少，购物中心、百货店或专营店的墙面露出的会多些，非实物性售卖的服务或娱乐场所（如餐饮、宾馆、影剧院和休闲场所等），墙面则为其主要的表现手段，所以墙面是重要的店铺沟通要素。这里要注意的是，售卖实物产品与纯服务类的墙面设计是截然不同的表现思路，比如餐饮店几乎没有商品布置与陈列，而顾客又会有较长时间的停留，视线目光之处往往就需要进行艺术性和生动化的表现，通过某种背景、故事和场景化的展现，营造出轻松或独有的氛围，同时还能传递文化和理念等信息。当然，随着店铺档次和品位的提升，反而又开始需要简约化处理,即越是不需要转移注意的,就越需要简洁化处理。

因墙面与视线平行,所以色彩和图案设计尤为重要。墙面色彩既可与地面或天花板统一,也可独立表现,只是相互间要有协调性。墙面图案的表现相对比较复杂,并且从某种意义上来讲所售卖或展示商品也可形成墙面图案的构成要素,所以在设计时还需特别注意陈列与展示状况。比如,超市和便利店的商品展示已经比较丰满,因此就不宜再使用图案,或只用简单的几何形状点缀即可;对于漏空较多的地方,图案应与商品或场景相关,但总体应弱化处理,只是作为整体环境的衬托;如果有较大面积的留白,就需要进行标志性的设计,使顾客能够留下某种深刻印象。

墙面所用材料相对比较简单,主要有瓷砖、石材、木质、漆面、涂料和贴纸等,瓷砖、石材和木质的比较容易清洁打扫,漆面和涂料富于色彩变化,贴纸类表现最为丰富,但相对易脏和不耐用。墙面材质的质感和档次应与地面协调搭配,并在一定程度上还可弥补某些不足,比如地面为地砖时,墙面则可采用较为柔和的涂料、贴纸或布面等,以免给人整体过于冰冷的感觉。

有时墙面仅靠色彩和图案可能还是显得缺乏生动性,这时就需进行适当的装饰。墙面装饰的形式比较灵活,可以是灯具、饰品或字画等,墙面装饰相对于色彩和图案更显立体感,如果应用得当可增彩不少,比如酒店大堂服务台后的背景墙通过不同地方的时间显示,便可有效地避免背景过于单调;又如服装店里巧妙地安装镜子,既能拓宽店面空间感,又能让顾客方便观察实际临场的衣着表现状况。

(4)天花板。

卖场内可视面积最大的地方就是天花板,顾客较易受影响和形成整体感受,因此也是卖场最主要的展现氛围和信息表达的地方。虽然天花板并不存在商品展示的问题,理论上有足够的空间进行风格和氛围表现,但通常会面临众多管道、通风与空调设施、消防和灯光照明等问题,所以要处理好也并非易事。对于天花板最基本的要求就是营业面积与高度的比例要协调,太低会显得压抑,过高又显得空旷,都会使顾客的整体感受不舒服。一般来说,营业面积在300平方米左右时,最低点距离地面高度为3~3.5米,600平方米左右时高度为3.3~3.8米,1000平方米左右时高度为3.8~4.5米。因此在店铺条件确认时,如果原建筑的屋顶面较高,还比较容易变化和发挥,但如果过于低矮就比较难处理,这是制约店铺条件的重要因素。

天花板主要有吊顶、通透和混合3种形式。吊顶主要起遮挡的作用,但表现形式要比地面灵活丰富很多,容易营造完整的主题或场景。吊顶材料主要有木质、石膏、金属、矿棉和玻纤等,应用时要尽量避免使用镜面,材质和色彩与地面相互协调，但应比地面色彩浅和明亮，形成上轻下重的感觉。吊顶装饰尽量采用轻量化和艺术化处理，切忌过于隆重形成压制感。通透式是一种极简的形式，当建筑顶面比较低矮时采用，简洁明快且费用投入不多，但缺点是顶面有较多杂物时会显得凌乱。混合式结合了二者的优点，可根据主题要求在局部进行吊顶，表现较为灵活富于变化。超市多采用灯带和顶幕的方式来变相吊顶，既可凸显简洁感，又便于根据实际需要而灵活突出局部主题，不过要注意灯带上方的色彩应尽量以灰色系为主，太暗或深色会使整体光线反射不好，反而需要加大光源的投入。

（5）色彩应用。

色彩有着神奇的魅力，人对物体的感知往往是最先从色彩开始的。色彩是视觉设计的基础，如果没有色彩表现，将会极其乏味甚至不协调。对于卖场或企业形象建设，色彩将是极为重要的信息载体，在店铺沟通中具有重要的引导作用。

实体店铺总体分为综合和专营两大类型。综合型具代表性的是便利店、超市和购物中心，由于售卖商品复杂多样，因此相对较难表现出某种色彩特性。中大型店的空间相对充裕，所以还有一定的表现空间，即不同区域应与售卖品类相协调，比如食品区域应以偏暖色为主，生鲜、熟食和烘焙区域以较强烈的暖色为主，蔬果区域以自然的绿色系为主，水产区域以强烈的蓝色系为主，硬百区域可用高明度色系，针纺床品以高明度暖灰系为主，家电则以黑色或灰色系为主。如果色彩应用出现偏差，则购物体验就会相对较差，比如肉制品使用绿色或蓝色光源，会带来腐败变质的感觉，因为日常生活中肉品出现变质时会变为深褐色和绿色。

不同区域采用不同色系，有助于快速转换融入和减少视觉疲劳，却不利于形成某种整体特性，因此综合店的底色多采用中性色系，以便于衬托商品和防止颜色冲突。中小型店的空间有限，不可能再使用区域色块来表现，只能以整体色彩风格表达。有些会追求个性而采用强烈色彩，但不宜长期使用，经过一段时间后需要更换以吸引关注，否则时间长了容易引起不安。购物中心是由各种不同风格和形象的店组成，有大面积的公共空间，因此顾客会比较在意整体环境与氛围状况，色彩应用多以色调营造为主，呈现为中性偏暖的基调，中庭的光照较强，各店周边则以灰色为主，既可保持卖场的整体格调，又不过多影响各店自己的表现。

专营店的品类相对单一，所以受商品的干扰较少，相对比较容易进行店铺色彩表现，特别是时尚和季节性为代表的美妆和鞋服类店，色彩应用较具代表性，其表现方式基本可贯通应用于其他店铺，所以下面就以该类型店为基础进行介绍。对于店铺色彩的应用与设计，基本前提是要进行整体色彩规划（如卖场的色调和基本氛围等），既要注意和谐与协调性，还要有层次和节奏感，这样才容易吸引注意及激发购买欲望。色彩规划的步骤通常是由大到小，这样不至于偏离主轴而变得杂乱或缺乏主题，同时也更利于细节的发挥。

第一，色彩规划。

分析品类特点：根据品牌和消费的不同，商品通常按系列、类别、对象、原料、用途、价格和尺寸等进行分类，不同品类在色彩规划时采用的手法会有很大差异，要弄清实际的品类状况，才能有针对性地进行色彩规划。

把握色彩平衡：卖场是由立面陈列、天和地共同组成的整体，所以要注意整体明度上的平衡及各面的色彩协调性，比如某一侧面明度较低、另一侧面的明度较高，就容易造成视觉向明度低的一方倾斜而产生不平衡感。

色彩陈列规划：即从色彩的特性来进行规划，比如将明度高的商品放在前部、明度低的放在后部，这样较易引起注意，同时还能增加卖场的空间感。一般会将冷暖色分开陈列，面对顾客的为中性色或对比较弱的色系等。

制造色彩节奏感：节奏变化不光体现在陈列造型上，不同的色彩搭配同样可产生节奏感。一个有节奏的卖场，才能让人感觉富有变化和充满生机。

第二，色彩展示。

色彩展示的方式很多，需根据色彩基本原理，将千姿百态的色彩按规律进行规整和统一，使之变得有序，从而使卖场主次分明，易于顾客识别与选购。

对比色搭配法：色彩对比强烈，视觉冲击力较大。在陈列中特别是橱窗展示中经常会应用，比如服装的上下对比搭配以及与背景的对比搭配。

类似色搭配法：具有柔和、有秩序的感觉，也主要是通过上下和背景对比来表现。对比和类似搭配的色彩表现相辅相成，如果全部采用类似搭配，会显得过于宁静且缺乏动感，而如果太多采用对比搭配，又容易使人感到躁动不安，因而要根据实际需要来选择合适的色彩搭配方案，并且要规划好两者的比例。

纯度搭配法：又称彩度排列，分为高、中、低3种纯度，在搭配和排列中主要有"高高""高中""高低""中中""中低""低低"几种方式，其中"高高""中中""低低"为同纯度配色，"高中""中低"为类纯度配色，"高低"为对比纯度配色，基本的应用原理与色相搭配相同。

明度排列法：在同一或不同色相中，存在有明度差异（如同为黄色，淡黄比中黄的明度高，而黄色又比红色的明度高）。明度排列法就是将色彩按明度高低不同依次进行排列，色彩变化按梯度递进，容易给人一种宁静与和谐的美感。明度变化可使卖场或陈列变得有次序感，常在侧挂和堆叠式陈列中使用，一般适合于明度上有一定梯度的类似色和临近色等色彩应用，但如果色彩的明度过于接近，就容易混在一起，反而感到没有生气。常见的排列方式有：上浅下深，即明度高的放在上面、明度低的在下面，这样整体视觉就具有稳定感，有时为了增加卖场的动感也会采用相反的手法，用上深下浅的方式来凸显卖场的变化；左深右浅或左浅右深，不管采用哪种方式，重点在于要依次排序，这种排列方式在侧挂陈列时被大量采用，即在一组货架中将一些色彩深浅不一的服装按明度变化进行有序排列，使视觉上有一种井井有条的感觉；前浅后深，明度高低会给人以前进或后退感，高明度在前面易产生接近感，低明度在后面易产生纵深感和空间感。

色调搭配法：实际上是由明度和纯度两个维度构成，如果用象限来表达，则主要有"高明与高纯""高明与低纯""低明与高纯"和"低明与低纯"4个象限，其搭配相对比较复杂，综合了明度与纯度两种搭配的方式和原理。

彩虹排列法：这是服装店比较喜欢的一种排列方式，即将服装颜色按色环上的红、橙、黄、绿、青、蓝、紫的顺序进行排列，形成彩虹的感觉，给人以柔和、亲切、和谐的感觉，比较适合一些色彩丰富的服装展示使用。

间隔排列法：通过两种以上的色彩间隔和重复，能产生一种特有的韵律和节奏感，使卖场充满变化和使人感到兴奋，包括间隔件数的变化，也会使整个陈列节奏富于动态性。由于服装的色彩较为复杂，往往在一个系列中很难找出一组能形成渐变排列或彩虹排列的组合，而间隔排列法对色彩陈列表现有较好的适应性。

第三，其他应用。

有些店会受建筑结构的制约，可通过色彩来进行调整，比如对于深而窄的店，可在两边使用冷色而使其感觉变宽，里面采用暖色而使之感觉被拉近，对于短而宽的店则反之。另外，卖场对于冷暖色的应用，主要可反映在季节变化之中，比如春季多是以绿色为主基调，象征生机与希望，然后通过黄色和橙色等暖色调来辅助配合；夏季多以蓝色为主基调，更多的是在明度和纯度方面做文章；秋季是收获的季节，但天气也随之逐渐转凉，主要以黄色、橙色、褐色为主打，偶尔用冷色来反衬；冬季通常以白色和灰色为主，配合一定的橙色和红色。因鞋服类的季节性较强，大部分商品会随季节而变化，对于卖场环境氛围的改变和衬托显得更为重要。

进行氛围调整并非一年四季都要翻修，可依靠一些装饰来进行烘托，只是要注意装饰物的色彩应尽量与季节相配合，如果硬性反季处理，就容易出现不协调感，比如冬季里如果蓝色元素过多，恐怕就没几个顾客愿意进入了。

卖场内通常都有一些用色习惯，比如在服装区域，就比较讲求个性与气质的匹配性，童装区需要表现得艳丽活泼，年轻族较为注重时尚与不拘一格，职场类则重在稳重、高雅、气质与品位，男装区明快且彰显活力，有气魄而粗犷有力，女装区和谐柔和，烘衬出温柔的女性美；生鲜区域的熟食、烘焙和肉品类主要用暖色来凸显新鲜感（鲜肉类如果置于偏红色的背景下，反而会感觉不够新鲜，如果是在绿色、白色或黑色背景下则更易显出鲜润感），蔬果类主要用绿色来表达洁净与环保，水产类则用蓝色来凸显临场感；食品区域的重点在于食欲、安全与营养，所以多会以暖色系为主；美妆区域多会用中性和素雅色调来凸显主题（如淡的桃红色给人以健康、优雅与清香感）；工矿机电产品区域讲求科学、实用与功用，多用稳重、沉静和朴实的色调，以及具有活力的纯色（如用红色、黑色、蓝色给人以坚定耐用的感觉）；文玩品区域讲求兴趣与活泼感，多用鲜艳活泼的对比色调；药品区域讲求安全与健康，多采用中性和偏冷色调，给人以安宁之感等。虽然这些被固化未必是好事，但也不能太过标新立异，更多的还是要通过局部创意来进行调节。

人具有主观性的心理感受或情绪反映，对于颜色的审美会受文化或生活背景等的影响。由于很少只有单一色的表现，所以颜色搭配更为重要，表现也更富于变化。比如黄绿色底配上红色，会给人一种冒失和鲁莽的闯入者的感觉；虽然橙色具有欢快、活泼、富足、快乐而幸福的感觉，红色也具有兴奋、热烈和冲动感，但如果橙色底配上红色，则会有积郁、暗淡而无生命的感觉；如果深红色底配上红色，反而会有平静和热度熄灭之感；而蓝绿色底配上红色，则犹如炽烈燃烧的火焰；较多的黑色会有烧焦的感觉，较多的白色则有甜腻的味道，但如果只是少部分黑色或白色渲染，却有稳重和明快的感觉；等等。

色彩搭配是极为玄妙而又富有魅力之事，虽然有一些内在的规律和定式，但也绝不等于就可以因循守旧，特别是对于满足人不断增加的好奇性，以及充分展现企业的个性与魅力，色彩应用将会带来无穷的源泉。

（6）照明。

对零售而言，由于卖场大多是在室内，因此对于照明的依赖很强。照明是卖场的"软装饰"，明亮柔和的照明不仅能准确地传达商品信息、展现商品魅力和塑造环境氛围，还可起到吸引和引导顾客、方便顾客挑选和提升销售的作用。人的眼睛对于光线较为敏感，所以卖场内的光照亮度相对高于周边环境，才能吸引眼光及显现出明亮愉快的购物环境；如果要凸显某商品，也需要进行聚集照明，才能更好地吸引顾客注意。现代很多卖场已将天花板与照明设计融合在一起，用灯带来替代传统吊顶，或通过灯具变化来衬托某种卖场氛围。

不同光源的色彩和亮度千差万别，所以在不同区域或根据照明的商品对象不同，以及营造某种氛围的需要，要对不同灯具的特性有所掌握，这样才能合理地应用或组合。白炽灯耀眼而热烈，但缺点是能耗较高且刺眼；荧光灯较柔和且相对节能，但光线感觉偏冷，多是作为基础照明用；卤素灯较明亮并接近于自然光，比白炽灯寿命长也节能，但缺点是价格偏高；金属卤素较亮也不易破坏原色调，但更适用于街灯；LED灯既环保节能又能较好地满足各种效果表现的需要，同时又不会产生高温照射损坏商品，所以目前被作为主流使用，但缺点是存在亮度衰减的问题，当低于照明标准时要及时更换。

第一，照明类型与方式。

基本照明：主要是对于各种通道、公共空间和整体卖场的照明，以保持最基本的能见度，当然如果条件允许，自然光是最佳的基本照明。

重点照明：是为了突出某一特定商品或针对局部重点区域的照明，多采用射灯、聚光灯、内部照明和局部吊灯等。

装饰照明：为展现某种效果或渲染氛围的照明，多用彩灯、壁灯、吊灯、落地灯和霓虹灯等。大型百货、高档或凸显某种格调的卖场，装饰照明应用较多。

斜向照射：其中又分两种情况，一是斜上方照射，这种照明有点类似于阳光照射的感觉和效果，能表现出较为自然的气氛；二是斜下方照射，具有某种高贵、庄严和不易亲近的感觉，相对适合于周围环境较暗时的商品形象展示。

正向照射：其中又分几种情况，一是正上方照射，营造出的气氛较为神秘而特异，通常高档或高价值的商品喜欢采用此方式；二是正下方照射，容易造成某种受逼迫、危机和诡异的气氛，所以通常很少使用；三是正前方照射，作用多为增加亮度，通常并不能起到强调商品的作用；四是正后方照射，容易表现商品的轮廓，但无法展现商品细节，比较适合强调某种朦胧氛围的表现，所以多作为背景使用。

集束照明：主要为采用几组光源交叉进行集中和直接的照明，多使用在特别需要表现的商品或广告之上，照明聚焦后容易吸引关注度。

直接照明：其光源正常往下或者直接照在商品或地面上，这也最符合人对于光照的习惯，所以较能直接展现商品或照明表现。缺点是容易直接照射到眼睛而产生眩光效应，并且对于反光较强的物品也不适用。

间接照明：为避免眩光效应将光源做隐藏处理，通过反射方式来照明，光照柔和而均匀，不同的反射也会大大丰富光源的表现性，比较适合氛围的表现，比如中高档餐厅就最常使用。缺点是往往需要大量照明才能取得效果。

半间接照明：通常以间接方式为主，但在某些局部或重点区域会用直接方式进行强化。直接照明多用点状光源，但如果整体过亮就会削弱间接照明的效果。专营店、百货店、超市和购物中心多用此照明，只是侧重点不同。

陈列柜照明：主要有两种，一种是采用射灯将光线直接照射在需要突出的陈列柜区域，另一种是在柜台内布置光源直接照射，都能起到重点凸显的效果，比较适合高档或特殊场景使用，比如珠宝、首饰、数码或橱窗的照明应用。如果在陈列柜里布置照明，再把光源进行隐藏设计，从外部来看就成为隐藏式照明。

内部照明：把光源置于物体内部向外发光的照明方式，常用于灯箱广告，但要注意应成为整体氛围的组成部分，切忌过于突出而变得不协调。

彩色照明：又称幻灯式照明，主要有两种，一种是使用五彩灯泡或直接发出不同色彩的光源，来直接表现其氛围；另一种是用色光片放在光源前面，同样也能呈现斑斓和变化的氛围。这些都容易营造某种富于变化的氛围。

第二，色温与显色指数。

色温是对绝对黑体加温后产生的颜色变化，计量单位为 K（开尔文）。黑体在受热后，光谱由黑变红，然后逐渐变黄又转白，最后为蓝色，这与色彩感知的冷暖相反，红色最低，依次为橙色、黄色和白色，蓝色的温度最高。不同色温所带来的感觉不同：高色温光源即便亮度不高，也会给人阴冷的感觉；低色温光源下亮度过高会给人闷热的感觉。在同一空间下同时用两种光色的光源，其对比将会出现层次效果，即光色对比大时，在获得亮度层次的同时又可获得光色的层次。

暖色光：色温在 3300K 以下，与传统白炽灯较近，如果是 2000K 左右的色温则类似于烛光。因红光成分较多，所以能给人以温暖、健康、舒适和想睡眠的感受，适用于家庭、住宅、宿舍和宾馆等场所或温度比较低的地方。

中性色光：又称暖白光，色温在 3300～5000K 之间，光线柔和，能够使人有愉快、舒适和安详之感，适用于商店、医院、办公室、饭店、餐厅和候车室等场所。

冷色光：色温在 5000K 以上，光源接近自然光，有明亮的感觉，使人精力集中不容易睡着，适用于办公室、会议室、教室、绘图室、设计室、阅览室和展览橱窗等场所。

卖场对于色温的应用主要在两个方面：一方面是要准确表达或渲染所照射商品的情况，通常面包为 2500～3000K，鲜肉为 2700～3200K，蔬果和食品为 4000K 左右（水果 3300K、绿色蔬菜 4500～5500K），服饰为 3000～5000K，珠宝为 3000～7000K

（金饰 3000K、银饰 7000K、玉器 4000～5000K），水产为 5500～7000K；另一方面是卖场总体氛围渲染以及所要传递的感觉，总体上控制在 3500～5500K 之间，过高会感觉缺乏生机，过低又容易导致兴奋度降低，都不利于顾客购物。

因为卖场内基本都是人造光，所以显色性是一个重要指标。显色性是光源对物体颜色的呈现程度，或是对色彩的真实还原程度。通常用显色指数（Ra）来表示光源的显色性，显色指数值愈高（最高为 100），表示显色性能愈好。几种常见光源大致的显色指数为：白炽灯约为 97，日光色荧光灯为 80～94，白色荧光灯为 75～85，暖色荧光灯为 80～90，高压汞灯为 22～50，高压钠灯为 20-30，金属卤素灯为 60～65，钠铊铟灯为 60～65，镝灯约为 85，节能灯为 80～90，LED 灯为 70～85。显色指数在实际应用中，需要色彩精确对比的场所为 90～100，需要色彩正确判断的场所为 80～89，普通中等显色性的场所为 60～79，显色性要求较低的场所为 40～59，对显色性没有具体要求的场所为 20～39，如果显色指数在 20 以下的就没有实际的意义。在卖场中，总体不应低于 70，对于局部的如肉品、蔬果和水产等商品，显色指数不能低于 85，而鞋服区域的显色指数则不能低于 95。

第三，照度与眩光。

照度为光照强度，是单位面积接受可见光的光通量，用于指示光照的强弱及物体表面积被照明程度的量。计量单位为勒克斯（lx），即在 1 平方米面积上所得的光通量为 1 流明时，照度为 1lx。在日常生活中，照度在满月时仅有 0.2lx，阴天时室内为 5～50lx、室外为 50～500lx，晴天时室内为 100～1000lx、室外为 110000lx。《建筑照明设计标准》（GB 50034-2013）对于照度有相应要求，一般商店或超市营业厅的标准为 300lx、高档商店或百货店的标准为 500lx、收银台的标准为 500lx 等。通常普通走廊、通道和仓库为 100～200lx，卖场内主通道需要 500～1000lx，重点陈列与展示、POP 广告和陈列柜等一般为 2000lx，熟食和肉品类约 2000lx，蔬果和水产则需 2000～3000lx，橱窗等重点部位有的可达 5000lx。一般来说，前面或最外面的照度最强，能够起到醒目和吸引的作用；中间区域相对最弱，营造一种温馨舒适的环境；最里面或墙面的照度介于中间，起到吸引注意和凸显某些重点商品或形象的作用。

在照明环境中，当某光源亮度超过眼睛适应的程度时，会有眩目或刺眼感，这种现象称为眩光。如果照明设计过强或直射入眼，会使人产生不适感，严重时可能还会损害视觉，且无法看清物体对象，因此需将光照控制在适合的范围内。根据国际照明委员会的推荐，主要用眩光指数（CGI）作为评价眩光的尺度，其统一的感光值（UGR）为：无感受眩光值为 10，刚刚能感受眩光值为 13，刚刚可接受值为 16，舒适与不舒适的临界值为 19，刚刚不舒适感值为 22，不舒适值为 25，刚刚不能忍受值为 28。卖场内的眩光指数通常最高不得超过 22。

（7）声音。

据研究表明，五官接受信息的比例依次为视觉 83%、听觉 11%、嗅觉 3.5%、触觉 1.5% 和味觉 1%，可见听觉也是重要的信息接收器。卖场内主要有两种声源：一种是自然声源，主要包括外界传入的各种车辆和人声等，及内部人声和各种器物碰撞发出的声音，特点是嘈杂而无规律，但如果是在接受的舒适区内，反而会给人一种生活化和真实现场感（如熟食加工时翻炒的声音，就容易引起一定的食欲），但如果过于嘈杂，就会给人一种烦躁不安并想逃离的感觉；另一种是人为声源，主要有广播、叫卖和背景音乐等，其中背景音乐占主导地位。

音乐是一种精神感知，对人的行为能产生影响。令人愉快的背景音乐是整体卖场氛围的重要组成部分，不仅影响顾客的购物情绪，还会影响员工的工作状态。音乐在氛围营造上往往能起到事半功倍的功效。有调查表明，约有 77% 的调查对象在购物时，偏爱有音乐背景伴随。音乐能够引起人的某种共鸣，是非常有效的店铺沟通手段。相对而言，柔美而缓慢的音乐能增加顾客停留的时间，欢快的音乐容易激发起兴奋感，但同时也会加快购物的节奏。由于每个人的音乐偏好不同，所以需要对卖场音乐进行管理，即结合店铺业态、定位、风格和形象等，有效匹配目标顾客的喜好。音乐风格和类型虽然不能绝对化，但也不能跨度太大，比如咖啡吧较适合舒缓和有一定格调的音乐，适当可穿插流行音乐，但摇滚就显然不适合；如果定位于年轻人群，那么应以流行性及具有个性的音乐为主；快销品和快餐类比较适合欢快的音乐，高档服装、数码、汽车或高档餐厅和酒店则比较适合轻音乐。事实上，什么都不放也好过乱搭而产生的不协调感。

根据不同的音乐表现和风格以及顾客和时间等因素，需控制音量状况，否则也无法起到应有的效果，甚至还会适得其反，比如播放轻音乐时音量巨大，那么仍与噪声无异，而如果播放摇滚等激烈的音乐时又显得和声细语，就很难激发起听者的情绪。音量过大容易招致反感，太小可能又失去意义，所以原则是不能影响购物行为（如交谈）。另外，音乐节奏快慢将会影响顾客的停留时间，快节奏音乐容易激发顾客情绪，但也可能导致缩短停留的时间，慢节奏音乐可延长停留时间，但也可能导致注意力不集中，所以要注意二者的平衡，常用的方式是在播放快节奏音乐时适当降低音量，播放慢节奏音乐时略微提升音量，并且两种节奏可适当穿插。还有，即便音乐风格和类型已基本定调，但在不同时段所选择的节奏仍有讲究，比如在上午时段，应以轻松和欢快的音乐为主，以提升顾客的活力；下午时段以动感或节奏较强的音乐为主，以充分激发起顾客的情绪；晚上则应以相对舒缓的音乐为主，使顾客放松和缓解疲惫。再有，要注意相近时段音乐播放的节奏性，以某种类型为主，适当穿插其他音乐类型，比如每隔几首就穿插一首节奏不同的音乐，或采用音量来做一定变化。最后，不要完全无缝隙和不间断地播放，中间可穿插通知和促销等信息广播，以使顾客保持一定的新鲜感。

（8）其他感官。

通过嗅觉、味觉和触觉所接收的信息占比不高，似乎并不太重要，但实际状况是这些感官所感知的信息量虽然不多，所产生的影响却更具持久性，原因是视觉收集的信息量太过庞大，往往是前面的信息可能很快会被后面的信息所淹没，而其他感官感知的信息相对没有那么频繁，信息的留存时间反而会较长，虽然影响并不强烈却能持续，如能较好地利用，仍能取得良好的沟通效果。

第一，嗅觉。

嗅觉与其他几种感官都不同，其传输通道并不经过丘脑，而是直接进入大脑皮层，因此影响更为直接，并且在大脑中处理嗅觉的与记忆和情绪是同一区域，因此容易引发记忆和联想，所以成功的嗅觉标志可能要胜过上千万的媒介投放费用。有研究表明，人在回想一年前气味的准确度可达65%，而要回忆三个月前看过的照片，准确度却仅为50%。宜人的气味会对顾客的生理和心理产生影响，有效刺激顾客的购物情绪，如果没有嗅觉辅助，还会影响到味觉感知。将卖场中的商品与气味相协调，能有效地激发起关注与兴趣，进而容易激发相应的购物或消费行为。

卖场气味营造应与商品相关，当顾客闻到某气味时，往往会联想起对应的商品，并且有时还会靠气味来辨别商品的品质状况（如发酸、发臭等就表示品质有问题）。在大卖场内，主要通过局部渲染来凸显不同的区域氛围，比如在熟食区域，肉香和烘焙气味容易激发顾客的食欲，在针纺和服装区域，多为淡淡的带有某种织物的芳香，使顾客更有温馨感而愿意慢慢挑选。在小店里，通常会弥漫某一主题气味来加深顾客的印象，比如咖啡店里研磨咖啡的香味、皮具店里散发着某种原始皮革的清香、餐馆里各种食物烹调的气味等。

香氛系统最早源于酒店管理，由扩香机、中央通风系统和香氛精油组成，是将精油雾化后，通过新风系统等进行扩散，从而达到人为对气味的干预。香氛在高档酒店的应用较为普遍，即当旅客进入酒店时，就已通过特有的气味勾起其记忆或沉浸在某种体验中。知名品牌都极为重视气味标志，比如香奈儿和爱马仕等，就都有自己独有的调香气味。香氛主要由前调、中调和后调三部分组成，前调主要用来刺激顾客记忆，后调则主要是营造购物气氛。前调的挥发速度最快，气味散发也最多，是最容易被感受到的气味，所以前调大多以清新为主（如柠檬、柑橘、佛手柑、薰衣草和柠檬草等）；中调通常为花果香或香料类（如玫瑰、茉莉、树莓、紫丁香、肉豆蔻、肉桂、梨和桃等）；后调多是木质和香脂类（如雪松、橡苔、广藿香、香草和顿加豆等）。当前调挥发完后，慢慢地就剩下中调和后调，并且往往还会融合形成某种新的味道。中调和后调的释放相对比较缓慢，而这时顾客的精力往往会集中在商品挑选上，因此也是影响顾客最终购买的关键。

卖场内通常是按品类属性来选择适合的香氛，比如生活用品、清洁用品和保养品类多采用冷调（一般用前调来实现，如睡莲、百合、薄荷、龙脑、清凉瓜果和水生花等），以表达清新自然的感受；书籍、床品、服饰或特定节日则多采用暖调（一般有琥珀、橡苔、柑橘类、蔷薇、海狸、檀香和茉莉等，小仓兰是比较中性和百搭的味道）。除冷暖调外，还有体现年轻朝气的气味，如柠檬、柚子、椰子、黑莓、白桃、茉莉、栀子、玫瑰、桂花、素馨花、茶叶、松针、小麦、金银花、无花果、白松香、黑醋栗和香根草等，都能给人带来轻快的感觉，对很多店铺都适用。

有令人愉快的香氛，也有令人不悦的气味，比如潮湿、发霉、油漆、臭气等，这些都会严重破坏购物的氛围，这些与商品或卖场氛围不符的气味应尽量避免。对于这些气味主要是采用稀释的方法处理，切不可用其他更浓烈的气味来掩盖，香氛过于浓烈反而容易引起反感。

第二，味觉。

味觉主要涉及入口相关的行业，与餐饮和食品类关联密切（非食品类主要是厨具，会进行烹调演示，通过场景化来强化关联）。在卖场中，通过试吃或品尝等会有较好的体验性，促进购物决策。由于味觉具有较强的主观性，因此所谓好吃并没有标准，所以无须太过纠结于味觉特性，而是注意将其进行"有形化转换"，与某种心理和文化等相关联，则更容易被理解和接受。

第三，触觉。

触觉主要包含两部分。一是触摸物体，购物体验很多都与之相关，是重要的感知来源，软硬、光滑与粗糙、干湿和冷热等都可通过触摸来感受，有时甚至会以此作为品质判定的依据。二是空气感觉，又包含温度和湿度两种。当环境温度在 18~25℃（冬季 18~20℃，夏季 22~25℃），相对湿度在 40%~70% 时，体感最舒适；当温度在 26~30℃，湿度小于 60% 时，人会感觉较热但不闷；当温度大于

30℃，湿度大于70%时，人就会感觉比较闷热；而当温度大于36℃，湿度大于80%时，则人会感觉闷热难忍。卖场内调节温度与湿度主要是靠空调和通风系统来完成，大型卖场采用中央空调，小型店铺主要采用单体的壁挂或立式空调。小型店铺通常很少做通风系统，有的采用全开式也是为了增加自然通风。中大型卖场通风系统的新风量标准为180～5000立方米/小时，有时会根据实际需要而适当偏离正常舒适值，比如售卖饮料的室内温度可能会略高，以利于更好地销售。另外，冬季时卖场内的温度应略低于正常值，这样可避免顾客进出时温差太大而产生不适感，同样，夏季时温度也不应设置得太低，以避免冷热交替而导致身体不适。

四、店面布局与布置

布局与布置虽只有一字之差，也都有规划与安排的意思，却是有很大差异的。布局是某件事情还未成型前进行的总体性架构设计与规划，布置是在已有结构基础上进行的调整；布局是基础，布置是对布局的具体实施或展现；对于新开或进行重大调整的店，主要是布局规划，涉及店面整体结构规划、装修、设施、动线和陈列规划等，对于已开店则更多的是布置安排，涉及店面装饰、氛围环境营造、场景布置和美术陈列等，其中应用较多的道具有吊旗、气球、POP、横幅、地贴、广告、绿植、柜台装饰和堆码等。店面布局是根据自身业态、商品结构、卖场定位和空间条件等进行的整体规划与布置安排，既要让顾客感到轻松、舒适和愉悦，又要能充分合理地利用空间，使之产生最大化的效益。色彩、照明、音乐和气味等都是各自独立的要素，店面布局则是一种动态和组合性语言，是在模拟顾客购物活动和移动路线的基础上，将各要素有机组合在一起，是树立独特环境、建立差异性和有效传递的重要手段，也是顾客能否感受和产生良好购物体验的基础。理想的店面布局是让顾客充分享受其购物环境，在不知不觉中最大范围地移动，并被有效地激发起购物冲动，且在逛店或购物结束后还能留下美好的记忆。

有这样一个比喻：卖场是一个舞台，店员、顾客和商品都是共同参与演出的演员。而卖场布局就是将这些要素有机地组合起来，并使其高效地运转。作为舞台背景的卖场状况，虽然并不是决定性因素，却会影响整体演出效果，特别是在物质生活水平日益提高的今天，顾客对于心理和精神的要求只会逐渐提升，所以现代零售绝不是简单搭个台就完事。有关调查表明，顾客对于卖场最为关心的依次为开放容易进入（25%）、商品陈列易看易选（15%）、商品具有丰富度（15%）和卖场较为清洁明亮

（14%），其中有3项都与卖场布局和布置有关，而现场感更容易影响顾客的非计划购买行为。当今已进入互联网时代，商品和价格等信息只会愈发透明，实体卖场能在多大程度上挽留住顾客，其中现场购物体验感的重要性将会愈发凸显。

1. 基本原则

（1）顾客性。

即所有规划都应以顾客为中心来进行，顾客的五官感受、位移和购物等是否感到舒适、便捷和顺畅，都是重要的参考指标，因此需要设身处地用顾客视角来进行规划，顾客体验是布局优劣的唯一衡量标准。卖场布局就是要使顾客能产生某种寄托与依赖，感觉像是在家里一样随意自在，而不只是交易的场所。

（2）效率性。

基本要求就是用经济的投入产生最大化收益，其中对于卖场空间及死角的利用状况，既考验布局设计的能力，又影响最终实际的产出状况。卖场布局设计就是要将各要素进行协同并实现最优组合，以产生协同效应，而不是设备设施和商品的简单堆砌。实践证明，具有吸引力的卖场往往不是投入最高的，而是感觉最顺其自然的，顾客既轻松舒适无压力，同时又能被很多差异性的设计引起注意。

（3）特色性。

卖场布局既有相应的设计规范，也是彰显独特个性的地方，哪怕两个店售卖的品项大致相同，也可表现出独有的特色，让顾客关注于差异性而淡化同质性和价格对比。只有真正做到别具一格，才更有可能吸引注意和留下印象，只要不是明显地违背基本常识，就无须迷信所谓标准或规则。

（4）开放畅通。

卖场内必须保障顺畅通行，任何破坏连续性的障碍，都可能导致购物行为被打断。这里主要涉及通道宽度的问题，其中最基本的是有关人的安全感距离。人的私域空间通常不低于1.2米，因此卖场内正常的密度约为0.3人/平方米，当大于该标准时就会感觉拥挤。通常空间距离在3米左右比较合适，既不感觉拥挤又不会缺乏人气，而如果超过7米以上，就会显得较为冷清。需要注意的是，卖场人气要求与商品价值相关，价值越高越不追求所谓人气，价值越低则越希望集聚——就大众消费品而言，顾客"密集"容易引起兴奋，商品"密集"容易激发购物冲动，设施"密集"却容易导致移动障碍。当然这些都需有合理的限度，比如商品过多容易产生混乱、紧张和压迫感，品类过多会使选择困难，人员过多会因拥挤而导致放弃，卖场设计就在于这三者之间尺度的平衡。

（5）明亮洁净。

明亮就是要保持合理的照明及适当的通透性，特别是大型卖场，既要注意空间不能显得压抑，同时在主通道或公共区域需要保持通透（但要注意，如果全通透反而会产生"空"的感觉，不利于局部聚集人气和缺乏隐秘感），小型店铺则要注意避免出现凌乱的感觉。洁净本身就能给顾客带来某种安全和愉悦感，感受到企业的管理能力，洁净状况能够直接影响卖场氛围表现。

（6）动线合理。

理想的动线设计是不走重复路，还能最大化地走完全部卖场，但这很容易堕入强制动线的误区，因为顾客进店的目的各不相同，通常只有初期时具有较强的新鲜感，才可能有兴趣走完全部卖场，而其他大多是片段或局部区域的行为，如果过于强制动线，就意味着每次都要走同样的路线，或者花更多的时间与精力，这会让顾客感到单调乏味，对于目的性购买来说会感到非常不便。在强制动线案例中，只有宜家相对比较成功，究其原因，一方面家居类本身为低频购买行为，另一方面家居类较容易引发体验性，所以相对不易出现单调感。宜家在实际布置时多使用场景化设计，每一单元具有不同主题，容易吸引顾客对不同场景进行探索和产生新鲜感，这样不知不觉地就顺利走完了全部动线。可见所谓强制动线并不容易复制，其中高频类商品和缺乏场景或主题性设计的都不利于强制动线布局。动线设计既要能使顾客快速方便进出，又要能巧妙引导顾客对其他区域产生注意或兴趣，同时还要避免走更多重复的路线，这看起来显然并非易事。

2. 基本要点

（1）聚焦目标顾客。

任何店都不可能售卖所有的商品，也无法面对所有的顾客，因此需要明确目标顾客，充分适应其生活方式和购买习惯等，只有与之产生共鸣，才谈得上所谓沟通与交流。如果展示的元素过于庞杂，只会给顾客带来更多的困扰，或不能感受到为其量身打造的拥有感，终究会失去吸引力而无法培养忠诚顾客。

（2）做好商品展示。

商品展示是店铺沟通的重要内容，好的陈列能让商品也会说话，因此要将商品展示作为整体卖场布局的一部分，而不是各行其道。这就需要充分理解商品本身的特性，选择最适合的陈列道具和方式，通过某些场景化及主题性陈列，将其卖点最大化地表现出来，以激发起顾客潜在的购买欲望。

(3)完善平面设计。

平面设计是基本的雏形和架构,为整体设计的基础,主要包括设施(器材和道具)、出入(出入口位置和停车场)、动线(通道和动线)、商品(面积、位置区域、品类规划和陈列区域)和补给(前中后场、仓库和补货)等内容。在设计规划时,需要综合参考卖场的实际空间状况、竞争状况、经营品类与品项、经营管理能力、顾客购物行为和心理及购买习惯等因素,进而完成基本规划。

(4)突出立体设计。

在平面设计的基础上,还要对具体的装修与装饰、色彩与照明、设备与设施、货架与陈列等全方位地进行环境、氛围、形象和购物体验等规划。

(5)适时动态调整。

店面布局不能一劳永逸,而是要随时根据季节、流行、竞争环境和商品变化等不断调整,并通过某些动感设计(如流水、电子屏和游戏等),使整个卖场充满生气与活力。通过局部的陈列、环境和交互活动等的不断变化,能够随时给顾客带来新鲜感,这也是形成差异化的重要方式。

3. 空间分配

卖场内的公共区、陈列区、购物区、后台操作区和仓库空间,是此消彼长的关系,陈列过大会使购物空间或后台支撑不足,陈列不足又可能导致销售不畅,因此需要进行合理布局。对于单店而言,通常分为前台服务(包括服务区、收银区、出入口和橱窗展示等)、中间经营(为顾客选购和陈列展示区域)和后台支持(包括冷冻冷藏、操作间、干仓和收退货区等)三大板块,各板块间的占比情况依品类特性而各不相同,通常中间经营面积占比不应低于60%,有些小店则可能高达90%。顾客活动与商品陈列面积在大多情况下是各占一半,购物空间过大会感觉空旷缺乏人气,过小又会感觉拥挤而不方便选购。当然,随着商品档次或价值越高,或对于体验性的要求越高,购物面积的比例会逐渐增加。就具体陈列而言,不同品类要求的面积不尽相同,所以不能搞平均分配,而需要根据商品的形状、大小、动销率、动销快慢、储藏条件和服务要求等综合来定。

(1)目标定位法。

每个卖场都会有自己的目标客群,根据目标顾客的特性及自身的定位、竞争差异、形象和氛围等要求,不同品类的结构与占比会有差异,因此空间分配各有不同。比如传统超市的生鲜面积占比为10% ~ 15%,但现在由于即得性要求不高的商品被网购分流蚕食,所以重心必然向生鲜偏移,经营面积普遍都达到25% ~ 50%。过去追求的是大而全，现在则是小而美，因此在品类方面需要做减法，这样就很难用过去的品类结构经验来进行卖场的面积分配。

（2）销售生产率法。

销售生产率法，也可理解为销售目标定位法，即根据每个单品的销售或盈利能力来分配空间，通常高盈利商品应获得较大空间，微利商品只需保留基本空间即可。评估公式为：某商品或类别销售空间 = 某商品或类别计划销售额 / 每平方米预期销售额。每平方米预期值其实也就是坪效，可以是过去的实际数据，也可采取行业常规或竞争对手的数值；某商品或类别计划销售额对于旧店来说可抓取历史值，对于新店或需要调整的店，则只能预估或市调竞争店的数值。销售生产率法可以提供很好的参考标准，但要注意销售空间与销售额之间并非呈线性关系，当达到一定程度后，即使再增加更多的销售空间，销售额增加也有限。另外，对于衬托和辅助性商品，仍需保留必要的销售空间，否则容易造成品类不完整或不齐全的感觉，整体印象会受影响。

（3）存货模型法。

存货模型法是根据需要陈列的商品数量和备售商品数量来决定销售空间规模，主要应用于中大型店的估算。相关步骤为：确定每一品类或部门经营品种和存货数量；确定每一品类或部门经营商品的售卖方式、陈列方式和存货方式，并以此确定所需陈列道具及陈列和存货货架数等；确定每一品类或部门对于销售所需的辅助场所（如试衣间等）；综合评估每一品类或部门所需要的总的销售空间；汇总后与实际经营面积进行比对，如有出入则需返回再进行调整。

存货模型法主要是从实际陈列需要和库存补充两方面来考虑，有些商品的销售表现可能并不高，但仍需要充分的展示空间（如鞋服、针纺床品、家庭用品、家具和家电类），而对于大众快销品类，即便销售空间未达标准要求，实际影响也不会很明显，反而是要确保库存的合理空间，如果能够及时补货（这里面又涉及补货效率的问题），便能弥补前台陈列空间不足的问题。

从库存角度来看，如果供应保障率越高，那么库存区的比例就会越小。如果主要是由供应商来承担物流配送，则相应的保障能力和效率都有限，所以需要设置一定的备货区；如果主要为自己配送，那么店的库存区可适当缩小，且分店库存与总仓配送周期呈反比，配送越密分店的库存就越低。在当前的零售环境下，单店总体呈缩小的趋势，势必会压缩后台区域的占比，因此后台布局要求更具效率性。

4. 布局设计

卖场布局设计最有效的方式，就是从顾客的视角来进行，将顾客购物或移动行程作为参考，从而更利于整体把握。顾客进店后的大致路径为"入店—行走—观察—停留—审视—联想—触摸—决策—购买—结算—服务—离开"，其中重点分为"如何让顾客进店""如何保持顺畅通行""如何让顾客能接触更多的商品""如何让顾客方便选购"和"如何体验满意"等几个环节来进行设计。店面布局根据空间性可分为外围、前台、中央卖场和后台布局；根据顾客移动路线可分为直线式（格子）和曲线式（自由）布局；根据购买方式可分为自选和人员服务式布局；根据销售方式可分为开放和隔离式布局等。下面就以空间位置为主线来进行介绍。

（1）外场。

主要包括外部通行、停车、招牌、出入口和橱窗等内容（购物中心在进场后通常还有公共区域，对于里面的店铺而言，这些仍为外场），外部通行和停车设施通常很难再有改变，因此在选址时就应考虑这些因素带来的影响，所能做的主要是停车场与卖场的衔接和合理分配车位等。其实出入口在很多时候也是固定的，因此往往只能在大小、形式、风格和开启方式等上面做文章，而店招和橱窗则相对有较大的发挥空间，所以出入口设计是外场的重点。出入口主要有两种类型，一种是出入口合为一体，多为中小型店使用，主要有封闭、半开放和开放3种形式；另一种出入口是分离的，中型卖场几乎都是采用分离或多出入口设计。

其实对于出入口的设置是有争议的，分离的好处是能够较好地进行动线规划，使顾客的活动范围尽量扩大，增加留存时间，也便于最大限度地减少卖场死角，但弊端是容易形成强制动线，以及增加无谓的精力耗费（如同不喜欢多层一样）。因此对出口处的管理较为模糊，往往既不反对也不鼓励从出口处进入卖场等，但其实这是没有真正理解顾客购物体验要求的表现，即顾客需要的是能否迅速快捷地抵达目标区域，能够感受到自主和便捷性，而不是有被迫的感觉。

虽然外围在很多方面存在制约，导致很难有效地进行布局，但在布置方面有较大的操作空间，可以较好地吸引行人的注意。常用的布置有空飘气球、彩色条幅、巨幅喷绘、气拱门、布标横幅、彩旗、店招、气模人、地毯、地贴、花篮、水牌或展牌、×展架或易拉宝、包柱、举牌游行和活动演出等方式。

（2）前场。

小店基本从外场就能直接进入经营区域，但中大型店在进店后通常还会有些功能区域作为过渡空间，包括服务台、存包、收银和休息等区域。

通常中大型卖场会单独设置服务台区域，这样业务上不会相互干扰。位置一般在经营区域外围，尽量靠近出口处，以便于尽快解决其他相关问题（如发票开具、送货安排、赠品发放和活动参与等），面积大小以实际地形和服务需要为准。大型百货和购物中心通常会采用多点布局方式来解决收银问题，并出于形象和其他服务的需要，也会设置独立的服务台，然而有些是把服务台设于顶楼，希望偏僻位置得到有效利用，使顾客在需要服务时又能再次逛卖场，但实际上这并不符合购物体验的要求，特别是当顾客已经付完款后，通常体力和精力等都已所剩无几，对于卖场的关注度也会急剧下降，这时不应再用某些利益性或迫不得已的方式，来"绑架"顾客的行为。

服务区还有个重要的功能就是存包，其目的主要是方便顾客更轻松地购物（即把顾客的手解放出来），以及出于商品安全管理的需要，但很多似乎更关注于后者，因此自然也就把顾客推向了对立的一面。这种因少数人的行为后果导致大多数人的关系紧张，显然得不偿失。就算是出于安全的考虑，也应尽量告知是方便购物的需要，以让其能理解，同时要协助解决存包后不便的问题（很多人之所以不愿存包，其实还是嫌麻烦）。

存包区通常设置于入口和服务台附近，中小物品采用自动寄存的方式较好，但现在很多自动寄物柜的格子总体偏小，使用并不方便，对于大件携带不便的物品主要采用人工寄存方式。其实对于寄存不应过于狭隘地理解，比如对宠物的"寄存"反而会体现出具有人性化和对他人的尊重，对小孩的"寄存"会让家长更放心地购物且值得信赖，而对男人的"寄存"则会让女人更心安理得地购物，为其带来贴心的感觉等，这些都是加分项目，能够很好地体现卖场的格局和服务之道。

收银区主要有收银机台配置和收银区域布置两方面内容。收银机台配置又分为两种方式：一种是按面积配置，通常为 5 台 / 千平方米。比较简单直观，但不能适应某些变化要求；另一种是按营业额估算，计算公式为"收银机台数 = 当日总营业额 / 每台平均收银金额"，相对客观准确，但如果前期缺乏数据时不易入手。对于这两种配置方式，可通过实际计算来帮助理解：传统超市正常收银速度通常是每笔 1~3 分钟，每小时为 20~60 笔，如果以营业时间 14 小时、日营业额 30 万元、平均客单 80 元来计算，所需收银机台为 5~14 台；如果用面积配置，假设坪效为 3 万元 / 平方米 / 年，按照前面的条件可大致推算出卖场的规模约为 3600 平方米，那么所需收银机台就约为 18 台，可以明显看出是有浪费的，并且没有考虑到收银的熟练程度和有关收银效率的问题，如果效率越高，则所需的收银机台和收银员数量就越少，并且所节约的不仅仅是表面的设备费用成本。

关于收银区域的布置，主要涉及收银台类型和位置布置两个方面内容，其中收银台类型如表 14-3 所示。

表 14-3 收银台类型

收银台	特点	适用场合
长条形	可长可短功能应用灵活，可做收银、包装和咨询台等使用	小型店或临时性使用
L形	通常只做收银使用，一边摆放设备，一边收银	中大型超市使用
包围形	有方形或圆形，多位于卖场中间，扩大各方位的服务范围	具一定空间开放型的专营、百货和购物中心
弧形或异形	较具时尚感和独特的个性形象	专营店、精品店或具个性化的店

收银位置布置与收银台类型有一定的关联性，但还应配合售卖的特性要求，不同业态和类型的店铺，所要求的位置有较大差异，收银台布置如表 14-4 所示。

表 14-4 收银台布置

位置	形式	适用场合
前方	多为收银台，单线并排/双线并排布局	自选式卖场
后方	收银区域较注重形象，为多功能综合体	对形象要求较高的专营店
中间	形象感较好，除收银外其他所承担的功能较杂	空间大开放式服务的百货和购物中心
两侧	既有收银和服务台作用，还能兼顾商品的照看与介绍	小型店铺、便利店

自选卖场的收银台大部分为联排式布局，其中收银通道不得低于 80 厘米（注意配合购物车宽度）；对于独立式布局，便利店收银台前面要保留不低于 2 米的空间，小型专营店前面不低于 3.5 米，中型店前面不低于 5 米。现代便利店已被赋予了越来越多的功能，特别是增加轻食简餐类经营已是趋势，所以基本上收银区与操作台是融为一体的，收银区域的规模呈现不断扩大之势，有些甚至将某一面靠墙部分整体设计为综合性的功能区域。

(3)中场。

卖场中央布局是关系顾客购物的核心部分,是各要素集中体现的地方,也是店铺沟通最关键的环节。中央布局主要包括通道、动线、品类规划、设施设备、布局方式、陈列规划等内容。

第一,通道与动线。

动线是顾客在卖场内行走的路线。因实际卖场条件和销售要求的差异性,动线形式较为复杂,在设计时应把握方便通行、环游性、减少死角和降低重复路径等原则。之所以要进行动线设计,主要还是在于人的原因,虽然卖场都希望顾客能够抵达每个角落,但人的精力终归有限,据研究表明,当成人在约120分钟后注意力就会开始下降,而当出现疲倦时,购物行程就可能会缩短甚至终止,因此需要进行合理的动线规划,使顾客尽快到达目的地,从而顺利地完成商品选购。如果顾客本身就有明确的目的性,那么就更应使其能快速找到,而不是有被滞阻的感觉。即便中小型店不存在疲劳的状况,合理的动线规划也能让顾客在移动过程中感到顺畅、舒适和自然,而顺畅的底层代码就是便捷性。

动线布局实际上就是理顺顾客购物中的"点-线-面"关系。"点"是指顾客在一个地方就能完成全部购买(这显然是最经济的方式),比如在小的临街摊点、报刊亭或饮料点等,顾客对售卖商品一目了然,无须移动即可完成交易。"线"可理解为连续的点,是顾客进入卖场后,中间没有阻碍也无须折返,便可经过所有陈列展示区而完成购买。"线"通常都习惯为直线状态,但在现实中还有很多变形,比如环形、U形、Z形或迷宫式形态。在进行动线规划时,要注意尽量避免强制动线和重复路径,特别是面积越大越容易出问题。"面"是综合或整体性的应用,可理解为在某些适当位置将线路打断,使其被切割为各种小的主题区域,比较常见的有格子式、岛式或自由式布局,顾客从中可自由穿行,从整体来看仍能一次性走完全程,但里面是由各个相互连通的独立小循环所组成。

图14-7为常见动线布局示意图。图A是一种回形动线,如果店面较小基本上也可理解成是点式场景,顾客无须再有更多的移动。图B是一种环形动线,很明显是变形的直线,动线效率也最高。图C是典型的格子式布局,顾客进入卖场后可沿任意方向移动,但从外围来看仍为大的环形动线,从局部来看则是由无数小的环形所组成。大型卖场其实都是由主通道切成不同的板块,每一板块内的结构都如同B或C。图D是一种自由式布局,但实际上与格子式大同小异,只是因陈列展示方式较为灵活而无明显的方向规则。

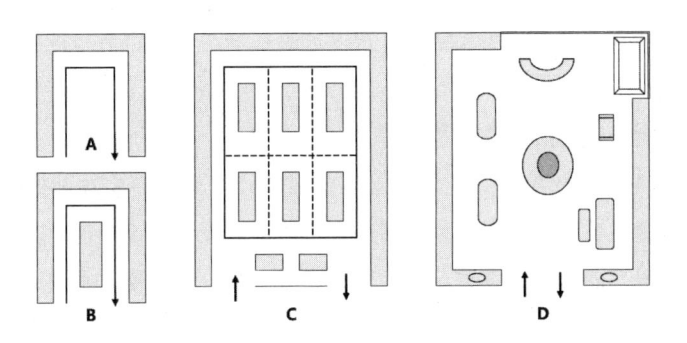

图 14-7 常见动线布局示意图

动线与通道密切关联，从上面的图 C 中可以看出，通过对通道宽度的处理，可分出主副通道，其关系如表 14-5 所示。

表 14-5 卖场主副通道宽度关系

卖场面积（平方米）	主通道（米）	副通道（米）
150 以下	1~1.5	0.8~1
150~500	1.2~1.8	1~1.2
500~1000	1.8~2.5	1.3~1.8
1000~3000	2~3	1.5~2.2
3000~8000	3~4	2.2~2.8
8000 以上	4~5 或以上	2.5~3.5 或以上

主通道主要是进行顾客引导区块划分，要求笔直、宽敞和少拐角，保持视线的通透性。大型卖场的中间区域通常并不适合用低矮货架，过于通透反而会缺乏被包裹感（即缺乏某种安全空间或隐秘性），致使往往不能安心停留选购，但反过来，如果缺乏必要的通透性，又会感觉压抑和不安（如幽闭恐惧），所以需要用通道来调节通透性状况，至少在通道能看到远处。主通道既可调整通透性状况，还可切分不同区块，而区块布局的好处在于，顾客从一个区块到另一区块，会有某种寻找和发现感，进而始终具有某种兴奋或惊喜性，这显然有利于延伸顾客的停留时间（购物中心由于店铺位置很难再有变化，所以卖场布局通常会使用宽大的中庭式设计，以保持足够的通透感，然后采用曲线式动线设计，让顾客必须行走才能不断地发现新的店铺）。另

外，主通道往往会与促销堆头相结合，很多还会在通道上方进行布置配合，进一步凸显主脉的感觉，来强化分区和引导的作用。对于中小型卖场，整体需要保持一定的通透性，因此主副通道的区分并不严苛。

副通道与主通道相反，是要增加顾客的滞留度。有很多卖场都把精力放在主通道的布置上，这是典型的短视行为，当顾客更多地被吸引至主通道时，留给其他区域的精力就会有限，而从通道宽窄对人的行为影响来看，过于偏重主通道布置其实只是重复劳动，反而会增加更多死角的风险，所以真正应关注的是副通道区域，比如动感陈列、标识与布置的丰富化、适当增加促销陈列等。副通道区域才是卖场生存的基础，而不是那些看起来光鲜热闹的地方，如果客流无法被有效地引导到货架区域，那么售卖行为必将变为无本之源。

很多小店由于条件所限，货架通道的设置非常狭窄（低于80厘米），一旦有人时其他人就基本不可能再进入，即便没有人在里面，但顾客还是会纠结或犹豫，很难从容地选购，大多是快速拿了东西就走，非常影响购物体验。购物中心和大型百货的通道概念相对复杂，但其中的要点是解决顾客的休息问题，所以有关桌椅、休闲和餐饮等布局是其重点。

通道宽度与货架视线密切关联，当通道较窄时，人在面对货架时很难看清下方的商品，这样就会影响正常的商品选购，因此需要保持一定的距离，并且最好使用梯形层架进行视线弥补。当采用高货架时，通道必须保持一定的宽度，才不至于显得压抑，而低矮货架如果过宽，又会显得不够紧凑，因此低矮型一般适用堆头以便大量陈列，或独立性具价值感的特殊展示陈列；采用高货架除了必要的宽度外，整体货架排列长度不宜过长，否则容易让人望而生畏，当然也不宜过短，否则不易留住顾客；中小型卖场如果都采用低矮货架，货架及通道长短相对要求不严。

动线必须考虑补给通道、服务通道和操作通道的设计（这些又称暗动线）。在需要大量补货的区域，应保持足够的通道宽度，有些还要能容纳机械设备通行，所以仓储店的主副通道区分并不明显；对于补货较勤的区域（如生鲜区），不仅要求保持通道宽敞与通畅，还要靠近后场操作间或仓库；有些需要进行隔离的柜台或区域，需注意服务人员的服务动线与通道问题。

需要澄清的是，有些在动线布局时，会强调所谓右手习惯或按时针行走等，这其实是在"耍花腔"，因为只要不是强制性布局，顾客行走必然是双向的，这时究竟哪一方算右手习惯？同样，当顾客身处格子式布局中，无论是顺时针还是逆时针已完全不重要，此时的重点为是否通畅。另外，有的还会用购物顺序来确定动线，其实这也没太大意义，因为每个人的行为习惯都不同，所以并没有所谓标准购物模式，除了目的性物品以外，基本是走到哪里买到哪里。真正需要参考的因素，还是购买或消费频次、商品特性、销量状况、陈列道具和货架阴阳面影响等。

第二，品类与配置。

动线和通道布局，最终都要服务于区域规划和商品布置。区域规划是根据商品特性按品类集中在一起，以方便顾客选购。由于各品类的属性差异较大，因此面临如何协调衔接的问题，商品规划又是卖场布局最重要和基础的内容。

从商品特性来看主要可分为3类：方便品，通常为高频消费类商品，顾客在购买时挑选的时间并不长，购买决策所考虑的因素也比较简单，便捷性是卖场布置的首要因素；选购品，多为非必需品，因此氛围布置与营造尤为重要，让顾客充分感受轻松舒适的购物环境，提升购物体验以激发起购买欲望；特殊品，该类型产品消费通常都有特殊的目的性，在形成购物决策前往往需要借助大量信息参考，每一细小的体验都可能成为决策依据。特殊品与其他两类商品的环境要求有所不同，并不追求客流量，要求环境优雅又要略显静谧，以免受到过多打扰，这也是很多综合卖场在销售专业或高档商品时很难有好的表现的原因所在，仅是简单地做了一些功能区划，但对于卖场布置还远远无法满足要求。

不同业态对于商品布置的要求差异较大，下面就以较具代表性的超市来举例如何进行布置规划。

一是生鲜区域。商品组织结构是卖场布局重要的参考依据。从商品属性来看，生鲜属于高频刚需品，是重要的集客品类，所以通常都会将生鲜布置于卖场最里面，以期能够拉动顾客逛店的路线使之更深入，同时也方便与操作和加工间直接对接，形成前店后场的感觉。通常肉品、熟食、面点和烘焙类通常是靠墙设计，蔬果和干杂类是中岛设计，水产类两种都可以，但要注意如果涉及宰杀加工时，应有独立的操作区域。如果是多楼层卖场，生鲜区域虽然设于楼上时相对更有利于整体布局，但由于水电要求、施工难度、仓库设置、原材料运输与加工制作等条件制约，大多数还是会选择在底楼，这就要求其他商品规划和卖场布局应围绕其来进行。

如果是中小型店，卖场定位尤为重要，比如生活社区与商业行政区的生鲜策略会有明显不同，对应的结构和占比也会有很大差异。对于社区生鲜超市或生鲜便利店来说，生鲜区域与中大型卖场的布置截然相反，更多的是位于前面的黄金区域，以便吸引顾客及方便购物，品项以蔬果、干杂和简单加工类为主，深加工类主要为外购代销。其实小型店多数情况下都是目的性购买，把生鲜置于后面希望通过逛店来增加临时冲动购买的概率较小，只要能到店，因店面总体不大且基本都有很好的通透性，要再继续进入逛店也非困难之事，所以不如让顾客在选购时感觉更方便，然后再通过里面的布置来吸引顾客。如果因某些条件限制只能置于里面，则需要特别注意前面通道的设计，很多时候就是因通行不畅而造成恶性循环。现在有些中大型卖场也在流行"浅循环"布局，这与卖场的定位有关，但相应的里面出现死角的概率会大增，对于布局设置的要求更高。

目前生鲜主要呈现两种趋势：一种是占比扩大，有些店的经营面积甚至已超过一半以上，店面布局整体倾向于生活化和快捷性；另一种是强化餐食部分，很多可现场加工并可堂食，场景感更强（不过有些店对堂食区的设计存在误区，多是将角落利用起来，顾客体验感和环境较差，并且与加工区的动线也缺乏联系）。便利店的快食类能较好地凸显便捷性，因此简易的堂食也是一种良好的配合与补充，但由于空间制约要更注意体验性，不是简单摆上座椅就完事。

二是食品区域。饮料和日配类属高频刚需，厨房类属中低频刚需，休闲类属高频非刚需。因食品和生鲜都与吃有关，所以绝大多数都是食品与生鲜相衔接。由于食品类多为标准品，因此顾客在选购时决策相对简单，用试吃或价格促销等就容易引发购买，甚至漂亮的陈列也可能激起其欲望，即便是新品也因其他同类别可做参考，所以相对来说食品区域的布局设计要容易些，也较易体现出标准化的陈列规范。

如果出入口是分离的，那么食品特别是冷冻冷藏品应主要设置在靠近收银出口区。有些喜欢将粮油作为集客品置于卖场里面，但最好还是设置于收银区域附近的侧面，与整箱的乳品一样便于直接拿取后就结算付款。休闲类适合布置于中间区域，让顾客有闲逛的感觉。如果出入口是合一的，那么食品直接与收银对接就未必是最佳选项，通常与非食百货类两分较为适宜（即不宜采用前后分布的方式，因为非食百货类通常对环境氛围布置要求较高，且应以慢节奏的体验购物为主，如果置于前方，顾客要么匆匆经过，要么回来时已有其他购物而无暇仔细选购，而如果是置于两侧，顾客至少会清楚应该何时到哪一板块区域进行选购）。

从食品类别来看，厨房类与生鲜比较适宜对接，酒水饮料和冲饮冲调基本可在一个大区，休食类可与乳品饮料和冲饮冲调相衔接，冷藏饮品和乳品类可与冷冻冷藏品相衔接，这样顾客在逛店选购时就会过渡自然而不至于感觉唐突。另外，食品类的销售数量通常都比较大，因此在食品区域内及与后仓的连接中，要注意通道的通畅性，以便于补货。同时，商品具体的陈列位置对销售的影响较大，因此要注意黄金位置的应用，以及通过商品布置来引导顾客的移动。

三是非食百货区域。我们把所有的非食类都归为百货，从形态上可分为硬百和软百、从动销上可分为快销与慢销、从生活上可分为居家与外出等。超市售卖的主要有美容化妆、清洁日化、纸用品、文体品、休闲品、家用品、服装鞋帽、家居家具和数码家电等。百货与食品相比，最大的特点就是较为强调体验式售卖，所以对服务的要求较高。

百货与食品的商品属性差异较大，所以在卖场布局中首要解决的是相互衔接问题，如果是置于不同楼层，那么就互补干扰，如果只能在同一层，则可用大通道方式进行区割，但对于小型店来说，往往就只能用货架和标示等来区分。对于不同类型要注意对接的协调性，通常以厨房、家用和清洁类为主进行关联，生鲜和厨食可与厨用类相对接，然后再分别与家电、清洁和日百类对接，其中清洁又可与美妆和纸品相对接，家用可与家居和针纺床品对接，进而又可与鞋服对接。

传统超市的典型特征是自选购物，因此要求商品尽量标准化，但这并不利于展现商品的特性。在早期物质相对匮乏时期，只要能有商品售卖即可，但随着商品日益丰富和顾客需求多样化，对于服务与体验的要求会越来越高，这方面往往是超市的短板。传统百货虽然能弥补超市的短板，但过去大多是通过信息不对称来赚取高额差价，因此当被互联网破局后，其本身缺乏效率的先天缺陷就更加明显。所以超市对于百货类的经营，需要取长补短结合百货的优点，重点在于个性化的商品组织及如何对顾客提供更多的服务和体验。在互联网时代，经营环境和逻辑都已发生重大改变，论规模和效率无法与电商匹敌，论服务和体验又无法比肩百货或专营店，所以超市对于百货类的经营必须要寻求改变，比如商品要有自己的特色、充分应用现代的顾客沟通、提供个性服务和良好的体验等。

第三，磁石点理论。

磁石点理论的关键字是"磁"，顾名思义就是具有特殊的吸引力。磁石点就是卖场中最易引起顾客注意的地方，一般而言，卖场主要的磁石点有以下几处。

第一磁石点位于主通道的两侧，是绝大多数顾客的必经之地。由于具有特殊的区位优势，所以商品须承担某种角色，比如价格、品位、潮流、风向标或竞争差异等，但要注意避免为追求短期效益而成为变现的场所。

第二磁石点位于主通道入口处，或通道尽头和拐角处。第二磁石点的主要功能是吸引眼球，所以更多的是用当红商品、当季新品或颜色较为鲜艳靓丽的品项来布置。这里要注意，卖场入口之所以不是磁石点，是因为顾客在刚进入卖场时，还存在短暂适应期或尚未进入状态，所以最先开始的地方往往并不是最能吸引其关注之处，这也是所谓"过客不留客"的原因之一。

第三磁石点位于货架两端（有些端头和主通道相接，与第一磁石点是重叠的），这也是顾客接触频率最高的位置，因此可陈列的品项类型也比较丰富，主要在于卖场想要传递怎样的信息。端头陈列需要注意：一是品类关联的问题，即端头陈列的目的是追求销量，还是要起到某种引导作用？这个问题往往很容易被忽视，由于销售压力的原因，大部分会追求前者，从而容易出现端头商品与附近货架商品类型不搭界的状况，也就很难引导顾客进入货架区里面。二是对于促销商品无须过于追求价格形象，这只是在资源浪费。三是陈列的规模问题，如果陈列过大，容易喧宾夺主而使顾客失去对周边货架商品的注意，但如果过小看起来像正常的陈列一样，又不具吸引的能力。

第四磁石点位于收银区前面的区域，常见的有促销堆头、收银台前小货架和收银台上小台架等，主要是希望最后引起顾客的关注，从而再激发某种冲动购买。在商品规划方面较为灵活，基本上是在前面不方便携带的品项，比如计生品、较小或较大件、冷冻冷藏或较易盗损品等。

第五磁石点主要是指货架区的某些特殊位置，只是磁石点分布相对分散，比如在同一货架区域里，第一节货架是磁石点；在单组货架里，距离地面约80～160厘米的地方是磁石点（也称黄金视线陈列区）；在同一层排面上，由于阅读习惯通常最左侧为磁石点等。这些都与陈列密切相关。

第六磁石点主要是指促销陈列区域，因具体位置并不固定，因此也可理解为"移动磁石"。促销陈列可以存在于任何地方，与某些地点结合后，往往会发挥更大的效用。比如，置于主通道区域，除了更容易集客以外，还能强化通道的引导作用；端头的促销陈列通常能带来较好的销量；收银区前的促销是最后吸引产生冲动购买的地方；在正常货架上进行促销陈列，更能生动化表现等。

第四，店内布置。

店内布置与装饰是卖场氛围的重要组成部分，相对于硬装修而言，与顾客沟通更具活力和动感性，并且关键是还能随时变换，让顾客始终保持一定的新鲜感。相对于商品、货架、动线和促销布局，以及天、地、墙和整体装修等，卖场内的装饰和布置则要简单灵活得多，其中与销售有关的布置主要有视听影像、灯箱、POP、广告牌、价格牌、功能标签、活动牌、分类牌、摇摇牌、围挡、地贴、模特和造型物等，与装饰相关的布置主要有吊旗、花球、纱幔、气球和拱门等。通过各种布置应用，既能起到装饰的作用，弥补某些缺陷或不足，又能极大地活跃卖场内的气氛，营造某种销售热闹的景象，在一定程度上激发起顾客的购买欲望。

当然，不管是卖场布局还是相关的布置，完成后并非就一成不变，而是要根据季节、节庆、竞争状况和商品变化等随时进行调整。比如，通过观察顾客实际行进路线和购物行为，来确定商品区域和动线规划是否合理，哪些地方存在死角及产生的原因等，然后有针对性地及时调整。

（4）后场。

加工操作：对于简餐、熟食、面点和烘焙等，可呈现为前店后场的形式，其加工现场容易衬托出热络的气氛，并且体现出某种新鲜感。由于设备条件和排污等所限，通常也都以靠墙设计为主。有些轻加工或半成品再加工的，也可采用环岛设计，以较好地增加与顾客的接触；肉品类因存在分割作业及安全问题，基本为柜台式隔离布局；水产类采用中岛布局比较便于顾客挑选（包括蔬果类采用中岛布局也是为了方便挑选），而靠墙式布局则容易展示和表现氛围，但屠宰操作必须置于后台或隐蔽处，以免影响环境和卫生状况。

整理加工：主要针对蔬果、干货和冰鲜冻鲜品类商品，这些都需要在后台先进行挑拣、分级、分装打包和解冻等动作，所以需要预留一定的操作区域。

后台仓储：后仓按存储类型可分为干仓和冷冻冷藏库，按使用功能可分为收货区、临时存货区、库存区和退换存货区，其中库存区主要用于临时堆放周转性较快的商品，以备供应商无法及时送货时能随时补货，而其他周转较慢的商品原则上都不留库存区，以卖场陈列为主。常规而言，后台仓储区域占总面积的比例不应超过25%，过大会影响实际经营有效面积，同时还容易产生库存管理的惰性。

补给动线：也称暗动线，主要包含人员和货品两部分规划。人员部分为卖场内各服务人员的移动路线，原则上要尽量与顾客的主流动线不重叠为准，另外在隔离或柜台式销售区域，还要注意服务人员出入的开口和路线，既要方便进出又要适当隐蔽；货品部分为后台仓储和整理加工后到卖场陈列的补给路线，如果设计不合理，会影响货品的快速到位，或妨碍顾客的正常选购、移动行进和破坏卫生环境等。人员和货品的动线中，同样关系到卖场内通道的设计，因此通道规划应进行综合考虑。其中容易出现的问题有：一是与顾客动线冲突，导致相互造成妨碍；二是容易成为卖场死角的原因之一，比如当顾客看到工作人员和货品补货出入口时，通常都会回避，这时周围的商品陈列就会受到极大影响，形成一种人为的死角。所以在设计时最好是利用原有的容易出现死角的区域，以避免增加新的死角。

五、陈列管理

所有的商业活动都是围绕商品而运行的，因此商品展示是店铺沟通最基本的环节。在布局设计中，不仅要充分考虑到人的空间，同时也要合理安排商品空间，商品展现既是卖场布局的关键环节，也是店铺沟通的重要组成部分。

商品陈列就是商品在货架或其他道具上的摆放、陈设、排列与展示，是以商品为载体的沟通和对商品相关信息的传递，从而加速购买决策和交易过程。对于店面管理而言，陈列的意义就是要让商品自己能说话。有研究表明，顾客进店后有高达80%以上会受商品陈列的影响而购物，足见商品陈列的重要性。

商品陈列可以说既简单又复杂，说简单是因为任何形式的摆放与展示，都可以叫作陈列，这说明陈列并无绝对的标准，或者说缺乏公认的衡量准则，由此也导致产生了众多的流派。美陈派认为，陈列就是要给顾客以美的感受，进而刺激顾客购买的欲望和冲动性，因此极为重视陈列的美感；务实派认为，花太多精力于美陈并不符合管理效率的要求，或者说美陈对于商品销售并非决定性因素，所以只需满足基本的陈列原则和要求即可，效率才是重点和根本；中间派似乎吸收了两者的优点，但其实并没有解决实际的规范问题，反而人为的因素更大；数据派则秉信"猫论准则"，用客观的销售数据作为陈列好坏的衡量标准，却容易忽略购物时的主观感知性，且数据也是可以被人为制造出来的。

在卖方市场时期，顾客更关注的是能否买到商品及价格状况，因此陈列展示并非零售的主要内容。随着生活水平不断提升，顾客对于购物过程的体验开始越来越注重，商品展示的作用也就变得越来越重要，甚至会左右实际的销售。从管理角度来说，陈列关系到卖场空间的合理利用，以及有关商品结构、竞争差异、库存和资金占用等问题，所以陈列绝对是具有较强专业性和较高技术含量的，而非仅仅把货摆上那么简单。不过，现在很多人又堕入非此即彼的误区，过于夸大购物体验的作用，表现为对所谓店铺形象的片面追求，以及过于强调陈列的作用，因而也衍生出所谓新的准则，但这实际上并不利于陈列的灵活多变和差异性表现，是把店铺沟通给僵化了。陈列主要在于与顾客形成有效的沟通，切忌变成形而上的东西。因此对于陈列需辩证地看待，既不应片面夸大其作用，也要充分发挥促进的功效，再好的商品如果无法有效地展示，销售也必将大打折扣。

对于陈列本身来说，需要对各要素综合权衡，过于偏重或强调某个点都会有问题，正如各陈列流派一样，其本身都有一定道理，但也应清醒地认识到缺陷及相应后果，比如美陈派就容易出现库存占用和人员效率问题或者大进大退现象，不利于供应链管理，并且通常会大量应用装饰或道具配合，物料消耗和人力投入都不低，而且最重要的是，过于陈列美化对顾客来说反而会增加距离感。其实，正是由于陈列的不确定性，才更利于"百花齐放、百家争鸣"，因而不必纠结于所谓标准，重要的是领会其中的原理，以便结合不同需要而灵活应用。陈列的基本原理主要有：明确目标，不同的陈列方式各有优缺点，能实现目标的方案才有意义，比如需要迅速吸引眼球，那么巨无霸式陈列的效果较好，如果只是某种氛围或生活方式的营造，那么场景式陈列较为适宜；以卖场定位为基础，紧紧围绕目标顾客的喜好进行陈列布置；以人为本，了解掌握并遵循人的生理特征，只有能感受舒适与便捷，才是陈列好坏的标准，而不是企业自身的规范或准则；积极求变，再好的陈列也不能因循守旧或躺在过去的成就中，唯有让顾客不断耳目一新才容易被关注，甚至即便感觉并不太合理也无关紧要。

1. 陈列形式

陈列的核心目的，是要将商品的特性能最有效地表现出来，因此针对不同类型的商品，需要采用不同的陈列来展现。比较常见的有如下几种形式。

（1）台式陈列。

主要为货架或柜子的多层台面陈列，展示效果好且节省空间，比较适合具有规则形状的商品的摆放式陈列。

（2）柜台陈列。

常见的是玻璃罩式的落地柜子，适合单位价值较高和无须量感的商品陈列，但缺点是不利于顾客自选。

（3）平台陈列。

为开放式的台桌、堆头和展台等，便于全方位观察商品，选购比较方便，较为适合平面展示（如手机数码类和生鲜类商品），或量感式的促销陈列（如促销堆头）。平台式可变形为梯形陈列，较具立体感。

（4）流动陈列。

通常为小型或可移动的陈列道具（如花车和边挂等），适用于临时展示或辅助补充，有时也会用作某种突出陈列。

（5）落地陈列。

无须借助道具辅助而直接堆码展示，比较容易形成量感，促销堆头和割箱等应用较多。

（6）保鲜陈列。

需要借助相关设备来进行陈列，比如卧式或立式冷冻柜、冷藏柜、风幕柜和冰台等。

（7）吊挂陈列。

主要为不适宜摆放的商品陈列，比如灯具、服装服饰、袋装食品、牙刷和一些小件商品等。

（8）投入与堆积陈列。

借助容器或道具将商品进行集中陈列，比较适合不规则或不便摆放的商品陈列（如散装品），与平台或落地陈列的差异在于，商品自身很难形成造型，较为依赖道具而堆放自由（可有序也可无序）。实际上大部分生鲜类都是采用投入或堆积方式陈列，包括水产养殖也是一种特殊的投入陈列，另外如鞋服类均价促销的乱堆式陈列也属该种类型。

2. 基本原则

虽然商品陈列很难有固定和标准的模式，但根据商品特性、目标、顾客购买和竞争等因素，其中还是有一些基本的规律和原则。

（1）安全原则。

毋庸置疑，安全是最基本的原则，因此对于易损品就要注意道具和摆放方式的合理性，应以顾客能够自然拿取为准则，如果顾客在选购时不敢接触商品，那么陈列就是失败的。安全包含的内容很广，比如要能方便和容易进行商品检查，以免保质期及鲜度较差、有瑕疵缺陷或清洁卫生状况不佳的商品上架陈列。所谓鲜度管理，归根结底也属于安全管理，因为新鲜意味着品质保障，所以生鲜品最好能充分地展示刚刚出炉和新鲜上架的感觉（如熟食、面点和烘焙类要尽量保持热卖感，叶菜类要保持湿润感等）。食品类主要为效期管理，虽不直观但也含有鲜度概念，如果陈列不当导致压在底层或很难检查，就可能会产生不良后果。

（2）分类原则。

卖场总体是遵循商品功能类型来进行规划布局的。分类的意义在于方便顾客寻找商品和比较选购。分类与集中相对应，分类就是为了便于集中展示，如果商品被随机分散于各区域，那么对顾客购买将会造成极大的困扰。不同的集中方式，带来的效果将会有较大差异，如图14-8所示。

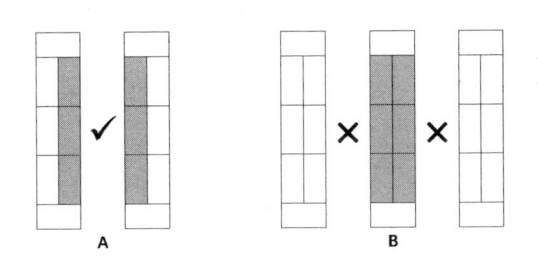

图 14-8 集中性陈列示意

除了常规的按功能属性分类陈列外，还可依照其他分类方式来陈列，比如根据价格等级可按价格带进行陈列，也就是说商品组织类别仅是作为陈列的基准，但实际上可发挥的空间还有很多，比如还可按季节、节庆、主题、事件、年龄或性别等进行陈列，目前比较流行的场景式陈列，也是根据实际生活环境进行的分类陈列。

（3）垂直原则。

在同一组货架中，相同类型的商品不宜用横向方式陈列，而应采用纵向方式陈列（见图14-9）。这是因为：①人眼更习惯上下移动，左右移动则会比较困难，需要借助头部转动来协助观察，所以采用上下陈列观察起来会更觉舒适；②上下陈列容易给人面积增大的量感；③顾客在行进过程中，浏览商品会更觉方便，无须大范围移动便可轻易地看到更多不同类型的商品；④可使不同商品均能享受到不同高度的位置利益；⑤竖向整齐更容易让人有稳定感。

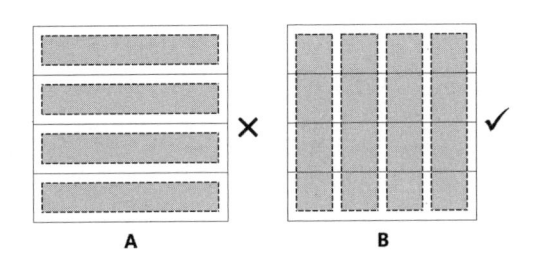

图 14-9 同类型商品陈列走向

当然，垂直陈列也有短板，比如不同类型的商品放置在一层时，由于形状差异容易出现高低错落的现象，这样横向来看就会缺乏整齐感，从而显得不协调。解决方式之一是采用逐渐递减式陈列，即从左到右按高度或大小逐渐递减（因为人相对习惯于先观察较大的物品，然后再逐渐向细微处观察，再加之阅读习惯是从左向右，所以左高右低更适合,当然递减陈列的总体高度落差也不应超过一倍,否则仍然会非常不协调);另一种方式是尽量将高低大小相近的商品陈列在同层,然后在不同层通过调整层板高度来解决,因此总体从横向来看各层板会有错落感,但这又会破坏顾客的视觉连贯性,所以要求横向各层板应尽量保持等高(纵向与横向的要求是矛盾的,可见陈列的复杂性),至少最上和最下两层应相等。

(4)易见易取原则。

易见就是要让所有的商品都能被看到,最基本的就是前面不能有任何视觉障碍和被遮挡(如前高后低),每支单品须有独立的展示面,因此通常为左右平行或堆码陈列,前后须采用梯形陈列,以保障后面的商品能被看到。容易产生遮挡的还有广告牌、POP、标签、摇摇牌和价格卡等,以及辅助性的陈列道具以及柱子等。由于身高和视线夹角问题,以人在货架前1米距离、距离地面约80~160厘米的位置为黄金陈列区域(上部约与眼平行,下部高于手自然下垂的区域)。如果距离再远,视域范围还会再扩大,但较难观察到商品的细部特征,如果距离过近,就基本只能是自身视线的高度范围。所以,如果通道过窄,顾客只能被迫距离货架很近,这样就容易导致出现盲区,陈列再多的商品也实则无效。

通常越靠下面展示效果会越差,所以柜台式陈列多会将下面的区域用作储物柜。而如果是货架陈列,使用梯形货架的效果会好些(见图14-10-A),可通过下方凸出的方式来改善视线的注意度,以及增加商品展示面(很多超市都过于追求整齐效果,却忽略了顾客观察的感受)。梯形陈列还可应用于落地式陈列(见图14-10-B),通过逐渐递增高度的方式让顾客能尽收眼底,如果是相同的商品还会显得较具量感和层次感,不同的商品也互不影响。如果陈列的商品较小,不管是在货架还是柜台内,都可通过梯形方式来有效地展示商品(见图14-10-C)。其他相关的易见性陈列要求还有:对于横向陈列要注意最小展示面问题,如果单个商品低于最低要求(通常最少不低于8厘米),可采用拉大间隔距离(针对高价值品)和重复陈列(针对普通大众品)的方式来增加展示面;顾客通常容易被大件物品吸引注意,因此有的大件商品也可置于下面的区域(本身也符合上小下大的原则);服装店里很多是吊挂式陈列,当款式、颜色和尺码较少时,可重复或适当拉开距离,否则会很难被看到而变成无效陈列;只有整组货架的商品大小差异不大时,对于较小的商品才可适当缩小最低展示面要求。有统计表明,当陈列面由4个面位减少为3个时,销售额会减少48%,由3个面位减少到1个时,销售额会减少60%,而由2个面位增加到4个时,销售额会增加40%。

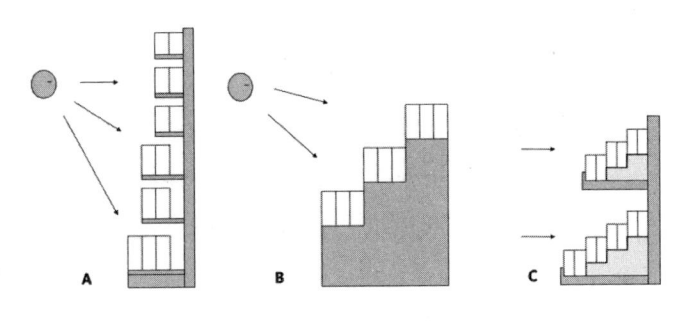

图 14-10 梯形陈列及效果

在易见的前提下，接下来就是易取的问题。就高度而言，当超过自己的身高时拿取商品就会比较困难，因此有效陈列高度应不超过 180 厘米，超出部分多是作为宣传展示或凸显某种氛围布置；就纵深而言，以正常姿势手能触及的最远端为准，最大不宜超过 80 厘米，有些落地式陈列的面积较大，里面只是增加展示效果而已，但如果内外陈列的是不同品项，那么里面的商品就为无效陈列；就货架陈列而言，商品上方应保留一定的空间，以方便顺利拿取，同时也不会因上层距离商品间隙较小而显得压抑，常规间距为 3~5 厘米，随商品体积的增加而预留空间越大。

（5）稳定性原则。

主要体现为上小下大或上轻下重，如果反过来就会感觉缺乏稳定性，且较重的商品陈列于上方时拿取也不安全。从视觉上来看，体积越大意味着越重，所以陈列多是以体积作为参考。如果整组货架中各商品的体积相差不大，则可在下面采取重复陈列的方式，既可弥补非黄金区域的不足，也能增加稳定性和协调感。稳定性在落地式陈列的应用中，通常是采用梯次或塔式陈列，同时还有错落和层次性，相比于完全的直上直下式陈列要生动得多（有些店为了追求整齐感，比较喜欢采用直列式的陈列方式），特别是当直列式陈列高度过高时，会给人以东西可能掉落的不安全感，进而使顾客在拿取商品时较为紧张。

（6）饱满性原则。

主要适用于低值快销品的陈列，而随着商品价值越高，就越要反过来通过"稀疏陈列"来显示价值感。饱满性简单来说就是要凸显量感，进而容易引起关注，以及便于充分挑选。在一定程度上来说，量感越强就越容易转移或减缓顾客对价格的关注（因为物品越多时边际效用就会降低，进而往往会越不在意得失），因此促销多会采用大量陈列，并且反过来顾客也会形成一定的条件反射（正如看到黄色的 POP 时往往会认为比较便宜）。同时，顾客对于量感陈列往往并不太关注设施或环境状况，因此对于走平价路线的卖场来说，饱满性是一项重要的原则。

（7）美观性原则。

正面展示：商品本身会有不同的面，但应以正面展示为主（如牙膏类需正面横放陈列），只有比较特殊的才用侧面展示（如服装的吊挂陈列），因为商品正面更容易展现美感，并可让人一目了然其商品特性，较快地了解商品的主要信息，只有当需要更进一步深入了解时，顾客才会继续查看说明等。

颜色搭配：主要指同组或同区域陈列中，利用商品本身的颜色特性，通过相互搭配而形成某种美感（如彩虹式陈列）。当然多数还是采用对比方式陈列，总体具有一定的活跃性，容易吸引顾客关注，也容易明显区分商品位置。

整洁性：洁净是卖场最基本的要求，没有人喜欢在脏乱差的环境下购物。洁净会给人以卫生、舒适、安全和信赖感，整齐则会给人以有序和规范感。杂乱无序往往容易使人感觉烦躁，而如果看到有被整理，至少感觉是被关注的，且整齐状况往往与品质有关。当然，整齐也有度的问题，过度整齐反而会使顾客可能不愿意破坏，因此在堆头中有时会用到杂乱式陈列，让顾客能自由翻找选购，反而容易调动起顾客的主动和积极性。有些商品本身就缺乏规整性（如服装等），这时就更强调店面的整体感，其规整度与价值感高低呈正相关。就具体实操而言，整齐性可参考遵循"八线原则"，即仓板摆放一线、堆架四角一线、前置陈列一线、排列方向一线、端头高度一线、上下垂直一线、纸箱开口一线、标牌标识一线。

生动化：从顾客角度来看，陈列应具有活力（如色彩搭配）和富于变化，而不是永远一成不变，这样更易保持新鲜感以引起兴趣或关注。较容易体现生动化的是造型陈列，比如端午节促销堆头采用龙船造型、用卷纸仿外衣和裙子造型等。有些会在端头或正常货架中单独布置造型，同样也能起到很好的生动化效果。不过要注意，适当的生动化陈列容易吸引顾客的注意，但过多使用异型陈列也容易导致出现审美疲劳，且顾客的关注重点会发生偏移，还可能出现适得其反的效果（如顾客不愿"破坏"），所以生动化本身只是作为零星点缀和辅助使用，并在一定时间后需要进行变换，否则又会失去新鲜感。另外，在做异型陈列时，要注意保留正常的商品售卖或拿取区域，避免只能看而无法转化为销售的现象。

（8）适配性原则。

适配是指商品与道具要相适应。其实我们常会看到陈列器具使用不当的状况，比如酒水饮料用斜口笼陈列、袋装商品用台板陈列、床品类无展示陈列和文具笔类未竖立展示等，这些都极大地限制了商品特性的展现。道具之于陈列会起到"点睛"的作用，而越是具个性化的商品，就越需要具独特性的道具相配合。

目前很多卖场的陈列方式和道具都大同小异，这其实大大地限制了商品的表现（而生鲜和百货类本身是具有较大不可比性的），也反映出卖场的展示语言被固化，并没有发挥出应有的形象特性和差异性。从深层来看，还是未能掌握基本的零售原理，而模仿或跟风似乎更为便捷。事实上陈列方式与道具是相辅相成的，陈列方式必须要有合适的道具来支撑，而好的陈列也体现为商品与道具的协调性。作为店铺与顾客沟通最直观的方式之一，卖场需要通过陈列来展现差异性，因此一定要在道具方面多花心思（注意不是要多花钱）。

（9）产出性原则。

米效：是用陈列长度来评估有关效率和效益的管理指标。对于整体卖场或区域来说，主要使用的是坪效，但对于每组货架或每层台面来说，则主要是用米效来进行控管。米效是坪效的具体或细化，如果米效出问题必然会影响到坪效，通过米效管理则更容易找出具体品项的问题所在。米效的计算公式为"米效＝销售额/陈列米数"（陈列米数＝经营面积 × 陈列面积占比 × 陈列层数）。举例来说，假设某店的坪效为3万元/平方米/年，经营面积为1000平方米，实际陈列面积占比为50%，并且全部为货架陈列，这样陈列货架就为500组，假设货架层数为4层，那么陈列长度为2000米，通过计算可知该店的米效为1.5万/米/年。米效与坪效一样，需根据不同的商品属性来设定不同的米效（或坪效）标准，并且反过来通过设定的标准也可有效地进行商品评估和绩效管理。

动销：商品陈列规划应注意避免平均分配，而是以商品贡献率来确认（但要注意什么样的陈列反过来又会影响实际销售表现）。从位置性来看，主要存在畅销与滞销两种陈列争议。一种观点认为，为追求产出最大化，黄金位置应优先满足动销较好的品项，但缺点是动销慢的商品可能因陈列不佳而越发滞销，导致可能出现品类不完整，从而影响正常销售；另一种观点则认为，既然商品本身的动销较好，陈列位置无须很好也能产生销售，为了保持品类的整体性，应多照顾动销慢的商品，但缺点是缺乏突出商品，整体销量可能会受影响，并且存在顾客感知度低的风险。其实两种观点都不能绝对化，主要还是在于取舍问题，基本前提是卖场定位和商品结构角度以及各商品所要承担的角色。滞销的如果有替代品，那么就没有必要纠结而应及时淘汰；如果是补充性而又暂无替代品时，那么即便不能给到好的位置也必须扶持。综合来看，动销较好的商品可适当均衡分布于货架各区域，只是在非黄金位置应适当加大排面量，以保持足够的被关注度。对于动销慢的必销品，则可将其穿插在动销快的商品附近，借以提升关注度。

价格：商品售卖中的价格问题是无法回避的，抛开商品类型、形状和大小等属性，有关商品价格性的陈列通则为从纵向来看应为上高下低（其好处是利于提升客单价），从横向来看则为左低右高（目的是让顾客的第一感觉认为价格比较实惠）。从企业本身的效益性来看，通常应将利润空间最高的商品陈列于黄金区域。

可以看出，当加入产出性因素后，陈列情况就变得复杂很多，因此各原则的应用还存在轻重缓急的问题，陈列规划需要更强的综合与平衡能力。通过市调等可以了解竞争者的状况，通过模仿能够比较快捷地切入，但看到的往往只是表象，实际内核很难被触摸到，所以在观察学习的基础上，要尽可能地分析内在原因，这样才有助于自身提高和不人云亦云，盲目模仿其实只是在撞大运。

（10）先进先出原则。

先进先出本是仓库管理的基本准则，在应用于陈列时，当然不是要求顾客只能拿取较早日期的商品，而是在补货时将最新日期的商品置于最后，以确保较早日期的商品能优先被销售。对于落地堆码或堆积式陈列，在补货时需定期进行翻堆，把旧货陈列于表面。先进先出可有效地降低商品损耗，但要注意它只是一种治标不治本的技巧，在具体应用时不可一概而论。比如生鲜类的品质衰退较快，如果仍然"以旧遮新"，反而会不利于正常品的售卖，正确做法是剔出来单独陈列并尽快打折出清；又如对于保质期比较敏感的商品（如乳品），顾客基本上都会查看日期，因此最好还是整批次一次性销售完毕。从顾客沟通来看，先进先出实则是一种负面传递，是利用信息不对称的投机取巧行为，因此只是不得已而为之的补救性措施，而真正的损耗控管还是在于进销存总体性管理，以及遵循勤进快销的原则。

3. 主要陈列方式与方法

（1）主题陈列。

主题陈列是通过陈列来配合营造出某种主题，让顾客能清晰和快速地了解卖场所要传递的信息。卖场中商品众多，如何让顾客快速识别和感知商品信息，主题推广是一种较为高效的方式，并且还容易形成某种长尾效应，带动更多同类或关联商品的销售（当然前提是商品要与主题具有关联性）。主题的作用是为销售行为提供合理的依据，当需要进行某种销售活动或推广时，主题方式最能直接表达缘由所在，使顾客容易理解和接受。比如，同样是进行较大力度的价格促销，以开业庆典为主题就会被认为是在真实让利，而放在平时则会带来是否要过期或日常的价格就偏高等猜疑或不信任感。主题的内容和形式很多，有借势型的季节、节庆或重大事件，自创型的新品推广、开业或周年庆典，互动型的促销和会员回馈等。主题促销比较讲求陈列氛围布置，进而强化形成某种特定风格。具有强烈视觉冲击的布置，不仅容易吸引关注，在一定程度上还会调动起某种兴奋度，容易引发顾客的某些联想，进而激发出其潜在的需求。很多时候主题布置与商品陈列是相辅相成的，主题能很好地促进商品销售，而良好的陈列能强化主题氛围。

（2）吸引陈列。

橱窗陈列：橱窗是最好的展示舞台，是立体和生动化的窗口，能够很好地传递店铺的风格与文化。橱窗陈列需遵循明确、整洁、简练、统一、分组、留白、立体和点缀等原则，主要有系统、综合、特写、场景、专题、季节和节日等陈列方法。

焦点陈列：就是在整体陈列中形成亮点，从而有效地吸引关注。常用的陈列方式有量感陈列、拟人化陈列（如使用模特）、对比陈列、惊爆价陈列和灯光聚焦陈列等。不过要注意并非焦点越多越好，否则会使人太过分心而失去意义，以100平方米的小店为例，设置的焦点不宜超过3个，而对于中大型店来说，也并非是按等比例关系增加。突出陈列可理解为焦点陈列的一种。

倾倒陈列：也称瀑布陈列，商品有被倾倒出来并产生流淌的感觉，陈列较具动感，能给人以新鲜出炉的感觉，所以生鲜常用该方式。不过在进行瀑布陈列时，大型布置相对比较花费精力，因此不宜过多使用，并且要注意预留有足够被顾客挑选商品的空间。相对来说，采用小型简单的倾倒方式来陈列更实用些。

抛售陈列：抛售通常意味着价格实惠，所以需要营造出相应的氛围，通常量感陈列、堆箱陈列和投入陈列的效果较好（其实倾倒也有抛售效果），但陈列的原则是不宜过于复杂，要以凸显商品本身为主。

留白陈列：在琳琅满目的商品中，突然出现某商品，周围都是空白，略显孤单，这样形成反差反而容易引起顾客的关注。该方式以高价值商品为主，或只是追求某种形象效果，并且位置要尽量在公众视线集中的地方。

（3）激发陈列。

量感陈列：当看到琳琅满目的商品时，顾客往往会被激发起某种购物欲望，而这其中离不开饱满而富有量感的陈列表现。较为常用的有堆头陈列、落地陈列、泳池陈列、大型端头和促销墙陈列等，商品选择应以顾客熟知和有一定动销率的为主（如果商品力较弱，往往会出现叫好不叫座的局面，虽然顾客可能会心动，却并不容易转化为行动，容易造成大量库存或大进大退的状况），如果能配合一定的价格促销，以及相关的试吃等辅助措施，效果会更好。

流动陈列：卖场中有时可通过一些临时性的商品促销和位置安排，让顾客感觉不固定而产生某种新鲜感，往往可能会激发顾客的潜在购物欲望。流动陈列的商品可以是关联或配套品，也可以是某些尾货进行打折的商品，或者是临时追加的促销或出清商品，根据需要安排在客流集中的地方销售，但要注意，既然是流动，那么就有一定的时限要求，即主要为临时性的（闪购就是某种大型或特殊形式的流动陈列）。

箱式陈列：主要应用于整箱堆头促销、割箱陈列（使用一种有槽口的特殊纸箱，既可展示也可直接贩售）、蔬果陈列及仓储店的特殊割箱陈列。

关联陈列：其目的在于激发连带销售。能够进行关联陈列的地方很多，可以是直接组合式陈列，也可在旁边并行展示陈列，还可在附近（如卧式冷藏柜上方）配套性陈列等，但总体原则是不要为关联而关联。关联的品类不宜过多，并应适时地进行更新，主旨是要调动顾客的关注而不要变得习以为常。

（4）引导陈列。

对比陈列：将相同或相近的商品集中在一起，通过包装、规格和价格等显示出差异性，使顾客更容易判定如何选购。比如单瓶与整件的价格有所差异，注重实用性的顾客就可能偏向于购买整件；又如同类型商品有3种价格带，通常顾客挑选中间价格的概率会高于两边，因此中间价格商品的陈列就需要加大数量。

体验陈列：主要有两种形式，一种是有些不便直接展示的商品，需要进行出样陈列，比如蛋糕模型、菜品摆样和家电样机等，让顾客能有直观的感受；另一种可以说是第一种的升级版，通过提供样品，让顾客进行试吃、试用、试玩、试穿戴或试乘试驾等，以强化顾客购买时的体验感，进而协助进行购买决策。

穿插陈列：各商品的动销状况都有差异，虽然总体原则是优胜劣汰，但如果是新品或需要进一步推广的品项，就仍需特别加以照顾。从正常陈列来说，通常会采取"以强带弱"的方式，将需培养之商品陈列于较强势的商品旁，或直接在两个较强商品的中间，这样就容易大大提升被关注度。不过要注意商品的相关度，并且应适当地不断变换调整以带来新鲜感，穿插本身就是要保持灵活与机动。

（5）促进陈列。

唤醒陈列：有些较小的商品不太容易引起注意，或在付款前携带不便，所以一些休闲或隐私类商品会置于收银台附近，在最后唤醒顾客需求并激发冲动购买。如果是超市收银台结账，通常会放在面向排队方向的收银台前端，以便顾客排队时最后能看到并进行选购，同时还可打发排队时的无聊；如果是便利店或百货店柜台结账，通常会放在操作台上或前端，方便顾客能立即看到并最后唤醒需求。

推荐陈列：可理解为一种拟人化的促销形式，能够协助顾客快速做出购买决策，并且如果因推荐而满意时，还能增加顾客信任度。电商中的按销量、评价或信誉度排名，其实就是某种公众行为的推荐、线下的店长推荐或销量排名等，同样也是行之有效的沟通方式。推荐并不复杂，只需增加某种标示即可，但重要的是在于真实，并且配以推荐理由效果会更佳，辅助性的还有功能说明、使用技巧、菜单菜谱和挑选技巧等。要注意推荐商品不能滥用，否则会降低含金量或变得习以为常，通常每组货架的推荐不宜超过两个，并根据情况不断变换。

自选陈列：自选之所以是第二次零售革命，最大的意义就在于顾客购买时能充分享有自主权，所以需要最大化开放式陈列，除了一些高价值和需要大量人员服务的商品外，开放自选已是零售的主要形式。生产商所要做的，就是把商品的售卖方式进行改变从而适合于自选操作，特别是对于一些非标商品，要尽量使之便于陈列与结算，减少零售商的二次行为，这样才更利于实现商品销售。

压缩陈列：该方式的典型代表是日本的唐吉诃德，将众多商品尽量压缩全部陈列，看起来又挤又满又乱。压缩陈列与传统陈列相反，其逻辑在于让顾客有寻找的感觉（与乱序陈列有些类似）。压缩陈列必须大量使用标识进行引导，在标识中较为重视手绘POP，而大量的手绘又可成为卖场的另一特点。

更新陈列：目的就是要让顾客随时都有新鲜感，应用较多的是季节性、节庆和促销等商品陈列，在应用于生鲜时主要体现为鲜度陈列。另外，由于小型店的陈列空间有限，为适应不同时段的顾客，会在相应的时段对部分商品和陈列形式进行更新，当然这对于店面管理的要求较高。

（6）其他类型陈列。

端头陈列：端头是顾客接触频率较高的地方，因此端头布置会有别于正常货架陈列。端头是多种空间的交汇处，陈列表现较为丰富，既可作为正常货架（便利店多为正常使用），也可作为促销应用（配合通道中的促销堆头），还能做特殊形象展示（表现某种主题），所以端头较能综合体现陈列水平或能力。有时端头会出现"鸡肋"现象，促销的销量无法与堆头相比，正常销售也不比货架强多少，特别是靠墙区域的端头，顾客关注明显不足，有些店甚至会将其拆掉。但靠里面的端头还承担着活络死角的角色，因此仍应保持足够的重视。

悬挂陈列：底部支撑的为摆放式陈列，上面支撑的则为吊挂式陈列，优点是容易形成上对齐（比摆放式更易形成整齐感），对商品的规范性要求低，较便于薄型、软性或不规则商品的陈列（如袋装品、服装和灯具等），有些为了凸显卖场氛围，也会采用非常规的方式将大件物品进行悬挂，往往能起到出其不意的效果。

突出陈列：主要用于正常货架区域，是一种借助道具使商品超出正常陈列线，面向通道凸出的陈列方式。突出陈列可分为两种，一种是在中间区域用特殊货架向外延伸，或在端头两旁布置侧挂（这种应用相对较多），或在货架底部直接改为地堆式陈列等，特点是超出正常陈列线外凸出展示（所以也叫凸出陈列）；另一种是在正常货架内辟出特定位置，然后进行适当的装饰布置。突出陈列可有效地打破单调感，提升通道内的动态性与活力，帮助提升销量。在进行突出展示时，应注意保留足够的通道宽度，所以中小型店并不太适宜这种方式，而只能做特殊展示陈列。凸出部分原则上不宜超过15厘米，否则会影响到其他陈列的视线；如果采用堆式陈列，则总体陈列高度不能超过80厘米，以免影响其他陈列。

岛式陈列：其实堆头就属于岛式陈列的一种，当然岛式陈列的范畴更大，核心在于顾客可从四面八方不同角度观察到商品，所以陈列的基本要求是四周环绕要通畅，陈列高度不能高于人的观察范围，即不能高于140厘米（有些卖场盲目凸显量感与陈列气势，很多都突破了该上限，已经失去岛式陈列的意义，会带来某种不安全感和拿取不便）。除促销堆头外，生鲜大多也采用岛式布局与陈列；食品应用较多的有散装和乳品陈列；百货和专营店的岛式陈列应用也较广，主要呈现为形态各异的各种展台或展架，让顾客无障碍地近距离接触和体验。

投入陈列：是以随机投入的方式进行陈列，给人以不刻板和随意性，容易形成价格亲民感，比较适于不规则、不易变形和损伤、无须刻意和容易激发冲动性购买的商品陈列，比如鞋服类乱堆式清仓处理，生鲜蔬果类、散装类、毛绒玩具和球类等，特点在于能有效调动起顾客的主动寻找性，极大地激起购买的专注度和提升购物体验感，在某些时候这种不规则性陈列所带来的销售，还会大于规则性的陈列。投入式陈列的关键在于容器的使用，一定程度上是由容器来决定商品的档次水平或价格状况，比如同样是销售散装食品，普通塑料框与玻璃格所带来的价值感完全不同，而如果采用专门定制的异型容器，则更容易引起注意和兴趣（如糖果和茶叶等的圆柱筒式陈列），进而还会在一定程度上淡化顾客对价格的关注。

关联陈列：又称配套陈列，是将不同品类但功效相关或互补的商品陈列在一起，使顾客在购买某商品后方便再选购相关商品，比如购买香烟后顺便需要打火机等。关联陈列的作用是提升连带销售，是方便顾客购物的一种体现。

从广义上来看，布局中的品类衔接就是一种关联逻辑；从狭义上来看，有些商品的功能存在某种相关性，比如香皂与皂盒、鞋油与鞋刷、红酒与开瓶器等，或是某种活动（如户外交通工具、鞋服、露营、野炊和速食等关联）、某种生活场景（如家庭中装修、家具、家居、家用品和家电等关联）、某种共同特征（如保健类的频谱仪、按摩器具、针灸火罐和电热器等关联）及功能性相关（如数码与软件、影音与碟片、灯具与灯泡、汽车与汽油、生鱼片与芥末等关联）等。有些时候会把关联陈列作为一种陈列原则，但关联性其实只是一种陈列技巧或补充，因为其中涉及判断依据的问题，处理不好会把整体结构打乱而使其本末倒置。

入口陈列：入口是非常重要的沟通场景，第一印象往往会影响顾客心中的整体形象。入口处通常需要能代表自身鲜明特色的商品来展示，有些会用美妆类作为主打，有些会用家电数码类或品牌鞋服类作为主打，有些会用当红或当季商品作为主打，也有些会用主题式陈列或直接用惊爆性促销作为主打，等等。对于小型店来说，可能反过来会以生鲜或乳品饮料为主。入口陈列的目的在于第一时间吸引顾客关注，并快速形成某种感觉或印象。不过要注意，在卖场入口区域存在一定的缓冲区，顾客刚进入新环境时，需要有一定的调整反应期，这时往往会无视该区域的商品，所以通常会采用退缩式陈列，或者通过摆放购物车、某种入门仪式、外延销售或使用较强的光照等，来缩短顾客进入时产生的盲区。

4. 场景陈列

目前大多数卖场都是根据商品的某种属性进行商品配置，通过分类集中陈列更便于顾客选购。但在互联网时代下，顾客获取商品信息越来越多元化，使分类集中的意义逐渐降低，而顾客对于购物体验的要求越来越高，因此现在逐渐兴起更贴近生活化的场景式陈列。所谓场景化陈列，简单来说就是依照生活中的某种环境背景，将与之相关的商品集中在一起，通过场景再现而使顾客更具亲近感，通过情景带入更易产生某种联想和参与感，进而激发其潜在的购买欲望。

不管是分类还是场景，都需要进行集中展示，但商品组织的逻辑不同，场景可根据实际生活中的某一局部来展现，比如以厨房为主题，那么相关的就会有厨电类、燃器具类、厨用品类、厨具类、餐具类、清洁类及烹调食品等，通过不同组合可形成不同的主题或风格，并且重要的是顾客在购物过程中感觉更直观，可以很容易地感知实际所需。品类集中的好处在于，当顾客需要某类商品时，在选购时容易进行横向比较，场景陈列则在于能够让顾客直接感知是否适合，以及横向拓展其他关联销售。当今困扰顾客购物的焦点已发生偏移，很多恰恰是由于选择太多，因此情境再现使购买不再是商品之间的比较，而是与实际生活的匹配，在一定程度上可避免虽然觉得不错但实际未必适合的尴尬。

从沟通上来看，场景陈列就是具象化某种应用背景，然后直观地显示出商品在相应环境条件下的真正状况，这样更便于顾客理解，使顾客决策变得更加有形化。如果场景与现实相符，那么顾客更易被带入或产生共鸣，即便与实际不符，也可很好地帮助进行理解，或者变为某种生活方式的呈现，以暗示这才是真正所需的。这里要说明的是，场景与分类陈列并不是对立关系，如果从涵盖的范围来看，场景陈列相对比较笼统，分类陈列则是某种局部场景的细化。场景化可将不同的商品组合进行表现，多方面地充分展现商品特性，同时也更利于差异化的表现。

在具体进行场景陈列布置时，由于所依照的背景具有不确定性，既可是整体的某种生活方式，也可是某一特定范围（如厨房、客厅或花园等），或仅仅是某种主题，因此场景陈列的规模大小较具灵活性——这点很重要，即不要一提到场景陈列就将其变成某种"战役"，其实小到货架上方的简单摆设，也可以做出微缩的场景布置。当然，场景陈列也是有缺点的，多数情况下占地面积较大，从坪效角度来看未必高效，从布置来说也未必有效率。顾客对于较熟悉商品或快销品的选购，分类集中的方式可能更方便。所以，场景与分类陈列应相互补充结合，吸取和借鉴各自优势，对于偏重体验性的商品可适当多应用场景陈列，而对于常规传统的分类集中陈列也可穿插部分小型场景化表现，以增加其丰富和生动性。

（1）商品类型。

场景陈列并不是把相关的商品集中在一起即可，而是各自要承担不同的角色，通过相互配合共同形成某种主题，这样才能最大化地发挥功效。

主力商品：为主要或重点推广的商品，在整体场景中是主角。比如在居家场景中，可以是床品为主力商品，也可以是某种家具为主力商品，或者是灯具装饰为主力商品等，只有确认好主角，才便于围绕它来进行配合与布置。显然，如果主角过多，就容易造成主题混乱，顾客反而不易抓住重点。

辅助商品：就是辅助配合主力的商品，辅助商品既可以同时作为搭配进行销售，也可用来凸显和强化主力商品的销售。辅助的方式或类型很多，常见的就是功能性的辅助（如灯泡是灯具展示的功能表现、各种电源为实现照明的前提条件等），其他的还有衬托辅助（如用高低价商品凸显主力商品）、配套辅助（如卖数码产品时应同时展现周边设备）或反差辅助（如竞品和购物车对比）等。

联想商品：也可理解为关联商品，从顾客角度来看，就是由主力或辅助商品上容易联想到的或受到启发的商品。比如，服装销售不仅有领带、围巾、帽子和饰品等辅助商品（搭配用），同时还会让人联想到其他衣着、鞋子、包类或化妆品等（不同的消费场所），这些如果能够适当地呈现，同样会有额外的销售机会。

点缀商品：点缀商品可以是上面 3 种类型中的任意一种，也可以是其他某种"不搭界"的商品，最常见的就是选取某一非主流商品来进行惊爆性促销，以充分调动或激发起顾客的兴趣，但又不太会喧宾夺主而影响其他销售。

（2）商品组合。

单个商品陈列展示时，往往会局限于商品层面的沟通，但多个商品进行组合性展示时，却可以较好地进行店铺沟通，即便两个卖场所售商品都一样，但采用不同的陈列组合仍会让人有强烈的差异感。场景陈列是实现卖场个性化的重要方式。

宽度组合：是不同类型但又有某种内在关联的商品组合。比如大型的卧室场景中，床品、家具和灯具等就是不同类型商品的组合；又如小型的酒水场景中，红酒、酒杯、开瓶器、冰桶、小食品和桌椅等也是不同类型商品的组合。宽度组合是场景陈列中较为常见的组合方式，与传统的关联陈列类似，但组合更灵活。

深度组合：是同类型中不同规格、品种和花色的商品组合。比如文具类中的本和笔是不同的类型，但本又可分为记事本、日记本、信笺与信封、备忘录、电话本、便签与粘胶贴等。深度组合与分类陈列更接近，并且除了按特性分类外，还可按功效、外观、颜色、规格、包装和价格带等分类，每一属性均可进行深度展开。

主题组合：以某种主题氛围布置的商品组合。主题陈列是卖场常用的方式（如节庆或季节性展示），但陈列形式往往比较单一或呆板，更多的是集中起来然后加以一定的装饰。场景陈列首先要求对商品进行轻重主次之分，然后用个性化布置来加以凸显，在局部营造出小的主题，最后综合衬托出大的主题。

意境组合：与主题陈列类似，但所要表达的有时并没有明确指向，而是某种生活方式、格调或品位等的展现，比如浪漫、温馨、休闲、健康或潮流等的表达与传递。意境组合往往并不追求商品的丰富度，而是通过陈列和环境布置等引发顾客更多的想象。意境组合多应用于百货和购物中心场所，往往更易传递某种信息。

品牌组合：其实可以理解为一种特殊的品牌专营店，只是规模有差异，并且不是所有品牌商品都要进行罗列。通过场景化的巧妙布置，可将品牌在实际生活中的表现用场景呈现出来，能较好地展现品牌宣传的作用。

六、促销管理

现代市场营销中，销售主要有两种模式：一种是推销模式，主要通过人员和业务推广等方式，将产品由生产逐渐推向消费者；另一种是拉动模式，主要通过广告直接将信息传递给消费者，通过刺激形成某种需求进而反向拉动销售（推销与拉动的关系见图14-11）。促销就是经营者发出与消费相关的信息，把信息传递给目标对象或受众，以影响其态度和行为的一系列活动。促销除了传统的推销外，更重要的是在于信息传递，因此市场营销学将促销归为沟通的范畴，舒尔茨就指出，促销即传播。对于零售来说，促销是动态的顾客沟通行为。

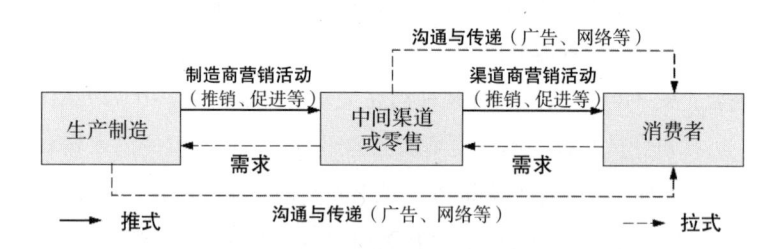

图 14-11 推销模式与拉动模式

促销按时间性可分为特殊性和例行性促销；按目的性可分为竞争性、促进性和推广性促销；按主题可分为季节性、年节性、开业性和庆典性促销；利维则把零售促销分为广告、销售促进、宣传、店内氛围和视觉营销5种类型。根据沟通的受众范围和付费状况两个维度，促销可分为人员销售/服务、口碑/评价、广告/推广/环境/氛围、宣传/网络/公共关系4种类型（见图14-12），其中从控制性、灵活性、可信度和成本因素来看，各类型促销的表现各有差异。

	零售促销类型		控制性	灵活性	可信度	成本
有偿	公众	广告	☆☆☆☆☆	☆	☆	☆☆☆
		推广	☆☆☆☆	☆☆	☆	☆☆☆
		环境	☆☆☆☆	☆☆	☆☆	☆☆☆
		网络	☆☆☆☆	☆☆	☆☆	☆☆☆
	个人	人员	☆☆☆	☆☆☆	☆☆☆	☆☆☆
无偿	公众	宣传	☆	☆☆	☆☆☆	☆☆
	个人	口碑	☆☆	☆☆	☆☆☆	☆

图 14-12 按沟通方式划分的促销类型及特点

1. 销售促进

市场营销中，促销主要包含广告、公共关系、人员推广和销售促进4种类型。由于发起者的市场角色不同，零售促销的侧重点会有所不同，比如市场营销中广告具有极其重要的地位，但在零售中销售促进才是重点。销售促进是通过营销活动来刺激购买或推广销售的行为，具有促进销售、提升市场占有、打击竞争和推行新品等作用。销售促进可有效地推动销售，活络卖场氛围，吸引更多的顾客及刺激其他商品购买，同时也是树立形象、打造差异化和抵御竞争的有效手段。

（1）促销规划。

销售促进主要有销售竞赛、游戏互动、奖励与礼品、样品与试吃用、赠品、特殊陈列、优惠券与赠券、示范表演、回扣反馈、以旧换新、积分和价格折让等，根据所要达到的目的不同，采用的方式各有差异，需要根据自身状况、顾客状况、商品特性、目标、竞争和市场等因素，来综合制定出促销计划和方案。

第一，确定目标。

促销的目的主要有促进销售、提升业绩、提升竞争力、稳定老顾客、增加新顾客、提升客流量、提高客单价、强化形象、提升知名度、新品推广、季节调整和处理库存等。有些有一定的关联性，通过实施某一目标便可同时完成另外的目标，比如强化价格形象，通常都能较好地提升客流量、知名度和业绩等。有些目标间则有一定的矛盾性，可能相互抑制或损害，比如同样是强化价格形象，却可能会使毛利受损。因此，在确定目标时需要综合考虑权衡得失，不可盲目或不计代价。

从购买来看，顾客进店后通常会经历"认识—了解—喜爱—偏好—信任—购买"几个环节，因此可调查了解顾客在各环节中的实际情况，针对某些环节采取专门性的动作。比如顾客到店后，前面几个环节的表现还正常，就是到最后的购买转化率较低，这时就需要找出相关原因，然后有针对性地改善，而促销通常是能够立竿见影的手段。在确定目标时，目标要尽可能地可被量化，反映为某些具体数据表现，这样才便于后续步骤的确定和追踪最终的实施状况。

第二，确定预算。

销售比例法：通常是以年度为单位，根据总体销售预算来确定总的促销费用预算，然后根据促销计划进行分摊，也可根据每次预估的销售目标，按一定费用占比来计算出相应的促销费用预算。这其中的关键点是促销费用占销售额的比例，如果是长期经营，可参考原来实际发生的数据来确定，如果是新店，则通常参考行业的常规比例（如超市一般为0.5%~1.5%）。用销售比例法较为简单直观，可有效避免出现费用失控的现象，销售与成本之间的关系也比较清楚，但缺点是容易造成僵化而投入不足，对于市场的应变相对比较迟滞。

目标任务法：重点在于促销的目标，然后再来确认所需费用，这样可避免为费用而促销的状况，将重心聚焦于所要达成的目标上。但缺点是容易造成费用失控而影响最终的效益。现实中通常的方式为，先以目标任务为主导，计算出所需的实际费用状况，然后再反推核算与目标要求的对比状况，如果偏离正常的幅度较大，则应检视是否哪一环节出了问题，进而及时调整。

量力而行法：基本前提是在自己财力允许的范围内来确定预算，即便有相应的促销费用空间，但原则上也不会超支使用，如果没有相应的预算，则以当时的财务状况而定。这种方法相对比较保守，当本身销售状况不理想时，容易堕入无法有效突破而又更不敢投入的恶性循环之中。

竞争对等法：是根据竞争者的行为来增加或减少预算，即必须保持与竞争者有对等的发言权，因而会紧跟竞争者促销状况而及时应对。这种方式其实谈不上所谓预算，或者说预算仅是作为参考，主要还是根据实际状况而临时确认，优点是对市场反应较为快速敏捷，缺点是相对处于被动，且原预算可能会失控。

第三，确定时间。

时间长短：除了有些是以累计方式（如积分）来进行外，其他促销原则上最长不超过一个月，因为促销效果会逐渐递减，最终所产生的效益将无法弥补其成本。常见的有限时（秒杀）、当日（特价）、周末、每周和半月等几种促销时长。促销时长与降价幅度呈负相关，即降价的幅度越大，促销的时长就应越短，降价幅度越小，则可适当延伸其时长。对供应商而言，降价幅度越大，意味着利润可能会倒挂，因此很难支撑较长时间或大量供货；降价促销主要还是在于吸引关注，但时间过长反而会影响原有的形象；顾客对于大幅降价且限时限量，通常会比较理解，因此容易激发购买欲望，如果降幅较大却没有相关限制，反而容易对正常售价的合理性产生怀疑。电商仅用限时方式效果不大，还需增加限量的维度才有作用。

时机选择：一是根据季节，在应季或反季时促销；二是根据节庆，借助节庆主题促销容易取得较好的效果；三是根据年度销售规律，旺季减弱促销，淡季则强化促销；四是根据发薪日状况，发薪日前期强化促销，之后可适当减弱力度；五是根据事件，比如针对天气变化、社会事件、考试、假期、运动会或停电停水停气等状况，都应及时安排应对；六是根据竞争者行为，特别是对于敏感性商品，要有积极的应对措施，以免得罪现有的顾客。

频次选择：通常以年度为周期，同一商品的促销次数需控制，总体以不超出4次为准，对于低频消费品类则原则上控制在1~2次。对于促销频次的控制，关键在于消费节奏的掌握，比如台塑集团创始人王永庆早期在做大米销售时，就分别记下了各家各户的人口和购买数量等情况，然后计算出大概的消费时间，因此推销的成功率远高于其他同行。可能有人会说，促销频次只是一种理想状态，因为市场上的其他竞争者并不会依照你的销售节奏，而一旦竞争者促销时，通常节奏都会被打乱。这确实是比较棘手的问题，关键要看商品的可比性，可比性越高被影响的程度就越大，主要的解决方式是差异化、错期促销、陈列调整、替代竞争或加大覆盖等。

准备时间：准备与顾客并无直接关联，却关系着促销效果好坏。事实上一次正常促销至少需要三个月左右的准备，重大促销活动安排则至少需要提前六个月准备。就某种程度来说，促销效果好坏与准备时间呈正相关，因为只有资源获取难度越大，才越容易给顾客带来惊喜感，而资源获取难度越大，则意味着需要花费更多的时间和精力，有些甚至可能要提前一年以上就得开始布局。

第四，确定目标顾客。

多数情况下促销与店铺的目标顾客相同，但针对不同的促销目的还是会有一定差异，而只有明确促销的受众，才能合理确认促销品项和方式等。比如生鲜促销中早上和下班后的客群截然不同，对于品质、价格和包装等要求差异较大，早上的客群对价格相对比较敏感，喜欢挑选和占小便宜，下班后的客群并不要求价格有多劲爆，但对于品质和服务等比较在意，对组合式促销更为欢迎。

第五，确定主题。

促销主题是对于为何要做促销及主要思想最直观和综合的传递。也就是说，顾客在接受促销时，是需要有相应理由的，否则就会感到唐突或莫名其妙，甚至怀疑促销背后的真实目的。虽然常言道"贵有贵的道理"，但同样便宜也是需要有理由的，只有顾客接受其合理性，才会认同促销的活动内容。促销主题通常都需要依附一定的背景，比如节庆、季节、开业、出清或事件等，这样认同度就会相对较高。即便是借口、由头或噱头，也必须要让顾客感觉到合理性，如果较为牵强则往往难获成功。比如"双11"就是由所谓"光棍节"而全新造出的购物狂欢节，但之后"6·18"等就仅是跟随行为，因此只能在细分市场方面来做文章。这从侧面可以看出，促销主题就是与顾客的某种沟通对话，是用最简洁的方式来告知活动的目的、意义和利益等，所以主题设定既不能显得无厘头或唐突，也不可墨守成规，在基本合理的基础上，要有一定的新意才能有效吸引顾客，从而取得较好的促销效果。

第六，商品确认。

商品是一切行为的载体，要达到促销目的，就离不开合适的商品选择，商品本身是否有吸引力，是促销成败的关键。另外，虽然促销很多时候都是通过价格来表现，但底层逻辑是在于价值性，因而切不可本末倒置为价格而促销。这样即便产生购买，也是在透支顾客的信任度，比如有些把价格定得极低，但商品质量令人堪忧，这样只会增加抱怨和不信任感，等到真的价廉物美时却可能持币观望，这也是为何有些促销力度较大，但促销效果越做越差的原因之一。

第七，促销方式。

零售促销主要有互动、折让、奖励、赠予、体验和累积等方式，其中降价折让的效果最为显著，但缺点是易引发价格竞争。所以根据不同的目的、商品特征、市场和竞争等，可以选择不同的方式并进行灵活组合，以避免堕入单纯的价格战之中。比如，以提升形象为主或商品初期投放市场时，可采用体验的方式；针对可比性较弱的商品，可采用人员促销的方式；针对消费频次较高的商品，可采用累积的方式等。促销与目标和促销组合的关系，如图14-13所示。

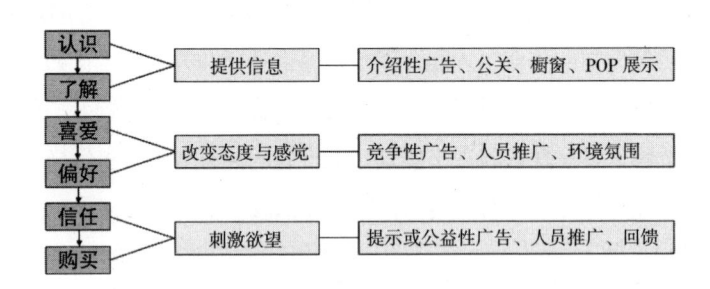

```
认识 ┐
    ├─ 提供信息 ─── 介绍性广告、公关、橱窗、POP展示
了解 ┘
喜爱 ┐
    ├─ 改变态度与感觉 ─── 竞争性广告、人员推广、环境氛围
偏好 ┘
信任 ┐
    ├─ 刺激欲望 ─── 提示或公益性广告、人员推广、回馈
购买 ┘
```

图14-13　促销与目标和促销组合的关系

第八，促销宣传。

当促销活动确定后，如何让顾客知晓是促销沟通的关键，较为常见的有媒体广告、DM投放、卖场海报、人员宣传、派发宣传单、车身广告、店内广播、户外和网络宣传等方式。总体而言，投放效果与受众面呈正相关。在当今的市场环境下，传统媒体的影响力会越来越弱，新兴的网络媒体力量日益凸显，社交媒体成为重要的沟通手段，现代传播是传统店商需要尽快弥补的短板。

第九，相关应用工具。

促销商品计划表（见表14-6）：主要是帮助理清各档期之间促销品项安排的关系，以避免重叠或冲突。

表 14-6 促销商品计划示例

档期	时间	主题	品项计划				备注
			类别1	类别2	类别3	……	

促销活动计划表（见表 14-7）：主要是在各档期中明确各部门的工作重点和相关配合，使促销有计划按步骤地进行。

表 14-7 促销活动计划示例

档期	时间	促销主题	促销活动	活动形式	部门重点			涉及品牌	备注
					××部门	××部门	××部门		

促销活动规划表（见表 14-8）：主要是针对当期的促销，规范具体的实施操作和行动指南，是总体的促销活动计划的细化与实施。

表 14-8 单次促销活动计划示例

项目	内容	说明
促销主题		
促销时间		
促销方式		
活动配合		

续表

项目	内容	说明
商品特卖		
陈列要求		
试吃试用		
氛围布置		
厂商配合		
媒体应用		
其他		

（2）促销作业流程。

促销企划：主要是确定促销目标，分析商圈内的顾客和竞争者动向，提出促销企划方案，其中包括时间、地点、预算、方式、人员和宣传等方案。

会议确认：促销主要涉及企划、采购和营运三方的协调运作，因此需共同确定促销目标、主题、时间、方式、宣传、人员、商品、进货和陈列等，其中焦点在于商品、价格和销售的确认，并且要落实到具体的任务指标上。

商品组织：根据会议确定的商品方向和范围，采购需积极联系供应商进行洽谈，按时、按量、按质地组织和准备商品，为目标达成提供有力保障。

相关确认：采购最终的谈判状况需要进行确认，如果未达要求则要准备补充备案（其实即便达到谈判要求，也应有最终销售未达效果的应急备案）；营运明确具体商品后进入准备阶段；企划进行相关宣传作业阶段。

实施阶段：在促销生效之前，营运要将商品进货并进行有效陈列，同时更换POP、海报及价格卡等，如果涉及人员推广还要进行促销和商品知识培训，如果需要试吃试用等则需准备相关物料和道具；企划要进行宣传投放、店内氛围布置及相关道具的准备等，如果涉及活动配合则需准备场地布置和物料，及相关的人员培训；采购则要密切关注市场动向，根据计划确保货源。

追踪评估：促销实施中要密切关注与追踪，当与预期发生偏差要立即应变调整；促销结束后需进行相关评估，主要有目标评估法、比较法和调查法等，目的在于总结哪些做得较好的以便继续保持，哪些较欠缺的其原因何在，并且提出整改方案，以免今后再犯同样错误。相关的促销检查追踪，如表 14-9 所示。

表 14-9　促销检查追踪示例

类别	内容	结果反馈	评分
促销前	促销宣传单、海报、布标、POP 是否准备妥当和按时按量发放		
	卖场人员是否都能知道促销活动及时间等		
	促销商品是否已按要求订货		
	价格是否按要求进行变动，相关标识和价卡是否已准备到位		
促销中	商品是否准确到货		
	是否按要求进行相关陈列		
	价卡和其他标识是否已到位		
	配套商品或试吃试用品是否到位		
	促销氛围是否活跃或达到要求		
	卖场人员是否都能清晰掌握促销活动要求		
	人员推广是否积极主动		
	店内是否定期广播促销信息		
	促销出现变化时的灵活应变能力状况		
促销后	促销相关的海报、POP、布置等是否已及时更换		
	商品价格是否及时恢复原价		
	商品陈列是否及时调整并更换或恢复原状		
	未销完货品的退货或其他方式处理		
	达成检讨		
合计			

（3）促销形式。

零售促销非常灵活多变，根据不同的目的、主题、时间和规模等，可衍生出很多不同的促销形式或类型。常见的促销形式与种类，如表14-10所示。

表14-10 常见促销形式与种类列举

形式	种类	举例	形式	种类	举例
定价促销	统一价促销 特价促销 满额促销	统一折扣/均一价 直接降价 满就送/满就减	活动体验促销	活动促销 体验促销 演示促销	游戏/猜谜/比赛/抽奖 征集试用/活动参与 现场演示/试吃试用
纪念式促销	节庆式促销 会员式促销 纪念日促销 特定周期促销	春节/中秋 会员日/购物成会员 生日免单/店庆特惠 限时免单/折扣日	名义主题促销	首创式促销 主题性促销 公益性促销 平台活动 联合促销	独家/专利 家居节/婚庆展 扶贫/救灾 聚划算/"双11" 异业联盟
			回报促销	免费式促销 回扣返利促销 拼单折扣促销	免费试用/免费送 积分兑换/会员价 团购/凑单优惠
奖励促销	抽奖式促销 互动式促销 优惠券促销 退款促销	幸运顾客/吃完有奖 签到/收藏/分享有礼 优惠券/抵用券/折扣券 不满包退	借力促销	时事热点促销 明星促销 依附式促销	产地丰收/寒潮 明星代言/名人合照 冠名赞助
			临界促销	极端式促销 最低额促销 最高额促销	全网最低/全球首发 最低×折起售 最高封顶/最高奖励

续表

形式	种类	举例	形式	种类	举例
附加值促销	服务性促销 承诺式促销 故事式促销 口碑式促销 排名式促销 品牌促销	包邮/以旧换新 买贵双倍退差价 现身展示 邀请/评价/集赞 销售榜单 品牌优惠/故事分享	限定式促销	限时促销 限量促销 阶梯式促销 限客促销	秒杀/当日限价 每人限购/总量限制 不同数量折扣 限制会员
			引用式促销	卖点促销 特性促销 对比促销 新品促销	独特功能/专利技术 好评率/回头率/推荐率 使用对比/购物篮对比 新品优惠/免费试用
组合促销	搭配促销 礼品促销 惠赠促销 捆绑促销 连贯促销	额外赠品/组合 专享礼品/定制 送红包/送积分 捆赠/充值送流量 第二件半价/积分兑换	指定促销	指定产品促销 指定对象促销	买A送B/加1元多1件 新客优惠/生日免单
另类促销	悬念式促销 反式促销 通告式促销 稀缺性促销 模糊式促销 视觉促销 错觉促销	不标价/竞猜价 只卖贵的/永不打折 指定日/买贵退差价 限时限量/绝版/独家 自主定价 整版头条/巨幅海报 买一得二/折上折	时令促销	清仓甩卖 季节性促销	关店促销/反季促销 清凉夏日/火锅节

有些促销形式在多个地方都有出现，因此具体应用时需综合目的性、时间性、商品属性和业态差异等进行匹配：购物中心比较适合采用展示展览、互动体验、活动参与、演出、抽奖、全场均价和会员积分等形式；大型超市或大卖场比较适合体验参

与、游戏活动、会员专享和抽奖等形式；社区超市的促销不宜太复杂，以直接价格和保持黏度为主；便利店有些促销如临界和限制等并不适合，价格影响力也有限，采用保持黏度的促销更有意义；专营店则尽量以提高独特价值和较极端的方式更为有效。

（4）促销选品。

在零售中，"商品是本，价值是魂"，所以促销成败的关键就在于是否选到适合的商品，以及能给顾客带来多少价值。卖场是否具有活力，促销扮演着极其重要的角色，一般而言，中大型超市的促销份额占总销售额的25%～35%，便利店占10%～15%，专营店跨度较大，总体占20%～40%。促销占比过高容易导致毛利失控，过低则表示缺乏吸引力。

在整个促销活动中，选品是最为核心的部分。很多商家都会有相关的促销计划，但大多为如何选品所困扰，很多时候都是疲于应付或交差了事。对于如何选品，事实上没有标准模式可言，且促销与正常的选品并不太一样。一是促销选品更偏重短期效应；二是要配合和服务于整体的运营，而非特立独行，比如定位于品质生活，就不宜频繁采用大幅降价折让或单价过低的商品促销，这样并不利于商品形象的建设；三是要带动整体销售节奏，如果促销与正常销售之间缺乏有效的关联，那么促销即便做得再好也帮助不大。总之，促销与正常销售应为相辅相成的关系。

对顾客而言，促销是一种非例行性、短期和具有明显目的的活动行为，是卖场整体形象评判的要素之一，但不可本末倒置变成为促销而购买，否则对于正常品可能将不再信任（折扣店给人感觉随时都在促销，但其实只是营造出的特殊氛围）。

第一，考虑因素。

促销目的：不同的促销目的，选择所承载的商品肯定不同。比如，需要增加来客，那么主要是选择一些日常生活中价格不太高且具有一定敏感性的必需品；如果需要提升客单价，重点选择的就是一些高单价和组合性商品等。

毛利策略：如果是利润导向，民生类敏感商品要尽量少选，应以可比性较弱的新奇特商品为主；如果是竞争导向，则可多以民生类商品及价格手段为主。

目标顾客：其决定着商品的定位。比如，周边以办公区为主，目标顾客主要为白领，那么商品就需有一定的品质感和格调，但又不能偏离主流；如果以企业或工厂区为主，目标顾客主要为工薪阶层，那么商品就会偏于实惠或物美价廉型，组合性或大包装商品较受欢迎；如果以校区为主，所面临的顾客主要为学生，则商品以新奇特、具有一定个性，但总体价值又不是很高的较为适合。

商品特性：不同商品所适应的需求不同，即便是相同品类，特性不同，受众也会有很大差异。比如同是大米促销，就并不一定都能吸客，像进口泰国米的受众就会小很多，不过却能有效地针对追求生活品质的顾客。

时间因素：在节庆或季节变换前，主要是诱导和启发顾客消费，商品以齐全为主，尽可能提供多种选择，价格仅为辅助和配合功能；季节陈列一种是先选取部分有代表性的商品陈列，然后再逐渐扩大商品范围，另一种是先全部上齐，然后逐渐淘汰销售不畅的商品；如果是发薪前，则要尽量安排价格降幅较大的必需类品项。

第二，选品原则。

功能角色：由于促销目的、目标客群和商品特性等的不同，可将商品按一定的类型定位（如形象商品、集客商品、销量商品、关联商品和毛利商品），以便于"照单抓药"而减少偏差。有些用降价幅度来定义形象、销量和毛利商品，但其实还不够准确，比如非食类品项有些可轻易地降价40%～50%，但可能连销量商品都达不到，而粮油类如果降15%就已经很有效果，因此主要还是以市场和竞争来综合判断。

相互配合：当有较大的让利幅度时，就要注意选择其他能够保持一定毛利的商品；促销时要注意各类别的均衡性，过于偏科集中于某品类，容易出现自己相互竞争的局面；商品档次也需要搭配，忌讳过于集中于某档次商品，这样所吸引关注或进店的客群也就相对单一；从纵向时间性来看，重点商品应适当地均衡分布于各档期，过于集中某档期容易出现之后的档期吸引力下滑的现象。

比例控制：从总的层面来看，需要控制促销占比，过高过低都不利于节奏的把控。同时，在具体的选品上也存在一定的比例关系。比如集客商品的品项数就要少；形象商品的品项数应少而精，如果以品类出现可能更有效果；销量商品应选平时就有一定销量的品项，数量适中即可。从具体的比例来看，主力商品占5%左右，销量商品占45%左右，毛利商品占50%左右。对应于ABC管理法，主力商品主要集中于A类，销量商品和毛利商品主要集中于B类，C类则要慎选；原则上不宜用滞销品进行促销，其风险较高且成功率极低。

弹性与敏感：理论上弹性高的商品在做促销时效果较佳，但此类商品通常属于非必需品，如果加入时间因素，则促销效果会随间隔短而降低，比如锅碗瓢盆显然不可能频繁更换，对于这类商品就要清楚并不能完全依赖于弹性，而是应在差异性、新奇特和场景诱导等方面激发更深层的需求。民生品或日用品类的消费频次相对较高，虽然弹性低却比较敏感，因此价格促销往往更易引起关注。随着消费频次、时间性和敏感性等因素的加入，与传统经济学里的弹性表现有较大出入，因此不能简单地套用，而是应以顾客实际感知或用顾客思维来确认商品。

合理频次：对于高频消费商品，可适当增加促销次数，但原则上以年为单位应尽量不超过4次；对于低频消费商品，年促销次数1~2次即已足够。

业态类型：大型综合店基本都要照顾到品类的宽度和深度，普通综合店多以品类宽度为主，专营店多以深度为主，便利店则以品类中具代表性的商品为主。

（5）促销陈列。

促销陈列与正常陈列明显不同，通常会做明显区分或单独陈列，应用较多的是堆头、花车、端头和墙式（即便在正常货架内，仍可通过特价卡、POP、摇摇牌和扩大陈列量等特殊布置来进行促销陈列，虽然效果比单独陈列弱，但还是能拉动销售和起到活络氛围的作用）。基本的陈列原则和注意事项如下。

第一，单位面积内陈列的品项不宜过多，以单个栈板、花车或端头为单位，品项原则上不超过两种（不同口味、花色或尺码等为一种或一个系列）。

第二，除一些高价值的和较大体积的商品外，促销商品原则上都要进行量感陈列，其中主要有直接落地式和有道具垫底的堆头式两种陈列方式，如果是不规则或散装品类，主要可采用鱼池式的堆积或投入陈列方式。

第三，不管是独立的还是端头的堆头式陈列，商品展示的有效高度都为80~160厘米，如果采用梯形堆垛或促销墙陈列，其后方的高度可超过180厘米，只不过后面的区域都为形象展示区，所以要确保前面区域的有效拿取高度。

第四，独立堆头的形状并没有固定或绝对要求，常见的有圆形和方形两种，基本可适用大部分商品的陈列。为凸显视觉效果，在不超出区域范围时可采用异型堆陈列，特别是可结合促销商品的外形和相关主题等来做，比如饮料类采用柱形陈列、端午采用龙舟造型、春节采用年货大街造型等，都有较强的暗示效果。

第五，促销陈列区之间同样需要注意品类的衔接性，以避免过渡唐突，比如食品与清洁品相接、洁厕品与个人清洁品类相接就不太适合。

第六，促销陈列的同时必须要配合进行POP、活动告示、促销价卡和相关的氛围布置（如增加围板、地贴和吊坠装饰等），有时为配合主题或场景等还需要做特殊造型，以及增加试吃试用等体验性的活动。对于新品或其他推广性的促销，应注意保留一定的活动和体验空间，以便于顾客驻足。

第七，任何促销陈列都忌讳长期不变，通常在经过一周后其销量都会滑落一半以上，所以基本上应以不超过15天为界。

第八，有时会有临期或品质有瑕疵的商品等进行临时性的促销或处理，这就需要单独进行陈列，不能与其他正常促销品混在一起，并且要配以明确的标示或说明做明显告知，以示区别于其他的促销。

2. 广告促销

广告就是通过各种媒体，向顾客或消费者提供有关店铺、商品、价格、服务或形象等信息，以影响顾客态度等非针对于个体的顾客沟通。传统广告的传递具有单向性特征，更多的是作为拉动模式的应用。广告按目的性可分为商品、声誉和公益等类型，按内容可分为开拓、竞争、提示和公益广告，按性质可分为企业、品牌、分类、主张和特价广告等。广告媒体主要有电视、广播、报刊、邮寄、传单、POP和网络等。零售的广告应用较少针对单品宣传，主要是对企业、活动和价格等信息的传递，因此时效性不会长，应用较多的还是橱窗、DM和POP等。

（1）广告决策。

确定目标：与促销目标一样，广告目标也具有多样性，常见的有产品或服务告知、增加销售、提升客流、明确定位、形象宣传和发展品牌等目标。

参与规划：广告策划具有一定的专业性，通常需要专业机构或人员参与其中（稍具规模的企业通常都会有企划部门，专门负责广告事宜）。在确定广告时，要能体现目标、基本信息、诉求形式、广告时间和广告设计等内容。

选择媒体：广告媒体总体分为印刷、电子和其他等（各广告媒体特性见表14-11），在选择时主要考虑成本节约和良好到达率，影响媒体选择的主要有商品特点、顾客接触习惯、媒体传播范围与频率、媒体信誉特征和媒体成本等因素。

表14-11 零售广告媒体特性

媒体类型	传播范围	时效性	传播方式	普及程度	接收方式	价格成本	注意度	更新速度	互动性	传播速度
网络	全覆盖	实时	多媒体	中	主动+被动	低	高	即时	高	快
平面	区域	滞后	文字/图片	慢	被动	中	中	慢	低	慢
广播	区域	实时	声音	快	被动	中	中	中	低	快
电视	区域	实时	图文/声像	快	被动	高	中	中	低	快

编制预算：在总的促销费用成本中，广告所占的份额较大，需要综合考虑目标、

时间、活动和商品等因素合理确认预算。

效果测定：如果目标是增加销量，那么只需直接测评销售增幅即可，增幅越大表明广告效果越佳。但实际上影响销售的因素很多，单纯以销售结果来评估广告会有问题，还需对广告本身的效果进行测定，即以广告目标顾客所引起的心理效应的大小为标准测量，包括对商品的注意、兴趣、情绪、记忆、理解和动机等，主要围绕知名度、注意度、理解度、记忆度、视听率和购买动机等项目展开，常用的主要有直接测试法、记忆测试法和价值序列测试法等。

（2）橱窗广告。

线下实体的橱窗为临街店面的特殊展示形式，橱窗广告具有真实、直接和现场的特性，通过陈设以吸引注意、激发兴趣和促使产生欲望或冲动，同时还能有效提升店铺形象。当越是需要体现心理或精神价值时，橱窗就越重要。

陈列类型：橱窗陈列通常有专题陈列法、特写陈列法、系统陈列法、季节陈列法、节庆陈列法、展示卡片或照片陈列等类型。

遵循规则：橱窗横向的中轴线与顾客水平视线要一致；要与店内的整体风格相适应；主题要鲜明并且一目了然，切忌主次不清；忌讳商品繁杂堆砌；既注重整体效果又要局部突出，重点商品应在视线集中的地方，远看时整体形象感强，近看时则商品凸显；保持清洁卫生；应定期更新；保持足够的光线或明亮度。

主要要求：反映店铺经营特色；能使顾客产生兴趣和激发欲望；通过层次、形状、色彩和灯光等的综合应用，凸显诉求主题，并具有较高的艺术品位和欣赏价值；用场景化布置来引发顾客共鸣；通过情节、风格、构成、寓意和模拟等艺术化展示，提升和强化第一印象；根据客流动向设定橱窗位置；强化商品展示效果；巧用辅助设备，凸显商品的舞台效果；灵活应用照明和色彩。

需要说明的是，有些店门面较小，只能为全开放式，因此店内的整体陈设和布置应为"大橱窗"的概念，以使顾客能直观地感受到相关信息。

（3）DM广告。

DM意为直邮广告，早期主要通过邮政方式将广告直接送达给受众，现在由于报刊萎缩较大，所以更多的是采用直接派发或投递到户的方式。

种类：按内容和形式可分为优惠赠券、样品目录和小型海报等，按传递方式可分为报刊夹页、直接寄送和人员派送等，目前电子式的应用更普遍。

特点：覆盖范围可大可小，广告时间可长可短，因此相对容易掌控；具有明确的目标顾客指向性；整体费用相对较低；广告的顾客接受度相对优于其他广告；广告策划和制作比较灵活并能快速应变；广告效果相对容易测量；较易产生广告反馈。

主题：常见的有新品推广、商品介绍、展览发布、折价促销、开业或店庆等纪念性销售、事件主题销售、月度或季度推广和节庆销售等广告主题。

DM 广告的关键在于实际投放状况，而其中又在于顾客资料（包括姓名、性别、年龄、电话、住址、婚姻状况、家庭背景、职业、服务单位、职位、收入、住房状况和相关消费等）的掌握，线下通常采用赠品或抽奖、联谊会和优惠券发放等方式直接进行收集，或者通过商圈内人口统计调查、交通状况及乘客流量、竞争状况和店铺地理环境特色等间接了解潜在顾客信息。

（4）POP 广告。

POP 是一种卖场内促进售卖的广告形式，与商品、服务或销售相关的指示、标牌、价卡和引导牌等，都可称为 POP 广告。POP 是最主要的店内广告形式，根据国外经验表明，当相同问题被顾客提问 5 次以上，或新品推广、自有品牌、特卖商品和推荐商品时，就需要使用 POP 广告。

功能：主要有价格标识、新品告知、唤起潜在购买意识、提供信息、无形推销、配合宣传、营造气氛、塑造形象、提升业绩和引导指示等功效。

性质：从总体上来看，POP 广告分为销售性和装饰性两种大的类型，具有不同的功能和使用方式，相关对比如表 14-12 所示。

表 14-12　销售性与装饰性 POP 的对比

	销售性 POP	装饰性 POP
功能	代替店员出售商品，帮助顾客选购，促进顾客购买欲望	制造店内气氛，不具体针对商品
种类	手绘价目卡、拍卖 POP、展示卡等	形象 POP、消费 POP、小旗子等
使用时间	一般情况下使用时间较短，只在特价或拍卖等使用	使用时间相对较长，具有一定的季节性
表现方法	不宜用太多色彩，字体要容易识别	多用卖场形象色彩，常用中间色，多采用具有个性的数字和文字
展示方式	采用较大纸面，突出动感，主要为直线形式表现	留有充分留白，比较讲求曲线美
展示内容	主要为价格、品名、说明等，力求通俗易懂	主要为品牌、商标、企业标识、企业名称等

分类：广义的POP广告是一个庞大的家族，包括卖场的各种广告形式，由于不同形式的广告所起作用不同，需要进行相关分类，主要分类如表14-13所示。

表14-13　POP广告分类

分类	内容	应用
位置	店头	招牌/看板/橱窗/旗子/布幕
	店内	专柜/场地/特卖/廉价/告知/氛围/陈列箱/海报/广告板
	陈列	展示卡/牌架/分类/价目卡
形式	招牌	门头/布幕/旗子/横幅/电子屏幕
	货架	吊旗/立牌/摇摇牌/指示牌
	招贴	海报/地贴
	悬挂	气球/吊牌/吊旗/空盒/装饰物
	标志	店内指示/服务标志/分类标志
	包装	赠品/礼品/分装
	灯箱	货架/壁面/柱子/门面
内容	印象	季节性/流行性/时尚性/质量/材料/品牌
	店铺方针	店铺规模、格调、信用/公共关系/信誉/付款
	激发欲望	价格/便捷/经济/使用/优越性
	展示活动	展示宣传/传单/店内广告
	售后服务	操作知识/组装方法/加工流程/售后维修与保障
	摆放	价签/探出式/弹簧式/手册支架/促销笼车/顶置式/围绕式
	功能	说明/特价/重点品/品尝试吃
形状	增加设备	门面装饰/店招/橱窗展示/壁面广告/柱子广告/楼梯广告/收银和客服区广告
	充实空间	雕刻/布幔/窗幕/吊旗/垂挂物/海报
	陈列相关	自放机/模型/活动广告/柜台广告/地贴广告/围挡广告
	固定商品	固定陈列/固定广告卡/固定特定品
主体	店铺自办	店面装饰/指示牌/特别广告/海报装饰/标价广告/说明广告
	厂商提供	商品广告/企业广告/活动广告/品牌广告

设计：在把握零售业态、商品和消费者特征的基础上，体现为3S理念，即Simple（简洁：精选陈述内容，力求简短并快速切入主题）、Straight（直入：要有打动顾客的语言，使用文字灵活并具鼓励性，不适合故事叙述方式）、Strong（强烈：要有强烈、鲜明的个性和魅力，能迅速引起顾客的注意）。

第十五章　PPSC 零售组合

传统市场营销理论主要在于商品如何售卖，渠道或店铺只是其中的要素，因此并无专门的店铺营销概念。但正如前面指出的零售误区那样，零售经营主要有产销和购销两种模式，相对来说市场营销主要适用于产销模式，对于购销模式则并不完全适合，或者说市场营销是以生产为基础的理论体系，更多的是在于产品销售，但购销模式对于具体的商品并没有明确指向，是通过提供不同品类方案来解决问题，因此店铺营销既要以市场营销为基础，但也有自身的运行逻辑。

一、店铺定位与形象

顾客在面对众多产品时，如何才能更有效快捷地了解和识别商品，离不开清晰的产品定位。定位理论由里斯和特劳特所提出，被美国营销协会评为"有史以来对营销影响最大的观念"。其核心思想为：随着商品日趋丰富，必然导致产品和广告等信息爆炸，但人脑接收和处理信息的能力有限，即会有某种防御机制，因此要让顾客能接受、认同以及在脑海中留下位置，信息要越简单越好，并且只有让信息越清晰和指向明确，才越容易在脑海中形成定位；信息传递不是要去辩论好坏，而让其关注和感兴趣才是关键，且认同和留下记忆才是终极目的；只有当处于某种"第一"时，竞争地位才难以被撼动。

同样，顾客在购物过程中，对于店铺会感知到众多信息，进而形成某种判断和评价，而顾客认知和理解的店铺画像，就是店铺在顾客心目中的形象与定位。店铺之所以要进行定位，是因为没有任何店铺能够服务所有顾客，或者说能为顾客提供所有零售服务，因此需要有明确的细分和目标顾客（做减法），才能集中力量满足需求和提供优质服务，而目标顾客的确认离不开明确的店铺定位。由于零售无法聚焦于具体产品，所以只能是综合层面的定位，这样各要素（如商品、价格或形象等）就必须服务于整体要求，进而综合显现出某种协同效应。也就是说，店铺定位必须依赖于各要素的定位，但各要素本身又不能替代店铺定位。

传统零售大都依据位置和商圈来进行定位，或根据经营的商品去寻找与之相适应的位置。虽然互联网使位置的权重降低，但其仍然是线下的重要因素，要求必须紧紧围绕商圈内的目标顾客来运行。比如面向普通大众时，商品档次要以中低为主，价格主打实惠路线，环境和形象应简洁大方，提供适中的服务即可，使顾客不会感到购买压力；如果面对的是精英阶层，商品选择则应少而精，需要体现出某种品位和档次，价格走中上路线，对服务有较高要求，应尽量体现某种个性化，环境和形象是其重点，应体现出较好的质感和某种生活方式；如果目标是年轻族，价格并非首要因素，商品不能过于保守而应凸显新奇特，环境与形象更可自由发挥，最好能营造出某种网红打卡效应，有基本服务保障即可。

实际上，即便是综合型店，因位置地点不同，商品定位也会有较大差异。如果处于交通枢纽区，则应以饮料、休闲、方便和包装类等便捷性的商品为主；如果处于机场码头或旅游景区，则应以旅游休闲品、特产、礼品和箱包等为主；如果处于中心商业区，则食品类的比例可相应降低，甚至可几乎不涉及生鲜商品，而应以百货、服装、针织、玩具、家居用品和数码家电等为主，同时应更多地配合餐饮、娱乐和休闲等服务项目；如果处于居民或社区，则以快销类的生鲜、食品、副食杂货和日用百货等为主。而即便处于同一位置区域，规模大小也会影响商品定位，比如大型超市、社区店和便利店的品类结构和价格等都会有很大差异。

虽然和商品定位一样，店铺也需要在顾客心目中留下某种独特的印迹，但由于零售的触点众多，各种信息极易相互干扰，因此店铺要比商品定位麻烦很多，其中往往是凸显某种要素或主题，或营造某种生活方式来使之共鸣，抑或是通过差异化本身来塑造。比如 7-Eleven 除了餐食外，还有很多似乎互不相关的业务（如咖啡、金融、复印、票务、代收代缴、证件照等，有多达 50 多项服务项目），但所有这些又都是围绕"便捷"在做文章；又如茑屋书店的根本是在于某种生活方式，因此更多的为场景式关联销售；再如盒马鲜生主要针对白领的品质生活，因而商品档次和店铺风格都有别于传统，并开创性地引出了堂食。

定位与竞争密切相关，虽然实力是竞争的基础和保障，但更有效的策略则是打击软肋，因此定位应针对竞争者的弱点，这比告知自己的优点要高效得多，因为人对于负面的恐惧往往要大于对于正面的喜悦（当然针对弱点并不是要贬损对手，更非不正当的诱导，而是在于是否能"取长补短"）。事实上，竞争者的软肋往往也意味着可能存在市场空白，如果优先进入并成为该细分领域的领导者，就可以在顾客心中树立先入为主的印象，这时再强大的竞争者也很难发起有效攻击。有些企业喜欢通过收购的方式来试图控制市场，但问题是顾客心目中的印象并不容易被收购，而如果利用原有品牌的影响，要远比消灭更有利。在寻找市场空白时，常犯的错误是寻找到的是自己认为的空白，或仅是填补了企业自己的空白，而非顾客心目中的空白，因此顾客很难产生共鸣与认同。

对于店铺来说，定位主要体现为顾客所留下的某种印象，因此对于店铺定位也可从形象角度来理解。所谓企业形象，是个体对企业的感知，是社会公众和员工对企业整体的印象和评价，是企业精神与文化的一种外在表现形态，也是通过企业各种标志等而建立的总体印象。马蒂诺区分了企业形象的功能和情感意义：功能性意义与有形特性相关（如可购性、品质、服务和价格等），有形特性相对来说可被测量；情感性意义与心理特性相联系，心理特性表现为公众对企业的情感和态度。情感会主导认知，企业的有形特性往往会经过公众情感性的过滤。

企业形象主要有三个层面：①理念形象，为最核心的部分，包括企业的哲学、宗旨、精神、文化和战略等；②视觉形象，为最外在和最易表现的部分，包括企业的名称、标志、商标、标准字、标准色、象征图案、旗帜、服装、口号、招牌和吉祥物等标识，及环境、店铺、橱窗、办公室、车间、设计和布置等容貌，产品外观与包装、机器设备等；③行为形象，介于两者之间，既是理念形象的延伸和载体，又是视觉形象的条件和基础，是企业组织及成员所表现出的员工素质、企业制度和行为规范等构成的形象子系统，其中又包含内外两个部分，内部行为包括员工招聘、培训、管理、考核、奖惩、管理制度和责任制度的制定和执行、企业风俗习惯等，对外行为包括采购、销售、广告、金融、公益等公共关系活动。

企业形象按表现分为内在和外在形象；按主客观属性分为实态和虚态形象；按受者范围分为内部和外部形象；按评价态度分为正面和负面形象；按媒介渠道分为直接和间接形象；按关注程度分为主导和辅助形象。另外还有：①产品形象，包括质量、款式、包装、商标和服务等；②人员形象，包括领导形象和员工形象；③组织形象，包括制度、政策、效率、效益、信用、服务、保障、规模和实力等；④文化形象，包括历史传统、价值观念、企业精神、英雄人物、群体风格、职业道德、言行规范和公司礼仪等；⑤环境形象，包括门面、建筑物、标志物、布局装修、展示系统和环保绿化等；⑥社区形象，包括社区关系和公众舆论等。

对于零售来说，广义的形象是企业精神与文化的综合体现，是商品、价格、服务、体验、人员和风格等在顾客中留下的总体印象，狭义的形象就是店铺给顾客的直观感受。马蒂诺指出，店铺形象就是店铺在顾客心目中被定义的状况；亨特、罗杰斯、加曼斯、格拉西和凯维尼等认为，店铺形象就是顾客对某店的总体感觉或印象；曼利斯认为，店铺形象是顾客依据总体服务水平、产品质量、价格水平和店内氛围等做出的价值判断；柏曼和埃文斯则指出，店铺形象是由功能（实质的）与心理（情理的）两种要素所组成，这些要素被纳入知觉框架之中，并且决定了顾客对某店的整体期望。

需要说明的是，对于店铺形象而言，顾客与店铺二者之间既相互作用又相互影响，即店铺所有的行为活动都是构成形象的基本要素，但究竟具体如何又是主观感知的，并且每个顾客所形成的形象也有差异。就顾客个体而言，顾客态度是对店铺某属性（如商品、价格、品质或服务等）的认知倾向，店铺形象则是对这些属性做出的完整或综合的评价。顾客态度既会随着属性特征的改变而改变，也会左右形象的形成，而店铺形象一旦形成后，便会在顾客的头脑中长期稳定地保留。这就要求店铺必须随时审视自己的每个细节，积极和主动引导顾客形成符合店铺期望的认知，进而产生正向的态度或倾向，最终影响形象的形成。

店铺形象的这种既客观存在又依赖主观判断的特性，在实际操作中往往会感觉不太容易把握，但如果将人与店铺的这种关联比喻为人与人之间的交往，就容易直观理解。比如在与陌生人交往时，通常是先观察衣着和装扮等外表形象（如同店铺的位置、装潢、环境、卫生和陈列等），然后通过观察言行举止（如同店铺的各种活动、促销和人员服务等）来进一步判断及加深印象，最后通过交流和相处（顾客沟通）来逐渐了解其内涵（如同企业精神与文化内涵等）。

零售形象策略是指零售企业将店铺的经营理念与精神文化，运用整体视觉设计传达给顾客或公众，使其对店铺产生一致性的认知和价值观的行为。零售形象策划是零售企业为达到某种形象目标，对总体零售形象战略和具体形象塑造所进行的谋划、设计和运作的过程，是形象策略的具体实践。在进行零售形象策划时，主要遵循统一性、个性化、多样化和前瞻性的原则，通常包括"形象调查—确立理念要素—设计理念系统的语言文字—确定设计机构—视觉识别系统设计—确定视觉识别—行为识别系统设计—确定行为识别"8个步骤。

在零售形象感知中，店铺氛围是零售所特有的现象。所谓氛围，简单来说就是给人带来某种情绪或心理影响的环境状况。氛围往往很难被具象化，却容易引发强烈的情感。当店里的各种要素被组合后，便会形成某种特殊的场景或格调，其所带来的心理感受就是店铺氛围。卖场中的商品、价格、服务和布置等都能传递某种信息，而各要素综合后，又会体现出某种特有的卖场氛围，比如热闹、高端、豪华、温暖、温馨、贴心、舒适或平易实惠等。因此卖场氛围是顾客通过感知和体验，综合后形成的某种印象、定位或认知，是顾客在购物时的独特心理感受，是卖场内各要素特征的综合反映。卖场想要树立某种形象或传递信息，通过氛围营造或表现，往往是比较快捷的一种方式，比如品质状况要使用后才能知道好坏、价格要比对后才能知道贵贱、服务要实际消费时才能体验，但氛围则不管是否刻意营造，顾客只要踏入卖场时就会立即感受到。

店铺氛围是线下实体所特有的语言，实体与电商相比，形象塑造具有较大的发挥空间和较强的表现力，更容易在顾客的心目中形成某种印象。在互联网时代，时空壁垒已被打破，企业与顾客更便于进行交流与互动，因此线下实体更应扬长避短，通过某些特有的语言来强化独特的购物体验，重点在于顾客沟通和关系维护，而非仅限于售卖商品。

二、零售基本要素

由于零售的特性使然，导致顾客购买往往很少只是某种因素在发挥作用，其中有关收益（包括产品本身及能否买到）与成本（包括产品和交易成本）的因素就很复杂，并不易形成某种稳定的交易激励，致使店铺与顾客很难建立起某种固定的关系（如顾客忠诚），而实际的情况是，顾客并不会像产品那样对于店铺具有忠诚性。也就是说，对于店铺而言，顾客忠诚的只是品牌。这似乎与日常经验有些不符，因为很多时候都主要是在某店购买，但如果把品牌因素拿掉，就会发现顾客到店无非是对某些要素（如位置、规模、商品、价格、服务和环境等）衡量的结果，而更深层的则在于品牌所体现的信任感和对价值内涵的认同，因此决定产品购买的主要为效用或需求满足状况，而决定到店的主要在于"首选优势"，即顾客会对各要素比较权衡后，优先选择对自己最重要的具有优势要素的店，但显然并不是因为忠诚于某店。

可以看到，这里的关键点是，顾客会根据自己的关注点和重要性来进行选择，虽然每个顾客都会有差异，但相对来说也会有某些共性，而这些共性与零售要素在一定程度上是相对应的，因此可回归来看有关零售要素的问题。关于零售要素的概念，较具代表性的有：利维和韦茨认为，零售应从商品种类、品种、价格、服务水平、规模、存货和地点 7 个方面来把握；威尔金森主要提出了 6P 理论（即产品、价格、地点、促销、展示和人员）；肖怡提出了五轮竞争模型（即商品、价格、服务、促销和场所）；卡恩提出了零售成功矩阵（即品牌、体验、价格和无摩擦）。此外较具代表性的就是新零售中的"人 – 货 – 场"三大要素等。通过比较不难发现：有些要素存在重叠性，比如威尔金森的 6P 理论中促销和展示其实都属于沟通的范畴；有些主要还是基于实体的概念，比如基本都会提到地点场所，但显然缺乏更广的概括性（即缺乏对电商业态的解读）；卡恩把体验和无摩擦归纳进来，但两者都偏于主观感受的结果，且为一体两面的重复；新零售三要素似乎较具概括性，但更多的是概念性描述，对于实践较为缺乏实操和指导性。可见，对于零售要素的确认，重点在于是否具有概括或综合性，以及放在不同环境下是否具有通适性和可操作性。

关于零售要素，本书主要总结有价格、商品、服务和沟通四大基本要素，与上述相比，既有近似的地方（价格、商品和服务），也有所不同（沟通）。对于零售来说，这四大要素是最基本的关键节点，是零售运营的核心要点和根本抓手。可能有人会问，零售是一个庞大复杂的体系，为何只有这 4 个要素？这主要是基于概括性和广延性来确定的，比如场所是传统零售最重要的因素之一（好的位置就相当于成功了一半），但场所对于电商来说意义并不大，而如果站在更深层的便捷维度，便很容易理解电商的位置性其实是把店开到了家里或口袋里，而便捷性是服务的重要内容之一，因此服务才是最基本的要素。同理，零售的很多因素最终都会归于上述四大要素，因此零售四要素并非刻意而为之的结果。其中，所有的商业行为都离不开价值作为基础，价格作为价值的外在表现，且实际作业主要落在价格层面，因此价格自然也就成为基本要素；同样，价值也离不开商品作为载体，所以商品也就必然成为另一基本要素；服务作为一种独立于实物商品之外的特殊体系，与实物商品是相辅相成的关系，同时也有自身独特的价值表现和运行逻辑，因此服务也必然是基本要素之一；虽然价格、商品和服务已基本奠定了零售的基础，但还存在如何沟通与传递的问题，并且作为连接顾客的要素，沟通最根本的意义在于可以有效地帮助掌握和建立起顾客资源。

三、零售组合

零售实践中最根本的还是在于对基本要素的把握，但正如市场营销中更高层级的是各要素的组合应用（如经典的 4P 营销组合），零售基本要素同样也可进行组合应用，我们称之为零售组合。如果取 Price（价格）、Product（商品）、Serve（服务）

和 Connect（沟通）中的 4 个首字母，也可称为 PPSC 零售组合，所对应的则为 PPSC 零售组合模型。

1. 长板效应

人们常喜欢把商场比作战场，对于市场竞争最直观联想到的，就是如何构筑护城河。然而竞争壁垒更多地反映的是"守思维"，对于零售并非完全适合。

事实上，进攻才是最好的防守，竞争的根本是在于创新，对于零售而言则在于长板效应。也就是说，由于店铺涉及的点众多，唯有某个特性或要素能够凸显，才更容易被顾客看到（其实价格刺激就是一种长板概念）。不难发现，长板效应与定位理论不谋而合，即决定能否被关注到的往往在于最凸显的部分。市场营销中经常会听到需要具有某种卖点，从而明确地给到顾客一个选择该产品或区别于其他竞品的理由。所谓卖点，实质上就是要有某种聚焦性和简洁性，这样才能使顾客更好地形成清晰准确的认知。卖点越是简单并容易被描述，才越容易在顾客心目中留下深刻的印象，比如沃尔沃的代名词是"安全"、苹果手机的代名词是"顺畅"、微信的代名词是"连接一切"等。同样，对于零售来说，长板就是顾客对于店铺会留下怎样的印象，比如星巴克的代名词是"格调"、沃尔玛的代名词是"平价"、淘宝的代名词是"万能"、迪士尼的代名词是"快乐"等。

因此，对于零售而言，卖点就在于如何体现零售基本要素之长板，最终展现出某种独特性及价值内涵，或者是顾客通过比较后能够感知到的某种优势。也就是说，店铺所呈现出的某种特性，就是具有竞争优势的某要素的体现。纵观那些比较成功的零售企业，都可以轻易找到独具特色且处于领先优势的要素特征，比如海底捞是以服务要素取胜、ALDI 是以价格要素取胜、7-Eleven 是以服务（便捷）要素取胜。反观那些较为挣扎的店，核心要素的表现大都乏善可陈，很多还在依赖位置资源而活，因此进入网络时代后必然会更加步履艰难。可见，店铺的生存与发展之道，是在于某基本要素能否打造出优势性，从而真正地吸引到相应的客群。

2. 双要素模型

定位理论告诉我们，产品的核心诉求点是简洁清晰，否则在消费者心中将很难留下位置。然而零售是多种要素聚合的整体，那么这是否意味着店铺也只能选择某要素来进行重点发展？实际上店铺与产品的差异在于，店铺作为一个整体，各要素并非相互排斥，且顾客也不会因此产生困扰，反而更容易辨别和帮助其做出决策，比如就价格和商品来说，顾客必然会更偏向于这两者同时具有优势的店。这种店铺选择的特有现象，主要是当顾客面临更多选择时会更关注信息的广度，只有更多的维度相交织时，才更利于形成清晰的认知，因此产品与店铺的信息要求属于不同层面，作为决策的依据并不存在冲突或矛盾。也就是说，越是直观或直接接触的，越需要简单明了，这样才更利于快速做出决策；越是间接或具综合性的，往往越不容易判断，需要综合更多的信息才有助于进行抉择。因此，店铺只要任何要素具有凸显性，都有助于其更好地认知和决策，而顾客对于长板的要求则是多多益善。

从竞争层面来看，多方位或多要素就相当于避免资源过于集中，如果只押宝于某单一要素，一旦遇到正面硬碰时，就容易陷入被动局面。比如，价格最能体现顾客利益状况，因此很多商家都喜欢用价格作为主要的竞争手段，但真正能做到成本领先的只是少数，因而大多会深陷于价格泥潭中，这时如果还有其他要素分担，显然就不至于很被动。同时，多方位意味着可进行不同的组合，既可尽量避免或弱化同质化的竞争，还能呈现出丰富性的特征，并且组合应用得当还会产生某种协同效应，给顾客带来更多不同的购物体验。

也正是由于零售存在多重要素，所以即便把某要素做到极致，与多要素协同相比所产生的溢出效应也相对有限，并且单要素的优势也很容易被其他竞争者模仿后而大打折扣，这就需要其他要素的参与和互补，由此形成新的竞争力。举例来说，假如A店的价格评分为90分，B店为80分，如果仅从价格来看B店似乎处于劣势，但实际状况是B店未必就会被淘汰，A店也未必就能取得竞争优势，因为还有位置、服务、体验和商品等其他因素，B店可能还更具竞争力，而A店可能仅有价格方面的优势。这说明，店铺如果仅靠某一要素做支撑，显然是不够的，就店铺竞争而言，多一个长项绝对要比只有单一要素更具竞争力。

就具体应用来看，如果以某要素作为基础，当再增加一个要素后，就会形成双子协同构造。店铺应根据自身实际和市场竞争等因素，先确定某一主打要素，然后按次优选项来发展第二要素，通过两两组合便会形成"商品–服务""商品–价格""商品–沟通""服务–价格""服务–沟通"和"价格–沟通"6种结构，显然双要素会大大增加竞争取胜的机会。不过要注意的是，不是因为可以进行组合便找出两个要素"强强联合"即可，而是先以某要素为基础，尽量凸显优势并使其处于领先地位，然后才另外寻求其他要素进行配合，从而取得综合的协同效应。其中的关键是，第二要素必须高于平均竞争水平（即市场平均表现），否则就无法形成双要素体系。如果低于平均水平，反而还会冲抵原有的长板效应（这也是有些店某要素似乎也不弱，但总体表现平平的原因所在）。

对于双要素结构的应用与评估，主要是通过两个要素形成一个坐标（见图15–

1），然后根据市场调查的实际状况分别进行评分，两个维度的分数就会形成一个坐标值，这样便可找出所对应的点。同样，也可将竞争者进行评分，并找到对应的坐标点，通过比较后便能直观地看出自身的实际竞争状况。

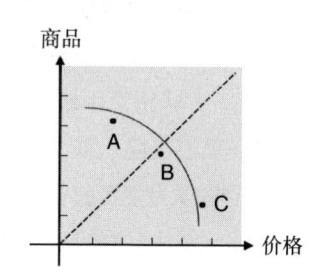

图 15-1　双要素结构竞争评估示意图

二维坐标的优点在于简单直观，衡量方式也不复杂，将两个数值相加，数值越大表示越具竞争力。如果反映在图上，坐标点距离原点越远，就表示越具竞争力。从图例中可以看到：相对来说 C 店会更具竞争力，但明显偏重于价格方面；总体来看 3 个店的竞争力状况差不多，但通常会认为 B 店相对健康些。究竟落在哪个点才更合适？这需要具体情况具体分析，比如同为大众快销品店，地点和规模等也相差无几，不同的是一个为连锁分店，另一个为本地独立店，就商品或供应商资源来看，本地店通常要弱于连锁店，所以本地店往往只能选择 C 策略，然后通过差异化或其他维度来尽量弥补利润损失，而连锁店则往往会落在 A 点。

3. 多要素模型

在现实中，如果某店具有两个维度的优势，那么就可以说基本上已竞争无忧，而如果能够呈现 3 个方面的优势，则更是寥寥可数。三要素模型就是任意 3 种要素进行的组合，从而可形成"商品 – 价格 – 服务""商品 – 价格 – 沟通""商品 – 服务 – 沟通"和"服务 – 价格 – 沟通"4 种结构关系。

如果从空间结构来看，三角形是最稳定的，因此企业要具备真正的竞争力，需要在 3 个方面高于平均竞争水平。这里通过梳理沃尔玛的状况来帮助理解：沃尔玛基本上都是大店，因此商品丰富度通常会强于其他店；在价格方面倡导的是"天天平价"，虽然采取高低价策略的店可能会有更低的价格，但用购物车指数或时间拉长后，沃尔玛的价格总体还是较低的；由于某些政策需要（如招商引资或带动效应），往往会得到一些好的位置和条件，这对于顾客来说服务方面至少不太失分。可见，沃尔玛在早期进入我国市场时，这3个要素还是具有优势的，只是进入网络时代后，这些方面都受到了空前的挑战，竞争优势也就不再明显。

对于三要素结构的应用与评估，不同于坐标法而主要是借助蜘蛛图的方式来展现（见图15-2）。同样也是先对各要素进行评分，然后找到所对应的点，再将各点连线后便可形成一个不规则三角形。需要注意的是，如果其中任何项的指标数值低于平均竞争水平，那么就不能构成三维要素体系。

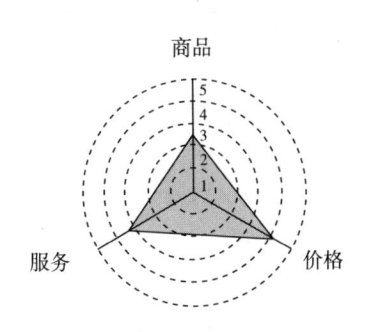

图 15-2　三要素评估模型示例

它与坐标法的区别在于，不是看距离远近，而是由形成的面积大小来确定，面积越大表示竞争力越强。通过与竞争者的图形对比，便能直观地判断出竞争力状况。如果面积大致相同，那么就要看突出部分，是否与所要求或期望的相吻合。不难看出，不管是坐标法还是蜘蛛图，其显著特点都是简单直观，任何人都可以直接上手应用，来监测自己究竟处于怎样的状况，是非常好用的工具。

其中的关键是各要素如何评分的问题，基本原理为：对于每个基本要素先确认出相关分项，其中项目的颗粒度可根据实际需要确认，颗粒度越细越能全面反映情况，但工作量也会越复杂且往往时效性不高；确定调查与评分方式，评分通常采用分级评分制；对每个项目设置分值与权重；确定计算公式。最后，便可得出相应的指数及汇总的分数。

4. PPSC 模型

最后，我们再来看看零售基本要素相互间的关系，以及在整个经营体系中所扮演的角色。通过图15-3，可清晰地反映出零售的基本运行逻辑。

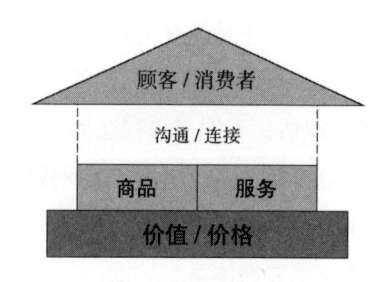

图 15-3 零售四要素与顾客关系示意图

可以看出，价值是一切商业行为的基石，价格是价值的外在表现，因此价格要素是基础。如果价格力不足，就会影响或不能有效地支撑其他要素，也就是说，如果缺乏价格支撑，其他要素的作用将会大打折扣。虽然商品和服务主要是以效用或满足性作为衡量标准，但底层基因还是价值，商品和服务力表现将决定交易的状况。沟通的意义在于信息的有效传递，是连接顾客的重要手段，并且最根本的是在于有效地连接顾客资源。要使体系良好运转，离不开相互间的协调与配合，既需要尽量弥补相应的短板，但盲目强调和夸大某方面的作用也并不可取。

反过来看，不难发现零售运营的轨迹：不管是传统线下还是电商，最先都是靠有效连接顾客取胜的；进一步会在商品方面（主要是差异化和可购买性）来做文章；作为零售本身的特殊利器，服务的占比会越来越重；所有行为最终都将指向价值内核。通过检视对比，即可知道自己究竟处于哪个阶段。

参考文献

[1] 祝合良. 现代商业经济学 [M].4 版. 北京：首都经济贸易大学出版社，2017.

[2] 吴宪和. 现代流通经济学教程 [M].3 版. 上海：复旦大学出版社，2021.

[3] 卜森，张娟，张艳. 现代商业企业管理 [M]. 成都：西南财经大学出版社，2011.

[4] 尼克尔斯，吉姆·麦克休，苏珊·麦克休. 认识商业 [M].12 版. 何峻，许俊农，译. 北京：机械工业出版社，2020.

[5] 马瑟斯博，霍金斯. 认识顾客 [M].13 版. 陈荣，许销冰，译. 北京：机械工业出版社，2019.

[6] 郭国庆. 市场营销学通论 [M].8 版. 北京：中国人民大学出版社，2020.

[7] 约翰·弗尼，苏珊娜·弗尼，穆尔. 零售学原理 [M].2 版. 高振，赵黎黎，译. 北京：经济管理出版社，2019.

[8] 贝当古. 零售与分销经济学 [M]. 刘向东，沈健，译. 北京：中国人民大学出版社，2009.

[9] 伯曼，埃文斯. 零售管理 [M].11 版. 吕一林，宋卓昭，译. 北京：中国人民大学出版社，2010.

[10] 利维，韦茨，格雷瓦尔. 零售管理 [M].9 版. 刘亚平，译. 北京：机械工业出版社，2018.

[11] 肖怡. 零售学 [M].4 版. 北京：高等教育出版社，2017.

[12] 赵金蕊. 购物学 [M]. 北京：清华大学出版社，2016.

[13] 程莉，郑越. 品类管理实践（修订版）[M]. 北京：电子工业出版社，2008.

[14] 周文，鲍强毅. 连锁超市经营管理师操作实务手册（商品管理篇 / 店铺开发篇 / 促销管理篇）[M]. 湖南：湖南科学技术出版社，2003.

[15] 哈蒙德. 新零售的增长策略 [M].4 版. 何瑞青，译. 杭州：浙江教育出版社，2020.

[16] 刘宝红. 采购与供应链管理：一个实践者的角度 [M].3 版. 北京：机械工业出版社，2018.

[17] 杨海愿. 零售供应链：数字化时代的实践 [M]. 北京：机械工业出版社，2021.

[18] 张明立. 顾客价值：21 世纪企业竞争优势的来源 [M]. 北京：电子工业出版社，2007.

[19] 马连福，张慧敏. 顾客价值营销：企业成长的驱动力 [M]. 北京：首都经济贸易大学出版社，2006.

[20] 施炜. 连接：顾客价值时代的营销战略 [M]. 北京：中国人民大学出版社，2018.

[21] 丁宁. 服务管理 [M].3 版. 北京：北京交通大学出版社，2018.

[22] 高涤陈，白景明. 服务经济学 [M]. 郑州：河南人民出版社，1990.

[23] 柳思维，尹向东. 消费经济学 [M].3 版. 北京：高等教育出版社，2018.

[24] 尹世杰. 消费力经济学（修订版）[M]. 成都：西南财经大学出版社，2010.

[25] 周欣悦. 消费者行为学 [M]. 北京：机械工业出版社，2019.

[26] 卢泰宏，周懿瑾. 消费者行为学：洞察中国消费者 [M].3 版. 北京：中国人民大学出版社，2018.

[27] 布莱思. 消费者行为学 [M]. 丁亚斌，等译. 北京：中信出版社，1999.

[28] 苏朝晖. 客户关系管理：客户关系的建立与维护 [M].4 版. 北京：清华大学出版社，2018.

[29] 施瓦茨. 选择的悖论：用心理学解读人的经济行为 [M]. 梁嘉歆，黄子威，彭珊怡，译. 浙江：浙江人民出版社，2013.

[30] 李仉辉，康海燕. 客户关系管理（修订版）[M]. 北京：清华大学出版社，2019.

[31] 派恩，吉尔摩. 体验经济（珍藏版）[M]. 毕崇毅，译. 北京：机械工业出版社，2016.

[32] 施密特. 顾客体验管理：实施体验经济的工具 [M]. 冯玲，邱礼新，译. 北京：机械工业出版社，2004.

[33] 马连福. 体验营销：触摸人性的需要 [M]. 北京：首都经济贸易大学出版社，2005.

[34] 张弘.超级体验：用数智化体验管理打造超级生产力[M].上海：上海三联书店，2020.

[35] 韦伯.极致用户体验[M].北京：中信出版社，2018.

[36] 昂德希尔.顾客为什么购买[M].缪青青，刘尚焱，译.北京：中信出版社，2016.

[37] 揭超.顾客为何而来：零售商如何通过差异化赢得顾客[M].北京：中国经济出版社，2018.

[38] 刘润.新零售：低价高效的数据赋能之路[M].北京：中信出版社，2018.

[39] 周三多，陈传明，贾良定.管理学：原理与方法[M].6版.上海：复旦大学出版社，2016.

[40] 陈春花.管理的常识：让管理发挥绩效的8个基本概念（修订版）[M].北京：机械工业出版社，2016.